MIGUEL ARROYO

Educador em diálogo com nosso tempo

PERFIS DA EDUCAÇÃO

Organização
Paulo Henrique de Queiroz Nogueira
Shirley Aparecida de Miranda

Textos selecionados de
Miguel Arroyo

MIGUEL ARROYO

Educador em diálogo com nosso tempo

autêntica

COORDENADOR DA COLEÇÃO PERFIS DA EDUCAÇÃO
Luciano Mendes de Faria Filho

CAPA
Alberto Bittencourt
(Foto: acervo particular do autor)

REVISÃO
Dila Bragança de Mendonça
Lira Córdova

PROJETO GRÁFICO
Tales Leon de Marco

EDITORAÇÃO ELETRÔNICA
Conrado Esteves

EDITORA RESPONSÁVEL
Rejane Dias

Revisado conforme o Novo Acordo Ortográfico.

AUTÊNTICA EDITORA LTDA.

Belo Horizonte
Rua Aimorés, 981, 8° andar . Funcionários
30140-071 . Belo Horizonte . MG
Tel.: (55 31) 3222 6819

São Paulo
Av. Paulista, 2073 . Conjunto Nacional
Horsa I . 11° andar . Conj. 1101
Cerqueira César . 01311-940 . São Paulo . SP
Tel.: (55 11) 3034 4468

Televendas: 0800 283 13 22
www.autenticaeditora.com.br

Dados Internacionais de Catalogação na Publicação (CIP)
(Câmara Brasileira do Livro, SP, Brasil)

Arroyo, Miguel
Miguel Arroyo : educador em diálogo com nosso tempo / textos selecionados de Miguel Arroyo ; organização Paulo Henrique de Queiroz Nogueira, Shirley Aparecida de Miranda. -- Belo Horizonte : Autêntica Editora, 2011. -- (Coleção Perfis da Educação, 5)

Bibliografia.
ISBN 978-85-7526-580-2

1. Arroyo González, Miguel 2. Educação - Brasil 3. Educadores - Brasil I. Nogueira, Paulo Henrique de Queiroz. II. Miranda, Shirley Aparecida de. III. Título. IV. Série.

11-09650 CDD-370.92

Índices para catálogo sistemático:
1. Brasil : Educadores 370.92

Observei e ouvi, buscando entender a história
de meu próprio tempo... Não nos desarmemos,
mesmo em tempos insatisfatórios. A injustiça
social ainda precisa ser denunciada e combatida.
O mundo não vai melhorar sozinho.

Eric Hobsbawm – Tempos interessantes

Aos(às) professores(as) da FaE/UFMG e pesquisadores(as) da ANPEd, com quem nos atrevemos a indagar o pensar-fazer a educação e a construir a teoria pedagógica colada à dinâmica social.

Sumário

Cronologia

Período	Atividade
1942-1950	Cursa escola pública no povoado Sotillo de la Ribera, em Burgos, na Espanha.
1954-1959	Forma-se em Filosofia e Teologia no Instituto Hispanoamericano de la Universidad Complutense de Madrid.
1960	Chega ao Brasil. Inicia a docência nos cursos de Educação Média, Magistério e EJA.
1967-1970	Gradua-se em Ciências Sociais na Faculdade de Filosofia e Ciências Humanas da Universidade Federal de Minas Gerais (FAFICH/UFMG).
1970-1974	Torna-se mestre em Ciências Políticas pela FAFICH/UFMG.
1972-1974	Leciona no Departamento de Ciências Sociais da FAFICH/UFMG.
1975-1981	Torna-se PHD em Problemas Políticos da Educação pela Stanford University, na Califórnia, Estados Unidos.
1976	Aprovado em concurso na Faculdade de Educação da UFMG onde passa a fazer parte do corpo docente da graduação e pós-graduação.
1985	É aprovado em concurso para professor titular da FAE/UFMG.
1990-1995	Torna-se membro da diretoria da ANPEd, onde coordena o Grupo de Trabalho (GT) "Trabalho e Educação". Membro do GT "Movimentos Sociais e Educação" e do comitê científico da ANPEd.
1991	Faz pós-doutorado na Universidad Complutense de Madrid.
1993-1997	Torna-se secretário municipal adjunto de Educação da Prefeitura de Belo Horizonte. Coordenador da elaboração e implementação da proposta Escola Plural.

1996-2004	Torna-se coordenador e professor no curso de pós-graduação lato sensu da PUC Minas (PREPES).
1998-atual	Torna-se pesquisador do CNPQ.
2002	Recebe título de Cidadão Honorário de Belo Horizonte.
2003	Recebe título de Professor Emérito da UFMG.
2003-atual	Participa da elaboração e implementação dos cursos de Pedagogia da Terra e de Educadores do Campo, em que leciona.

Introdução

Reflexões sobre um mestre de nosso ofício: nosso percurso com Miguel Arroyo

Paulo Henrique de Queiroz Nogueira
Shirley Aparecida de Miranda

No horizonte da vida pública no final dos anos setenta e durante toda a década de oitenta as manifestações políticas – inicialmente relacionadas ao combate à ditadura, à anistia e ao retorno ao Estado de Direito – ganharam cada vez mais acentos sociais ao se associarem a diferentes lutas em torno da democratização: das mulheres contra a violência doméstica e pela emancipação feminina; dos movimentos sociais urbanos por moradias, serviços públicos, atendimento à saúde e educação; dos trabalhadores por sindicatos livres e combativos na resistência ao arrocho salarial; do movimento de luta pró-creche (MLPC); dos movimentos dos povos do campo por terra e reconhecimento social de sem-terras e pequenos agricultores, indígenas, quilombolas; do movimento negro e de homossexuais no combate ao preconceito e às discriminações racial e sexual. Nessa conjugação de forças dos movimentos sociais, a passagem do reconhecimento da carência para a formulação da reivindicação é mediada pela afirmação de um direito. O adágio "direito a ter direitos" se consagrou como definição do significado da cidadania e expressão da entrada de novos atores sociais na cena política.

Expressão da nova cidadania, da luta por democratização das instituições públicas e da construção do direito à educação, o movimento docente se reorganizou no País e ultrapassou os limites dos níveis de ensino. Aqueles que hoje denominamos "trabalhadores da Educação Básica" fazem parte desse conjunto de novos atores que buscaram retomar o debate popular e democrático sobre a Escola Pública. Em Minas Gerais foi o surgimento da União dos Trabalhadores do Ensino de Minas Gerais (UTE-MG), em 1979, que marcou essa trajetória de participação da classe trabalhadora na cena pública. Um dos pontos de inflexão de maior relevância nesse processo foi a realização pela UTE, no ano de sua fundação, de uma greve de 41 dias em que os trabalhadores da educação enfrentaram o último governo militar na esfera federal e seu interventor no governo do estado.

É importante salientar que essa ênfase por uma identidade de trabalhador não se consistiu apenas numa ação sindical para aglutinar as diferentes associações e agrupar professores, supervisores/orientadores e demais servidores. Ela impactou diretamente a dinâmica identitária dos profissionais da educação ao marcar a superação de uma concepção de organização escolar amparada numa perspectiva tecnicista e desarticuladora do coletivo, conforme preconizado pela LDB 5692/71.

É nesse contexto que a produção teórica e conceitual de Miguel González Arroyo passa a circular entre os que se inseriam no conjunto das lutas sociais.

Um dos textos mais significativos desse período é "Operários e educadores se identificam: que rumos tomará a educação brasileira?" redigido em 1979 e publicado em 1980. É um artigo que reflete o contexto da época, desde a pergunta-título sobre as vicissitudes que reservam essa identificação dos educadores como trabalhadores para a educação brasileira. Além da nova consciência dos trabalhadores em educação e sua nova prática de classe, que demonstra "compreender que as causas de sua situação estão no modo de produção", o artigo destaca a redefinição da função social da escola na reorganização do trabalho docente. Desse modo, o debate sobre a educação ganha outro contorno, que não se enquadra nos limites de "metodologias especiais", de "programas mínimos", de "educação compensatória", "educação funcional". A teoria educacional é instada a tomar em conta que "a realidade central na sociedade e na escola são as classes sociais e seu antagonismo".

Em um cenário de profundas transformações, pontuado por intensa mobilização social, os atores sociais tinham em suas mãos os vislumbres de uma nova sociedade mais democrática e mais pluralista. Aprofundar as relações entre educação, trabalho e movimentos sociais confluía na (re)significação das virtualidades educativas dos sistemas de educação como via de acesso a uma sociedade mais igualitária e menos injusta.

Esse movimento não era isolado nem era apenas de uma categoria. E podemos percebê-lo em várias frentes que se descortinaram e impactaram diretamente a escola e o pensamento sobre a escola. Uma dessas trincheiras se deu no interior das reflexões acadêmicas sobre a ampliação do número de vagas nas escolas públicas, sua democratização não apenas no acesso, mas também em sua função ao incorporar novas exigências educacionais de uma população que recentemente ingressava nesse espaço público.

Momentos ricos dessa aproximação entre o mundo da política e o da educação, como entre os intelectuais e os trabalhadores, foram a realização das seis Conferências Brasileiras de Educação (CBEs), ocorridas em sua maior parte na década de 1980.

As CBEs foram realizadas por três entidades dinamizadoras do debate educacional brasileiro: a Associação Nacional de Pesquisa e Pós-Graduação em Educação (ANPEd), o Centro de Estudos "Educação e Sociedade" (CEDES) e a Associação Nacional de Educação (ANDE).

Uma das edições mais significativas foi a Quarta Conferência realizada em Goiânia, entre os dias 2 e 5 de setembro de 1986, que teve como tema *Educação e Constituinte*. A escolha do tema se deu sob a imperiosa necessidade de aportar propostas para a Assembleia Nacional Constituinte, que no ano seguinte seria instaurada e promulgaria, em 1988, a nova Constituição.

No encontro foi redigida e aprovada uma Carta à Nação em que os educadores expressavam suas reivindicações acerca da educação brasileira. Na Carta de Goiânia, os educadores aprovaram princípios que embasariam a universalização da educação pública estatal, gratuita e laica para todos, independentemente de sexo, cor, raça, idade, confissão religiosa e filiação política, de oferta obrigatória para os então oito anos do que hoje se reconhece como o ensino fundamental.

É interessante notar que as decisões apontavam para uma crença na escola e iam de encontro a uma literatura acadêmica em voga nos anos setenta e parte dos oitenta, que enfatizava na função social da escola apenas seu caráter reprodutor das desigualdades sociais. Como aparelho ideológico do Estado, a educação nos sistemas de ensino serviria para a inculcação ideológica a serviço das classes dominantes.

Os educadores, então, retomaram as teses gramiscianas para se contrapor às de viés althusseriano. Buscava-se um referencial analítico capaz de repor na cena pública os sujeitos coletivos e, assim, ultrapassar uma visão da escola como mero aparelho ideológico do Estado em que ela se converteria em âmbito de disputa no interior de um embate por hegemonia travada pelas distintas frações de classe no seio da sociedade civil.

Nesse ponto, havia consenso entre os presentes na IV CBE acerca da capacidade da escola de vir a ser conquistada tendo em vista os interesses das camadas populares em ingressar nela. Consenso que foi expresso não apenas pela Carta de Goiânia, mas também no próprio escopo teórico e prático das lutas ensejadas no período em defesa da escola pública. Era possível ver nas ruas, nas discussões que antecederam a Assembleia Nacional Constituinte e nos debates acadêmicos a crença no ideário educacional como via de acesso a uma sociedade mais justa.

Mas havia concepções subjacentes aos debates que não se localizavam na crítica reprodutivista nem na margem gramisciana preocupada com a formação do intelectual orgânico. Uma terceira margem constituía-se pela interrogação sobre o sentido que os setores populares atribuíam à sua luta e nessa perspectiva tecia a análise quanto aos fins a que se destina a Educação Básica e a ênfase a ser conferida numa reforma que orientasse a escola numa direção não prevista pela LDB 5692/71.

É nesse contexto que as análises de um grupo de educadores, entre eles Miguel Arroyo, divergiram da posição consensual no período, a qual passou a se denominar "crítica social dos conteúdos". Essa denominação, mesmo que tenha em seu nascimento relações com certa postura didática, termina por nomear uma concepção de escola e de sua organização. Essa expressão ganhou autonomia analítica na caracterização da escola, de sua função e sua organização. Na busca por diferenciar as tendências pedagógicas na prática escolar, nomeou-se "crítica social dos conteúdos" a teoria progressista que, rompendo com uma perspectiva neutra, entende que a seleção e o tratamento dado ao conhecimento têm que estar a serviço da emancipação dos filhos das camadas populares.

A *crítica social dos conteúdos* cresceu em importância ao incorporar em seu escopo as análises gramiscianas da escola, dando, entretanto, centralidade à própria escola e sua capacidade de formar o "intelectual orgânico", capaz de agir em nome das alterações sociais consoantes com o projeto societário das camadas populares. Isso indica uma leitura enviesada das contribuições de Gramsci à educação e à luta por ganhos hegemônicos dos que se orientam pela filosofia da práxis, pois não podemos afirmar que em Gramsci a centralidade dessa disputa se daria *in totum* no interior das instituições escolares. É preciso considerar no cerne do pensamento desse autor a formulação do princípio educativo do trabalho.

A crítica social dos conteúdos, entretanto, inspira-se em princípios gramiscianos para tratar da educação das camadas populares. Ao se centrar na escola e em suas dinâmicas organizacionais, privilegia um discurso e uma teorização "escolacêntrica" tão ao gosto das apropriações das posturas althuserianas que buscava combater.

Nesse rico debate coletivo sobre a função social da educação e da escola, emergiram as formulações de Miguel Arroyo expressas em seu texto "A escola e o movimento social: relativizando a escola", de 1989 (p. 16-21), o qual destaca que não se trata de reconhecer que a escola deva ser relevante para as camadas populares e seus filhos nem que os seus conteúdos não devam ser os mais adequados à sua emancipação. Afinal, a questão de qual é a educação que interessa às camadas populares não se resume a que conteúdos escolares atendam os interesses delas nem a quais interesses esses conteúdos sirvam.

O que está em jogo é a própria associação da educação das camadas populares à educação escolar. A seleção dos conteúdos que interessam a essas camadas não se identifica necessariamente com aqueles considerados relevantes para a organização da escola. Ou seja, a questão de uma escola que atenda aos filhos das camadas populares não se restringe, mesmo que não a prescinda, a uma discussão sobre quais conteúdos ensinar nem mesmo a qual didática ou intenção pedagógica a escola deverá adotar na sua educação.

Assim, Miguel Arroyo afirma, em uma proposição seminal de toda a sua produção teórica, que a questão não é qual a melhor escola para o povo, mas sim como reconhecer as dimensões educativas que se encontram na organização popular em torno de suas lutas, inclusive pelo direito à educação, de suas manifestações sociais e de sua cultura.

O autor afirma:

> Quando se trata do direito à educação, o problema fundamental da sociedade brasileira não está na negação da escola. Isto é muito, e ao mesmo tempo é pouco. Como profissionais da educação não somos contra a escola nem poderíamos ser. Relativizamos a escola. Entendemos que o mais grave não é a inexistência de uma política que permita ao povo entrar na escola e aí permanecer. O mais grave é que não há uma política que favoreça a educação do povo através de suas lutas (Arroyo, 1989, p. 3).

Se anteriormente Miguel Arroyo busca pensar o que há de educativo nos movimentos sociais em geral e, mais especificamente, nos movimentos reivindicatórios dos trabalhadores da educação, é, no entanto, nesse artigo de 1989 que ele torce a pergunta e a faz se voltar para dentro da escola. E o que se apresenta de novidade é a explicitação de um ponto de vista que não busca apenas fazer dialogar a escola com os movimentos sociais que a interpelariam, mas também pensá-la atravessada por esses movimentos e pelos atores que os protagonizam.

A escola não mais estaria apenas aberta às pautas de reinvindicações dos movimentos: teria a própria organização alterada por uma dinâmica não centrada em si mesma, mas extremamente formadora, que são as práticas educativas engendradas pelos movimentos sociais.

A seminalidade dessa posição já se encontra explicitada no reconhecimento de que o mais grave não é a negação da escola para as camadas populares, mas o não reconhecimento da capacidade educativa de suas lutas. Isso nos faz pensar que mesmo que tenhamos uma escola para o povo, ela poderá, em seus interstícios, não acolher a pluralidade das experiências de vida e de luta dessas camadas, por se ver reduzida aos tons monocromáticos da forma escolar com seus tempos e espaços recortados por uma organização estranha a essas outras expressões educativas.

Nesse mesmo texto, Miguel Arroyo assinala que a falta de uma teoria pedagógica impede que a escola relativize suas dimensões, o que acaba por provocar, ao revés do esperado, uma pedagogização de sua organização a enrijecer e cristalizar suas dimensões. O que é aparentemente contraditório se elucida ao se explicitar o que Miguel chama de "teoria pedagógica". Para ele, a teoria pedagógica deve se constituir a partir de uma posição teórico-prática que incorpore a relativização da escola e de suas dimensões ensimesmadas como as compreende o núcleo duro do pensamento pedagógico em voga, que reduz a educação à escola.

Portanto, uma teoria pedagógica deve ter como ponto de partida os processos sociais em que se dá a constituição dos homens e das mulheres, processo eivado de conflitos e de lutas sociais nos quais os sujeitos históricos se entificam como produtores de cultura no cotidiano das organizações políticas, na produção econômica, no trabalho e no conjunto da experiência humana.

Afastar-se desse diapasão, como faz a pedagogia escolar, é infantilizar homens e mulheres, adultos e jovens, além de negar a própria criança, pois se perdem os vínculos com o *ethos* no qual se tecem as relações sociais que os formam e se retém apenas uma compreensão genérica e subalternizada à relação ensino-aprendizagem existente entre professores e alunos.

Pelo caminho da rediscussão da função social da escola nos aproximamos de Miguel Arroyo. Entre as semelhanças em nossos percursos formativos – ambos nos formamos no curso de Licenciatura em Filosofia, um em Fortaleza na década de 1980 e outra em Belo Horizonte no início dos anos de 1990 – está o fato de que nossos cursos tratavam a educação escolar na perspectiva da ênfase conferida à crítica social dos conteúdos.

Portanto, a partir de nossa aproximação do movimento social é que pudemos nos reencontrar ao relativizar a escola com uma teoria pedagógica colada à dinâmica social e em profunda interlocução com as vicissitudes de sujeitos reais que buscavam, via mobilização social, se educar na conquista de novos tempos e espaços de formação.

Nossa aproximação com essa teoria pedagógica enraizada na dinâmica social se intensificou após nosso ingresso na Rede Municipal de Ensino de Belo Horizonte, no início da década de 1990. A princípio tratou-se de uma conjugação a partir dos desdobramentos da militância pedagógica na educação fundamental e na direção da subsede de Belo Horizonte, vinculada ao Sind-UTE.[1]

Em 1993, o Partido dos Trabalhadores assumiu a prefeitura de Belo Horizonte, e o prefeito Patrus Ananias nomeou Miguel Arroyo como secretário adjunto na pasta da Educação. E uma aproximação mais pessoal se iniciou com nosso ingresso para a gestão pública municipal no ano seguinte ao que se implantara o Programa Escola Plural.

É necessário dizer que a rede municipal de ensino de Belo Horizonte, assim como outras redes de ensino, já havia, nos anos anteriores, efetivado uma série de medidas cujo intuito era a elaboração de um projeto-político-pedagógico (PPP) da escola, capaz de aprofundar a democratização da gestão das unidades escolares, rompendo, assim, com o clientelismo e incentivando, via horizontalização das tomadas de decisão, um uso coletivo dos insumos pelos profissionais da educação.

Eles utilizariam um tempo remunerado no horário de trabalho para elaboração de projetos por disciplina ou por necessidade pedagógica a ser implementados com os alunos, com o intuito de voltar a escola para os interesses das camadas populares. A instituição do tempo de planejamento remunerado foi uma conquista encampada pela Confederação Nacional dos Trabalhadores em Educação (CNTE) e, na rede municipal de ensino de Belo Horizonte, foi incorporada no processo de trabalho coletivo das escolas.

Em certa medida, os princípios da *crítica social dos conteúdos* estavam presentes nos PPPs, em que se buscava superar o fracasso escolar dos filhos das classes populares lastreado pelas práticas pedagógicas arraigadas nas lógicas de transmissão de conteúdos livrescos. Os projetos elaborados pelos profissionais buscavam, nesse sentido, aproximar os conteúdos das vivências sociais dos alunos – e muitas experiências inovadoras se deram. Apesar dos avanços, as propostas não conseguiam vencer os já conhecidos índices de abandono e repetência, que materializavam o fracasso da escola em educar essas crianças e esses jovens.

Por um lado, a rede municipal de ensino de Belo Horizonte tinha nos últimos anos sofrido uma forte expansão de sua rede física e do número de vagas para atender uma demanda reprimida por escolaridade; por outro lado, foi constituído um quadro de profissionais cuja composição que seguia as exigências legais de formação inicial e de formação em serviço após a

[1] Sindicato Único dos Trabalhadores em Educação, denominação adotada pela organização dos trabalhadores em educação a partir da do Congresso de Unificação de 1991.

criação do Centro de Aperfeiçoamento dos Profissionais da Educação. E nesse quadro, a princípio favorável, ainda perduravam os altos índices de evasão e repetência. As alternativas propostas nos PPPs não se mostravam capazes de fazer face a esse problema porque esbarravam na estrutura rígida de organização da escola e de seus tempos.

A Escola Plural, partindo desse diagnóstico, buscara radicalizar a intervenção, ao propor uma nova organização para os conteúdos escolares, para os critérios que os selecionam ou para os tratamentos dispensados pelas metodologias de ensino nas práticas docentes.

Se tomarmos a proposta apresentada à rede e à cidade no final de 1994, perceberemos que os oito eixos que a estruturam são uma denúncia veemente dos processos excludentes da escola. Pretende-se, nessa perspectiva, inovar a abordagem do fracasso escolar sob as lentes do direito à educação.

Não se consideram os conteúdos, o currículo, as metodologias ou a didática como pontos fulcrais da proposta. Essas dimensões emergem como desdobramentos necessários mas ulteriores de uma centralidade que não se encontra nem mesmo na relação pedagógica articulada pelo binômio professor-aluno.

A centralidade é, aqui, ocupada por aquelas práticas culturais dispersas no cotidiano das vivências coletivas, que atravessam e dinamizam as experiências sociais dos sujeitos e sua sociabilidade. É essa dinâmica que engendra as percepções e os sentidos atribuídos ao conjunto de sua inserção social e, mais especificamente, no interior das instituições sociais, inclusive escolares. É para Paulo Freire que a experiência aponta ao propor que a escola se organize a partir dos sujeitos reais que nela ingressam e que a leitura do mundo anteceda e dê sentido ao mundo da palavra. Essa antecedência é de cunho tanto cronológico quanto epistemológico, pois de fato é a experiência do mundo que dá sentido à experiência da escola.

A centralidade não pode estar na escola nem nas suas práticas escolarizantes por sua incapacidade de lidar com essas expressões formativas que nela ingressam já subalternizadas aos tempos e espaços recortados de um cotidiano gradeado pelos currículos e operacionalizado pela didática. A transposição didática, centrada nos conceitos e nas lógicas dos rituais escolares e de seu arbitrário cultural, privilegia uma cultura letrada e cientificista como conteúdo relevante e a associa a uma organização de práticas escolares disciplinadoras que terminam por constranger e negar as vivências socioculturais dos que nela ingressam. Por isso, um dos eixos centrais da proposta da Escola Plural destaca a necessidade de construir percursos que contemplem a formação plena e plural dos educandos.

Trata-se, entretanto, de não apenas partir do mundo da vida, para usarmos uma expressão da fenomenologia husserliana, pois ainda permaneceríamos presos à ideia de uma "transposição didática", tão o gosto dos centros de interesse ou das ideias de motivação que orientam os debates em torno da polêmica inter/trans/multi que nomeiam os arranjos possíveis entre as disciplinas.

Permanecer nesse registro é reiterar o conteúdo da crítica feita à escola. E a Escola Plural, assim como outras propostas de política educacional desenvolvidas em municípios que tiveram à frente administrações de caráter progressista, não se propôs a ser uma forma didática de organizar os conteúdos tratados na escola, ou uma atualização dos princípios atribuídos à escola nova.

Tratar-se-ia de avançar na (re)constituição de outras lógicas sistêmicas para as redes de educação e suas distintas unidades escolares, em que o sujeito coletivo ocuparia a centralidade das práticas educativas ensejadas pelos educadores, o que indicaria a necessidade de conectar saberes e conhecimentos que estão dispersos nas práticas sociais e são negados pelos conhecimentos hegemonizados e estabelecidos na escola. Esses conhecimentos, que se apresentam como neutros e universais, possuem sua validade estabelecida em um consenso que reflete um amplo espectro de posições que, em suas linhas gerais, não estão presentes apenas nas configurações legais que estruturam a Educação Básica, mas também nas concepções de formação de professores disseminadas nas associações de pesquisa e nos centros de excelência de produção do conhecimento científico; nas esferas de gestão dos sistemas de ensino premidos em suas decisões por resultados a curto prazo, nos quais qualidade se identifica com aquisição de habilidades escolares passíveis de mensuração; na própria opinião pública, que vê na escola seletiva o toque de Midas da mobilidade social.

No contexto de implementação da Escola Plural nos deparamos com desafios que se distendiam em várias frentes, mas que tiveram como pano de fundo a dificuldade de alterar a estrutura rígida e segregadora da escola, que se materializa sobretudo na organização dos tempos, espaços, conteúdos disciplinares e rituais da escola. Num texto posterior ao período de implantação da Escola Plural, Miguel Arroyo (1999) sinalizou para um estilo de renovação pedagógica que começa por reconhecer a escola como lugar de práticas educativas a partir de uma visão positiva dos docentes e de suas práticas. Essa foi também a tônica adotada no livro *Ofício de mestre* (Arroyo, 2000). Ele afirma que nossa tradição pedagógica centrou a inovação na reforma de conteúdos e programas, deixando intocadas as estruturas, as relações escolares, os rituais e o tempo. A análise que nos apresenta faz pensar que talvez tenha sido mais fácil dar continuidade ao processo de implantação da Escola Plural pelo repensar de conteúdos e procedimentos de ensino, o que levou às tentativas de esvaziar a proposta.

Do nosso ponto de vista identificamos polos de desestabilização provocados pela Escola Plural que se desdobraram em práticas e ações mais persistentes. O reconhecimento de múltiplos tempos e espaços educativos, além da escola, permitiu instaurar práticas de reconhecimento, frequência e ocupação do espaço público, além de diálogo com grupos de arte e cultura locais. A articulação entre múltiplos espaços formativos e saberes é um desafio e, consoante com a proposição da Escola Plural, impulsiona cada escola a uma resposta distinta, formulada a partir da dinâmica da realidade local.

Outro efeito que se pode atribuir à Escola Plural se refere ao reconhecimento dos sujeitos do ato educativo. Não só os sujeitos que não aprendem, que não se adaptam à escola. A compreensão dos ciclos de idade demarcados pela vivência da infância, da adolescência, da juventude e da idade adulta passou a integrar o repertório de discussões e proposições de muitas escolas. Essa preocupação poderia se conformar a um modelo explicativo formulado por dispositivos do biopoder não fosse a persistente interrogação acerca dos *coletivos de idade*. Além disso, instigou a indagação sobre a construção de identidades, sobre a diversidade - sexual, de gênero, raça, geração e outras - e sobre a desigualdade social, e o campo da Educação de Jovens e Adultos (EJA) foi potencializado por esses debates. Atualmente, mesmo quando a pressão dos índices de avaliação define propostas de organização de grupos específicos para atenção à aprendizagem, essas propostas são atravessadas pela interrogação sobre a identidade coletiva desses sujeitos e o peso das desigualdades sociais que incide sobre eles.

Não é extremado afirmar que a Escola Plural, assim como outras proposições de políticas educativas que buscaram interferir na ossatura escolar, permanece menos pela nova organização que propôs e mais pelas desestabilizações que provocou. Do mesmo modo podemos interpretar que a construção da Escola Plural marca a direção do pensamento de Miguel Arroyo, não como divisor de águas, mas como força instigante para a radicalização de uma teoria pedagógica colada à dinâmica social.

Uma inflexão observada é que os sujeitos coletivos se diversificam. Os atores dos movimentos sociais em foco nas décadas de 1970 e 1980 eram nomeados "povo" e "massas". Entretanto, a diversidade já se anunciava sob a denominação de "massas urbano-rurais", "camadas populares", "classes subalternas", "trabalhadores e assalariados", "operários". A atenção à dinâmica social e às lutas de coletivos diversos, bem como a aproximação da diversidade dos sujeitos que compõem o processo educativo, faz emergir nas reflexões os negros, os indígenas, os povos do campo e sua luta pelo reconhecimento da diferença e o combate aos processos que os tornam desiguais. Surgem também na cena os jovens do *hip-hop*, os jovens trabalhadores, os adultos da EJA, para quem as expectativas acerca da escola são ressignificadas em seu (re)ingresso nos sistemas de ensino. E surgem aqueles que não têm rosto, aos quais se associam as máscaras da delinquência, da infância abandonada, dos jovens sem rumo, marcados pela falta e vistos como incivilizados. A produção teórica de Miguel Arroyo, a partir dos anos de 1990, focaliza sujeitos coletivos de direito e analisa o que temos a aprender de suas lutas.

Nessa produção teórica, a ampliação do escopo dos sujeitos coletivos se alia a um redimensionamento do significado do princípio educativo do trabalho, problema que acompanha toda a obra de Miguel Arroyo. O paradoxo inerente ao trabalho como constituinte da condição humana - ao mesmo tempo formador e deformador - permanece no cerne das reflexões do autor. Entretanto, o sentido desumano da divisão histórica do trabalho e o caráter deformador do processo de produção e distribuição da riqueza e do poder cede espaço a uma análise das relações sociais e aos processos de humanização que se estabelecem nos movimentos sociais, nas experiências e lutas democráticas pela emancipação, na presença afirmativa de coletivos que lutam por reconhecimento na cena pública. A reeducação da cultura política se coloca no cerne das preocupações e se desdobra na análise dos movimentos sociais, do trabalho docente e da constituição do espaço público de direitos. Por essa via, Arroyo radicaliza a concepção de direito à educação, que já se encontrava delineada nos eixos da Escola Plural.

Nossa incursão pela produção teórica de Miguel Arroyo e o fecundo diálogo com esse autor nos levam a reconhecer que, em sua formulação, a teoria pedagógica colada à dinâmica social ganha um acento ontológico: a humanização é o objeto da pedagogia. Trabalho e cultura se articulam como duas faces de um mesmo processo, redescoberto na ação dos movimentos sociais.

A fertilidade de uma análise colada à dinâmica social impulsiona a produção de Miguel Arroyo a direções sempre renovadas e em diálogo com teorias contemporâneas sobre os movimentos sociais. Podemos perceber a aproximação do autor das análises que constatam o esgotamento da concepção de sujeito moderno. Sua produção teórica nos últimos anos tem apreendido a ação dos movimentos sociais a partir de seus dispositivos desestabilizadores das tramas da sociabilidade e das relações de poder, detendo-se na desnaturalização das desigualdades sociais e na reconfiguração da esfera pública. Assim, compõe outro ângulo de análise das políticas educativas.

A inserção de Miguel Arroyo como intelectual engajado nos processos de luta e construção da educação do campo trouxe para sua arena de reflexões os deslocamentos que a ação desse movimento propunha às políticas educativas em diversos âmbitos: a formação docente (Arroyo, 2007), a organização e gestão da escola (Arroyo, 2008), a crítica à avaliação como referente das políticas educativas. Mas atento à dinâmica social, seu pensamento se prende não a um sujeito coletivo específico, e sim à presença dos coletivos "diferentes tornados desiguais". As históricas desigualdades sociais são inscritas nas fronteiras étnicas, raciais, de gênero, de campo e de periferias. O pensamento de Miguel Arroyo incorpora as presenças que se afirmam na dinâmica social e política.

Observamos um deslocamento importante: da denúncia e da caracterização da existência da desigualdade, comum em análises sociológicas do fenômeno educativo, para uma compreensão mais radical sobre como a desigualdade instala-se e como ocorre a transformação dos coletivos diversos, que representam a diferença em relação ao modelo de ser humano genérico formulado pelo ideário da modernidade, em desiguais. Por essa via, anuncia, no artigo publicado em 2010:

> Partimos da hipótese de que o dinamismo no campo das políticas e de suas análises e propostas virá do reconhecimento das mudanças profundas, tensas, que estão postas na dinâmica social pelos próprios coletivos pensados e feitos desiguais. A nova qualidade das desigualdades concretas e a nova presença dos coletivos feitos desiguais, se reconhecidas em sua centralidade política, poderão redefinir as formas de pensá-los, de pensar a produção das desigualdades e de pensar as políticas de igualdade e suas análises. De se pensar o próprio Estado e suas instituições públicas (Arroyo, 2010, p. 4).

Considerando a produção do autor na última década, identificamos que há uma preocupação constante com a inserção, no sistema escolar, daqueles que expõem as brutais desigualdades que os vitimam (Arroyo, 2007). Miguel Arroyo critica a forma como os "coletivos feitos desiguais" são situados como o problema das instituições: incivilizados, incultos, incapazes, violentos. A radicalidade de sua análise, expressa no artigo de 2010, está em demonstrar em que medida o funcionamento do Estado e o sentido das políticas sociais, entre elas a educação, colabora para a produção e a manutenção das desigualdades que dizem querer superar. Lembra-nos que, na solução proposta por políticas compensatórias e distributivas que pretendem suplementar carências, "o único sujeito da ação será o Estado, suas políticas, suas instituições e seus gestores" (Arroyo, 2010, p. 5). Com essa afirmativa, o autor não quer argumentar em torno de uma nova proposição de política, mas sinalizar que a visão da diferença como problema tem funcionado como mecanismo de sua produção como desigualdade. Sob esse ângulo Miguel Arroyo produz uma crítica às políticas de inclusão que não avançam em relação à forma como definem os coletivos desiguais, portanto não interferem na contínua transposição da diferença em desigualdade. O binômio exclusão-inclusão é insuficiente para superar uma lógica de relações de poder estabilizada no funcionamento do Estado.

É importante considerar que a crítica a uma concepção de política e de Estado que traça uma fronteira entre o político e o pré-politico, em que se localizam marginais e incivilizados, já se anunciava na proposição da Escola Plural. Lembramos que, nas várias discussões que traçávamos, tanto internamente à Secretaria de Educação quanto nas escolas, havia a insistência de que a função social da escola não estaria na formação do cidadão do futuro. A tônica era o reconhecimento dos coletivos no presente como cidadãos e sujeitos de direitos.

A fecundidade do pensamento de Miguel Arroyo e de sua análise das tensões sociais está em evidenciar que a aposta em relação à escola como passarela entre margens opostas da civilização, que tanto impregna uma certa teoria pedagógica, serve para ocultar as desigualdades que produzem as próprias margens. Por isso, o ingresso da desigualdade na escola é identificado como ameaça à ordem social e política. Por isso ainda, a questão não se reduz à produção de alternativas, que muitas vezes transpõem o problema político para a ordem da vigilância e da disciplina. A leitura social mais densa apresentada pelo autor considera que não se trata da substituição de modelos de política, mas de se pensar o papel do Estado e a análise da política no escopo das relações de poder no tecido social. A complexidade dessas relações ultrapassa lógicas deterministas, situa-se em processos de desestabilizações, como placas tectônicas, que vão se movendo e se reafirmando. Miguel Arroyo insiste que o questionamento mais profundo e desestabilizador às desigualdades sociais e aos modos de repensá-las e de enfrentá-las vem dos movimentos sociais, dos próprios coletivos pensados e segregados como desiguais. Daí podemos extrair as indicações do autor para a configuração do que se classifica como política da diferença ou política de diversidade, fórmula aberta pelas disputas em torno de ações afirmativas e ainda em construção em nossa tradição política.

A primeira indicação refere-se às desestabilizações provocadas pela ação dos movimentos sociais. A mais intensa é a desnaturalização das desigualdades, seja pela superação da autonegação identitária instaurada por séculos de repressão colonial, que produziu o silenciamento e a negação de coletivos, seja pela afirmação de uma diferença específica e, consequentemente, da contraposição a um sujeito genérico, que traz como decorrência a conquista do direito de autorrepresentação. Arroyo (2010) sinaliza que os coletivos nos diversos movimentos mostram quais são as fronteiras em que as injustiças e as desigualdades são mais radicais e mudam de qualidade e de dispositivos.

A segunda indicação que observamos na construção de uma política da diferença refere-se à refundação do Estado e de suas políticas, o que ocorreria como resultado das tensões sociais. Trata-se de ensaiar novas lógicas de fazer política, não reduzidas às instituições democráticas clássicas, mas identificadas com canais reinventados pelos movimentos sociais. Para Arroyo (2010, p. 17) um ponto nuclear nesse sentido é a inserção dos coletivos em movimentos no espaço da gestão pública e de políticas. Esse ingresso está exigindo a recriação dos espaços públicos, "das políticas públicas e sua gestão como espaço de tensão e confronto de interesses" e das lógicas de funcionamento dos próprios movimentos sociais. A reconfiguração de espaços públicos de poder é instável e flexível, e não resultado imediato de proposições baseadas em modelos estabelecidos.

Na fase inicial da produção teórica de Miguel Arroyo, a interrogação das análises estabilizadas sobre o social já estavam presentes. Ao longo de sua trajetória o autor nos instiga a pensar pelo avesso, guiados pela mobilidade das fronteiras do social. Não é por acaso o título de seu último livro: *Currículo, território em disputa* (2011). O social está vivo: desloca-se e produz deslocamentos no campo político, das epistemologias, inclusive no território do pensamento educacional. Podemos constatar que o jogo de forças é desequilibrado, contudo isso não autoriza qualquer forma de determinismo. A fertilidade do pensamento de Miguel Arroyo é extraída de sua capacidade de perceber radicalmente as tensões sociais. Há sempre uma terceira margem que aprenderemos a navegar com os movimentos sociais.

Este livro é um convite ao leitor para navegar no rio da reflexão de Miguel Arroyo e sua busca constante de compreender os movimentos existentes no caudaloso campo da investigação social e que o faz lançar olhares argutos sobre distintos aspectos de sua geografia.

A fecundidade do pensamento de Miguel González Arroyo pode ser dimensionada por suas contribuições para o campo educativo. Desde suas primeiras publicações, a crítica à função social atribuída à escola estava profundamente marcada por uma análise sobre as relações sociais. Esse foi o fio condutor da entrevista realizada com esse intelectual e educador que, em sua trajetória, dedica-se a repensar a educação e, ao mesmo tempo, a instigar proposições de outro projeto de sociedade. Em suas palavras: um *pensar-fazer a educação* colado à dinâmica social.

Em nosso trabalho de organização deste volume da coleção Perfis da Educação nos aproximamos não só da obra de Miguel Arroyo, mas também de sua forma de elaboração teórica, sempre instigante e dinâmica. Assim, iniciamos este volume com a entrevista que recebeu o título "Pensamento educacional e relações sociais". O primeiro aspecto que marca a entrevista é o esforço que fizemos para articular as experiências individuais do autor com sua produção na área da educação. Se a obra é inseparável do autor, este não se descola da correlação de forças sociais de seu tempo.

Por fim, o volume traz um conjunto de textos do autor agrupados por temáticas organizadas de modo a cobrir eixos de sua produção teórica. Essa organização resulta como um recorte interpretativo que procurou verificar os desdobramentos de uma produção cujo eixo central é a dinâmica social.

O *primeiro grupo* de textos tem por essência os atores centrais no repensar a Educação Básica: professores e professoras no movimento e no trabalho docente, assim como a infância, a adolescência e os jovens e adultos em processo de educação. As novas presenças desses sujeitos têm se constituído em atores instigantes do pensamento social, político e educacional. No primeiro texto, "A infância interroga a pedagogia", Miguel Arroyo realiza uma torção na relação entre esses dois polos. Mesmo reconhecendo que a pedagogia acumulou um vasto conhecimento sobre a infância, sua intenção é interrogar esses saberes ao fazer com que o objeto da pedagogia se torne sujeito e se desloque da posição de infante – aquele que não fala e, portanto, não é ouvido. A intenção, ao dar voz aos sujeitos da(s) infância(s), é desnaturalizar o olhar pedagógico e fazer com que outras percepções da infância e de suas autoimagens, tão distantes do aprendiz a ser conduzido de que trata a pedagogia, venham a interrogar a escola e seus profissionais. Nesse movimento é necessário que as infâncias reais e suas expressões de uma infância negada sejam reconhecidas como possibilidades de acesso ao direito a ser criança e aprendiz.

O segundo texto desse primeiro eixo é "Educação de Jovens e Adultos: um campo de direitos e de responsabilidade pública". Nesse texto, Miguel Arroyo percorre distintas concepções históricas em que a EJA tinha o seu caráter educativo negado por uma perspectiva escolacêntrica, que via nesses sujeitos a falta da escola e buscava suprir, suplementarmente, as ausências que a escolaridade havia provocado. Para além dessa perspectiva reducionista, o autor repõe a concepção da EJA, lastreada pelo movimento de educação popular, como direito a uma educação que deve partir dos jovens e adultos como sujeitos coletivos e que leve em consideração os conhecimentos, as memórias, os saberes e as identidades construídas ao longo de determinado ciclo de vida. São, enfim, sujeitos coletivos, que reclamam o direito à escolarização e questionam quando esse direito é empobrecido e reduzido a uma dimensão meramente escolar.

Os textos seguintes tratam da condição docente: "Reinventar e formar o profissional da Educação Básica" e "Ciclos de desenvolvimento e formação de educadores". Ambos discutem a formação inicial e continuada dos profissionais da educação e as possibilidades de que essa formação venha a se dar em consonância com as necessidades educativas que se apresentam na reconfiguração da Educação Básica como um tempo de direito à vivência de crianças, adolescentes, jovens e adultos. Aqui, portanto, não se encontram separadas a formação e as condições de exercício da docência, pois, de fato, não é mais possível manter separações arbitrárias entre teoria e prática no processo de formação dos que se dedicam à Educação Básica. Sendo assim, os dois textos apresentam os desafios de pensar a formação de professores respeitando-se uma nova dinâmica conferida à educação.

O *segundo eixo* temático agrupa textos que nos permitem compreender a teoria pedagógica colada à dinâmica social, que tem como atores centrais os movimentos sociais. A questão nuclear nesse eixo passa a ser quais indagações à presença afirmativa de atores coletivos organizados em movimentos sociais trazem a educação para o pensar e fazer. Nesse âmbito localizamos a relação entre trabalho, movimentos sociais e educação. O princípio educativo do trabalho continuou marcando a trajetória do pensamento de Miguel Arroyo, incorporando a análise das condições de produção e reprodução da existência. Por isso, trabalho e cultura, trabalho e movimentos sociais dialogam constantemente, revitalizando a teoria pedagógica, potencializando a reflexão sobre a "condição humana, suas dimensões e virtualidades formadoras e deformadoras, humanizadoras ou desumanizadoras presentes nos processos sociais".

Organizamos os textos desse eixo em ordem cronológica, para permitir que o(a) leitor(a) acompanhe o desenrolar do pensamento do autor, sempre atento à complexidade da dinâmica social. O primeiro texto, "Operários e educadores se identificam: que rumos tomará a educação brasileira?", foi escrito em 1979 e publicado em 1980, no contexto do novo sindicalismo e de retomada das organizações representativas de trabalhadores da educação. Arroyo discute nesse texto que o solo de aproximação entre educadores e operários é a contraposição às "formas de exploração inerentes às relações de trabalho na escola e na produção". Esse encontro potencializaria a redefinição do trabalho na escola, retomando a unidade entre saber e fazer, entre ser regente de classe e especialista. É importante sinalizar que a crítica à divisão social do trabalho na escola consistiu numa das pautas do movimento docente do período, que recorria às formulações de Miguel Arroyo.

O segundo texto, publicado em 1989, intitula-se "A escola e os movimentos sociais: relativizando a escola". Nele Arroyo apresenta a tônica das reflexões que persegue ainda hoje: "como reconhecer as dimensões educativas que se encontram na organização popular em torno de suas lutas, inclusive pelo direito à educação, de suas manifestações sociais e de sua cultura?".

O terceiro texto "O aprendizado do direito à cidade: a construção da cultura pública", foi publicado em 1997 numa edição especial de *Educação em Revista* em comemoração aos cem anos de Belo Horizonte. Ao discutir a cidade, Arroyo deteve-se na análise dos movimentos cidadãos, que explicitam "as formas espaciais, as funções econômicas, as instituições políticas e o significado cultural do processo de urbanização". Por essa via, o autor discute a cultura do público e o direito à cidade. Nesse campo inserem-se a discussão sobre a escola, a comunidade escolar, os seus profissionais como "formadores de novos valores e nova cultura urbana, por meio de suas lutas pela educação, pelos espaços públicos, pelo direito à cidade". Esse texto já sinaliza as reflexões construídas a respeito do direito à educação inserido no contexto do direito à cidade e ao território, entendido de forma ampla, como um fenômeno cultural e político.

Os próximos textos desse eixo são: "Trabalho, educação e teoria pedagógica" e "Pedagogias em movimento: o que temos a aprender dos movimentos sociais?". Em ambos os processos de humanização são trazidos para o cerne da teoria pedagógica. O próprio autor indaga como no trabalho e nos movimentos sociais "se produz o conhecimento, os valores, as identidades, como se dá o processo de individuação, de constituir-nos sujeitos sociais e culturais". Uma preocupação constante no pensamento de Miguel Arroyo: reconhecer que o princípio educativo do trabalho e o diálogo com os movimentos sociais e as experiências de lutas democráticas pela emancipação constituem o amálgama da teoria pedagógica.

Encerra esse eixo o texto "As relações sociais na escola e a formação do trabalhador", que enfatiza o reconhecimento da centralidade dos processos materiais, das instituições e das relações sociais no trabalho e na escola para a formação do ser humano. Consequentemente, há necessidade de mudanças que tornem mais humanas e formadoras essas relações.

O *terceiro eixo* de organização dos textos confere destaque ao movimento de renovação pedagógica, tema central no pensamento do autor. A escola e o sistema educacional não ficaram desatentos a essas presenças dos sujeitos – professores, alunos e sobretudo dos coletivos organizados nos movimentos sociais. A riqueza da renovação pedagógica, que vem desde o movimento de educação popular, obedece a uma dupla dinâmica: interna ao próprio pensamento educacional e, sobretudo, externa, ou seja, relacionada às tentativas de traduzir as indagações que vêm do social em inovações pedagógica. Inicia-se com o texto "A escola possível é possível?", publicado em 1986, no livro organizado por Arroyo (1986). No contexto dessa produção que reúne outros autores, busca-se recuperar as possibilidades de afirmação de uma escola para as camadas populares que acolha suas reivindicações e seus interesses de permanecer nela.

O movimento aqui é o já apontado e tão caro a Miguel Arroyo, ou seja, não pensar apenas uma escola que altere superficialmente sua organização ao incorporar uma ou outra ideia novidadeira da pedagogia e que permanece desconhecendo os sujeitos, suas práticas e identidade sociais, forjadas em ações coletivas por reconhecimento e pela própria luta pela escola. O jogo de palavras sobre as possibilidades de uma escola para as camadas populares se encontra justamente na superação de uma escola da carência expressa nas propostas pedagógicas que terminam por pretender uma escola carente para os carentes.

Essa perspectiva é retomada no outro texto desse eixo: "Fracasso/sucesso: um pesadelo que perturba nossos sonhos". De escrita mais recente, esse artigo ratifica a posição anterior ao enfatizar uma crítica ao caráter credencialista da escola que, ao caracterizar os alunos das camadas populares como deficitários em seus estoques escolares, busca preencher essas lacunas através de títulos acadêmicos a ser conquistados por esses alunos. Aqui, a escola, que se crê emancipadora, termina por reiterar em seus desdobramentos os processos de exclusão dos sujeitos e de suas práticas sociais. Termina por reduzir os processos educativos a uma dimensão técnica de qualificação por competências escolares.

Por fim, *o quarto e último eixo* recolhe as análises sobre a reconfiguração da esfera pública, do Estado, de suas políticas e instituições públicas. A reeducação da cultura política atravessa toda a produção do autor; contudo, os textos agrupados nesse eixo dirigem-se à reeducação dessa cultura, pautados por um contexto de debate fecundo, presente no nosso pensamento social, sobre a reconstituição de espaço público de direitos. Assim, desde o primeiro texto – "Administração da educação, poder e participação" –, coloca-se o problema da democratização da escola como espaço público. O enfoque recai sobre a organização da produção e a divisão técnico-social do trabalho, e por esse ângulo analisa-se a separação entre trabalho manual e intelectual, entre funções de direção e funções de execução e, sobretudo, a crescente separação de trabalho e controle dos meios de produção.

O texto seguinte, "Na carona da burguesia (retalhos da história da democratização do ensino)", sugere um retorno à história para captar os limites das reformas educativas "vindas do alto" para os setores populares. O artigo aponta os desencontros históricos entre os interesses da burguesia na instrução elementar do povo e as reações já presentes nos anos 1970 e 1980 por escola e educação vindas dos próprios setores populares.

Por fim, "Gestão democrática: recuperar sua radicalidade política?" recoloca o problema sob nova ótica. Publicado em 2008, esse texto responde aos questionamentos aos processos de gestão democrática instaurados a partir das lutas sociais dos anos 1980. Reconhecendo que as formas de administrar o sistema educacional e as escolas se alteraram após a luta do movimento docente pela redemocratização da escola e da sociedade, Miguel Arroyo alerta para o esvaziamento dessas conquistas. Sua análise interroga a radicalidade política da defesa da gestão democrática e sugere que os movimentos sociais é que a repolitizam.

Esses quatro eixos são uma das possibilidades de agrupar o conjunto da produção de Miguel Arroyo – produção teórica que se mantém articulada ao direito à escola e sua ampliação como espaço educativo. Nesse percurso, diversificam-se os atores e as questões sociais que interpelam a cena pública do direito è educação, que o autor incorporou ao debate sobre a escola, sem concessões a uma visão mercantil ou ilustrada em que os atores sociais e suas práticas não venham a ocupar a centralidade.

Assim, Miguel Arroyo nos propõe uma leitura a contrapelo de certas posições hegemônicas no campo educacional, que privilegiam as dimensões internas como o currículo, a avaliação ou os aspectos metodológicos das relações de ensino-aprendizagem. Para Arroyo todas essas dimensões encontram seu significado mais formador se se mantiverem entrelaçadas com o fim social, político e cultural da educação e sua capacidade de se aproximar dos processos sociais mais amplos, em que educar não se descola do trabalho, da cultura vivida e de suas implicações emancipatórias.

Referências

ARROYO, Miguel González. Trabalho, educação e teoria pedagógica. In: G. FRIGOTTO. *Educação e crise do trabalho: perspectivas de final de século.* Petrópolis, 1998, p. 138-165.

ARROYO, Miguel González. Administração da educação, poder e participação. *Educação e Sociedade*, São Paulo, v. 1, n. 2, jan. 1979, p. 36-46.

ARROYO, Miguel González. Operários e educadores se identificam: que rumos tomará a educação brasileira? *Educação e Sociedade*, São Paulo, n. 05, jan./1980, p. 5-23.

ARROYO, Miguel González. Ciclos de desenvolvimento humano e formação de educadores. *Educação e Sociedade*. Campinas: CEDES, dez. 1999, v. 20, n. 68, p.143-162.

ARROYO, Miguel González. *Da escola carente à escola possível.* São Paulo: Loyola, 1986.

ARROYO, Miguel González. Experiências de inovação educativa: o currículo na prática da escola. In: MOREIRA, Antônio Flávio Barbosa (Org.). *Currículo: políticas e práticas*. Campinas, SP: Papirus, 1999.

ARROYO, Miguel González. Na carona da burguesia (retalhos da história da democratização do ensino). *Educação em Revista*. Belo Horizonte: (3): 17-23, jun. 1986.

ARROYO, Miguel González. A escola possível é possível? In: ARROYO, Miguel. (Org.). *Da escola carente à escola possível*. São Paulo: Loyola, 2003. p. 11-53.

ARROYO, Miguel González. As relações sociais na escola e a formação do trabalhador. In: FERRETTI, C. J.; SILVA JUNIOR, J. R.; SALES, M. R. N. (Org.). *Trabalho, formação e currículo: para onde vai a escola?* 1. ed. São Paulo: Xamã, 1999. v. 1, p. 13-42.

ARROYO, Miguel González. Educação de jovens-adultos: um campo de direitos e de responsabilidade pública. In: SOARES, L.; GIOVANETTI, M. A. G. C.; GOMES, N. L. (Org.). *Diálogos na educação de jovens e adultos*. 3. ed. Belo Horizonte: Autêntica, 2009. p. 19-50.

ARROYO, Miguel González. Fracasso/sucesso: um pesadelo que perturba nossos sonhos. *Em Aberto*, Brasília, v. 17, n. 71, 2000, p. 33-40.

ARROYO, Miguel González. Gestão democrática: recuperar sua radicalidade política? In: CORREA, B. C.; GARCIA, T. O. (Org.). *Políticas educacionais e organização do trabalho na escola*. São Paulo: Xamã, 2008. p. 39-57.

ARROYO, Miguel González. O aprendizado do direito à cidade: a construção da cultura pública. *Educação Em Revista*, v. 26, p. 23-38, 1997.

ARROYO, Miguel González. A escola e o movimento social: relativizando a escola. *ANDE*, n. 12, 1989, p. 16-21.

ARROYO, Miguel González. Pedagogias em movimento o que temos a aprender dos movimentos sociais?. *Currículo sem Fronteiras*, v. 3, p. 28-49, 2003.

ARROYO, Miguel González. reinventar e formar o profissional da educação básica. In: *Educação em Revista*. Belo Horizonte: FaE/UFMG. n. 37, p. 7-32, 2003.

ARROYO, Miguel González. A infância interroga a pedagogia. In: SARMENTO, Manuel Jacinto. GOUVEA, Maria Cristina de Soares. *Estudos da Infância: educação práticas sociais*. Rio de Janeiro: Vozes, 2008. p. 119-140.

Entrevista

Pensamento educacional e relações sociais[1]

Comecemos por uma constatação: suas análises e seu pensamento educacional se alimentam das tensões e indagações que vêm da dinâmica social. Seria essa uma chave para entender produção na área da educação?

Penso ser esta a chave que inspira esta coletânea: entender o pensamento educacional instigado pela dinâmica social. Não conseguimos pensar a educação separada das tensões e dos movimentos sociais. Essa procura das relações entre pensamento social e educacional pode ser uma pista histórica fecunda. Todo pensamento educacional reflete um projeto de sociedade. Quanto mais tensas as disputas por projetos de sociedade, maiores têm sido as disputas por concepções e políticas de educação. Quando no pensar a educação falta sociedade, termina por faltar educação. Aprendemos com os movimentos sociais a pensar a educação sempre articulada a um projeto de sociedade, de cidade ou de campo, a um projeto de transformação social e de libertação humana. Podemos observar uma linha constante: os momentos mais dinâmicos no pensamento educacional, no sistema escolar se alimentam das indagações e lutas por direitos, que vêm das tensas relações de forças sociais. Os tempos mais fortes de politização do campo educacional coincidem com tempos sociais e políticos fortes, tensos. Até hoje, o que há de mais dinâmico no pensamento educacional vem dos novos sujeitos sociais, os coletivos populares afirmando-se nas lutas por direitos atrelados à educação.

---

1 Entrevista com o Prof. Miguel Arroyo realizada pela Profa. Shirley Aparecida de Miranda e pelo Prof. Paulo Henrique de Queiroz Nogueira. A entrevista visa situar a produção do Prof. Miguel Arroyo no contexto histórico, social e político em que se debate o pensamento educacional e social brasileiro nas últimas décadas.

■ Sugere que essa atenção à dinâmica social tem acompanhado a sua reflexão sobre a educação?

É o que procuro ter como orientação. Pode ser significativo que o primeiro texto publicado tenha sido "Operários e educadores se identificam, que rumos tomará a educação brasileira?" e o último, levado para o encontro nacional da Associação Nacional de Política e Administração da Educação (ANPAE) seja "Políticas da diversidade nas disputas por reconhecimentos". As indagações de ambos os textos são muito próximas: como entender a educação, suas políticas diante dos movimentos sociais, do movimento operário e docente tão presentes já na década de 1970? E como avançar para políticas afirmativas, de reconhecimento diante das presenças afirmativas dos movimentos sociais em nosso tempo? Questões postas pela dinâmica social e política, mas em cada tempo com novas indagações, novos sujeitos e novas radicalidades que exigem novas análises da relação sociedade-educação.

■ Você sugere que nossas trajetórias sociais marcam nosso pensar. Poderíamos, então, começar por suas origens sociais. Sua infância e sua adolescência foram vividas em uma comunidade de agricultores no interior da Espanha. Que marcas carrega dessa socialização?

Vivi minha infância e minha adolescência no povoado, "*pueblo*", onde nasci e fui socializado. Uma socialização que traz as marcas da agricultura familiar, da comunidade que vive da produção camponesa. Uma forma de viver a infância-adolescência inserindo-se e assumindo tarefas no coletivo da agricultura familiar. A inserção no trabalho é um dos processos mais fortes de socialização da infância no campo. O trabalho conforma tudo na comunidade desde a infância. Conforma saberes, destrezas, valores, cultura, sociabilidades. A experiência do coletivo, da identidade e da cultura coletiva, as manifestações culturais, as festas, os rituais giram no ritmo do trabalho na agricultura camponesa. Guardo o peso marcante da cultura coletiva na socialização e na formação. Um peso destacado nas formas de pensar a educação.

■ Essa inserção precoce no trabalho e na cultura leva você a destacar as formas de viver a infância?

Me leva a pensar a educação, a escola sempre a partir das formas tão diversas e específicas de viver a infância, a adolescência ou a juventude. Não se vive uma infância genérica, logo não tem sentido pensar a educação para infâncias descontextualizadas. Hoje há maior sensibilidade para as formas concretas tão diversas de viver dos(as) educandos(as).

O ser criança-adolescente no campo é diferente do viver esses tempos na cidade, longe do trabalho dos pais, mas tem muito em comum com as vivências da infância e da adolescência pobre nas cidades. Crianças e adolescentes inseridos desde cedo na sobrevivência, acompanhando as mães, sobretudo para completar a renda escassa ou cuidando da casa e dos irmãos menores. O trabalho para sobreviver, as manifestações culturais coladas ao trabalho são marcantes nas infâncias do campo e das periferias que chegam às escolas públicas. Sem dúvida que a ênfase dada em minhas análises às formas de viver a infância vem dessas vivências.

■ De fato você tem dado destaque à diversidade de formas de viver a infância e como interrogam a pedagogia.

A pedagogia nasce colada à infância, mas as formas concretas, diversas, precarizadas de vivê-la ou não vivê la nem sempre têm merecido a atenção devida da pedagogia. Às escolas vão chegando infâncias com vidas precárias, corpos violentados. Que escola, que docência e que pensamento pedagógico dará conta dessas infâncias-adolescências? No livro *Imagens quebradas*, coloco essas questões, e no texto "A infância interroga a pedagogia" pergunto pelas novas interrogações que vêm dessas vidas infantis tão precarizadas que vão chegando às escolas desde a sobrevivência.

■ Que lembranças você guarda da escola onde estudou e como elas estão presentes no seu modo de pensar a educação?

No dia em que completei seis anos minha mãe me levou à escola pública, a mesma que meus avós, meus pais e minha família tinham frequentado. A escola "*del pueblo*", do povoado. Me recebeu um professor que vivia no povoado. Trabalhavam dois mestres – "*maestros*" – e duas "*maestras*", todos vizinhos da comunidade do campo. Essa é uma experiência que me instiga na defesa das lutas dos movimentos do campo por escola do campo no campo, professores do campo no campo.

Guardo a lembrança de uma escola articulada ao trabalho, à agricultura familiar, aos saberes, aos valores e à cultura da terra e da produção camponesa. Uma escola de tempo integral, articulando tempos de estudo e tempos de trabalho, indo ao campo com os professores a vivenciar os saberes dos pais para buscar explicações nos saberes escolares. Didáticas que incorporavam as indagações das experiências, a força didática das narrativas, da pluralidade de linguagens e culturas coletivas.

■ Em suas análises você tem refletido sobre os movimentos do campo, a educação do campo. O que te motiva?

Talvez a lembrança de minhas origens, mas sobretudo a centralidade da questão da terra em nossa formação social e política. Questão presente desde a colonização – Terra à Vista! –, a apropriação da terra, a desterritorialização dos povos indígenas, negros, libertos, retirantes, imigrantes, quilombolas. Mas a instigação maior vem das lutas pela terra, pelos territórios indígenas e quilombolas, pela agricultura camponesa, familiar frente ao latifúndio e ao agronegócio. Os movimentos sociais repolitizam a centralidade da terra, repolitizando assim a educação do campo. Eles têm pressionado por cursos específicos de formação de professores do campo, indígenas e quilombolas. Há uma abertura a esses cursos nas universidades.

Impressiona como essa radicalidade social, política e cultural da questão da terra, da educação do campo, da formação de professores do campo, indígenas, quilombolas tem estado ou ausente ou marginal ao pensamento educacional e às políticas públicas. A produção que está aumentando vem dos próprios movimentos sociais. O livro *Por uma educação do campo*, em que colaboro, soma com essa produção.

■ Você tem sido uma voz crítica da estrutura do nosso sistema escolar, porque seletivo, segregador da infância e da adolescência populares, sobretudo. Tem a ver com suas vivências da escola quando criança-adolescente?

Guardo marcada a estrutura da organização dos tempos, dos agrupamentos dos alunos e do trabalho dos mestres. Ainda vivi a separação das salas dos meninos e as salas das meninas, professores para os meninos e professoras para as meninas. Mas os agrupamentos não eram por série nem ano, mas por idades, por tempos humanos. A classificação não era escola multisseriada, mas *escola dos pequenos* e *escola dos maiores*. A escola dos pequenos, dos "menores", agrupava as crianças de 6 a 10 anos com um(a) único(a) professor(a), e os(as) adolescentes de 11 a 14 eram anos agrupados(as) na escola dos "maiores", igualmente com um professor ou uma professora. O respeito à especificidade do tempo humano geracional dos(as) educandos(as) era a base dos agrupamentos. Não me lembro de colegas reprovados, retidos, repetentes.

■ Como era feita a passagem para a escola dos maiores?

A passagem para a escola dos maiores tinha por base a própria passagem da infância para a adolescência, não o critério de aprovado ou repetente, com percurso de êxitos ou fracassos. O suposto era que a diversidade de domínios de aprendizagem seria prosseguida ou superada na especificidade da condição de adolescente, de vivências e de formas de pensar e aprender como adolescente. Logo, todos quando adolescentes passavam à turma dos "maiores" porque deixavam de ser "menores".

O respeito à especificidade de cada tempo humano social, cultural, mental, ético, identitário me persegue no pensar pedagógico e na proposta de Escola Plural que coordenei na rede municipal de Belo Horizonte. Como me persegue condenar o caráter segregador, antiético da reprovação, retenção, defasagem a que milhões de crianças e adolescentes populares são submetidos em nosso sistema segregador e antiético. A partir dessas vivências do tempo me pergunto por que o nosso pensamento pedagógico tem sido tão insensível à especificidade de cada tempo humano de formação e de aprendizagem. Talvez porque não tem como referente os educandos e sua condição humana; os vê apenas como escolares submetidos à lógica e à estrutura escolar seletiva, sequencial e hierárquica.

No texto "Sucesso/fracasso: um pesadelo que perturba nossos sonhos", contido nesta coletânea, e em vários outros, analiso essa estrutura e pergunto por que é tão persistente, por que o pensamento e as políticas e diretrizes são tão coniventes com o caráter segregador de milhões de educandos populares.

■ Lembremos de outro tempo social e político forte em sua formação: a experiência da longa ditadura franquista de 1936 a 1975, as reações de intelectuais e dos partidos, dos estudantes e do movimento popular, operário, da igreja progressista. Como vivem essas tensões no seu tempo de estudante na Universidad Complutense de Madrid?

Toda a minha infância, minha adolescência e minha juventude e todo o meu percurso escolar foram marcados por uma cultura política autoritária, mas sobretudo por um movimento de reação e de lutas por liberdade, por participação política em todas essas frentes. Sem dúvida, nessas vivências se aprendem valores de libertação que terminam destacados nas análises e fronteiras político-pedagógicas em que nos debatemos. A chegada à Universidad Complutense de Madrid representa entrar em outro mundo de lutas estudantis, das comissões obreiras, de aulas magistrais de Ortega Y Gasset, Unamuno, Julián Marias, Arangurem,[2] a resistência intelectual e da Igreja progressista. Uma rica experiência com o existencialismo do pós-II Guerra, o clima de pessimismo, o humanismo cristão de Maritain, de Bernanos.

---

[2] Grupo diversificado de intelectuais espanhóis que, partidários de diferentes filiações teóricas, podem ser reconhecidos como defensores de certos ideais humanistas em sua reflexão teórica e que, no contexto espanhol de então, servem para aprofundar a oposição ao franquismo.

Tensões políticas, existenciais que nos defrontavam com as indagações mais radicais do ser humano que se pergunta sobre si mesmo, sobre o sentido da história e sobre possíveis escolhas políticas, éticas. Difícil não trazer essas indagações para minha experiência nova no Brasil, a partir de 1960. Difícil não trazê-las para o pensar a educação como humanização, libertação, como processo político. Dimensões presentes e marcantes no pensamento educacional das décadas de 1960 e 1970, na sociologia e no pensamento crítico e libertador, que tanto marca o pensamento pedagógico. Sempre a dinâmica social, política e cultural interroga e até desestabiliza o pensamento educacional.

Qual o contexto social em que você chega ao Brasil em 1960 e que elementos se destacavam naquele momento de tensionamento entre mobilização por direitos sociais, organização popular e as reações que culminam no golpe de 64?

Chego no final do ano de 1960, em plena campanha eleitoral. Jânio Quadros, presidente, João Goulart, vice. Uma experiência de mobilização democrática, participativa tão diferente do autoritarismo franquista. Logo percebo as positividades, mas também os limites dessa democracia participativa, seu caráter populista, as estruturas de poder, o "coronelismo, enxada e voto", o papel controlador do Estado, os mecanismos de controle popular. A negação do direito dos trabalhadores e dos setores populares a educação, moradia, saúde, trabalho. Se torna exposto o esgotamento do populismo.

Me impressionam sobretudo as reações e a organização dos trabalhadores do campo em ligas camponesas, em sindicatos rurais, a diversidade de grupos políticos, o movimento estudantil. As lutas pelas reformas de base, a centralidade da reforma agrária, a persistência da questão da terra na formação social e política brasileira... Difícil ficar de fora e não se deixar interrogar por essas tensões sociais e políticas e com a resposta conservadora de repressão e do golpe de 64. No texto "Administração da educação, poder e participação", nesta coletânea, reflito sobre como essas reações chegam à educação trazidas pelo movimento docente e pelo conjunto de movimentos sociais e cívicos.

Dessa tensão e reação popular faz parte o Movimento de Educação Popular. Você se aproxima?

Difícil trabalhar na educação e não ser a favor ou contra as diversas manifestações do Movimento de Educação Popular, que vinha desde o final dos anos 1950. As tensões políticas e culturais da época provocaram uma diversidade de propostas político-educativas-culturais, o MEB (Movimento de Educação de Base), por exemplo. O Movimento de Educação Popular nos marca por significar uma resposta político-educativa e cultural a essas tensões políticas de final dos 1950 e início dos 1960. Quando se esquece dessa tensão política e cultural, sobretudo da afirmação de resistência dos setores populares, o movimento de educação popular se desfigura. É um movimento de cultura e educação, que parte do reconhecimento desses novos sujeitos sociais e políticos; são os setores populares se fazendo presentes, expondo sua histórica segregação e opressão, mas também expondo suas culturas, seus valores, seus saberes. O movimento de cultura e de educação popular os reconhece. Um reconhecimento de extrema relevância histórica e política, uma vez que os setores populares eram mantidos no ocultamento, ao longo de nossa história social e política, cultural e pedagógica.

■ Algumas análises creditam a Paulo Freire o reconhecimento do povo excluído. Nos parece, entretanto, que sua análise sobre a contribuição de Paulo Freire vai além...

As análises de Paulo Freire são mais radicais, não veem o povo como excluído, mas como oprimido. *Pedagogia do oprimido*. Não o pensam como objeto, com que pedagogias educar e conscientizar os oprimidos, mas com que pedagogias se conscientizam e tomam consciência da opressão. Veem o povo como sujeito de sua humanização, não como destinatário de programas de educação. Povo oprimido, porém resistindo à opressão, se humanizando, libertando.

A opressão, para Paulo Freire, não era apenas uma situação a que milhões são condenados; é uma experiência-limite que provoca a reação pela humanização. Essa visão é uma indagação desestabilizadora para o pensamento social e pedagógico, porque o desperta de tantos sonhos futuristas salvadores do povo atrasado ao defrontá-lo com o que há de mais radical na opressão: a humanidade roubada e as resistências e lutas por recuperá-la.

O Movimento de Educação Popular se pensa a partir da histórica precariedade de um viver tão desumano e dos processos de humanização com que a educação está comprometida desde suas origens. Quando os próprios oprimidos expõem a precarização desumana a que historicamente foram submetidos, suas indagações são ainda mais desestabilizadoras para a teoria pedagógica. Um dos méritos da educação popular é ter incorporado essas indagações no pensar a educação.

■ Mas tem havido resistências a incorporar o movimento de educação popular no pensar a educação.

Talvez porque partem de visões diferentes dos setores populares, que levam a modos diferentes de pensar sua educação. A educação popular não é uma ação pedagógica e cultural para os setores populares, mas uma resposta a suas novas presenças afirmativas libertadoras. A educação popular reforça esses movimentos de libertação, que vêm dos oprimidos. Os movimentos sociais, as ações afirmativas dos oprimidos não trazem apenas novas teorias pedagógicas, novos conhecimentos, mas também novos modos de produção de conhecimento e de produção do pensamento pedagógico. Há uma inversão dos modos tradicionais de pensar a educação, porque invertem os modos de pensar os setores populares. Aí entram em conflito com o pensamento pedagógico oficial republicano e acadêmico, que se alimentava havia décadas de uma visão dos setores populares como atrasados, incultos, irracionais, pré-modernos e pré-políticos porque vistos como iletrados, inconscientes, primitivos. Logo, apenas destinatários de políticas de ilustração, racionalização e modernização, via escolarização.

■ Mas o que leva a outras formas de pensar e de ver os setores populares pelo olhar dos educadores?

Poderíamos dizer que o movimento de educação popular, de cultura popular surge instigado pelos novos modos de se fazerem presentes na dinâmica social tensa dos 50-60 os setores populares; os trabalhadores mais segregados dos campos, de maneira especial. As presenças afirmativas dos camponeses, suas organizações em ligas e sindicatos obrigam a cultura política e pedagógica a repensar as formas tão inferiorizantes de considerá-los inexistentes, ao se mostrar existentes nas lutas por organização, trabalho, terra, dignidade, humanidade. Os intelectuais da cultura, da educação são obrigados a reconhecer essas culturas, esses valores e saberes e os processos de socialização e humanização. A própria educação passa a se pensar como humanização. Reconhecê-los como sujeitos coletivos de produção de conhecimentos, culturas, valores, representações de mundo, de modos de pensar e de pensar-se representa uma profunda novidade para o pensamento educacional, sobretudo escolar, que se pensava suprindo carências.

■ Você sugere que o pensamento educacional termina influenciado por essa presença afirmativa dos setores populares.

Sem dúvida, muitas das propostas político-educativas dos anos 1980 e 1990 foram marcadas por esse novo olhar sobre os setores populares. Diria que as tensões nas formas de vê-los tencionam os projetos e as políticas para os setores populares. Um grande avanço que representa uma profunda guinada para o pensamento social, político e pedagógico.

As presenças afirmativas dos setores populares, dos trabalhadores dos campos e periferias tidos como os destinatários preferidos dessas políticas e modos de pensar desestabilizam modos de pensá-los e de se pensar as políticas e as teorias pedagógicas. A aproximação com essa dinâmica social e política desestabilizou nossos modos de pensar a educação já na época e continua nos desestabilizando com suas novas presenças afirmativas. O que há de mais crítico e mais denso no pensamento educacional nas últimas décadas recebe sua inspiração nessas novas presenças dos setores populares.

■ Seu ingresso na UFMG, na FAFICH, como estudante do curso de Ciências Sociais acontece em um momento de efervescência social e política, logo após o golpe militar. Como a FAFICH e o curso refletiam essas tensões?

O momento social e político pós-64 marca os cursos, especificamente as ciências sociais e políticas, e traz questões novas ou novos ângulos de análise. Nossa formação foi marcada pelo movimento estudantil e pela diversidade de formas de organização social e de resistência política.

Um dos embates se centra na resistência ao convênio MEC-USAID para a reforma universitária e da Educação Básica. A reforma de 1968 e depois a de 1971, a LDB nº. 5692, atrelam a educação a um projeto conservador, autoritário de sociedade e de Estado. Eram tempos de forte presença da organização estudantil, em DAs, DCEs, UNE, de um clima de debates, ocupações e resistências que marcavam nossa formação tanto ou mais do que os cursos ou articuladas aos conteúdos dos cursos. Tensões políticas que marcarão as formas de pensar a educação e a sociedade nas décadas de 1970 e 1980: pensar a educação nas lutas por outro projeto de sociedade, de cidade ou de campo tem sido fecundante da pesquisa e das análises nos centros de educação. Tensões que marcaram os centros de pós-graduação, as CBE, a ANPEd, o ENDIPE, a ANPAE, assim como as associações das diversas áreas de professores.

■ Voltando à sua experiência na FAFICH: lá era o centro de formação das diversas licenciaturas.

A FAFICH, onde fui aluno e professor, era a faculdade onde as diversas ciências e áreas de formação se articulavam em torno de uma concepção filosófica e das ciências humanas, com o intento de formação de professores do antigo ginásio e Ensino Médio. Esse encontro no mesmo espaço e sob essa suposta orientação filosófica e humanista comum era uma experiência rica tanto entre estudantes como entre professores e os cursos. Ele marcou uma forma mais articulada de ver a educação, o conhecimento e a docência. A reforma de 1968 desorganiza essa proposta e segmenta a formação docente e empobrece a educação. Cada instituto ou departamento formará bacharéis em cada recorte do conhecimento, e aqueles que optarem pela docência aprenderão algumas matérias complementares na Faculdade de Educação.Domínios de conhecimentos desarticulados entre si e desarticulados das teorias pedagógicas.

Talvez por essa vivência tenho somado com tantas críticas aos currículos de Educação Básica que recortam o conhecimento e a formação tão segmentada das licenciaturas por disciplinas, como tenho defendido a formação por áreas, organização mais coletiva do trabalho e currículos de Educação Básica menos disciplinares e menos segmentados. Recolho essas análises no texto "Reinventar e formar o profissional da Educação Básica", da *Educação em Revista*, FaE/UFMG, n. 37, 2003.

Terminada a graduação você inicia o mestrado em Ciência Política. O que significou essa experiência para ir se aproximando do campo da educação?

Significou privilegiar a política, as relações de poder, o Estado, suas estruturas, as opções políticas e sua tradução em políticas. O curso dava centralidade à formulação, à gestão e à análise de políticas, às propostas de racionalização do Estado e de suas instituições. Essa experiência me leva a escolher "Poder local e política educacional" como tema da dissertação de mestrado, onde analiso como a política educacional de Educação Básica está atrelada às articulações entre poder local e central. Realidade até hoje determinante, que se acentua com a municipalização, deixando o direito à educação do povo à mercê do ente federado mais fraco e das barganhas do poder localista e de suas relações de subordinação ao poder central. A Educação Básica pública até hoje não se libertou dessas barganhas.

A centralidade dada em suas análises à relação entre sistema educacional e as nossas estruturas de poder vem de sua formação em Ciência Política?

A formação em Ciência Política leva à convicção de que, sem aprofundar na dependência entre sistema escolar, políticas educacionais e relações de poder, fica difícil sua compreensão. Fica marcante em minhas análises como é desafiante para o pensamento educacional e para a análise de políticas aprofundar mais nesse persistente atrelamento da educação escolar básica a barganhas e articulações do poder mais tradicional e arcaico. Nem o regime autoritário nem o democrático têm conseguido a autonomia necessária para conformar um sistema nacional de Educação Básica com autonomia para a garantia de direitos. Enquanto as lutas por direitos se articulam às tensões nas relações políticas, o direito à educação continua atrelado a barganhas politiqueiras.

Não conseguimos avançar em formas mais modernas de equacionar os direitos, e especificamente o direito à educação. Depois de três décadas de proclamar educação direito de todo cidadão e dever do Estado, continuamos tratando a criação de uma escola ou o acesso à escola, a nomeação do(a) diretor(a) como dádiva e troco por votos, como favores pessoais ou de partidos, não como dever de Estado. Nos faltam políticas de Estado e um sistema educacional público unificado, que supere a fragilidade política a que continua exposto o direito popular à educação sob o regime de colaboração ou de sistema nacional articulado entre entes federados tão desiguais em poder e tão interdependentes.

■ Como gestor de uma rede municipal e acompanhando outras gestões você experimenta esses atrelamentos espúrios?

Quem experimenta esses atrelamentos espúrios são as famílias populares e os profissionais das escolas públicas. Aí encontra sentido político profundo a defesa do movimento docente por gestão democrática da escola, por diretas para diretor, por estabilidade... tão forte desde o final dos 1970.

Essa preocupação me persegue nas análises e se confirmou no meu trabalho na Secretaria de Estado da Educação (SEE) e na Secretaria Municipal de Educação (SME). Experimentei na formulação e na gestão de tantas propostas educativas sérias sua fragilidade e sua desconstrução à mercê de interesses politiqueiros e pela dependência do sistema educacional das velhas estruturas de poder. Esse submetimento do direito à Educação Básica a essas arcaicas estruturas de poder inviabilizam a garantia desse direito, sobretudo aos setores populares e aos(às) filhos(as) dos trabalhadores. A análise desse atrelamento não tem merecido a centralidade que carrega em nossa história política e de políticas educativas. As LDBs, o PNE, as políticas e diretrizes, assim como as análises de políticas, fogem de enfrentar esse arcaico atrelamento de nosso sistema escolar a formas arcaicas de poder.

■ A análise das políticas educativas tem sido uma constante em sua produção teórica. Sua dissertação no mestrado em Ciência Política no início dos anos 1970 é *Poder local e política educacional.* Em 1980 você levou ao encontro da ANPAE o texto "Administração da educação, poder e participação" e mais recentemente tem produzido vários textos sobre análises de políticas públicas. Em que medida sua experiência na elaboração e na implementação da proposta político-pedagógica Escola Plural o leva a retomar os estreitos vínculos entre política, poder, Estado e educação?

As experiências de poder me acompanham desde a longa ditadura franquista na Espanha, e depois aqui. A geração que experimentamos os autoritarismos repressivos e participamos em suas resistências somos obrigados a dar centralidade ao poder, sobretudo do Estado, de seus controles e de suas políticas e instituições, entre elas o sistema escolar. Quando entramos nessas esferas de poder, de gestão, de formulação de políticas, aprendemos os estreitos vínculos entre poder, educação, sistema escolar e políticas educativas. Como lembrava, o sistema escolar é uma das instituições mais atreladas às formas mais tradicionais, mais perversas de nossas estruturas arcaicas de poder. Ainda a escola pública está atrelada às formas coronelísticas de poder. O sistema escolar está à mercê dos conchavos mais espúrios de relações de poder entre os entes federados e entre os partidos e suas frações.

Participei na CONAB e na CONAE chamando a atenção sobre a ingenuidade política de não ver esses atrelamentos a ponto de continuarmos defendendo um sistema "integrado", "de cooperação" franciscana entre entes federados tão diferentes em poder; uma forma de despolitizá-lo e despolitizar a sua gestão. Um dos problemas mais sérios tem sido entregar ao ente federado mais fraco em poder e mais dependente de favores, o município, a responsabilidade pela educação da infância-adolescência populares logo no momento histórico de suas lutas pelo acesso tardio à escola pública. Como não ver nessa jogada uma expressão dos estreitos vínculos entre estruturas de poder, Estado, política e o direito popular à educação? De que gestor de cooperação e de quem cobrar o dever do Estado na garantia desse direito popular à educação? Nos faltam políticas de Estado na educação, e sobram projetos benevolentes de governos, políticas-projetos de balcão que aprofundam as dependências do ente mais fraco.

■ Mas em suas análises você não tem privilegiado os meandros da formulação, da gestão e da avaliação de políticas e diretrizes e suas articulações com as instituições gestoras, mas sim com as presenças afirmativas dos trabalhadores e dos movimentos sociais.

Nas relações de poder foram vistos os setores populares como sem poder ou fora, meros objetos ou massa de manobra do poder. Destinatários agradecidos à espera das migalhas do poder, das políticas distributivas, inclusivas e compensatórias. À medida que essas formas de pensá-los são quebradas, desde os anos 1950-1960, por sua presença incômoda, afirmativas de sujeitos políticos, organizados em ações e movimentos políticos, essa visão ingênua de poder, de Estado, de suas instituições e políticas entra em crise; desde o esgotamento do populismo e, sobretudo, desde a presença política dos modernos movimentos sociais das cidades e dos campos.

As políticas educativas são afetadas por esse novo quadro de tensões políticas e exigem outras análises de políticas. Nesse novo quadro tento contribuir com tantas análises de políticas que não o ignoram, mas privilegiam os questionamentos que trazem as presenças afirmativas dos trabalhadores e dos setores populares às relações de poder, ao Estado e suas instituições e políticas públicas. Pôr em diálogo essa diversidade de análises das políticas e suas relações com as novas tensões de poder será uma riqueza para o pensamento educacional e para outros estilos de formulação e análise de políticas.

■ Em sua produção teórica, você insiste na centralidade dos movimentos sociais no repensar da educação, do sistema escolar e das políticas educacionais. Isso seria uma consequência da centralidade dada às relações entre poder, políticas e educação?

Sem dúvida. Mas é mais do que uma forma de pensar. É reconhecer o papel político dos setores populares, dos trabalhadores dos campos e das cidades, do movimento operário, docente, dos movimentos sociais, raciais, indígenas, quilombolas, das mulheres e da diversidade de orientações sexuais como sujeitos políticos, de poder. Os avanços na consciência dos direitos têm esses atores como sujeitos centrais. Os avanços na garantia do direito à educação, à escola, ao conhecimento, à cultura são incompreensíveis sem entender esses sujeitos e seus movimentos e suas lutas por direito à terra, território, teto, trabalho, vida, saúde, educação. Continuar vendo-os como destinatários empobrece a visão do poder, do Estado, assim como a visão das políticas e de suas análises.

■ Mas há um ponto destacado em suas análises: o Estado. Você acha que o Estado tem ficado ausente ou tem sido visto de maneira benevolente no pensamento educacional?

As duas coisas. O preocupante no pensamento educacional é que se ignoram os sujeitos sociais, mas não se privilegia o Estado. O Estado não tem sido uma preocupação central no pensamento educacional nem sequer nas análises de políticas, de diretrizes e normas, até das LDBs e dos PNE. Nem sequer quando se analisa a escola, o sistema escolar, os currículos e até as políticas se destaca que são instituições e opções de Estado. Termos como leis, diretrizes, plano nacional, ordem constitucional, sistema nacional, governos, entes federados, questão federativa e republicana, pacto constitucional nos são mais familiares do que o Estado até nas análises de políticas. As políticas, as leis, as diretrizes, o financiamento, até o MEC, CNE, SE, a escola pública são vistos como instituições e assuntos de governo, não de Estado.

Mas insistir em que o direito à educação, à escola é assunto dos movimentos sociais não pode ser uma forma de secundarizar o Estado?

Pode ser, mas não tem sido essa a postura dos próprios movimentos sociais nem do movimento operário e docente. O movimento cívico dos 1980 defende educação, direito de todo cidadão e *dever do Estado*. Os movimentos do campo em sua 2ª Conferência Nacional enfatizaram: "Educação do campo, direito nosso, dever do Estado". Os movimentos urbanos pró-creche, escola, transporte, saúde, exigem respostas do Estado. Se o Estado não tem adquirido a centralidade no pensamento educacional e até nas análises das políticas e do corpo normativo, ele foi priorizado nos momentos de afirmação e de lutas pela educação e pelo direito a ter direitos vindos dos diversos movimentos sociais que exigem políticas de Estado, agrária, fundiária, urbana, de trabalho, saúde, educação, etc. Em contraste predominam políticas e diretrizes, normas e documentos, como o Plano Nacional de Educação, que se limitam a recomendar, estimular, promover ações, metas e estratégias sem qualquer caráter compulsório, de dever de Estado. São políticas e normas fracas, despolitizadas, de aconselhamento, de tentativas de convicção, de construir consensos. Postura esta tão incrustada no pensamento educacional, que leva à secundarização do Estado e da luta por políticas mais compulsórias para garantia de direitos. Que leva a secundarizar as lutas dos movimentos sociais por políticas de Estado.

Por aí podemos concluir que o Estado não tem merecido a centralidade devida no pensamento educacional?

Lembrava que nas lutas por educação como direito, o Estado tem estado presente. Por exemplo, na visão mais progressista, é exigido do Estado o dever de garantir os direitos da cidadania, oferecendo escolarização de qualidade, para a inclusão cidadã, para superar as desigualdades. Porém, na visão mais compensatória, mais tradicional, a mais persistente, o Estado é pensado como a solução para os problemas sociais e especificamente para resolver os problemas que os setores populares carregam à sociedade: o analfabetismo, a ignorância, a incultura, o atraso, até as violências, que põem em risco a ordem social e a moralidade. Nessa visão tão cara ao pensamento educacional, os coletivos sociais são *vistos como o problema*; logo, o Estado e suas instituições e políticas, sobretudo educacionais, são *vistos como solução*.

No pensamento educacional entra o Estado, mas como solução, porque o povo é pensado como problema. Logo, a uma persistente visão negativa dos coletivos populares corresponde uma visão central, positiva e até benevolente do Estado, de suas instituições e políticas como salvadores do povo-problema; uma visão da escola e das políticas educacionais de maneira particular como salvadoras.

Visão esta distante de tantas lutas por reconhecimento dos trabalhadores e dos setores populares como sujeitos de direitos que exigem deveres de Estado. Falta ao pensamento pedagógico uma visão política do Estado, nem sempre benevolente, nem sempre solução mas parceiro histórico na produção dos problemas, das desigualdades e vitimações que o povo padece. Contribuo com esta visão, somando com análises que politizam o papel do Estado em vários textos, o mais recente "Políticas educacionais e desigualdades: a procura de novos significados" (incluído nesta coletânea).

■ De 1972 a 1974 você foi professor na FAFICH, no Departamento de Ciências Sociais, e foi fazer o doutorado na Universidade de Stanford, no programa Políticas Públicas e Econômicas da Educação. O que representa essa experiência para pensar a educação?

Em Stanford encontro dezenas de estudantes que deixaram seus países por resistência a tantos autoritarismos que se espalharam pela América Latina. Ricos intercâmbios para conhecer nossa América e conhecer tantas resistências e lutas por libertação que tanto inspiravam o pensamento educacional. A reflexão das Ciências Sociais e da Ciência Política privilegiavam esse quadro político. O programa focalizava as relações entre educação e esses contextos políticos latino-americanos, os acordos com a USAID, a racionalização modernizadora, os controles como reações, a centralidade dada à educação nos movimentos cívicos de resistência.

Se alarga minha visão da diversidade das identidades na formação política latino-americana, assim como das marcas racistas dos padrões de poder, de trabalho, de acumulação da terra, do poder, da renda, do conhecimento. Padrões a que estão atrelados os sistemas educacionais. Reforcei no e doutorado o que vinha trabalhando desde o mestrado em Ciência Política: as relações entre Estado, poder, políticas educativas e sistemas educacionais. Na década de 1970 se destacava o pensamento crítico nas Ciências Sociais, que marcaria o pensamento educacional mais progressista.

■ O que representa, em seu pensar a educação, sua volta ao Brasil e à UFMG?

De volta ao Brasil no final de 1976 me integro na FaE-UFMG, na graduação e na pós-graduação. A realidade social e política brasileira, as diversas formas de resistência, os movimentos sociais nas periferias urbanas, o novo sindicalismo operário e o novo movimento docente colocam indagações para o pensamento social e educacional. Que papel tem a educação na conformação de um novo trabalhador? Como esses movimentos nos mundos do trabalho estão fazendo um outro trabalhador? Reoriento meu projeto de tese nessa direção, à procura de um diálogo histórico do fazer-se do trabalhador como processo de educação-formação. Escolho como foi pensada a educação na formação, no fazer do escravo-liberto em trabalhador, como o padrão racista de trabalho e de educação limitam esse projeto. Indagações fortes, presentes na pós-graduação da FaE-UFMG e de outras universidades e presentes nos GTs Trabalho e Educação, Movimentos Sociais e Educação, da ANPEd, de que participei desde sua fundação, produzindo com os membros dos GTs análises que marcaram e continuam marcando o pensamento pedagógico nas últimas décadas. Lembro-me do primeiro texto produzido em 1979, no auge do novo movimento operário e docente: "Operários e educadores se identificam, que rumos tomará a educação brasileira?" (incluído nesta coletânea).

Em que sentidos essa ênfase no trabalho como princípio educativo e no movimento operário como educador consegue marcar o pensamento educacional?

As análises coletivas que desenvolvemos no GT Trabalho-Educação sempre me levaram a essa indagação, em que o movimento operário e o docente, assim como os outros movimentos sociais, podem ser um apelo, um referente para repensar a teoria pedagógica. No texto "Revendo os vínculos entre trabalho e educação: elementos materiais da formação humana", parto de uma constatação: "Há fortes motivos para que a reflexão e a prática pedagógica não possam ficar alheias aos vínculos entre trabalho e educação... estamos acompanhando a impossibilidade da teoria e da prática educativa ficarem alheia aos processos educativos que passam pela produção material da existência humana".

Este tem sido um ponto preocupante na teoria pedagógica: esquecer a centralidade dos elementos materiais da formação humana. Esquecer tanto o caráter formador quanto o deformador dos processos do viver, sobreviver, da organização do trabalho, do desemprego, do precário e injusto viver a que tantos coletivos humanos são condenados desde a infância. Mais lamentável ainda, a teoria pedagógica nem sempre dá centralidade aos processos formadores das resistências e lutas pela sobrevivência, pelo trabalho, pelo viver digno e justo desses coletivos, crianças e jovens – questões centrais na produção teórica dos GTs Trabalho-Educação e Movimentos Sociais e Educação.

Em outro texto "Trabalho, educação e teoria pedagógica", incluído nesta coletânea, destaco como o reconhecimento dessa relação nos reeduca para um olhar mais global sobre o fenômeno educativo e para aprofundar como acontece a ação educativa nos processos sociais e escolares.

■ Avançando nessa direção, você tem destacado a necessidade de ver a escola como lugar de trabalho.

À medida que nos aprofundamos no GT Trabalho-Educação nos processos formadores e deformadores da organização capitalista do trabalho, fomos levados a nos aprofundar nesse mesmo caráter formador ou deformador da organização do trabalho no sistema escolar. No texto "As relações sociais na escola e a formação do trabalhador", nesta coletânea, coloco esta questão: Que papel cumprem as relações sociais na escola, na formação do trabalhador e dos educandos em geral?

Temos avançado em duas linhas: de um lado destacando o peso deformador de submeter educandos e educadores a processos de trabalho e a relações sociais tão deformadores na escola; de outro lado, destacando as tentativas de construir nova organização do trabalho que vem do movimento docente e criar novas relações sociais mais humanas. Que a escola seja educativa não só pelas lições que transmite, mas também por relações sociais mais humanas de trabalho, de tempos e espaços, de processos de agrupamentos, de avaliação.

Destaco também essas dimensões formadoras da vivência das situações de trabalho docente nos textos "Produção de saber em situação de trabalho: o trabalho docente" e "O direito do trabalhador à educação" (in: *Trabalho e conhecimento: dilemas na educação do trabalhador*. São Paulo, Cortez, 2002).

■ Na seleção para o mestrado na FaE-UFMG, em 1978, se candidata um número significativo de educadores(as) militantes na diversidade de movimentos sociais e de propostas educativas nas associações, nos sindicatos, na EJA, no movimento docente. O programa os privilegia. O que significou essa abertura aos movimentos sociais para o programa e para o pensamento educacional?

Analisei essa opção no texto "A reforma na prática (a experiência pedagógica no mestrado da FaE-UFMG)". A entrada desses educadores militantes deu vida nova ao programa, à FAE e à reflexão e produção teórica. Abrir-se ao que há de mais dinâmico e tenso na sociedade e aos sujeitos dessa dinâmica é a melhor forma de deixar-nos interrogar pelas questões desestabilizadoras e pelas práticas educativas radicais que os(as) educadores(as) militantes traziam. A riqueza de dissertações, depois teses, sobre a relação educação e trabalho, movimento operário, docente, movimentos e lutas populares por direitos, terra, espaço, saúde, transporte, educação instiga um novo pensar a educação, inclusive escolar; instiga novas análises das políticas educativas, curriculares, da formação de professores, da EJA, etc.

Trazer o trabalho, as ações e os movimentos sociais coletivos como princípios e processos educativos enriquece o pensamento educacional, inclusive escolar. Sempre que a relação sociedade-educação é levada a sério, ao que há de mais tenso na dinâmica social, política e cultural, o pensamento educacional se dinamiza em sua história. Abrir a pós-graduação a esses candidatos significou estreitar os laços entre pesquisa e análises educativas e as pressões por outros projetos de sociedade e de educação que traziam dos movimentos sociais. Uma tradição mantida na pós-graduação da FaE-UFMG, na linha "Sujeitos, movimentos sociais e cultura", mantida na graduação nos cursos Pedagogia da Terra, Formação de Professores Indígenas, Quilombolas e do Campo, Ações Afirmativas.

■ Você coordenou a elaboração e a implementação da proposta Escola Plural como secretário adjunto da rede municipal de Belo Horizonte e tem acompanhado semelhantes propostas em várias redes. Que motivações levaram à formulação e à implementação dessas propostas?

A história do pensamento educacional não passa apenas pela academia; se dá também nas escolas, nas propostas inovadoras de tantos coletivos de docentes educadores. A proposta Escola Plural não é um fato isolado; faz parte de uma diversidade de propostas de redes municipais, até estaduais e do Distrito Federal, que representam opções de partidos e de coletivos de educadores(as), de intelectuais e militantes. São opções de um longo movimento de renovação teórica e política; opções político-pedagógicas no quadro social, político e cultural do pós-autoritarismo, do movimento cívico, por direitos e cidadania. Estão também sintonizadas com o Movimento de Educação e Cultura Popular e com os novos movimentos sociais, urbanos, do campo, o novo sindicalismo operário e docente. São propostas que vinham dos governos democráticos de 1980 e se radicalizam ao se articular ao novo contexto político posto pelo avanço dos movimentos sociais, operário e docente, que rearticulam as relações entre direito à educação e à pluralidade de fronteiras de lutas por direitos: direito ao trabalho, à terra, ao teto, à moradia, à vida e às identidades de gênero, etnia, raça, classe, geração. A diversidade de propostas político-educativas tenta repensar a educação escolar nesses avanços das lutas por direitos.

O que há em comum nessa diversidade de propostas e em que aspectos introduzem novos elementos no pensamento educacional?

Destaco, apenas, alguns pontos que vêm instigando minhas análises desde essas vivências mais diretas da formulação e da gestão do sistema escolar. O primeiro aspecto a destacar é a tentativa de abrir as escolas, os currículos, as práticas docentes e gestoras a essa dinâmica social, tão diversa e tão plural. Logo, ver o direito à educação de forma ampliada, como direito à formação intelectual, cultural, ética, estética, identitária, plena, de sujeitos históricos, na concretude de suas formas de viver. O campo do pensamento educacional se alarga.

A segunda constatação desafiante é que já nos anos 1990 a infância e a adolescência que chegam às escolas públicas são outras. Chegam da sobrevivência, do desemprego, com vivências do tempo, do espaço e de moradia, do exercício da liberdade e de opções éticas nos limites. Elas se debatem com tentativas de articular essas vivências do tempo de sobreviver com a rigidez dos tempos escolares. A gestão dessas tensões de tempos passa a ser nuclear nessas propostas. Daí que todas elas se defrontam com tentativas de mexer na rigidez das estruturas temporais do nosso sistema escolar, com a lógica estruturante linear, sequencial, hierárquica, piramidal dos tempos e dos conteúdos e das disciplinas, dos currículos e das avaliações, reprovações, repetências, defasagens, que terminam negando o direito à educação dessas infâncias e adolescências que vão chegando tardiamente às escolas públicas. As propostas se contrapõem ao caráter segregador das estruturas escolares, priorizam a conformação de outras estruturas mais democráticas, mais humanas.

Os novos docentes dos anos 1990 foram levados em conta na elaboração dessas propostas?

Elas tentam legitimar e incorporar as práticas inovadoras das salas de aula e, sobretudo, as lutas por um trabalho mais justo dos mestres e alunos. Quando a infância-adolescência que chega às salas de aula é outra, a docência e o trabalho são pressionados a ser outros. A identidade profissional construída no movimento docente do final dos 1970 e nos 1980 foi obrigada a se redefinir diante das novas infâncias e adolescências, dos jovens e adultos do noturno e da EJA. Para além de sujeitos de seus direitos como trabalhadores em educação, são obrigados a se reconhecer profissionais da garantia dos direitos dos trabalhadores-educandos. É outra identidade e outra ética profissional. São outras fronteiras de luta docente, que exigem novos direitos e nova organização do trabalho e da condição docente. Daí a centralidade dada nessas propostas à reorganização do trabalho e das condições de trabalho, dos tempos, da condição de aulistas, a ênfase no trabalho coletivo, coletivos de ciclo, relação número de professores-turmas. Essas são questões que analiso no texto "Condição docente, trabalho e formação" (in: SOUZA, J. V. A. *Formação de professores para a Educação Básica*. Belo Horizonte: Autêntica, 2007).

Como a diversidade de propostas tentou reorganizar o trabalho e os tempos? Propunham outra lógica?

A lógica temporal, sequencial, hierárquica, rígida dos tempos, do trabalho, do ensino-aprendizagem, das disciplinas, dos currículos é segregadora e inumana para os(as) professores(as) e os(as) educandos(as). Como superá-la?

Buscando outra lógica na cultura e nas vivências dos tempos humanos, de respeito às especificidades dos tempos geracionais como tempos de formação intelectual, cultural, ética, de socialização e de aprendizagens. Mas também no respeito às vivências da infância e da adolescência, da juventude e da vida adulta específicas dos educandos nas particularidades de sua condição social e racial, da precariedade de formas de sobreviver de que são vítimas. Deve-se estar atento às formas de viver dos professores e da infância-adolescência populares. Como essas infâncias e adolescências, os jovens e adultos que chegam às escolas públicas interrogam e questionam uma organização escolar, de tempos, de avaliações, de percursos estruturados para outras formas de viver a infância-adolescência? Como os(as) próprios(as) professores(as), carregando para o trabalho vidas tão precarizadas, condições de trabalho extenuantes, questionam essa organização? Essa passa a ser a preocupação estruturante das propostas.

A indagação mais urgente que vem dessas crianças e desses adolescentes ou dos jovens e adultos da EJA vem de seus tempos de mal viver, que se desencontram com a estrutura de tempos e percursos escolares que os ignora ou rejeita, reprova, segrega e condena a defasagem por milhões. Como trazer esses impasses com centralidade para a formulação, a gestão e a avaliação, para as diretrizes e para o pensamento educacional? Essas propostas assumem um compromisso com a especificidade da infância-adolescência que vai chegando às escolas públicas, vidas e corpos precarizados e com a condição dos seus mestres e seu trabalho tão extenuante.

Está sugerindo que o que instiga essa diversidade de propostas não são tanto novas teorias, mas sim a chegada das crianças e dos adolescentes populares e suas formas tão precarizadas de viver seus tempos humanos?

Quando os(as) educandos(as) são outros(as), a escola é obrigada a ser outra. O trabalho docente passa a ser outro. O trabalho docente com crianças ou adolescentes tão violentados pela sociedade passa a ser um sobretrabalho. Sobretudo na organização de seus tempos e lógicas temporais. Se comparamos o mapa dos tempos escolares, tão quadriculado e regular, com o mapa dos tempos dos educandos e dos educadores, tão diversos, inseguros, em tantos contratempos, somos obrigados a outra gestão dos tempos escolares. Não porque as crianças e os adolescentes populares sejam lentos, desacelerados no aprender, mas porque levam outras vivências, têm outras indagações e outras formas de pensar e outros conhecimentos. Tenho tentado somar com tantas análises que recuperam essa centralidade do tempo e do trabalho e essa diversidade de vivências do tempo que chega às escolas. Destaco o livro *Imagens quebradas – trajetórias de tempos de alunos e mestres* (Petrópolis: Vozes, 2004). Nessa direção, reflito também no texto "Condição docente, trabalho e formação".

■ **As propostas Escola Plural, Sem Fronteiras, Escola Cidadã, Escola Cabana ou Escola Candanga, e tantas outras que você acompanhou e incentivou, coincidem em destacar o direito à educação, à formação e ao desenvolvimento humano pleno dos educandos. Por que essa ênfase e que pensamento educacional as inspira?**

Destacar o direito à educação é apenas recuperar uma longa história e aplicá-la ao direito concreto dos educandos que chegam às escolas populares. Lembremos os movimentos sociais, políticos e culturais que inspiram essas propostas: de um lado, o movimento cívico, recuperação da cidadania, educação, direito de todo cidadão; de outro lado, o avanço da consciência dos direitos que vêm dos movimentos do campo, urbanos, de gênero, étnico, racial, de orientação sexual, do movimento docente e sindical por direito ao conhecimento, à cultura, às identidades coletivas, aos valores. A ênfase é no direito à educação, à dignidade e à humanidade, à formação plena como humanos. Concepções desterradas do próprio sistema escolar desde a LDB, a Lei n. 5.692/71.

A ditadura não apenas desterrou grandes educadores, defensores do direito à educação, à cultura, aos valores, à humanização plena, como Paulo Freire, Florestan Fernandes ou Darci Ribeiro. Desterrou o próprio direito à educação do seu território, o sistema escolar, os currículos, a formação de educadores e docentes. Até o desterrou do pensamento educacional, reduzido a ensino, didáticas, métodos, aprendizagens e avaliações de resultados quantificáveis.

Esses embates estão postos nas salas de aula, nas identidades docentes, como tentei analisar no livro *Ofício de Mestre, imagens e autoimagens*

(Petrópolis: Vozes, 2000) e, mais recentemente, no livro *Currículo, território em disputa*" (Petrópolis: Vozes, 2011).

Nesse "desterrar" a educação do seu território, o sistema escolar empobreceu as concepções pedagógicas?

No pensamento escolar não se defrontam concepções de educação, mas de ensino, do que ensinar e do como, do que avaliar. Nos cursos de pedagogia e de licenciatura têm pouco espaço as teorias educacionais, as concepções de educação, formação humana. Até nos currículos de formação de educadores essas concepções não são centrais. Nem na identidade docente é central o ser educador(a). O tão proclamado direito de todo cidadão à educação caiu no esquecimento. O que leva a negar aos(às) educandos(as), sobretudo dos setores populares, o direito à educação e até ao conhecimento, relegados a mercadoria, a ser capacitados em habilidades elementares de ensino capacitadoras para trabalhos elementares, desprestigiados e mal pagos.

Mas não faltaram reações a esse empobrecimento.

Sem dúvida, as propostas que acontecem em tantas redes e escolas podem ser vistas como opções políticas, por trazer de volta o direito à educação.

No final dos 1980, em São Paulo, com Paulo Freire, e nos 1990, em tantas administrações públicas, se explicitam essas tensões por trazer de volta o direito à educação, à formação intelectual, cultural, ética, identitária. Nas pesquisas e análises das CBEs e na ANPEd, na ANPAE, no ENDIPE, na graduação e na pós-graduação, o trazer de volta a educação enriquece o pensamento educacional. Mas essas tensões estão repostas. Não esqueçamos que o movimento conservador do Banco Mundial, a qualidade total que expatria de novo a educação do sistema escolar, através da ênfase em currículos por competências e de avaliações sistêmicas por resultados, tão na moda na atualidade, fazem parte dessas tensões políticas por concepções do direito à educação.

As mesmas agências que promovem o capitalismo, que produz tantas desigualdades, promovem políticas distributivas para a correção dessas mesmas desigualdades via domínio de competências escolares. As propostas de final dos 1980 e dos 1990, ao trazer a educação, a formação humana como direito, representam um momento de recuperação do pensamento educacional mais humanista, mais totalizante e politécnico, tão presente na pedagogia socialista, na pedagogia crítico-social, na sociologia crítica do currículo e na consciência de direitos dos movimentos sociais.

Podemos ver nessas propostas outras opções e escolhas políticas ou de políticas?

Esta é uma característica marcante dessas propostas político-pedagógicas: são *escolhas, opções* articuladas ou que fazem parte de opções de projetos de sociedade, de campo, de afirmação dos trabalhadores, de coletivos sociais, de gênero, raciais, geracionais, ou opções por educação para fortalecimento de suas lutas por culturas, identidades, memórias, terra, teto, trabalho, direitos. Esse caráter de *propostas-opções* político-pedagógicas se contrapõe à monotonia repetitiva das políticas distributivas, compensatórias, reparadoras ou corretivas do suposto atraso, da ignorância, do analfabetismo, da incultura, do sem-valores de ordem e de trabalho que os setores populares supostamente carregam como uma herança maldita do nosso passado, como uma doença a ser erradicada pela escolarização, pelas políticas reparadoras e erradicadoras.

O pensamento educacional se pensa como corretivo, superador ou ao menos compensador dessa triste herança de um passado que persiste, dessa doença nunca erradicada. Daí a persistência de um pensamento educacional supletivo, corretivo e compensatório, até conscientizador, das inconsciências do povo, dos seus misticismos, de sua tradição e sua ignorância.

Explicite mais essa contraposição entre erradicar, corrigir uma herança maldita e optar, fazer opções políticas por projetos-propostas no presente.

No campo da educação sobram políticas corretivas, erradicadoras dos males do passado, e faltam opções políticas frente ao presente. A educação não se pensa como um ideia de opções e escolhas políticas. As políticas não têm sido opções políticas, mas apenas repetidas campanhas para erradicar as doenças do analfabetismo, da ignorância, da inconsciência. Sem obrigatoriedade jurídica. De Estado. Até o novo PNE repete como a primeira meta, "erradicar o analfabetismo". As campanhas mais atuais pró-padrão de qualidade mínima e tantos programas pró os atrasados, os pobres carregam a mesma visão: suprir suas carências, heranças do passado. As metas do milênio da ONU repetem a mesma lógica: erradicar a pobreza extrema e a fome, reduzir a mortalidade na infância. Os termos são os mesmos: erradicar, combater, promover, melhorar. Termos sem força ou obrigatoriedade jurídica; logo, um dever do Estado fraco, ineficaz e irresponsável. Até aí chegam as políticas hegemônicas para os atingidos por esses "males do passado ainda não erradicados".

O que trazem de instigante essas propostas pedagógicas dos anos 1980 e 1990 em sua diversidade é ser *opções políticas,* ao destacar que essas "chagas" do analfabetismo, da desescolarização de tantos milhões se devem a escolhas, a opções políticas no passado, que se perpetuam em nossa formação social, política, econômica, cultural e pedagógica. Um dos méritos dos programas-escolhas-opções políticas mais radicais dos anos 1980 e 1990 é que se contrapõem a velhas opções de outras políticas. Contrapõem opções políticas no passado e no presente. Os coletivos sociais, quando nos lembram do seu passado, é para nos dizer que seu presente de segregação tem raízes em opções políticas do passado e do presente. Não se veem como herança maldita, fardo pesado do passado.

Trazer essa denúncia para o pensamento social, político e pedagógico é uma das contribuições dessas propostas-opções políticas que se afirmavam desde o final dos 1980. Pontos que tenho destacado nas várias análises de políticas, insistindo em que se assumam como opções políticas, reconhecendo as injustiças do passado como opções políticas, e não como heranças malditas a corrigir e erradicar. Nesse sentido, as propostas político-pedagógicas invertem a direção tradicional das políticas compensatórias para os trabalhadores e seus(suas) filhos(as) que chegam à escola.

■ Essas propostas seriam ainda válidas para as tensões e os desafios atuais?

Vinte anos depois, as propostas Escola Cidadã, Plural, Sem Fronteiras, Cabana, Candanga... e tantas outras teriam de ser outras. Mais radicais. Por vários motivos.

Primeiro, porque os professores se tornaram mais criativos, mais autores de práticas inovadoras e exigem reconhecimento e maior autonomia. Segundo, porque a infância e a adolescência que chegam às escolas públicas carregam vidas mais precarizadas, mas ao mesmo tempo carregam vivências de resistências e de lutas pessoais e coletivas por um digno e justo viver; exigem outros tratos nas escolas. Terceiro, porque, diante de outros docentes-educadores e de outros educandos, a escola, a docência, os currículos têm de ser Outros. Esses docentes e esses alunos não cabem mais na estrutura segregadora, rígida, meritocrática, sequencial que ainda prevalece em nosso sistema e que já nos anos 1990 essas propostas tentaram quebrar, abrir, democratizar e humanizar. Hoje se exigem, com maior urgência política, propostas de escolas que tratem os mestres e alunos com a humanidade e a dignidade que a sociedade lhes nega.

■ Em suas análises há uma constante: trazer com destaque os sujeitos da ação educativa, os(as) professores(as) educadores(as) e os(as) educandos(as).

Ao longo desta entrevista tento destacar que o pensamento pedagógico se alimenta e até se repensa diante das indagações que chegam da dinâmica social, das tensões políticas e da diversidade de atores sociais, mais diretamente das presenças, resistências e afirmações dos trabalhadores e setores populares em seus movimentos por direitos. O pensamento educacional escolar participa desses mesmos processos. Não é uma cópia mais ou menos fiel de teorias que chegam de fora. O pensamento mais marcante em nossa história é aquele que repensou teorias em diálogo e até em confronto com a realidade vivida por crianças, adolescentes, jovens e adultos que foram chegando dos setores populares às escolas públicas. É de suas formas precarizadas, injustas e até inumanas de viver que chegam aos(às) seus(suas) educadores(as) cada dia as indagações mais desestruturantes das teorias aprendidas nos currículos de formação. Sobretudo é do sobretrabalho docente e das artes de acompanhar essas vidas precarizadas que chegam as indagações mais desestruturantes, as teorias pedagógicas e didáticas.

■ Você sugere que o pensamento educacional seria outro se incorporasse essas indagações com que se defrontam os docentes nas escolas públicas?

As teorias pedagógicas tentam dialogar e incorporar essas indagações tão desestabilizadoras. Não há como produzir pensamento pedagógico ignorando a condição e o trabalho docente nem as formas de sobreviver das infâncias-adolescências que chegam às salas de aula. Daí a urgência de pensar a educação, os currículos e didáticas, a organização escolar e o trabalho docente a partir delas. Daí a urgência em conhecê-las não apenas em seus percursos escolares, mas sobretudo em seus percursos humanos e tão inumanos.

Há a mesma urgência em conhecer mais as trajetórias humanas, profissionais dos(as) trabalhadores(as) em educação. Sua origem social, racial, de gênero, sua participação na diversidade de movimentos, sobretudo sua nova identidade profissional coletiva construída em mais de três décadas do movimento docente. De um olhar atento, próximo às formas de viver dos educandos e educadores-docentes, poderá vir um repensar radical da educação e de suas teorias e práticas.

■ A sua hipótese é que essas indagações mais radicais vêm dos educandos e educadores das escolas públicas?

A escola pública, o sistema público de educação vem passando por transformações radicais com a chegada dos setores populares. Ao nos defrontarmos com a gestão da escola pública, o primeiro impacto é com os(as) educandos(as), a infância e a adolescência populares que vão chegando com séculos de atraso, carregando suas vidas precarizadas. O impacto ainda é com o mal-estar docente, as inseguranças diante desses educandos. E ainda faltam por chegar 3%, os filhos das famílias abaixo da linha da pobreza.

Uma das constatações que vem impactando os educadores-docentes das escolas públicas é a precarização das formas de sobreviver da infância-adolescência. A pergunta se impõe: que reflexão pedagógica e que intervenção política adotar se partimos dessa constatação? A precarização do viver é uma questão política que afeta a vida política não apenas porque possa condicionar os processos de ensino-aprendizagem. O fato de que milhões de crianças e adolescentes passam fome, sobrevivem em espaços nos limites, sofrem tantas violências é um problema político, humano e pedagógico da maior gravidade. Reduzi-lo a uma questão didática ou escolar de responsabilidade única de seus(suas) professores(as) supõe uma despolitização de processos brutais dessa violência política.

Desde nossa condição de gestores do sistema escolar, de professores ou formuladores e analistas de políticas ou de currículos e material didático, teremos que perguntar que opções tomar, o que deve ser feito politicamente com os sofrimentos da infância, que teorias darão conta dessa nova infância, de sua humanização. Mais ainda: somos levados a entender que o que acontece nas escolas e na sala de aula depende das estruturas políticas e econômicas que precarizam o sobreviver dos(as) educandos(as). Como relacionar o pensamento educacional com essas estruturas que condicionam nosso trabalho e os percursos humanos formadores dos(as) educandos(as) e dos(as) educadores(as)? Disso decorre a exigência de outro pensamento educacional, de outras práticas e de outras políticas.

■ Está sugerindo que essas vidas precarizadas trazem o apelo de uma nova ética profissional?

Esse é um apelo radical para o pensamento educacional e para a formação profissional. A escola pública, as políticas públicas, ao receber infâncias-adolescências com vidas e corpos tão precarizados, são obrigadas a se repensar como públicas, e seus profissionais são obrigados a repensar sua ética profissional. Somos obrigados a conformar uma ética pública capaz de captar, acolher e defender o valor da vida em infâncias que padecem o sem-valor da vida. Reafirmar a ética pública e a escola pública como esfera pública exige repensar seu compromisso radical com as vidas precárias e os corpos agredidos e violentados que os(as) novos(as) educandos(as) levam às escolas, exige um pensamento pedagógico que incorpore a centralidade para a formação humana de vidas-corpos tão precarizados desde a infância.

Essa nova ética pública supõe um esforço de como entendê-las ou como politizar nosso trabalho politizando a precarização do viver das crianças-adolescentes com que trabalhamos. Essas marcas e feridas que expõem em seus corpos nos ajudam a entender de que relações sociais e políticas dependem suas vidas, suas aprendizagens e nosso trabalho. Somos menos autônomos do que pensamos, e os educandos são menos autônomos do que nossas avaliações pensam.

■ Como pode ser fecunda em indagações teóricas uma visão mais politizada das vidas precárias e dos corpos tão precarizados que chegam às escolas?

Reconhecendo como esse viver injusto condiciona a socialização, a formação-deformação, a humanização-desumanização, as identidades positivas ou negativas dos(as) educandos(as), assumindo que a função da escola e da docência é acompanhar os processos de formação-aprendizagem humanas de crianças-adolescentes concretos, em formas concretas, históricas de viver. É urgente superar concepções generalizadas de educação, de desenvolvimento humano ou de aprendizagem de conhecimentos tão distantes do seu viver.

A precarização do viver da infância se reparte de formas diversificadas. Há vidas mais expostas do que outras ao viver precarizado, indigno e injusto. As crianças e os adolescentes que vão chegando nas últimas décadas e que frequentam as escolas públicas sofrem com especial intensidade um viver injusto, o que nos obriga a uma reflexão política peculiar: entender os concretos processos sociais e políticos desse injusto viver. A reflexão pedagógica e as políticas vêm se tornando mais sensíveis a essas formas tão precárias de viver da infância e da adolescência, mas ainda não é uma reflexão central.

Avançar nessa reflexão exigirá assumir a responsabilidade ética e política que corresponde ao sistema educacional público, aos órgãos de políticas e a reflexão pedagógica. Procurar uma interpretação política, ética e histórica dos brutais processos de precarização da infância ajudará a ter uma melhor interpretação e intervenção pedagógica. Um pensamento pedagógico centrado apenas no direito à informação, à aprendizagem, ao conhecimento e às habilidades não dará conta da centralidade do direito a um digno e justo viver com que os educadores se defrontam. O diálogo com essas infâncias poderá levar a outro pensar pedagógico. (Ver "A infância interroga a pedagogia", nesta coletânea.)

■ Na sua experiência de gestão, como sentiu os docentes-educadores convivendo com vidas tão precarizadas, até com seu próprio viver tão precarizado?

Há muitos profissionais nas escolas que sentem indignação e dor diante dessas indignidades de viver dos educandos e orientam esses sentimentos para refletir como coletivos sobre como entendê-los, como recuperar sua humanidade e sua dignidade quebradas, sobre como acompanhá-los nos processos de aprendizagem, de socialização e do exercício ético da liberdade. Há profissionais que superam visões naturalizadas e que se escandalizam diante dessa precarização da infância e se colocam: como, desde a docência, será possível criar uma cultura política e relações sociais fora e dentro da escola onde o sofrimento e o viver injusto não estejam legitimados?

Quando o viver indigno, precário e injusto dos educandos nos escandalizar, as formas de vê-los e de pensar a sociedade e a escola, a docência, o currículo e as didáticas serão outras. Essa injusta precarização do viver da infância-adolescência não pode ser ocultada, ignorada sem deixarmos de ser humanos e educadores. Expô-la e denunciá-la é uma postura profissional ética.

■ O pensamento educacional, as políticas e as diretrizes, as formas de gestão têm se mantido sensíveis a essas vidas tão precarizadas que chegam à escola pública?

As sensibilidades dos profissionais das escolas terminam indagando as pesquisas e as análises. É difícil conviver com esses profissionais sem levar essas questões ao que escrevemos e refletimos. Quando a condição humana é violada tão precocemente, o que nos resta como profissionais da formação humana? As políticas e diretrizes e a pedagogia escolar têm sido muito sensíveis às dificuldades de letramento e de aprendizagem, às disciplinas, à ordem, aos resultados do sistema de avaliação, mas não tão sensíveis à dor, à insegurança, ao injusto viver dos educandos. Nem tão sensíveis à forma como os docentes vivem essa precarização. Por quê? Há fracassos escolares que nos indignam, mas há fracassos humanos, vidas quebradas que não nos provocam a mesma indignação profissional, intelectual e gestora. Reproduzimos na cultura escolar a cultura política e social. Há sofrimentos que indignam mais do que outros. Há vidas que valem mais do que outras, dependendo dos sujeitos, das classes, das raças que as vivem ou mal vivem. Há infâncias e infâncias.

■ Que dimensões humanas indagam com maior urgência as concepções pedagógicas?

As vidas precarizadas da infância-adolescência popular desafiam as concepções normativas do que é humano com que as teorias pedagógicas trabalham. Há dimensões humanas, familiares à pedagogia, mas há dimensões humanas invisíveis, ignoradas: a dor, a fome, a moradia indigna, o sofrimento, o viver precário, injusto, inumano nos limites, não tem *status* pedagógico e legal. Mas é nessas vivências que acontecem ou não os processos de humanização e de aprendizagem. São as dimensões humanas ou inumanas que padecem tantas vidas invisíveis à política, à lei e até à pedagogia.

O problema cada vez mais explosivo nas escolas públicas é que se torna impossível ignorar essas dimensões humanas e tão inumanas expostas pelas próprias crianças, letrandos, aprendizes, avaliáveis. Não só chegam às escolas vidas precárias, mas vidas – jovens, adolescentes e até crianças, eliminadas e ameaçadas de morte, como mostram os dados sobre as violências. Dos eliminados em cada fim de semana, dois em cada três são adolescentes e jovens negros, pobres. Como repensar a pedagogia enquanto processo de humanização quando convivemos com o prosaico da eliminação da vida humana? Que questões de ética estão em jogo? Podem ser ignoradas pela ética profissional e pela teoria pedagógica? Trabalho essas indagações no texto "Quando a violência infanto-juvenil indaga a pedagogia" (in: *Educação & Sociedade*, Campinas, v. 28, 2007.

A pergunta mais desafiante para as teorias pedagógicas é "por que tanta resistência a articular o direito à educação-aprendizagem com o direito à vida, ao viver justo?". As dificuldades ou resistências em reconhecer os direitos da vida conduzem a um bloqueio ético e político, a um bloqueio no pensamento pedagógico. São questões que me têm instigado e instigam tantas análises do atual pensamento educacional, nas sociedades com milhões de pobres, sobreviventes, miseráveis, cujos(as) filhos(as) chegam às escolas públicas.

■ Esse destacar os(as) educandos(as) e seus apelos para o pensar e agir pedagógico se complementa com trazer com todo destaque os(as) educadores(as) trabalhadores(as) na educação. Por que essas ênfases?

Do viver tão precarizado dos trabalhadores na educação chegam apelos urgentes para o pensamento educacional, pouco ouvidos. Porque educar é uma relação de gente com gente, de seres humanos em processos mútuos de humanização, de socialização e aprendizagens. Quando os sujeitos da ação educativa são secundarizados ou esquecidos, a própria educação é secundarizada, e a teoria ou o pensamento educacional se empobrece, vira tecnicismo, currículos por competências, qualidade medida por domínios de resultados quantificáveis.

Ir além de repetidos *slogans* como "valorização do magistério" e trazer à cena político-pedagógica os profissionais da educação não é um capricho, mas é trazer o núcleo conformante do educar, humanizar: seus sujeitos humanos. Concretos, na condição ou conformação docente, no trabalho, nas relações sociais de trabalho. Na nova consciência de direitos como mulheres, negros(as), indígenas, quilombolas, do campo. Sobretudo, nas suas resistências, nas suas lutas e na sua organização como coletivos diversos. Como movimento docente. Como se conformam e como desconstroem imaginários e representações sociais pesadas, desfigurantes, mas também como constroem autorrepresentações positivas de trabalhadores sujeitos de direitos.

O livro *Ofício de mestre, imagens e auto-imagens* pode ser a expressão dessas preocupações que estão disputando até os currículos.

■ Você tem somado na defesa da escola pública e na construção do público. Acha que essa bandeira ainda é central no pensamento político educacional?

A defesa da escola pública, da universidade pública é uma das bandeiras mais caras à reflexão pedagógica. Se avançou bastante, não avançou tanto na construção do público nem na compreensão dos limites de afirmar um sistema público de educação no contexto histórico de uma esfera pública fraca. Em nossa tradição política, o campo do público, a vida pública é muito limitada a alguns coletivos, algumas vidas e algumas presenças e atores. Nem tudo, nem todos podem aparecer na esfera pública, no campo do público. Os Outros, privados de rostos, de visibilidade, de existência e de legitimidade em nossa história não foram e continuam não sendo reconhecidos e dignos de estar na esfera pública, dignos de reconhecimento público nem de fazer parte do contrato social.

■ A fraqueza histórica da esfera pública e da escola pública tem a ver com o lugar ou o sem-lugar dos setores populares na comunidade política?

Sem dúvida. À medida que esses setores populares pressionam por reconhecimentos como sujeitos de direitos, a fraca esfera pública entra em crise.

A construção do sistema escolar como público padece desses limites de reconhecer os setores populares, seus(suas) filhos(as) como membros da comunidade política e como merecedores de ser admitidos na esfera pública, não apenas na escola pública ou na universidade pública. Essas instituições públicas terão dificuldade de aceitá-los, uma vez que em nossa cultura política pública ainda continuam pensados como inexistentes. Se suas vidas, sua existência, suas experiências humanas nada valem, não têm valor ou reconhecimento nem sequer como humanos, não serão reconhecidos como membros da cidadania. Hoje percebemos que não foi suficiente defender educação direito de todo cidadão em uma tradição política que segrega os coletivos populares do pertencimento à comunidade política.

A esfera do público tem sido estreita, pobre em nossa tradição política, por ter deixado de fora do contrato social coletivos, experiências sociais e conhecimentos, direitos e vidas não reconhecidas como existentes, como humanas, cidadãs. Enquanto não se abrir a esfera pública e a cultura política e cidadã a essas vidas, reconhecendo os Outros como humanos, existentes, legais, a esfera pública continuará restritiva, não pública, privatizada pelos Nós. Consequentemente, estará longe o sonho de conformar o sistema escolar público de direitos para todos. Um sonho adiado diante de políticas que colocam a garantia dos direitos aos bens públicos na lógica do mérito.

A escola pública tem contribuído na afirmação da esfera pública?

Foi nossa bandeira desde o movimento cívico dos 1980, mas os avanços são limitados. A articulação entre lutas por educação e cidadania tem uma história importante. A defesa da educação como direito de todo cidadão tem sido uma forma de pressionar por conformar a escola pública e a esfera pública. Entretanto, à medida que os direitos do trabalho entram em crise, os direitos da cidadania entram em crise. Crise esta que atinge a relação cidadania-educação-escola pública. As restrições aos direitos do trabalho e da cidadania encolhem ainda mais a esfera pública e a escola pública. Quando o trabalho e a cidadania viram mercadoria, a lógica privada invade o público e a escola, a universidade pública.

As tentativas de avançar em políticas de reconhecimento e de cidadania descondicionada podem ser uma aproximação a ampliar a esfera pública e a colocar as bases de nos aproximar de um sistema público. A afirmação da esfera pública pela sua ampliação é uma das metas da política. A ampliação do acesso à escola vai nessa direção. Porém, os entraves para a permanência e a estratégia de condicionar o reconhecimento da cidadania a fazer um percurso escolar exitoso enfraquecem a consolidação da esfera pública. Com essas crenças e essas segregações a escola pública retarda a construção do público, uma vez que mantemos os coletivos populares, os Outros, fora da esfera pública ou condicionamos seu pertencimento a critérios privados do mérito. Logo, nem todos pertencem a ela por direito, mas só aqueles instruídos, descondicionados por percursos escolares exitosos ou por passagens exitosas em vestibulares.

■ Está sugerindo que as promessas de conformar a esfera pública, de ampliá-la, proclamando o direito de todo cidadão à educação, fracassaram?

Não fracassaram, mas se defrontaram com um dos problemas mais limitadores da conformação da esfera pública. Como destaquei, nos debatemos com o não reconhecimento histórico dos trabalhadores, dos coletivos diversos feitos e tratados como inferiores, subcidadãos fora da lei e da condição de membros da comunidade política, indígenas, quilombolas, negros, dos campos e das periferias urbanas e regionais; dos Outros fora da cidadela, tratados como não dignos de fazer parte da comunidade política, cidadã se não provarem ser merecedores. Avançamos pouco nessas representações históricas inferiorizantes dos Outros, por isso avançamos pouco na conformação da escola pública.

Quando o pertencimento à esfera pública cidadã continua condicionado para milhões de subcidadãos e a escola "pública" se presta a vê-los como subcidadãos, condicionados a passar por testes de passagem para a esfera pública, tanto esta quanto a escola pública se debilitam, como esferas públicas. A escola, se pensando como descondicionante para que os setores populares mereçam entrar na esfera pública, termina adiando a tensa história de construção do público.

■ Suas críticas a essas segregações-reprovações encontram motivação nessa defesa da condição pública da esfera escola pública?

Tenho somado na crítica ao caráter segregador, reprovador e seletivo da escola pública. O texto "Fracasso-sucesso, um pesadelo que perturba nossos sonhos" é uma expressão. Mas a crítica mais contundente vem dos segregados, dos pensados como subcidadãos ao se afirmar e se fazer presentes na disputa política como atores políticos e de políticas. Ao quebrar as formas inferiorizantes de vê-los e alocá-los, se contrapõem a tantos condicionantes e filtros segregadores na sociedade e no sistema escolar. É deles que vêm as pressões pela conformação da esfera pública.

Ritualizar o reconhecimento da cidadania dos setores populares vistos como subcidadãos não é o melhor caminho para afirmar e ampliar a esfera pública nem a escola ou a universidade públicas. Nessas armadilhas se revelam fracas as proclamações educação para a cidadania, tão caras ao progressismo cívico-pedagógico, assim como a defesa da seleção por mérito para a entrada nas universidades públicas ou da retenção e reprovação de milhões de filhos(as) do povo por não passar com êxito no percurso escolar desde o pré-escolar. Todos esses *slogans* e esses filtros, provações-reprovações, exigências de mérito mostram que o sistema escolar pressupõe que a esfera pública é para poucos e que só se ascende a ela por mérito. Logo, continua e deve continuar fechada, restrita a poucos, a critérios não públicos, mas de mérito.

Como defender um sistema público prestando-se e reforçando uma visão restritiva da esfera pública? A distinção entre esfera pública e esfera privada fica desfigurada. Mais um campo desafiante para o pensamento educacional tão comprometido com a consolidação da escola pública. O caminho está posto: reconhecer os movimentos sociais como atores na conformação da ampliação da esfera escola pública. Nessa direção reflito nos textos "Pedagogias em movimento, o que temos a aprender dos movimentos sociais" e "O aprendizado do direito à cidade: a construção da esfera pública".

Sua experiência em gestão do sistema público de educação o leva a ver avanços na conformação da escola pública?

Como disse, há avanços, ou melhor, a escola pública se defronta com novas tensões. Lembremos de dois fatos. Primeiro, as escolas públicas urbanas, municipais sobretudo, estão localizadas nas áreas mais precarizadas, de maior segregação social e econômica. As grandes cidades e até as médias se dividem cada vez mais em áreas nobres, poucas, onde se instalam as escolas privadas, e em extensas e distantes áreas precarizadas, pobres. A escola pública passou a ser vista como escola pobre, para pobres, reforçando a representação social de público sinônimo de pobre, assistencial. Uma visão cada vez mais distante do ideal republicano de escola pública.

Por outro lado, as crianças e adolescentes, os jovens e adultos que frequentam essas escolas públicas padecem de tal segregação social e econômica e racial, que são bloqueados de sua condição de cidadãos e tornados destinatários de programas de assistência, compensatórios, o que tende a desfigurar o público, as políticas públicas e a escola púbica. Sua condição de pobreza os leva a ver a escola pública na lógica do privado, de tirar um diploma para se vender como empregáveis. A escola publica, na lógica de sua incondicional preparação para o mercado, se nega como pública. Nesse contexto de segregação social e racial da infância-juventude popular difícil, a escola pública deve se afirmar como pública.

Nesse quadro cabe pensar que estamos em tempos propícios para a renovação do pensamento educacional?

Ao longo da entrevista e dos meus textos, me persegue uma convicção. As presenças afirmativas, emancipadoras dos movimentos sociais injetam indagações desestabilizadoras e criativas sobre projetos de sociedade, de campo, sobre os direitos dos sem-direitos, indígenas, negros, mulheres, dos sem-terra, sem-teto, das lutas por direitos à cultura, a saberes, a políticas alternativas, a leituras de mundo e de si mesmos, à justiça cognitiva, lutas por outra história e memória, outros valores e sociabilidades, etc. – todos os campos instigantes do pensamento social e educacional. Nessa pluralidade de lutas a pedagogia poderá ver processos outros de formação, de aprendizagem, de conhecimentos e de valores alternativos, que poderão recriar o pensamento educacional e as práticas escolares. Há um processo amplo e diversificado de educação, conhecimento, cultura e valores a ser assumidos no pensamento educacional. Se os assumir, sairá renovado.

As teorias pedagógica e didática, bem como o conhecimento e os currículos, estão em tempos de reinvenção porque deixaram de ser territórios pacíficos, de consenso. Tornaram-se territórios em disputa. Discuto sobre essa nova realidade, tão tensa e promissora, no meu mais recente livro "Currículo, território em disputa" (Vozes, 2011).

■ Não foi essa postura de disputa e de abertura às tensões dos anos 1960 que inspirou o movimento de educação popular e a pedagogia crítica e libertadora dos anos 1980?

Sem dúvida. Quando a teoria pedagógica entra nas disputas sociais, políticas e intelectuais, ela se transforma. Esse contexto de disputas inspirou o pensamento educacional crítico e libertador, que teve como atores vários intelectuais e educadores.

Agora as lutas se ampliaram, e os próprios movimentos sociais têm seus militantes-intelectuais, suas políticas educativas e seu pensamento social, político e educacional. As novas experiências sociais vêm acompanhadas de outras interpretações, produzidas por novos atores sociais e educativos.

Os movimentos sociais se afirmam pedagogos, educadores, produtores de novas teorias e práticas de libertação. Os antigos destinatários de pedagogias conscientizadoras e críticas se afirmam, hoje, como atores sociais que produzem ações políticas radicais e constroem novas teorias pedagógicas. Teorias que exigem reconhecimento e diálogo com outro pensamento pedagógico, outros conhecimentos e currículos, diálogo com outros sujeitos.

Textos selecionados

A infância interroga a pedagogia[1]

É um conceito nebuloso um conceito? É uma fotografia obscura uma imagem de uma pessoa? Pode sempre mudar-se com vantagem uma imagem obscura por uma nítida? Com frequência, não é a imagem obscura a que justamente necessitamos?

Wittgenstein, Ludwig

O pensamento pedagógico se constrói em diálogo com a infância. Esta traz à pedagogia as interrogações sobre as quais é obrigada a refletir para repensar suas verdades.

A pedagogia vem acumulando uma longa experiência da infância desde seus primórdios. Experiência direta, cotidiana, que alimentou as formas com que pensou a infância e se pensou a si mesma (Gagnebin, 1997). Entretanto, a pedagogia vai ao encontro da infância com seus imaginários e suas verdades. Verdades prévias que condicionam sua experiência, seu pensar e fazer pedagógicos. Nem sempre experiências e verdades da infância caminharam juntas, nem se alimentaram mutuamente. As verdades prévias com que a pedagogia se aproximou da infância alimentaram mais seu pensamento do que as experiências da infância.

Mas há tempos em que essa relação se inverte, ao menos é questionada, quando o protagonismo da infância e suas experiências e formas de viver interrogam as verdades da pedagogia. São tempos em que as experiências da infância são tão tensas e precarizadas que as verdades da pedagogia sobre si própria e sobre a infância entram em choque. As metáforas e as imagens de

[1] Texto originalmente publicado em: SARMENTO, M. J.; GOUVEA, M. C. S. *Estudos da infância: educação práticas sociais*. Rio de Janeiro: Vozes, 2008. p. 119-140.

ambas se quebram (Arroyo, 2004). Estamos em tempos em que o pensamento pedagógico é levado a rever suas verdades, metáforas e autoimagens, a partir das experiências da infância. No campo da sociologia, da história social, entre outros, a infância tem ocupado um espaço significativo. Também as ciências se aproximam da infância com suas verdades prévias ou a veem através de suas verdades sociológicas, históricas. Verdades prévias que condicionam seu olhar e as ideias de infância que nos transmitem. Por seu lado, as ciências do humano também são interrogadas pelo protagonismo social da infância, revendo suas verdades e trazendo outras interpretações.

A pedagogia se repensará à medida que estiver atenta a como a infância experimenta seu viver, mas também se estiver atenta a como as diversas ciências pesquisam e refletem sobre essas experiências, revendo as verdades sobre a infância. Nesses dois terrenos as interrogações chegam à pedagogia. Por seu lado, a pedagogia, que manteve por ofício ao longo da história um convívio cotidiano com a infância, traz suas experiências e interrogações para as ciências. Um diálogo mútuo num campo que se torna próximo: a infância.

Se mudam as formas como a infância experimenta ser criança e adolescente e se as diversas ciências trazem elementos que interrogam as verdades sobre a infância, como repensar a pedagogia? As infâncias e as ciências estariam sugerindo à pedagogia que se liberte das verdades com que pensa a infância e se pensa a si própria?

Organizamos esta escrita entrelaçando esses dois olhares ou essas duas escutas: como as infâncias experimentam a infância e como as ciências repensam verdades sobre a infância. Nesse entrelaçado buscamos as interrogações que a infância traz à pedagogia.

Podemos começar reconhecendo que a infância está sendo o território onde se encontram a pedagogia e as diversas ciências. As interrogações que a infância coloca repercutem nos diversos campos do conhecimento. Por aí passam tentativas de aproximação entre a pedagogia e a história, a antropologia, a sociologia, a psicologia sociocultural. Aproximações que revelam dificuldades e logros nessa empreitada comum do conhecimento e do trato da infância. As ciências interrogam a pedagogia sobre suas verdades, e esta não deixa de trazer interrogações para as verdades das ciências. Vejamos alguns pontos de aproximação e de distanciamento nesse diálogo.

A pedagogia interrogada pelos estudos sobre a infância

O pensamento pedagógico foi se configurando em diálogo com as ciências que interrogam o aprender humano e estudam os tempos desse aprender especificamente a infância. O pensamento educativo se enriquece quando dialoga com as contribuições das ciências do humano, se empobrece e vira didatismo quando se fecha ao diálogo. Desde seus começos a pedagogia dialogou com a filosofia. Filosofia e educação têm trazido a infância para o debate. A ideia da infância tem sido fundadora da tradição filosófica e educativa (Kohan, 2003).

Mais recentemente a infância tem ocupado um espaço significativo nas diversas ciências do humano. Suas pesquisas e reflexões teóricas têm trazido outras verdades e outras imagens da infância. Como interrogam as verdades e as imagens com que a pedagogia construiu seu pensar e fazer educativos? As contribuições mais interrogantes para a pedagogia vêm da diversidade de estudos sobre a infância. Poderíamos destacar algumas.

A contribuição mais imediata é trazer a infância de volta para o foco da pedagogia. O pensamento educativo não se constrói nem se repensa, se esquecer da infância e adolescência, se esquecer dos tempos humanos com que trabalha, se as crianças e adolescentes viram apenas alunos em séries e anos letivos. Nas décadas recentes as diversas ciências têm pesquisado e refletido mais sobre a infância, a adolescência e a juventude do que a pedagogia, as didáticas, os currículos ou a gestão escolar. Como conformar e repensar um pensamento educativo se esses tempos da vida estiverem ausentes? Os estudos das diversas ciências estão instigando a pedagogia a reconhecer sua relação fundante com a infância. Pode ser observado que os estudos sobre a infância entram nos cursos de pedagogia e de formação de educadores; propostas nas escolas e nas redes de educação partem do respeito aos tempos da vida, infância, adolescência, juventude; projetos diversos têm como foco esses tempos; adquirem destaque as políticas de educação para a especificidade desses tempos. A pedagogia retoma seu olhar sobre a infância à medida que está sendo interrogada pelas ciências humanas, e ambas estão sendo interrogadas pela própria infância. Nesse diálogo, outro pensar e outro fazer educativos são possíveis.

Outra contribuição de extrema relevância vem da ênfase que as ciências dão à construção social, histórica da infância e de suas imagens e verdades. A historiografia tem mostrado que a infância é uma produção histórica, que na história novos imaginários e novas verdades vão sendo construídos. Imaginários e verdades se tornam dominantes em determinados contextos, enquanto se quebram em outros, e novos imaginários são configurados. As ciências mostram que as imagens e as verdades da infância com que a pedagogia se construiu também são construções históricas.

Esses traços dos estudos interrogam a pedagogia. Desconstroem suas imagens e verdades da infância como um dado naturalizado, como um tempo biológico ou uma etapa prefixada de amadurecimento que toda criança apenas repete. Essas imagens perdem consistência ou ao menos são revistas. As contribuições da história social desafiam o pensar e fazer educativos a se rever permanentemente. Convidam a pedagogia a estar atenta à dinâmica da sociedade onde as imagens da infância se constroem e desconstroem. A pedagogia será um pensar e fazer estático se mantiver imagens estáticas, mas se tornará um saber dinâmico se reconhecer o legado das ciências que mostram uma produção dinâmica de imagens e verdades da infância. Nessa direção as contribuições das ciências interrogam a pedagogia sobre suas verdades, desafiam a revê-las e a incorporar imagens mais dinâmicas.

A sociologia da infância traz contribuições igualmente relevantes para repensar o pensamento pedagógico. Traz novas formas de ver a infância, novas categorias com que entender sua construção social e histórica (*Revista Educação e Sociedade*, n. 91, 2005). A sociologia pode fornecer bases teóricas para pensar a infância ou adolescência como categorias sociais, ultrapassando visões individualizadas tão próprias de uma visão psicopedagógica reducionista que impregnou o pensamento educacional. A sociologia não problematiza esta ou aquela criança ou adolescente, mas problematiza a infância e adolescência como categorias geracionais em alteridade com outras gerações (Sarmento, 2005). Desde a história nos chegam também interrogações sobre a construção das categorias geracionais e sua inter-relação:

> A primeira questão refere-se à necessidade de compreender quais as circunstâncias que possibilitaram a sociedade adulta perceber a criança como um outro distinto. Que unidades de referência cultural foram produzidas na modernidade a fim de estabelecer com cada vez maior precisão diferenças entre adultos e crianças. Isso talvez nos remetesse a outros questionamentos, como, por exemplo, o que teria acontecido no mundo adulto para que houvesse o desenvolvimento de estratégias diferenciadoras das gerações, particularmente em relação à criança? (Veiga, 2004).

Essas contribuições sugerem que a pedagogia se repense em diálogo com essas categorias geracionais e com a dinâmica social e cultural em que se conformam. Há novas sensibilidades nos coletivos de educadores para com os tempos geracionais. Propostas pedagógicas de escolas e de redes de educação redefinem a organização escolar, dos conhecimentos, dos convívios e das didáticas reconhecendo a centralidade das categorias geracionais. Diríamos que essas propostas pedagógicas dialogam com as contribuições da sociologia e da historiografia, incorporando no pensar e agir educativos novas imagens e verdades sobre os diversos tempos geracionais. Propõem-se superar uma visão pedagógica que tende a ver cada criança ou adolescente como aluno, aprendiz em percursos individuais, solitários de ensino-aprendizagem.

A visão sociológica insta a pedagogia a vê-los inseridos e configurados em uma dinâmica social mais abrangente ou fazendo parte e se configurando como membros de uma categoria social, geracional. Cada criança, adolescente ou jovem transpassa categorias geracionais preexistentes, construídas na dinâmica social e cultural (Pierre, 2001). Nessas categorias e em alteridades múltiplas com outras categorias geracionais, as crianças, adolescentes ou jovens se socializam e aprendem saberes, comportamentos, valores, culturas e identidades.

Ver os educandos e seus processos singulares nessa dinâmica social e cultural, nessa condição de pertencentes a uma categoria geracional – infância, adolescência, juventude em interação com outras categorias ajudará a refletir e teorizar sobre suas experiências de aprendizagem, socialização, educação. Ajudará a entender quebras, rupturas, limites e possibilidades como sujeitos vivenciando um tempo de vida. Quando ignora essa conformação dos educandos nas categorias geracionais que vivenciam, a pedagogia perde as possibilidades de teorizar sobre seus processos de formação. Quando assume a centralidade das experiências de cada tempo de vida e está atenta à construção das categorias geracionais com que convive por ofício, a pedagogia estará em melhores condições de rever suas imagens e suas verdades da infância, adolescência ou juventude. O pensamento educacional estará aberto a se repensar.[2]

Outro ponto a destacar: as ciências repõem uma das funções definidas historicamente para a pedagogia: fazer parte da tarefa de formar o sujeito sociocultural, tarefa que a pedagogia secundarizou ao se entender apenas como ensino, transmissão de informações.

As ciências se aproximam da infância como um civilizado em curso, como um tempo na construção do indivíduo civilizado. Conformar a infância civilizada como padrão da modernidade. Educá-la e conformá-la nos processos de regulação cultural, de coerção interna, de autodisciplina, de modelagem de saberes, valores, sensibilidades, sentimentos, crenças, padrões de condutas através de estratégias pedagógicas de socialização e sociabilidade entre gerações, entre adultos e crianças. Enfatiza-se nesses processos ver a infância como uma produção sociocultural. Tarefa vista permanentemente como pedagógica. Destacam-se os processos de aprendizagem dos adultos, de suas sensibilidades, de sua percepção, reconhecimento e trato da infância como um outro. As ciências revelam estratégias diferenciadas, entre elas, as

---

[2] No livro *Imagens quebradas – trajetórias e tempos de alunos e mestres*, dedico a 2ª parte às contribuições das ciências, das artes e das letras para o repensar da pedagogia, reconhecendo os tempos e categorias geracionais.

estratégias pedagógicas, no trato das diferentes temporalidades geracionais. Os saberes da pedagogia, suas representações e verdades se conformam ao longo da história nessa produção sociocultural da infância. A pedagogia aparece nesse conjunto de saberes e estratégias socializadoras e educativas que produzem a infância como um outro.

Essas contribuições dos estudos da infância trazem uma interrogação básica para a pedagogia: entender-se como um saber educativo, fazer parte da produção sociocultural do ser humano. Essa dimensão foi se perdendo no emaranhado do positivismo, cientificismo e didatismo a que foi reduzida a escola e no gerancialismo a que foi reduzida a função pedagógica. A redução da escola aos processos gerenciais e didáticos de ensinar conteúdos escolares desterrou o pensamento pedagógico, ocultando essas dimensões educativas em que historicamente foram se conformando a infância e a pedagogia. Esses estudos reforçam as tentativas de retomar e rever criticamente as relações entre pedagogia e educação, socialização, formação de valores, comportamentos e saberes, sensibilidades e emoções, identidades e culturas. Rever criticamente a relação entre a pedagogia e a formação do sujeito sociocultural, civilizado.

A função da pedagogia na compreensão e acompanhamento da infância como um civilizado em percurso, se revela com destaque nesses estudos. Se revelam ainda as marcas históricas que carrega essa concepção de formação do sujeito civilizado e a necessidade de rever e superar conceitos de educação, formação, civilização. A pedagogia se defronta de um lado com a urgência de retomar o pensamento educativo e de outro com a urgência de revê-lo, revendo os imaginários e as verdades em que foi configurado. O diálogo com os estudos sobre a infância pode ajudar nesse repensar crítico.

Como rever esse pensamento educativo em que se equacionou o sentimento da infância e as estratégias de gestão da formação do sujeito sociocultural? De onde vêm as interrogações sobre esse pensamento e esse sentimento de infância?

A Infância tem suas verdades?

Os estudos da infância enfatizam a construção social dessa categoria geracional em alteridade com outras categorias, enfatizam a conformação da imagem de infância civilizada em alteridade a conformação do adulto civilizado. O foco tem sido a formação das mentalidades adultas e das distinções geracionais entre adultos e crianças. Processos que passam pela história dos sentimentos e sensibilidades dos adultos para consigo mesmos e, por consequência, para com os outros tempos, o tempo da infância especificamente. O sentimento de infância teria se desenvolvido pela consciência da alteridade das crianças em relação aos adultos. Nos processos de sua construção como sujeito civilizado, o adulto se descobre na infância. Um outro, em outros tempos dessa construção. Em tempos prévios, de ausência, de inferioridade, imaturidade. Civilizadamente inferior, mas germe do adulto civilizado. A infância civilizada passa a ser valorizada como possibilidade do projeto de civilização através do adulto civilizado. Não valorizada em função da própria infância.

A reconstrução de sua produção nos traz interrogações: qual o lugar dado à própria infância nesses processos de sua construção? Esse tempo e as crianças e adolescentes que o vivenciam não importam? Suas experiências concretas desse tempo podem ser ignoradas? Nessa perspectiva, a infância em si tem interesse como objeto direto de estudo? Importam as vivências concretas das crianças, se estas tiveram, têm ou não têm infância? A construção dessa categoria social seria independente das crianças concretas que em cada momento a integram, por ela passam e dela saem?

Nos estudos somos levados a pensar que as crianças e suas diversas formas de experimentar, de viver ou não viver a infância não condicionaram nem condicionam os processos de sua configuração histórica e social. Esta foi um produto dos sentimentos e imaginários dos adultos sobre si e sobre a sociedade civilizada. Mentalidades construídas no processo de configurar-se como civilizados e de projetar-se na infância a ser civilizada. Um complexo dispositivo de processos sociais, que constituem as crianças em suas identidades diferenciadas dos adultos. Os adultos e seus dispositivos constituindo a infância como um outro. Consequentemente, a infância termina sendo um objeto indireto dos estudos que revelam sua constituição. Pouco sabemos dos sujeitos reais que a vivem. A própria pedagogia não tem a infância como referência direita, a desconhece ou sabe pouco sobre ela. Não é um objeto relevante de estudo nem nos cursos de pedagogia. Como não é referência nas políticas curriculares, nas didáticas, na organização escolar, na formação do perfil docente.

Volta a pergunta: A infância não teve nem tem representações sobre si mesma? Se tem não é a partir delas que o imaginário social da infância foi também construído. Não tem suas verdades produzidas nas suas próprias vivências de seu tempo? A impressão que nos deixam os estudos é que as crianças construíram e constroem suas autoimagens apenas no espelho dos adultos civilizados, da sociedade civilizada, da imagem de criança civilizada que o imaginário adulto para ela construiu ou nas categorias geracionais, nos lugares e nas instituições sociais que lhes asseguram os adultos. As crianças concretas não foram nem são sujeitos da gestação de seus lugares, de suas imagens e de suas verdades. São um produto de processos de administração simbólica idealizado de fora. Com essa visão da infância foram construídas verdades históricas e imaginários sociais sobre ela. Foram construídos saberes, instituições, didáticas, pedagogias e pedagogos e estratégias de gestão da infância.

Quando essas verdades sociais, históricas comprovadas são levadas aos cursos de formação de educadores, pedagogos, docentes podem levar-lhes a consciência de que seu ofício também se inspira nessas verdades. Essa pode ser uma contribuição que as ciências trazem à pedagogia: reconhecer que seu pensamento e sua prática se embasam em representações e verdades históricas sobre a infância e sobre sua função social. Reconhecer que, sobre o fazer educativo, um corpo de verdade foi construído ao longo da história. Como ignorá-lo? Acompanhar processos de socialização, aprendizagem e formação mental, ética, estética, de condutas e valores, não se dá sem concepções e verdades sobre esses processos civilizatórios. Sobretudo não se dá sem concepções de infância, de sua conformação social, histórica, geracional. Quando trazem essas verdades históricas, os estudos das ciências contribuem no reconhecimento da função social, civilizatória da pedagogia, das instituições educativas, das políticas de currículo, da organização escolar e das didáticas. Contribuem nessa empreitada de conformar o sujeito sociocultural, civilizado. Contribuem para que a pedagogia se pense como um corpo teórico a ser mais conhecido por aqueles que assumem o ofício de educar e ensinar.

Os estudos contribuem para a desnudar esses processos e desnudar o pensar e fazer educativos. Entretanto, as formas de fazê-lo parecem reforçar esse pensamento, colocando-o como a verdade social, histórica. Até onde esses estudos mostrando essas verdades históricas, interrogam ou reforçam as verdades pedagógicas? A pedagogia moderna construiu seu pensamento tendo como referência essas imagens de adulto civilizado e a partir dessa referência projeta sua ação pedagógica na infância e na adolescência. Nesse referencial foram idealizados os sistemas escolares e seu gerenciamento. Nesse sentido os estudos que nos trazem as verdades da história trazem também, ou expõem as verdades históricas da pedagogia. A questão continua: Até onde esses esforços por constatar uma verdade histórica, social comprovada da infância, tem força para interrogar as verdades da pedagogia e das instituições, das estratégias e políticas construídas a partir dessas verdades ou que fizeram e fazem parte dessas verdades? A tendência pode ser a que essas verdades históricas comprovadas se afirmem como verdades pedagógicas que já existiram e continuarão a existir. Esse foi e será o lugar da infância, e esta foi e será a tarefa da pedagogia: construir a infância civilizada e, assim, contribuir na tarefa de civilização do adulto e da sociedade. Contribuir na administração simbólica desses ideários sociais.

Entretanto, cabe nos perguntar se não será necessário destacar a crítica à produção histórica e social dessas verdades pedagógicas, se será suficiente que as ciências e a pedagogia reconheçam esses saberes e verdades históricas sobre a infância. Estudos caminham para questioná-las por seus efeitos sociais, políticos. Defrontam os saberes e verdades sobre a infância com as formas concretas de vivê-las. As experiências de tantas infâncias coincidem com essas verdades históricas construídas sobre elas?

Chegamos a um ponto importante para o diálogo entre os estudos da infância e da pedagogia: de onde podem vir as interrogações? Em primeiro lugar, as interrogações podem vir da experiência que os adultos têm de si mesmos. Hoje não temos a prepotência de ver o adulto como a realização plena, como a idade da maturidade, da fala e da razão plenas. Nessa imagem do adulto este construiu a imagem da infância como um outro, não falante, imaturo, sem razão. À medida que a experiência adulta revê essas imagens de adulto e descobrimos que estamos sempre aprendendo a falar, que não sabemos tudo, descobrimos que nunca acaba nossa experiência de infância. Esta não é o outro. (Agamben, 2005).

As interrogações vêm também dos saberes da experiência que as crianças, adolescentes carregam, do viver, bem ou mal viver ou não viver sua infância. As interrogações podem vir das experiências que não se moldam em verdades anteriores nem em projetos formulados de fora, a partir de padrões idealizados de civilidade, de adulto e criança civilizados. O estatuto da infância é interrogado pela experiência desse tempo pelo que lhes é permitido fazer ou que tentam fazer as crianças-adolescentes que vivem esses tempos geracionais. Inclusive é interrogada pelo que podem fazer nesse universo de imagens e verdades precedentes de infância. Imagens e verdades mais pesadas ou mais leves dependendo das experiências concretas de infância. Experiências que se conformam ou transgridem porque não cabem nesses estatutos, que contestam, interrogam e até desconstroem essas verdades históricas de infância. Essa é a relevância das diversas experiências de ser criança, crianças. Aí radica seu poder interrogatório às ciências, à pedagogia e às verdades históricas. Aí pode estar a esperança de um se repensar da pedagogia, da docência, das políticas, dos currículos e da organização escolar e de seus rituais.

Se estamos à procura das interrogações que a infância traz à pedagogia, o caminho mais fecundo pode ser ter maior sensibilidade para com as experiências das crianças que a vivenciam, que fazem parte dessas categorias sociais, históricas. Com essas experiências concretas interrogam a ideia de infância, fundante do pensamento pedagógico e das ciências e inspiradora ou legitimadora das instituições educativas, dos currículos, das didáticas e da docência. Se as formas dos adultos de pensar a infância têm condicionado o pensar da pedagogia e as ciências, as formas diversas de experimentar o ser adulto e o ser criança, adolescente podem também ser fonte do repensar do ideal de infância e das verdades que alimentaram a pedagogia e as ciências. Se as experiências da infância são decisivas para construir suas próprias verdades, por que não seriam decisivas na construção das verdades dos adultos, da pedagogia e das ciências sobre a infância? Na compreensão desse tempo humano, fica destacado como nem sempre experiência e verdades históricas coincidem.

A pedagogia em sua história vivencia, com maior intensidade do que as ciências, essas tensas relações entre suas verdades e as diversas experiências concretas do ser criança, adolescente, jovem ou adulto e dos imaginários que cada tempo projeta sobre o outro.

Formas diversas de conhecer a infância?

As ciências trazem contribuições para o conhecimento da infância, revelam e desconstroem verdades históricas. Por seu lado, a pedagogia se aproxima da infância com suas verdades, desde o lugar que lhe foi demarcado nas verdades sociais, civilizatórias, geracionais; porém, por ofício tem de conviver com as experiências mais cotidianas de sujeitos concretos, crianças, adolescentes, jovens, adultos, idosos que compõem essas categorias, que vivenciam ou não essas verdades históricas. Convive com experiências de reinvenção, contestação dessas verdades, de viver ou não viver essas categorias. A pedagogia se vê confrontada em suas verdades pela proximidade com as tensões que as diversas infâncias experimentam nos processos de viver, sobreviver, de formação, sociabilidade entre si e com os adultos.

Os saberes e os imaginários da pedagogia são interrogados pelos saberes e os imaginários que apreende nesse diagnóstico mais próximo com os sujeitos, saberes que a pedagogia aprende no tomar o pulso, a temperatura, as pulsações de crianças, adolescentes, jovens, adultos ou idosos nunca amadurecidos, que não controlam seus tempos de vida, que são forçados a transpassá-los, quebrando as fronteiras das gerações e representações instituídas social e historicamente. A pedagogia, no seu corpo a corpo com sujeitos concretos em processos de civilização, se defronta com experiências de adultos, de crianças, adolescentes ou jovens que tem condutas, disciplinas que não se enquadram no padrão de sujeito sociocultural civilizado, distantes do padrão de infância civilizada, distantes do adulto na maturidade.

Como interpretar essas experiências? À luz das verdades históricas? Como anomalias civilizatórias ou patologias morais? Como os ainda não civilizados, retardatários da modernidade civilizatória ou incivilizáveis? Como a não infância? Toda verdade sobre a infância, quanto mais se julga verdade histórica, porque comprovada, pode tender a tornar-se mais excludente, hierárquica e classificatória. Produz a não infância da infância. Processo que fez parte dessa história, da construção dos estatutos, ideários e concepções de infância e adulto civilizados. Inclusive fez parte das verdades da pedagogia..

A pedagogia por ofício se defronta sobre em que fonte de conhecimento embasar seu pensar e fazer, nas verdades históricas ou na experiência direta, cotidiana, única, irrepetível de viver o adulto e a infância? Em ambas? Dos conhecimentos históricos chegam os marcos em que a ideia de infância foi constituída pelas diversas ciências em tempos de longa duração. Categorias, concepções e estatutos vinculados com o poder, com os processos civilizatórios e as distinções geracionais, com o futuro e com os ideais de progresso. Por seu lado, da pedagogia chegam as vivências, competências, habilidades e saberes requeridos no presente da sobrevivência, da empregabilidade, do cuidado e proteção da infância desprotegida. Dessas experiências concretas chegam à pedagogia outras verdades e saberes sobre uma infância com que as crianças e adolescentes se debatem no presente, na cidade, nas ruas, nos campos, na teia imprevisível do presente e na falta de horizontes de futuro.

Fontes e formas diferentes de conhecer? Ênfases diferentes, por que ofícios diferentes? Entre pesquisar a construção social das gerações e conviver com os sujeitos concretos que as vivenciam, e entre pesquisar a construção dos ideais de infância civilizada e a conformação de valores, condutas, saberes civilizados de crianças, adolescentes ou adultos em salas de aula, foram se perfilando ofícios diferentes e percepções diferentes de infância e de adulto. Verdades diferentes?

Partir dessas diferenças pode ser um bom pronto de partida para o diálogo sobre as formas diversas de conhecer a infância e de experimentá-la. O diálogo pode caminhar para reconhecer que a infância, seu conhecimento e seu acompanhamento é tarefa comum, porém os pontos de partida, os pressupostos e sensibilidades são diferentes por ofício. Ter como ofício olhar para a construção de concepções e de categorias sociais é bastante diferente do olhar de quem por ofício acompanha as experiências de construção de sujeitos concretos no presente. O diálogo poderá cultivar o olhar de profissionais de ofícios tão diversos para olhares mais abrangentes, porém conscientes de que enfatizar a experiência ou as verdades históricas serão campos tensos. As aproximações estão acontecendo no sentido de complementar visões, dados, saberes sobre formas tão diversas de aproximação e convívio com esses tempos da vida. As pesquisas com crianças apontam nessa direção (*Revista Educação e Sociedade*, n. 91, 2005). As aproximações podem complementar o saber das fontes históricas, dos pensadores com os saberes do diálogo mais cotidiano com os sujeitos que vivem esses tempos. Podem confrontar os olhares das fontes e dos pensadores e os olhares da pedagogia com os olhares e imaginários, com os saberes e verdades das diversas infâncias. Por aí o diálogo entre as verdades das diversas ciências e da pedagogia sobre a infância pode ser muito maior e mais enriquecedor.

A questão mais desafiante pode ser que diálogo será possível entre as verdades das ciências e da pedagogia e as experiências dos sujeitos que vivenciam esse tempo humano em condições de vivê-lo ou não vivê-lo. Que peso dar a essas experiências tão diversas de infância, na compreensão desse tempo, no repensar dos construtos teóricos e dos imaginários construídos sobre a infância. Das experiências da infância podem vir apelos para reescrever imaginários do passado e suas persistências no presente. Porém, as questões podem ser mais de fundo: que peso dar às verdades históricas e às experiências nos processos de conhecimento e nas intervenções políticas e nas práticas educacionais? Que peso dar às experiências que os diversos sujeitos têm para repensar as verdades e a relação que mantemos com as infâncias?

O diálogo pode tocar em outras questões nucleares: a infância teria suas verdades sobre si mesma? Verdades construídas a partir de suas experiências tão diversas de viver esses tempos humanos? Até que ponto essas verdades da própria infância coincidem com as verdades da pedagogia e das ciências? Mas qual a autonomia da infância para construir suas verdades se tem que viver a infância nas categorias e verdades para ela construídas? Em suas vivências, não são obrigadas a reproduzir as experiências que lhe são dadas, nos espaços, instituições, padrões e valores que lhe foram prefixados? As próprias infâncias não são obrigadas a construir suas autoimagens no espelho das metáforas e das imagens predeterminadas socialmente? Este parece ser o pressuposto das verdades históricas e dos ideários. Mas é nesse espelho que as infâncias vêm construindo suas imagens e suas verdades? Interrogações que a pedagogia resiste a se fazer.

Quando olhamos as vivências tão diversas de ser crianças, estas e outras interrogações se impõem: todas as infâncias foram submetidas a esses espaços e a esses padrões de civilidade? Todas reagiram e reagem com as mesmas respostas aos processos civilizatórios? Todas foram objeto dos mesmos sentimentos e imaginários adultos? Todas foram e são destinatárias das mesmas estratégias de administração simbólica? Os próprios adultos, os saberes e instituições pedagógicas têm pretendido sequer incluir todas as infâncias nesses imaginários, saberes e instituições? Até caberia a indagação histórica se todos os adultos, de todos os grupos sociais, étnicos, sexuais, raciais têm sido incluídos no mesmo imaginário civilizatório e se para todos foram administrados os mesmos processos pedagógicos. Coletivos de adultos e sua prole foram "civilizados" através de processos mais compulsórios, pelo trabalho, pela precarização de sua vida, por exemplo. (Enguita, 1989). Até hoje milhões de crianças e adolescentes são "civilizados" através dos processos mais compulsórios como sobreviver nos limites mais precários da condição humana.

A pedagogia, sobretudo os educadores das escolas públicas populares, se defrontam, de maneira mais tensa, com essas interrogações. No contato com as diversas experiências de infância, descobrem que os próprios sujeitos que integram as diversas categorias e tempos trazem suas verdades sobre esses tempos, sobre as formas de vivê-los ou não vivê-los. Se os adultos foram descobrindo a infância como um outro, as crianças e adolescentes que vivenciam o ser criança ou adolescente podem não se reconhecer nas imagens com que os adultos e os ideais de civilidade os veem como um outro. Se veem como um outro, desse outro imaginado pelos adultos? Os próprios adultos não estamos mudando nossas imagens adultas?

A pedagogia, por ofício, capta esses desencontros entre verdades de infância construídas no imaginário adulto, sobretudo em um dado imaginário adulto destacado pela historiografia para uma determinada infância, e as formas concretas em que as "outras infâncias" experimentaram e experimentam seu tempo geracional.

Estaria nessas formas diferenciadas de ver a infância uma dificuldade ou um limite para o diálogo entre a pedagogia e os estudos da infância? À pedagogia resulta difícil separar as categorias geracionais das formas concretas de vivê-la pelas crianças, adolescentes, jovens, adultos, idosos com que convive por ofício. Por seu lado, as ciências vão se aproximando do que os educadores veem nas experiências mais corpo a corpo com as crianças e adolescentes com que convivem. O diálogo seria fecundo se a pedagogia se deixasse interrogar pelas verdades que as ciências lhe oferecem sobre as diversas categorias geracionais e sua construção histórica e se as ciências se deixassem interrogar pelas experiências que a pedagogia acumula sobre os sujeitos que perpassam essas categorias. Mas sobretudo se ambas escutassem e interpretassem as verdades que os diversos sujeitos coletivos que experimentam esses tempos geracionais trazem sobre si mesmos à pedagogia e às ciências. De novo a interrogação: A infância não tem sus próprias verdades?

Infância única ou infâncias?

Os estudos da infância destacam, de um lado, a construção de um estatuto e de um perfil de infância, que pretende ser único, universal. Reconstroem as estratégias e as instituições que pretendem configurar esse estatuto e esse perfil universais. O sistema escolar tem sido uma das instituições privilegiadas para essa configuração. Os estudos mostram o corpo de saberes que vão se legitimando para garantir os processos mais eficazes para o trato educativo da infância. A pedagogia, seu pensar e fazer, suas didáticas, sua organização escolar e curricular fazem parte desse corpo de saberes. Vimos como essas reconstruções históricas revelam a função pretendida do sistema escolar e do pensamento pedagógico. Não há como entender o ofício da docência e da educação, suas identidades, seu pensamento, sua cultura e sua prática descoladas dessas verdades históricas.

Entretanto, os estudos não deixam de nos mostrar que há infâncias que ao longo da história não couberam, nem na atualidade cabem, nesse estatuto e perfil universais de infância; que há outras infâncias que não foram atingidas pelas estratégias e instituições civilizatórias e pedagógicas. Infâncias que não foram objeto dos mesmos saberes legitimados. Para essas outras infâncias foram pensados outros estatutos e outros saberes pedagógicos. Os estudos mostram que outros coletivos de adultos e de crianças nem sequer foram imaginados como civilizáveis, nem como educáveis. Se os estudos nos revelam que há outros adultos e outras crianças, como esses "outros" interrogam o pensar e fazer educativos? Como interrogam os estatutos e ideários, as instituições, estratégias e verdades e os saberes tidos como universais?

A pedagogia que por ofício convive com esses "outros" adultos e jovens e com essas "outras" crianças sairá enriquecida se prestar atenção à diversidade de estudos que se voltam para a reconstrução histórica, sociológica e antropológica das outras infâncias. A diversidade de estudos vem mostrando a outra face da história dos ideais de construir o adulto civilizado na infância civilizada. Mostrando a diversidade no interior das categorias geracionais, como mostrando a diversidade de estratégias, instituições e formas de administrar a conformação das diversas infâncias e dos diversos coletivos de adultos. Não estará mostrando também a diversidade de saberes, pensamentos pedagógicos sobre essas diversidades? Estará mostrando as diversidades no ofício de educar? Os estudos estão mostrando que a pedagogia precisa aprofundar seu olhar sobre a diversidade de alunos com que convive. Não são apenas diversos como alunos, mas como infâncias. As escolas tendem a interpretar as diversidades apenas como diferenças de ritmos nos processos de aprender saberes e condutas.

Os diversos estudos sobre a infância coincidem em reconhecer as diferenças e desigualdades nas formas de vivê-la. Recusam uma concepção uniformizadora da infância. Reconhecem que as diversas culturas revelam uma variedade de infâncias em vez de um protótipo único. Há coincidências em que falar em infância única é um equívoco. Há infâncias (Javeau, 2005).

Um reconhecimento que nem sempre fez parte da construção do pensar e fazer educativos. As políticas do currículo, os regimentos e os rituais de organização e avaliação trabalham com um protótipo único idealizado de infância e adolescência em função do qual se fazem hierarquias, classificações e agrupamentos. Não se reconhecem infâncias, adolescências diversas mas apenas níveis e ritmos, condutas e capacidades de aprendizagem dentro de um perfil único. As classificações escolares e o pensamento pedagógico que as legitima são referidos à crença em um estatuto e um ideal, parâmetro único, universal, em função do qual cada aluno ou coletivos de alunos são medidos e classificados.

O pensar e o fazer nas diversas instituições educativas formais ou informais ainda não assumiram o que os estudos da infância e das categorias geracionais já mostraram: há diversidades intrageracionais. Nessa direção o reconhecimento dessa diversidade por parte das ciências interroga a pedagogia. O conhecimento, a pesquisa e as reflexões sobre os educandos e suas diversidades geracionais e intrageracionais ainda não são saberes centrais que compõem o perfil dos profissionais do ofício de educar, de ensinar e de aprender. Não será das diversidades da infância constatadas pelas ciências que nos chegam as interrogações mais prementes?

Como interpretar a diversidade de infâncias?

Diante do reconhecimento da existência de infâncias nos confrontamos com algumas questões: como os estudos interpretam essa diversidade? Como essas interpretações interrogam o pensamento pedagógico?

Os estudos transmitem uma certa decepção diante da constatação de que universais tão progressistas não se universalizem, que o estatuto da infância e do adulto civilizados não sejam ainda para todos. Por que motivos?

Não faltam interpretações que responsabilizam a diversidade de formas de viver a infância, à fome, aos fatores climáticos, à improdutividade das terras e das formas rudimentares de sua exploração, à falta de controle das doenças e ao subdesenvolvimento e ao atraso. Acidentes vistos como naturais ou devidos à diversidade de capacidades naturais dos grupos sociais. Explicações naturalizadas ainda presentes no pensamento social e pedagógico. A mesma visão naturalizada está presente quando se justifica a pobreza, o desemprego, a marginalidade, o analfabetismo de tantas crianças e de seus grupos sociais e étnico-raciais porque portadores de capacidades naturais desiguais, por nascença ou condições de origem. O apelo a limitações naturais para explicar as formas diversas de viver a infância ainda tem grande peso no pensamento educativo e político.

O pensamento científico e os estudos sobre a infância reagem a interpretações naturalizadas. Por aí interrogam a pedagogia em um ponto tão arraigado no seu pensamento. Frente a todo naturalismo os estudos insistem em interpretações históricas, sociais. Vejamos algumas das interpretações.

Fiéis à ênfase dada ao sentimento dos adultos como constituinte tendem a destacar que as diversas formas como esse sentimento foi se construindo produziram diversas infâncias. Por exemplo, a falta de sentimento da infância nas elites dirigentes condicionaria a falta de políticas, de instituições e de condições para realizar o ideal de infância. A diversidade de formas de vivê-la se deveria à lentidão na oferta de agências educativas e de condições sociais. Uma explicação bastante familiar à cultura social e escolar: a educação de todas as crianças e adolescentes sonhada como um ideal, porém ainda não realizado por falta de escolas, da universalização do acesso e da permanência.

Outras interpretações enfatizam o sentimento nas famílias, que não seria uniforme. As práticas de proteção e de cuidados evoluíram de maneira diversa entre a diversidade de famílias. Os pais das camadas populares seriam menos propensos ao carinho e ao cuidado dos filhos; teriam menos condições de elaborar um projeto educativo para sua prole. A explicação da diversidade estaria nas variações de sentimentos, atitudes e práticas dentro das famílias. Tipologias diferenciadas de famílias entre os diversos grupos sociais e no seu interior levaram a tipologias diferenciadas de trato, socialização e diferenciação da infância (Montandon, 2005). As diferenças seriam um produto da diversidade de configurações no sentimento da infância. Ou a diversidade estaria na origem histórica de sua constituição: a diversidade de sentimentos de infância.

Essas interpretações da diversidade não interrogam; antes reforçam visões consolidadas no pensar e fazer educativos: as crianças chegam às escolas já configuradas como diversas pelos sentimentos das famílias, por suas atitudes e práticas, pela diversidade de formas de socialização e educação que os pais imprimem. São as famílias tão diversas que conformam infâncias e adolescências tão diversas. Um pensamento dominante no imaginário pedagógico, social e político. Chama a atenção perceber que a diversidade familiar é posta no campo dos sentimentos, dos afetos, das condutas e dos valores, dos estilos educativos, das expectativas, das dimensões morais, relacionais entre pais e filhos. Os estudos destacam como constituintes da diversidade de infâncias estilos autoritários ou permissivos, de autonomia, diálogo ou de imposição, de incentivo ou não a assumir responsabilidades, a fazer livres escolhas, de encorajamento para o futuro ou apenas para sobreviver no presente, de respeito à voz das crianças ou silenciá-las. As interpretações da diversidade de infâncias tendem a ressaltar esse campo moral, comportamental, atitudinal, sentimental. É o campo privilegiado para explicar a diversidade nas formas de constituir a infância. Essas interpretações não questionam; antes reforçam a atriz privilegiada como constituinte das distinções geracionais: o sentimento da infância por parte dos adultos. O adulto civilizado ou incivilizado produz a infância civilizada ou incivilizada. A infância produzida de fora, no sentimento, imaginário e ideário adulto, consubstanciado ora nas elites políticas, nos governantes, ora nas famílias e nos pais. Um adultocentrismo e família-centrismo na conformação da infância ainda tão incrustados na cultura política, social e pedagógica: ver a família como a matriz civilizatória educativa ou deseducativa da infância.

Encontramos outras interpretações para a diversidade de infâncias que destacam o pertencimento social, racial, étnico, os territórios e espaços de moradia das crianças, adolescentes e das famílias. Seriam os pertencimentos sociais dos adultos e das famílias que produziriam sentimentos diversificados de infância. Os condicionantes de origem das crianças e adolescentes ainda não superados nem igualados estariam condicionando a produção de infâncias tão diversificadas. Uma interpretação também consolidada na cultura política e educativa. As diferenças de classe, de raça, de etnia, de território responsabilizadas pelas diferenças de alunos. É persistente esta interpretação que autorresponsabiliza o pertencimento social, racial, étnico e territorial pelos sentimentos diferenciados de infância, de cuidado, proteção e socialização, pelos valores e disciplinas e pelos controles diferenciados ou pela falta de valores, controles e disciplinas das crianças e adolescentes pertencentes a coletivos étnicos, raciais, do campo, das favelas e subúrbios, pobres. Coletivos supostamente carentes dos valores ou resistentes aos padrões de criança e de adulto civilizados. Esses imaginários estão tão presentes na formação das sociedades latino-americanas que impregnam, até no presente, a cultura política e o pensamento social e pedagógico. Se temos coletivos sociais, étnicos, raciais resistentes ao ideário civilizatório e a formação do sujeito sociocultural, teremos consequentemente infâncias resistentes.

Outros estudos enfatizam que a diversidade de infâncias encontra explicação na diversidade de formas de produção da existência delas, das famílias e dos coletivos sociais. Essa interpretação não nega as condições de origem, a ausência de instituições educativas e sua precariedade, nem a falta de cuidados e proteção, nem ignora o peso da fome, da marginalização ou da pobreza, mas as vê como condicionantes estruturais das formas tão diversas de produção da existência das crianças e dos adultos, das famílias e dos coletivos sociais, raciais, étnicos, das favelas ou do campo. Todos esses condicionantes tão diversos configuram contextos estruturais diversos, em que as crianças reproduzem suas existências e se produzem como infância.

Seria o submetimento a esses condicionantes, o que não permite que determinadas infâncias sejam inseridas nas instituições e agências civilizatórias.

Durante as décadas de 1970-1980 essas interpretações influenciaram o olhar das análises pedagógicas, da configuração histórica do sistema escolar e das diferenças de rendimentos entre os educandos que os frequentam. Análises consideradas como reproducionistas, parciais, consequentemente marginalizadas sem grandes impactos no repensar do pensamento pedagógico e das culturas escolar e docente. Outras interpretações que enfatizam diversidades nos sentimentos, condutas, valores, culturas, relações adulto-criança, família, filhos passaram a ter maior apelo explicativo.

A atenção para a pluralidade de fatores que condicionam as formas tão diversificadas de viver a infância é uma das tendências dos estudos das diversas ciências. Essa pluralidade de interpretações sobre as diversas formas de viver a infância coincide em pensar essa construção determinada por processos que vêm de fora. As crianças seriam modeladas de fora por essa pluralidade de fatores naturais, sociais, estruturais, políticos, culturais, familiares, comportamentais, sentimentais. Fatores externos diferenciados que afetam de maneira diferenciada as formas de ser criança.

Entretanto, estudos se perguntam pelo papel que a própria infância tem em sua configuração. Em contraposição, a tradicional visão da infância como um tempo sem voz, sem pensamento, sem maturidade, marcado pela negatividade, se revela uma infância com voz, pensamento, cultura, autonomia, capacidade de fazer escolhas e de construir seu universo. As crianças se apresentam como atores sociais, morais e culturais plenos, conseqeentemente sujeitos da construção de suas formas de ser. As crianças não seriam passivas na conformação social de seu tempo, sofrem a diversidade de efeitos dos aspectos estruturais, mas também suas ações são estruturantes, através delas se autoconstroem.

Sendo consequentes com essa visão da infância marcada não mais pela negatividade, mas pela positividade cabe perguntar se as próprias crianças seriam responsáveis pela diversidade de formas de viver sua infância.

Essa interpretação tem o mérito de reconhecer as crianças e adolescentes como sujeitos agentes de sua construção; porém, interpretar as diferentes e tão desiguais formas de viver a infância pode nos levar a um impasse: essas diferenças cada vez mais acentuadas seriam uma construção de opções e escolhas das próprias crianças e adolescentes? Mas como responsabilizá-las de suas formas de viver, de sofrer a fome, de ser exploradas no trabalho, de estar marcadas no tráfico e na violência, de ser exploradas sexualmente, de viver uma infância em risco, nos limites do viver? Como responsabilizá-las pelas escolhas que têm de fazer no limite? Quando confrontamos visões idealizadas de uma infância vista como ator social, moral, cultural pleno com a produção das diferenças e desigualdades nas formas de ser chegamos a um impasse. Ou repensamos como ingênuo falar em infâncias atores sociais, morais, culturais plenos ou os teremos de responsabilizar por seus atos, inclusive pelas formas tão precarizadas de viver a infância. Os tratos dados a essas infâncias nas escolas, nos centros de reclusão, nas ruas, nas forças e agências da ordem, nas discussões sobre o rebaixamento da idade penal caminham na direção de responsabilizá-las das formas de viver a infância. Uma interpretação de consequências imprevisíveis.

Questionar o estatuto da infância única, universal

Essa diversidade de interpretações das formas tão desiguais de viver a infância focaliza fatores externos a sua configuração simbólica. Nem sempre são questionados o estatuto e o ideário, as concepções e categorias e os paradigmas que servem de referência para a classificação dessas diferenças. Toda essa construção teria como ideal conformar uma infância única, universal, processo ainda incompleto por fatores externos, estruturais, políticos, econômicos e culturais, que impedem sua universalidade. A configuração desse ideal de infância estaria afetada por tensões entre tradicionalismo e modernidade, entre particularismos e universalidade, entre o local e o global. Parece acreditar-se que a tendência será a superação dessas tensões externas. Resta apenas esperar que o futuro aponte no horizonte, e o progresso civilizatório e a conformação simbólica de infância civilizada acompanharão o progresso econômico, social e cultural.

Essas interpretações não interrogam as verdades da pedagogia; antes as reforçam. A pedagogia terá que estar atenta a estudos que têm uma postura crítica mais radical em relação a essas verdades. Estudos que têm um olhar crítico do próprio estatuto social, simbólico da infância e dos paradigmas em que se configurou. Lembremos alguns aspectos que são apontados por esse olhar crítico.

Um aspecto é destacado na crítica: o caráter regulador do estatuto da infância. Os estudos mostram uma dimensão disciplinar que está na origem da construção do ideário de infância, das instituições e saberes pedagógicos que se propõem construí-la. O sentimento da infância teria levado a seu reconhecimento como um outro, o que anunciava a emancipação das crianças do mundo adulto, o ideal de infância civilizada trazia dimensões emancipatórias, mas ao mesmo tempo inventava instituições e pedagogias para a regulação desse tempo humano, para o adestramento e controle das crianças e adolescentes nos parâmetros do ideal civilizado.

Uma das funções da reconstrução crítica desses processos tem sido mostrar que o ideal de infância civilizada operou como regulador dos corpos, dos sentidos, da socialização e sociabilidade das diversas crianças. Inventaram-se pedagogias corretivas, reguladoras, sobretudo da heterogeneidade social (Veiga, 2004). Sarmento (2005) nos lembra que a construção simbólica da infância na modernidade desenvolveu-se em torno de processos de disciplinação inerentes à criação da ordem social dominante, com a imposição de modos paternalistas de organização social, de regulação de seus cotidianos (p. 369). Análises críticas da norma da infância que instigam a pedagogia a rever-se como parte desse poder disciplinar.

Os estudos críticos vêm mostrando como o processo histórico de construção da infância foi acompanhado por uma história de legitimação da regulação das crianças e adolescentes. Regular esses tempos passou a ser visto como uma empresa gloriosa, louvável, como uma opção legítima e pedagógica na conformação das relações entre adultos-crianças, pais-filhos, mestres-discípulos. Inclusive adestrar, controlar, regular todos os coletivos vistos como crianças passou a ser uma empresa louvável, pedagógica, nas relações entre elites-povo, governantes-governados, burguesia-operariado, colonizadores-colonizados. Civilizar as crianças, o povo, os rudes, os selvagens passou a ser regular suas vidas, crenças, culturas, saberes, memória, condutas, corpos e mentes. Os estudos têm destacado essas sofisticadas pedagogias reguladoras, os horrores de tantas disciplinas em instituições ideadas como civilizatórias.

A pedagogia encontra aí interrogações que tocam na sua função histórica, nas suas verdades, didáticas, currículos, organização escolar, regimentos, na sua cultura docente. Entretanto, quando a reconstrução histórica desse poder disciplinar não é explicitada, sua crítica pode terminar reforçando crenças, verdades e culturas reguladoras e não questioná-las. Os limites podem estar em mostrar esse poder disciplinar e essas estratégias pedagógicas corretivas como desvios do ideal, como acidentes de percurso. Como se as instituições e as pedagogias tivessem se desviado da libertação para o disciplinamento da infância. Entretanto, como vimos, os estudos mais críticos mostram que a função disciplinar é inerente à criação da ordem e à dinâmica da modernidade em cujo paradigma se dá a construção simbólica da infância.

Por aí se avança somando com as análises críticas da modernidade. O estatuto da infância civilizada se configura com o estatuto da modernidade e participa da tensa dinâmica entre regulação e emancipação. Boaventura Sousa Santos (2005) lembra que essa tensão entre regulação social e emancipação social faz parte do ambicioso e revolucionário paradigma sociocultural da modernidade ocidental. Podemos entender que a construção simbólica da infância se situa nesse paradigma ambicioso e revolucionário. Se propõe libertar a infância do mundo adulto, civilizá-la. Como? Através de disciplinas. Podemos ver essa construção nessa tensão entre emancipação-regulação. As instituições e as pedagogias participam dessa tensão dinâmica, nem libertadoras imunes à regulação, nem reguladoras estranhas à libertação. Se as acompanha uma longa história de disciplinamento, se se legitimaram como uma empresa gloriosa de regulação, também as acompanha uma longa história de ideais e utopias de libertação, de todas as infâncias. Libertação, emancipação, regulação fazem parte da história, da conformação da infância. Libertá-la da tutela adulta, dos condicionantes de origem, discipliná-la para essa libertação. Componentes da mesma dinâmica? Administrar essa tensão não tem sido fácil. O que tem prevalecido?

Os mesmos ideais de emancipação valeram para todas as infâncias? As mesmas instituições e disciplinas valeram para as crianças de todos os gêneros, classes, etnias, raças, territórios? No pensamento mais crítico o ideário de infância não pensa a libertação para umas infâncias e reserva o disciplinamento para outras, mas libertação, emancipação, regulação fazem parte do mesmo ambicioso e revolucionário paradigma da modernidade ocidental. O poder disciplinar é concebido como inerente ao ideal de infância libertada; será inerente aos ideais emancipatórios, libertadores pretendidos pelo reconhecimento da infância como um outro civilizado.

As instituições educativas,os saberes, as verdades e as estratégias pedagógicas participam dessa tensão entre libertação-regulação. A educação da infância e da adolescência pretenderam libertá-la submetendo-a a um poder disciplinar que a controle e configure num ideal de adulto civilizado. Reconstruir a história do pensamento pedagógico poderia significar mostrar a educação transpassada por essa tensão entre libertar-regular (Lerena, 1985). Mostrar se a libertação prevalece sobre a regulação ou, ao contrário, se a regulação, a disciplinação tem ocultado e secundarizado o sonho da emancipação. Ao menos mostrar como o ambicioso e revolucionário paradigma sociocultural da modernidade que a pedagogia moderna encampou, tencionou e tenciona toda a história da construção simbólica da infância e da própria pedagogia. Até onde a história confirma ou desmente essa tensão, ou a pedagogia se acomodou como corretiva e reguladora. Em que momentos tenta recuperar as virtualidades e as promessas libertadoras que o ideal de infância prometia.

Situados aí a regulação e o disciplinamento não seriam um acidente de percurso nem um desejo, mas fariam parte da tensão dinâmica do paradigma sociocultural da modernidade. A pergunta que instiga é o que teria levado a abandonar a libertação da infância e prevalecer a sua regulação, o que teria levado as instituições e pedagogias civilizatórias a ter uma função mais reguladora do que libertadora, o que teria levado ao colapso da emancipação na regulação das infâncias. Não tem faltado ao longo da história da pedagogia a lembrança desse ideal libertador.[3] Mas tem prevalecido a ideia de que a libertação, sobretudo das outras infâncias passava por rígidas pedagogias de controle, corretivas, moralizantes. Regular para libertar, sobretudo das outras infâncias. Qual a saída diante dessa tensa relação entre libertar e regular? Explorar as virtualidades remanescentes da construção simbólica da infância como ideal libertador? A experiência mostra tantas propostas libertadoras transformadas em pedagogias corretivas. Acompanhar a emergência de outros paradigmas emancipatórios? Boaventura (2005, p. 16) sugere "partir de uma crítica radical do paradigma dominante tanto de seus modelos regulatórios como de seus modelos emancipatórios para, com base nela e com recurso à imaginação utópica, desenhar os primeiros traços de horizontes emancipatórios novos em que eventualmente se anuncia o paradigma emergente". Valeria para os estudos críticos da construção simbólica da infância? Nessa perspectiva a crítica se concentraria não apenas nas estratégias e pedagogias corretivas, mas também nos modelos emancipatórios da modernidade. Buscaria outros horizontes emancipatórios.

Outro aspecto vem merecendo a crítica: conceber a construção simbólica da infância como um ideal e um processo único, universal. Os estudos coincidem em mostrar que esse ideal não conseguiu constituir-se em universal. O problema não estaria nessa pretensão de universalidade? Estudos vêm fazendo uma crítica radical aos ideais de universalidade pretendidos pela modernidade ocidental. Caberia colocar aí a crítica ao ideal de infância por sua pretensa universalidade? Ou esperar que se realize? Enquanto essa pretensa universalidade não for questionada, restará esperar que se universalize quando as condições históricas adversas forem superadas ou quando desaparecerem os condicionantes de origem que limitam e retardam sua universalização? Estudos sugerem que, se é necessário superar esses condicionantes é ainda mais necessário superar as pretensões universalistas desses ideais de infância e de civilização da modernidade. Consequentemente será necessário ir além de revelar as tensões nas desiguais formas de sua concretização e mostrar as tensões que são inerentes a sua concepção.

Os defensores da necessidade de universais civilizatórios defendem que o ideal da infância civilizada nasce como um dos universais da modernidade, as críticas deveriam ser concentradas nos desvios a esse ideal. Reconhecem

---

[3] O Movimento de Educação Popular na década de 1960 e em particular Paulo Freire retomam o ideal libertador da pedagogia, em obras como *Educação como prática da liberdade; Pedagogia do oprimido; Ação cultural para a liberdade.*

que o ideal em sua configuração ainda tem de ser perseguido e universalizado. As críticas se concentram no abandono desse ideal, no desinteresse para que se universalize.

Encontramos críticas que colocam em dúvida essa pretensa universalidade. Teria nascido universal? Desde sua origem teriam sido configurados ideais diferenciados para infâncias diferenciadas, logo não tem nascido universal. A diversidade de instituições e de estratégias e pedagogias que foram ideadas correspondiam à diversidade de estatutos de infância ideados para essa diversidade. Nessa perspectiva seríamos levados a pensar que os universais da modernidade nem nasceram universais, nem tinham pretensão de universalidade. No caso da infância, não tinham pretensão de que infâncias tão diversas e desiguais se conformassem ao mesmo ideal de infância civilizada. Para crianças bem nascidas, de berço, foram oferecidos berçários, maternais, jardins da infância, educandários, cuidado, alimentação, proteção, espaços lúdicos, convívio com as artes, entretanto; para as crianças e adolescentes pobres foram idealizados e impostos abrigos, orfanatos, trabalhos forçados, a desnutrição, a sobrevivência no limite, o abandono. Diversidade que revelaria que a universalização de um ideal de infância não estava como constituinte de origem na construção simbólica da infância. Nem sequer teria nascido com pretensão de universalidade, mas de reprodução das desigualdades nas formas de viver a infância e de civilizá-la. A construção simbólica da infância não teria nascido como um ideal para todas as infâncias.

Há críticas que não negam a pretensão de universalidade nem que ela esteja na origem da construção simbólica da infância; reconhecem essa pretensão de origem e aí concentram a crítica. A pretensão de universalidade estaria no ideário da modernidade onde se constroem os imaginários culturais e simbólicos, inclusive de infância. Onde se concentram as críticas?

Uma crítica vai no sentido de mostrar os particularismos implicados nesse protótipo e nessas verdades de civilização e de infância. Os particularismos presentes nessa pretensão de verdade universal. De que infância falam esses conceitos e essas verdades que se pretendem universais? Uma infância local, de um gênero, de uma etnia e raça, de um território, de uma cultura e de uma civilização. O pretenso ideal de infância teria nascido local, particular, sexista, racista, colonial e monocultural. As pretensas instituições e estratégias, as pedagogias e verdades são locais, ignoram outras estratégias, verdades e pedagogias de outras culturas e de outras construções sociais. O sonho de uma infância universal representaria apenas um universal localizado, de uma cultura e de uma conformação social, política e cultural. Representaria uma verdade e um saber local. Seus limites estariam em não ter sido construído no reconhecimento da pluralidade de verdades, saberes, ideais, concepções e vivências da infância na diversidade de formações sociais. Como consequência os saberes sobre a infância e o pensamento pedagógico se empobreceram.

Os saberes e vivências das outras infâncias não têm sido objeto de estudo como saberes, mas como desvios do padrão universal. Não têm alimentado a pesquisa, a reflexão nem alimentado o pensamento pedagógico. Que sabemos das formas de ser criança e de pensar a infância, de socializá-la e educá-la nos povos indígenas, quilombolas, do campo, na tradição das comunidades afrodescendentes? Coletivos tão determinantes na conformação social, política e cultural latino-americana. Sabemos apenas que estão entre os alunos com problemas de aprendizagem, com condutas desviadas. A pretensão de universalidade teria empobrecido o pensamento pedagógico por ter ignorado a alteridade, por negar a legitimidade da pluralidade de processos civilizatórios, de estratégias e pedagogias emancipatórias, por ter silenciado outros modos de ser criança, de viver e conformar-se como um outro, outros sentimentos e imaginários de infância, por ter bloqueado o pensamento pedagógico em vez de se abrir a essa alteridade enriquecedora.

Além dessas críticas que destacam os particularismos da pretensa universalidade, encontramos críticas à pretensão de configurar um estatuto e parâmetro único. A construção simbólica da infância civilizada teria pretendido não tanto igualar a diversidade de crianças e de adultos, mas medi-los e classificá-los a partir de um parâmetro ideal único, ou idealizado como estatuto universal. A crítica vai no sentido de pretender configurar um protótipo de infância e de civilização a partir do qual avaliar e medir civilização a partir do qual avaliar e medir cada criança, cada coletivo de crianças. Medir, avaliar e classificar, inclusive as instituições, estratégias e pedagogias conformadoras da infância e do adulto civilizados.

Nessa direção a crítica ao caráter regulatório não focalizaria tanto as estratégias e pedagogias corretivas, mas o ideal único e universal de infância que nasce com a pretensão de se constituir como o parâmetro único, consequentemente regulador das formas corretas ou incorretas de ser crianças. Regulador porque classificatório, da infância x a não infância, civilizada x não civilizada, rude, bárbara, indisciplinada, selvagem. Esse protótipo único não apenas regula estas ou aquelas crianças em seus comportamentos, corpos e mentes, regula o imaginário social e cultural para classificar as infâncias por sua aproximação ou distanciamento ao protótipo idealizado como universal. Um dos efeitos mais perversos tem sido não tornar as infâncias mais iguais, antes legitimá-las como desiguais.

Essas críticas mais radicais a esse protótipo universal tocam na pedagogia que herdeira da modernidade pensa, age e classifica as infâncias tendo como referente o padrão de infância civilizada da modernidade ocidental. Uma das consequências perversas dessas pedagogias tem sido não apenas legitimar as desigualdades já existentes, mas também conformar uma nova desigualdade: ser ou não civilizadas. Essa medida de igualdade-desigualdade adquire tal relevância que ser ou não civilizados, adestrados, controlados, disciplinados, educados passa a ser visto como a desigualdade determinante de todas as desigualdades sociais, étnico-raciais, de gênero, território-campo, favela, etc. Esse parâmetro único, universal de infância, adulto civilizado, moderno não aproximou os desiguais; antes criou um novo padrão de desigualdade que tentou justificar as desigualdades existentes e persistentes. Nesse sentido a diversidade perante o parâmetro único de infância civilizada não apenas se emaranha nas desigualdades já existentes e as reforça, mas também tenta ocultá-las, ignorá-las e interpretá-las a partir da aproximação ou do distanciamento do padrão único de infância-adulto civilizados.

O pensamento educacional internalizou esse padrão único de medida, classificação e hierarquização dos desiguais. Parece acreditar que as desigualdades de classe, raça, etnia, território se explicam pela desigual exposição às instituições educativas e ao caráter emancipatório da educação. uma crença que empobreceu o pensar e fazer educativos, empobreceu as políticas educativas, curriculares e sobretudo desqualificou a formação de profissionais da educação. Não têm faltado tentativas de recuperar as virtualidades emancipatórias do pensar e fazer educativos, porém bloqueadas por um estatuto de infância civilizada, educada que se pensa único, universal, consequentemente fechado à alteridade, que silencia, ignora, desconstrói a diversidade.

Qual o horizonte para os estudos da infância e para o interrogar da pedagogia? Poderíamos retomar o conselho de Boaventura de Sousa Santos (2005, p. 16): "partir de uma crítica radical do paradigma dominante tanto de seus modelos regulatórios como de seus modelos emancipatórios para, com base nela e com recurso à imaginação utópica, desenhar os primeiros traços de horizontes emancipatórios novos em que eventualmente se anuncia o paradigma emergente".

Referências

ARROYO, Miguel. *Imagens quebradas: trajetórias e tempos de alunos e mestres.* Petrópolis: Vozes, 2004.

ENGUITA, Mariano F. *A face oculta da escola.* Porto Alegre: Artes Médicas, 1989.

GAGNEBIN, Janne Marie. *Linguagem, memória e história.* Rio de Janeiro: Imago, 1997.

JAVEAU, Claude. Criança, infância(s), crianças. Que objetivo dar a uma ciência social da infância? In: *Revista Educação e Sociedade*, Campinas, CEDES, v. 26, n. 91. 2005.

KOHAN, Walter. *Infância: entre educação e filosofia*. Belo Horizonte: Autêntica, 2003.

LERENA, Carlos. *Reprimir y libertar - Crítica sociológica de la educación y de la cultura contemporáneas*. Madrid: Akal, 1985.

MONTANDON, Cleopatre. As práticas educativas parentais e a experiência das crianças. In: *Revista Educação e Sociedade*, v. 26, n. 91. Campinas, CEDES, 2005.

PIONE, Gaspard. La infancia, la adolescencia y la juventud: para una economia política de las edades desde la época moderna. In: MOCTEZUMA, Lucia M. (Coord.). *La infancia, la cultura escrita*. México: Siglo Veintiuno, 2001.

REVISTA EDUCAÇÃO E SOCIEDADE, v. 26, n. 91. Campinas: Cedes, 2005.

SANTOS, Boaventura de Sousa. *A crítica da razão indolente, contra o desperdício da experiência*. São Paulo: Cortez, 2005.

SARMENTO, Manuel Jacinto. Gerações e alteridade: interrogações a partir da sociologia da infância. In: *Revista Educação e Sociedade*, v. 26, n. 91. Campinas, CEDES, 2005.

VEIGA, Cynthia Greive. Infância e modernidade: ações, saberes e sujeitos. In: FARIA FILHO, Luciano M. de (Org.). *A infância e sua educação*. Belo Horizonte: Autêntica, 2004.

Educação de Jovens e Adultos: um campo de direitos e de responsabilidade pública[1]

As águas deste rio onde vão,
Eu não sei.
A minha vida inteira esperei...
Tom Jobim

O campo da Educação de Jovens e Adultos (EJA) tem uma longa história. Diríamos que é um campo ainda não consolidado nas áreas de pesquisa, de políticas públicas e diretrizes educacionais, da formação de educadores e intervenções pedagógicas. Um campo aberto a todo cultivo e do qual vários agentes participam. De semeaduras e cultivos nem sempre bem definidos ao longo de sua tensa história.

Talvez a característica marcante do momento vivido na EJA seja a diversidade de tentativas de configurar sua especificidade. Um campo aberto a qualquer cultivo e semeadura será sempre indefinido e exposto a intervenções passageiras. Pode se tornar um campo desprofissionalizado. De amadores. De campanhas e de apelos à boa vontade e à improvisação. Um olhar precipitado nos dirá que talvez tenha sido esta uma das marcas da história da EJA: indefinição, voluntarismo, campanhas emergências, soluções conjunturais.

A configuração da EJA como um campo específico de responsabilidade pública do Estado é, sem dúvida, uma das frentes do momento presente. Há indicadores que apontam nessa direção? As universidades e os centros de pesquisa e de formação assumem os jovens e adultos e seus processos de formação como foco de pesquisas e de reflexão teórica. O Grupo de Trabalho Educação de Jovens e Adultos da ANPEd é um dos espaços de apresentação e troca dos produtos dessas pesquisas. Este pode ser um ponto promissor na

[1] Texto originalmente publicado em: SOARES, L.; GIOVANETTI, M. A. G. C.; GOMES, N. L. (Orgs.). *Diálogos na Educação de Jovens e Adultos*. 3 ed. Belo Horizonte: Autêntica, 2009. p. 19-50.

reconfiguração da EJA: as universidades em suas funções de ensino, pesquisa e extensão se voltam para a educação dos jovens e adultos. Há outros indicadores promissores para a reconfiguração da EJA. Além de se constituir como um campo de pesquisas e de formação, a EJA vem encontrando condições favoráveis para se configurar como um campo específico de políticas públicas, de formação de educadores, de produção teórica e de intervenções pedagógicas. Podemos encontrar indicadores novos de que o Estado assume o dever de se responsabilizar publicamente pela EJA. Cria-se um espaço institucional no MEC, na SECAD. Discute-se a EJA nas novas estruturas de funcionamento da Educação Básica (FUNDEB). Criam-se estruturas gerenciais específicas para a EJA nas Secretarias Estaduais e Municipais de Educação.

Por outro lado, encontramos na sociedade sinais de preocupação com os milhões de jovens e adultos que têm direito à Educação Básica. ONGs, igrejas e cultos afro-brasileiros, sindicatos e movimentos sociais, especificamente os movimento sociais do campo como o MST, criam propostas voltadas à educação dos jovens e adultos. Instituições como UNESCO, Abrinq, Natura, SESC dão prioridade à EJA. O compromisso dessa diversidade de coletivos da sociedade não é mais de campanhas nem de ações assistencialistas. Um novo trato mais profissional está se consolidando como indicador de que tanto o Estado quanto a sociedade em seus diversos atores são mais sensíveis aos jovens e adultos e a seus direitos à educação. Surge uma nova institucionalidade entre o Estado e a sociedade. Os fóruns de EJA passaram a ser um novo espaço promissor.

Poderíamos encontrar outros indicadores de que estamos em um tempo propício para a reconfiguração da EJA. Um dos mais promissores é a constituição de um corpo de profissionais educadores(as) formados(as) com competências específicas para dar conta das especificidades do direito à educação na juventude e vida adulta. As faculdades de educação criam cursos específicos de formação para EJA. Por outro lado, hoje é mais fácil encontrar produção teórica e material didático específicos para esses tempos educativos.

Entretanto, o que há de mais esperançador na configuração da EJA como um campo específico de educação é o protagonismo da juventude. Esse tempo da vida foi visto apenas como uma etapa preparatória para a vida adulta. Um tempo provisório. Nas últimas décadas vem se revelando como um tempo humano, social, cultural, identitário, que se faz presente nos diversos espaços da sociedade, nos movimentos sociais, na mídia, no cinema, nas artes, na cultura. Um tempo que traz suas marcas de socialização e sociabilidade, de formação e intervenção. A juventude e a vida adulta como um tempo de direitos humanos, mas também de sua negação. A sensibilidade da sociedade e do Estado vão reconhecendo a urgência de elaborar e implementar políticas públicas da juventude dirigidas à garantia da pluralidade de seus direitos e ao reconhecimento de seu protagonismo na construção de projetos de sociedade, de campo ou de cidade.

Esse quadro trará seríssimas consequências na reconfiguração da Educação de Jovens e Adultos. A EJA será marcada, sem dúvida, pela orientação que forem adquirindo as políticas da juventude e o reconhecimento da especificidade humana, social e cultural desses tempos da vida como tempos de direitos. A visão reducionista com que por décadas foram olhados os alunos da EJA – trajetórias escolares truncadas, incompletas – precisa ser superada diante do protagonismo social e cultural desses tempos da vida. As políticas de EJA terão de se aproximar do novo equacionamento que se pretende para as políticas da juventude. A finalidade não poderá ser suprir carências de escolarização, mas garantir direitos específicos de um tempo de vida. Garantir direitos dos sujeitos que os vivenciam.

Todo esse conjunto de indicadores apontam que estamos em um momento novo, que exige como primeira estratégia: a reconfiguração da EJA. Entretanto, essa reconfiguração não virá espontaneamente. O sistema escolar continua a se pensar em sua lógica e estrutura interna e nem sempre tem facilidade para se abrir a essa pluralidade de indicadores que vem da sociedade, dos próprios jovens adultos e de outras áreas de políticas públicas. Exige-se, pois, uma intencionalidade política, acadêmica, profissional e pedagógica no sentido de nos colocar na agenda escolar e docente, de pesquisa, de formação e de formulação de políticas a necessidade de pensar, idealizar e arquitetar a construção dessa especificidade da EJA no conjunto das políticas públicas e na peculiaridade das políticas educativas. Constituir a educação de jovens adultos como um campo de responsabilidade pública.

Quem são esses jovens e adultos?

Que elementos trazer para essa construção ou configuração nova da EJA? Na diversidade de debates e de práticas podemos encontrar várias estratégias para essa configuração. Encontramos uma maior sensibilidade por conhecer quem são esses jovens adultos. Penso que a reconfiguração da EJA não pode começar por nos perguntar por seu lugar no sistema de educação e menos pelo seu lugar nas modalidades de ensino. Partir desse foco vai nos confundir mais do que ajudar na reconfiguração da EJA. A inserção escolar não pode ser o ponto de partida. Seria uma pretensão desfocada.

A Educação de Jovens e Adultos tem de partir, para sua configuração como um campo específico, da especificidade desses tempos da vida – juventude e vida adulta – e da especificidade dos sujeitos concretos históricos que vivenciam esses tempos. Tem de partir das formas concretas de viver seus direitos e de maneira peculiar de viver seu direito à educação, ao conhecimento, à cultura, à memória, à identidade, à formação e ao desenvolvimento pleno (LDB, n. 9394/96, art. 1. e 2º.).

O ponto de partida deverá ser nos perguntar quem são esses jovens e adultos. As pesquisas passaram a dar maior destaque ao conhecimento dos sujeitos da ação educativa. Os cursos de formação passaram a dedicar tempos novos para que os educadores da EJA conheçam esses jovens e adultos. Pesquisem e tenham acesso aos estudos sobre a história social da juventude, sobre o olhar da sociologia, da antropologia e historiografia. Quanto mais se avançar na configuração da juventude e vida adulta teremos mais elementos para configurar a especificidade da EJA. Começar por superar visões restritivas que tão negativamente a marcaram. Por décadas o olhar escolar os enxergou apenas em suas trajetórias escolares truncadas: alunos evadidos, reprovados, defasados, alunos com problemas de frequência, de aprendizagem, não concluintes da 1ª. à 4ª. ou da 5ª. à 8ª. Com esse olhar escolar sobre esses jovens adultos não avançaremos na reconfiguração da EJA.

Sem dúvida que um dos olhares sobre esses jovens e adultos é vê-los como alunos(as), tomarmos consciência de que estão privados dos bens simbólicos que a escolarização deveria garantir. Que milhões estão à margem desse direito. Que o analfabetismo e os baixos índices de escolarização da população jovem e adulta popular são um gravíssimo indicador de estarmos longe da garantia universal do direito à educação para todos. Colocar-nos nessa perspectiva é um avanço em relação às velhas políticas de suplência. Porém o olhar pode não mudar. Continuam sendo vistos pelas carências e lacunas no percurso escolar. O direito dos jovens e adultos à educação continua visto na ótica da escola, da universalização do Ensino Fundamental, de dar novas oportunidades de acesso a esses níveis não cursados no tempo tido em nossa tradição como oportuno para a escolarização. A EJA continua sendo vista como uma política de continuidade na escolarização. Nessa perspectiva os jovens e adultos continuam vistos na ótica das carências escolares: não tiveram acesso na infância e na adolescência ao Ensino Fundamental ou dele foram excluídos, ou dele evadiram; logo, propiciemos uma segunda oportunidade.

A EJA somente será reconfigurada se esse olhar for revisto. Se o direito à educação ultrapassar a oferta de uma segunda oportunidade de escolarização, ou à medida que esses milhões de jovens adultos forem vistos para além dessas carências. Um novo olhar deverá ser construído: um olhar que os reconheça como jovens e adultos em tempos e percursos de jovens e adultos. Percursos sociais onde se revelam os limites e as possibilidades de ser reconhecidos como sujeitos dos direitos humanos. Vistos nessa pluralidade de direitos se destacam ainda mais as possibilidades e os limites da garantia de seu direito à educação.

Trata-se não de secundarizar esse direito, mas de não isolá-lo dos tortuosos percursos de suas específicas formas de se realizar como seres humanos. A EJA adquire novas dimensões se o olhar sobre os educandos se alarga.

Como ver esses jovens adultos? Reconhecer e entender seu protagonismo. A visibilidade com que a juventude emerge nas últimas décadas e seu protagonismo vêm não das lacunas, das trajetórias escolares truncadas, mas das múltiplas lacunas a que a sociedade os condena. Sua visibilidade vem de sua vulnerabilidade, de sua presença como sujeitos sociais, culturais, vivenciando tempos da vida sobre os quais incidem de maneira peculiar, o desemprego e a falta de horizontes. Como vítimas da violência e do extermínio e das múltiplas facetas da opressão e exclusão social. As carências escolares se entrelaçam com tantas carências sociais. Nesse olhar mais abrangente da juventude as políticas públicas e as políticas educativas da juventude, como EJA, adquirem configurações muito mais abrangentes. Radicalizam o legítimo direito à educação para todos. Esse "todos" abstrato se particulariza em sujeitos concretos.

Essa mudança de olhar sobre os jovens e adultos será uma precondição para sairmos de uma lógica que perdura no equacionamento da EJA. Urge ver mais do que alunos ou ex-alunos em trajetórias escolares. Vê-los jovens adultos em suas trajetórias humanas. Superar a dificuldade de reconhecer que, além de alunos ou jovens evadidos ou excluídos da escola, antes do que portadores de trajetórias escolares truncadas, eles e elas carregam trajetórias perversas de exclusão social, vivenciam trajetórias de negação dos direitos mais básicos à vida, ao afeto, à alimentação, à moradia, ao trabalho e à sobrevivência. As trajetórias escolares truncadas se tornam mais perversas porque se misturam com essas trajetórias humanas, se reforçam mutuamente. A EJA como política pública adquire uma nova configuração quando equacionada na abrangência das políticas públicas que vêm sendo exigidas por essa juventude.

Diante da vulnerabilidade de suas vidas e direito à educação foi e continuará sendo vulnerável. Consequentemente, não se trata de secundarizar a universalização do direito ao Ensino Fundamental para esses jovens adultos. Trata-se de não separar esse direito das formas concretas em que ele é negado e limitado no conjunto da negação dos seus direitos e na vulnerabilidade e precariedade de suas trajetórias humanas.

Entretanto, o protagonismo da juventude não vem apenas das carências. Esses jovens adultos protagonizam trajetórias de humanização. Consequentemente, vê-los não apenas pelas carências sociais, nem sequer pelas carências de um percurso escolar bem sucedido. Uma característica do olhar da historiografia e sociologia é nos mostrar como os jovens se revelam protagonistas nas sociedades modernas, nos movimentos sociais do campo ou das cidades.

Eles se revelam protagonistas pela sua presença positiva em áreas como a cultura, pela pressão por outra sociedade e outro projeto de campo, pelas lutas por seus direitos. Trata-se de captar que nessa negatividade e positividade de sua trajetória humana passam por vivências de jovens adultos em que fazem percursos de socialização e sociabilidade, de interrogação e busca de saberes, de tentativas de escolhas e formação de valores. As trajetórias sociais e escolares truncadas não significam sua paralisação nos tensos processos de sua formação mental, ética, identitária, cultural, social e política. Quando voltam à escola, carregam esse acúmulo de formação e de aprendizagens.

Ver esses processos formadores pode significar uma reconfiguração da própria EJA, da formação dos educadores, dos conhecimentos a ser trabalhados, dos processos e das didáticas. A EJA como espaço formador terá de se configurar reconhecendo que esses jovens e adultos vêm de múltiplos espaços deformadores e formadores dos quais participam. Ocupam espaços de lazer, de trabalho, cultura, sociabilidade, fazem parte de movimentos de luta pela terra, pelo teto e pelo trabalho, pela cultura, pela dignidade e pela vida. Criam redes de solidariedade e de trocas culturais, de participação nas suas comunidades e assentamentos, na cidade e nos campos. Esse olhar mais totalizante e mais positivo do protagonismo dos jovens adultos poderá ser determinante para a educação. Uma nova compreensão da condição juvenil levará a uma nova compreensão do seu direito à educação. Consequentemente levará a uma nova compreensão da EJA.

Essa postura supõe ver a juventude e a vida adulta como tempos de direitos. Da totalidade dos direitos e especificamente do direito à educação. Consequentemente, afirmar políticas da juventude, inclusive educativas. Entretanto, dependendo da visão que se tenha desse protagonismo, as políticas terão um sentido ou outro. Se a sociedade e o Estado se preocupam com a juventude como uma ameaça, como um tempo de carência de valores e condutas, por seus comportamentos ameaçadores e violentos, as políticas terão a marca preventiva. Por vezes as políticas educativas e a própria EJA se afirmam nessa direção preventiva, moralizante: salvemos a juventude (popular é claro) da violência, da droga e prostituição e até do desespero diante da falta de horizontes de sobrevivência e emprego. Nesse equacionamento a EJA não sai de onde sempre esteve: um remédio para suprir carências seja de alfabetização, de escolarização, seja de fome e exclusão, e agora de violência e deterioração moral. A configuração da EJA sempre terá a cara da configuração que a sociedade e o Estado fizerem do protagonismo ameaçador que nossa cultura vê nos setores populares. Como é pesado esse olhar negativo sobre a juventude popular. É um traço de nossa cultura elitista. A EJA vem pagando um alto tributo quando se deixa impregnar por esse olhar negativo sobre a juventude popular.

Educação de Jovens e Adultos e Políticas Públicas

A EJA sairá dessa configuração supletiva, preventiva e moralizante se houver mudança no olhar sobre os jovens adultos, e eles forem visto com seu protagonismo positivo: sujeitos de direitos e sujeitos de deveres do Estado. Aí poderá se configurar como política pública. Como dever de Estado. As possibilidades de reconfigurar esse direito à educação passam por aí: por avançarmos em uma visão positiva dos jovens e adultos populares. Por reconhecê-los como sujeitos de direitos. Consequentemente por criar uma nova cultura política: que o Estado reconheça seu dever na garantia desse direito. A EJA somente será diferente do que foi e é ainda é se for assumida como política pública. Se for equacionada no campo dos direitos e deveres públicos. Esses avanços exigem clareza por parte dos diversos atores que intervêm nesse campo tão aberto e indefinido. A presença dessa diversidade de atores sociais que historicamente tentam a educação dos jovens e adultos populares terá de abandonar orientações supletivas, compassivas, preventivas e moralizantes e redefinir suas ações reconhecendo em cada jovem ou adulto um sujeito de direitos e, assim, pressionar o Estado para que assuma seu dever de garantir esse direito. Essa empreitada não exclui os diversos atores sociais que historicamente se fazem presentes no campo da EJA, porém exigirá um horizonte público, de direitos e deveres. Exigirá uma definição mais precisa desse campo. Não fechá lo a diversas semeaduras, porém todas marcadas pelo reconhecimento da educação desses jovens adultos como um direito, portanto como um dever público. De Estado.

Por que a indefinição se lastra por décadas nesse campo? Porque não foi reconhecido nem pela sociedade nem pelo Estado como um direito e um dever. Como uma responsabilidade pública. A ausência dos governos levou agentes diversos da sociedade a assumir sua responsabilidade diante de uma realidade cada vez mais premente: quem daria conta da obrigação ética, social, política de garantir o direito à educação de milhões de jovens adultos populares? Por que o Estado continuou tão ausente? A compreensão dessa questão nos remete ao campo do reconhecimento social dos direitos. Nas últimas décadas a responsabilidade do Estado avançou nas áreas em que a educação foi reconhecida como direito: o Ensino Fundamental, de 7 a 14 anos. Apenas. Essa restrição do direito à educação apenas a crianças e adolescentes de 7 a 14 anos deixou de fora o direito da infância, dos jovens adultos, da formação profissional dos trabalhadores, da educação de portadores de necessidades especiais. O FUNDEF como responsabilidade do Estado é um marco nessa estreiteza de reconhecimento do direito à educação e do dever o Estado apenas à idade de 7 a 14 anos. E os outros tempos não são também tempos de direitos? Essa estreita visão do direito à educação legitimou que os tempos da juventude e vida adulta fossem reconhecidos como tempos de suplência porque esses jovens adultos não foram escolarizados quando estavam com 7 a 14 anos.

A EJA vem se enredando nessa estreiteza do reconhecimento do direito à educação apenas ao Ensino Fundamental e apenas a essa idade 7-14 anos. Sem alargar essa estreita visão do direito à educação, não sairemos do lugar: a EJA continuará um tempo de suplência. Ultimamente os termos "suplência" e "supletivo" vão sendo abandonados, porém a lógica continua a mesma. Falamos em EJA de 1ª-4ª e de 5ª-8ª. O direito à educação continua restrito ao Ensino Fundamental e à idade de 7 a 14 anos, porém se abre uma brecha para esse direito ao Ensino Fundamental para além dos 14 anos, para suprir o cardápio intelectual que deveriam ter recebido quando crianças e adolescentes. O reconhecimento da juventude e da vida adulta como um tempo específico de direito à educação está ainda muito distante de ser legitimado na sociedade e no Estado, inclusive nos atores mais comprometidos com EJA. Se pretendemos reconfigurá-la, teremos de começar por reconfigurar a estreiteza com que vem sendo equacionado o direito à educação em nossa tradição política e pedagógica. O embate tem de se dar no campo do alargamento dessa estreita concepção dos direitos sociais, humanos. A história mostra que o direito à educação somente é reconhecido à medida que vão acontecendo avanços sociais e políticos na legitimação da totalidade dos direitos humanos. A reconfiguração da EJA estará atrelada a essa legitimação.

Sujeitos coletivos de direitos

Há indicadores de que a consciência dos direitos vem avançando. Vários caminhos que vêm sendo trilhados para alargar essa estreita visão dos direitos. Os agentes que vêm pressionando pelo alargamento dessa estreita visão são os movimentos sociais das cidades e dos campos. A participação dos jovens nesses movimentos os leva a reconhecer-se como sujeitos específicos de direitos. A presença de milhões de jovens adultos, fazendo tantos sacrifícios por sua educação pode ser lida como um sinal inequívoco de que se reconhecem sujeitos de direitos e exigem da sociedade e do Estado esse reconhecimento.

Esses pontos merecem pesquisas mais detidas: qual o papel histórico dos movimentos sociais e da diversidade de ações coletivas na afirmação dos direitos à vida, ao trabalho e à terra, à alimentação e à moradia, à saúde e à educação, à memória e identidade? Toda essa mobilização dos trabalhadores, das cidades e dos campos, das mulheres, dos povos negros e indígenas, dos jovens tem um ponto em comum: se reconhecem sujeitos de direitos e exigem seu reconhecimento social e político. Teimar em reduzir direitos a favores, assistência, suplência ou ações emergenciais é ignorar os avanços na construção social dos direitos, entre eles, a Educação de Jovens e Adultos. A EJA somente se afirmará entrando nos espaços que os movimentos sociais vão abrindo nas lutas por seus direitos. Fala-se muito hoje em parcerias entre a sociedade, seus diversos atores e o Estado, porém as parcerias que contribuirão na configuração da EJA como garantia de direitos e como dever de Estado serão aquelas que situam suas intervenções na legitimação dos direitos dos excluídos, dos setores populares. Aqueles atores sociais que superarem visões assistencialistas para com esses setores populares, que os reconhecerem sujeitos coletivos de direitos, na totalidade dos direitos humanos. Criar alguns espaços para a continuidade de estudos dos jovens e adultos populares nada ou pouco fazendo por mudar as estruturas que os excluem do trabalho, da vida, da moradia, de sua memória, cultura e identidade coletiva não configurará a EJA no campo dos direitos. As experiências mais determinantes na história de EJA foram aquelas vinculadas aos movimentos sociais tão determinantes do avanço da legitimidade dos direitos.

Esses avanços pressionam pelo reconhecimento da infância, dos portadores de necessidades, dos trabalhadores, dos jovens adultos como coletivos de direitos e não de favores e suplências. Assumir essas pressões coletivas implicará assumir outra configuração pública para a educação infantil, educação especial, educação profissionalizante, além da Educação de Jovens e Adultos. É extremamente significativo que seja nos movimentos sociais, em suas ações coletivas onde encontramos propostas mais corajosas de EJA. Propostas mais próximas da especificidade das vivências dos jovens adultos populares. Propostas que veem a EJA como um tempo de direitos de sujeitos específicos e em trajetórias humanas e escolares específicas.

Os movimentos sociais nos chamam a atenção para outro ponto: que as trajetórias desses jovens adultos são trajetórias de coletivos. Desde que a EJA é EJA, esses jovens e adultos são os mesmos: pobres, desempregados, na economia informal, negros, nos limites da sobrevivência. São jovens e adultos populares. Fazem parte dos mesmos coletivos sociais, raciais, étnicos, culturais. O nome genérico "Educação de Jovens e Adultos" oculta essas identidades coletivas. Tentar reconfigurar a EJA implica assumir essas identidades coletivas. Trata-se de trajetórias coletivas de negação de direitos, de exclusão e marginalização; consequentemente, a EJA tem de se caracterizar como uma política afirmativa de direitos de coletivos sociais, historicamente negados. Afirmações genéricas ocultam e ignoram que EJA é de fato uma política afirmativa e como tal tem de ser equacionada. Consequentemente tem de ir além das formas genéricas de tentar garantir direitos para todos. Trata-se de direitos negados historicamente. Os jovens adultos populares não são acidentados ocasionais que por acaso ou gratuitamente abandonaram a escola. Esses jovens e adultos repetem histórias longas de negação de direitos. Histórias coletivas. As mesmas de seus pais, avós, de sua raça, gênero, etnia e classe social. Quando se perde essa identidade coletiva, racial, social, popular dessas trajetórias humanas e escolares perde-se a identidade da EJA, que passa a ser encarada como mera oferta individual de oportunidades pessoais perdidas. As trajetórias humanas e escolares desses jovens adultos merecem ser lidas nessa perspectiva. Assumida essa dimensão: direitos negados historicamente aos mesmos coletivos sociais, raciais, teremos de assumir a EJA como uma política afirmativa, como um dever específico da sociedade, do Estado, da pedagogia e da docência para com essa dúvida histórica de coletivos sociais concretos.

Aprendendo com a história da Educação de Jovens e Adultos

Estamos defendendo que a reconfiguração da EJA virá do reconhecimento da especificidade dos jovens adultos com suas trajetórias de vida, seu protagonismo social e cultural, suas identidades coletivas de classe, gênero, raça, etnia. Virá do reconhecimento de sua vulnerabilidade histórica e das formas complicadas em que se enredam essas trajetórias humanas com suas trajetórias escolares. Entretanto, virá também de um olhar atento à própria história da Educação de Jovens e Adultos.

A questão passa a ser como ver essa longa, tensa e rica história. Um olhar apressado sobre essa história tende a ver apenas na EJA um campo indefinido, descoberto ou aberto a todo tipo de propostas, de intervenções desencontradas, predominando um trato na base de companhias e experimentações conjunturais. Porém, essa leitura é parcial apesar de ter sido a que se impôs no imaginário da formulação de políticas, da didática, da organização escolar e até do recontar de nossa história da educação.

Podemos nos aproximar com outro olhar e ver uma riqueza nesse caráter aberto a uma diversidade de atores e de intervenções. De fato a abertura à diversidade tem sido um traço da história da EJA. Diversidade de educandos: adolescentes, jovens, adultos em várias idades; diversidade de níveis de escolarização, de trajetórias escolares e sobretudo de trajetórias humanas; diversidade de agentes e instituições que atuam na EJA; diversidade de métodos, didáticas e propostas educativas; diversidade de organização do trabalho, dos tempos e espaços; diversidade de intenções políticas, sociais e pedagógicas. Essa diversidade do trato da Educação de Jovens e Adultos pode ser vista como uma herança negativa. Porém, pode ser vista também como riqueza. Pode refletir a pluralidade de instituições da sociedade, de compromissos e de motivações tanto políticas quanto pedagógicas. É significativo que todos os movimentos sociais, revolucionários, democráticos e progressistas incorporem em seus programas a educação do povo, a erradicação do analfabetismo, a conscientização e politização dos jovens e adultos. A EJA sempre aparece vinculada a um outro projeto de sociedade, um projeto de inclusão do povo como sujeito de direitos. Foi sempre um dos campos da educação mais politizados. O que foi possível por ser um campo aberto, não fechado e burocratizado. Por ser um campo de possíveis intervenções de agentes diversos da sociedade, com propostas diversas de sociedade e do papel do povo.

Por outro lado, essa diversidade fez com que os movimentos pedagógicos progressistas penetrassem na EJA com maior facilidade do que no fechado sistema escolar. O caráter aberto e diverso permitia que as teorias e propostas progressistas em educação encontrassem maior facilidade e menor resistência a ser aceitas do que nas outras modalidades do ensino. Nessas modalidades se deram inovações didáticas e curriculares, de ensino e aprendizagem. Entretanto, pouca abertura houve a inovações nas concepções educativas, nas matrizes formadoras do ser humano. A EJA por ter sido sempre um campo menos de "ensino" e mais de formação-educação esteve sempre mais aberta a inovações vindas da renovação das teorias da formação, socialização, aculturação, politização, conscientização...

Essa riqueza que acompanhou a história da EJA, exatamente porque marcada pela diversidade, mereceria pesquisas atentas na área da história da educação e dos movimentos e teorias de renovação pedagógica. Possivelmente pesquisas cuidadosas revelem uma imagem da EJA mais rica como campo de inovação educativa do que a imagem apressada de um campo apenas de campanhas e de improvisação.

Um dado pode ser revelador na história da América Latina: o Movimento de Educação Popular, hoje reconhecido como inovador da teoria educativa, encontrou na Educação de Jovens e Adultos um campo mais aberto do que na instituição escolar. Recentemente muitos dos ideais educativos da Educação Popular vêm marcando propostas educativas dos sistemas escolares. Mais particularmente vem marcando as propostas educativas dos movimentos populares. A abertura e a diversidade na educação de jovens adultos podem ter sido características propícias à criatividade e à inovação de práticas e teorias pedagógicas. A imagem da EJA tem de ser reconstruída com olhares menos negativos. Sobretudo tem de ser reconstruída pesquisando-se com um olhar não escolarizado ou onde não se compare a EJA com o suposto modelo ideal de escolarização que temos.

Ainda é dominante a visão de que a forma de educação escolar formal que se consolidou nos últimos séculos, com sua rigidez, hierarquias, disciplinas e grades é a organização ideal para garantir o direito ao conhecimento. Consequentemente, qualquer outra forma de organização será vista como informal, indefinida, não formal e avaliada como negativa, atrasada, desprofissionalizada. Nessa dicotomia entre educação formal escolar como positiva e educação não formal, a EJA tem sido avaliada como o atraso e a improvisação. Portanto, será defendida a institucionalização da Educação de Jovens e Adultos nos moldes e modalidades organizativas do Ensino Fundamental e médio, com sua rigidez, grades e disciplinas, cargas horárias, frequências, hierarquias e avaliações. Vivemos um momento em que a configuração da EJA é vista como deixar de ser educação não formal para entrar na formalidade escolar. Somente assim os direitos dos jovens e adultos à educação seriam levados a sério.

A longa história da EJA mostra inúmeros educadores e instituições, inúmeras práticas e teorias pedagógicas sérias que vêm resistindo a esse olhar polarizado. Sem superar essa polarização, dificilmente reconstruiremos a história de nossa educação, e será difícil a configuração da EJA como campo de direitos e como política pública. De Estado.

Sem dúvida será urgente pesquisar os riscos dessas características da EJA: indefinição e diversidade. Riscos de imprecisão, desprofissionalização, isolamento de agentes e frentes, amadorismo, descontinuidade etc. Esses riscos ou limites têm sido mais destacados na história da Educação de Jovens e Adultos do que as riquezas a que nos referimos antes. Daí a imagem tão negativa da EJA, que se passa na formulação de políticas e normas. Uma visão mais equilibrada, menos parcial ajudará na sua configuração. Inclusive ajudará a superar os limites e a articular essa fecunda riqueza que foi possível pela diversidade que caracteriza esse campo da educação. Urge produzir pesquisas históricas que reconstruam a imagem real da Educação de Jovens e Adultos e superem a imagem bastante preconceituosa que ainda é dominante. Se partirmos dessa imagem, não conseguiremos configurar um campo do direito à educação de milhões de jovens e adultos populares.

Frente a essa ênfase na indefinição e imprevisão, na diversidade de atores, tempos, propostas e intervenções poderíamos enfatizar o que nessa modalidade de educação foi sempre uma constante: a vulnerabilidade dos jovens e adultos com que EJA, nessa diversidade, vem trabalhando. Há constâncias que merecem a atenção das pesquisas e das políticas púbicas: por décadas esses jovens e adultos são os mesmos, pobres, oprimidos, excluídos, vulneráveis, negros, das periferias e dos campos. Os coletivos sociais e culturais a que pertencem são os mesmos. Essas constâncias históricas têm sido mais determinantes na história da sua educação do que a indefinição, imprevisão e diversidade de atores, de ações, espaços e intervenções. Mais ainda, essas características históricas, tidas como negativas na história da EJA, somente se explicam pelas constâncias perversas a que continuam submetidos os coletivos sociais, raciais, culturais com que a EJA vem trabalhando. É a persistente realidade brutal a que continuam submetidos esses coletivos sociais, raciais e culturais que torna persistentes as características tidas como negativas na EJA: indefinição, descompromisso público, improvisação.um olhar mais atento às continuidades e constâncias dos jovens e adultos poderá redefinir a visão apressada e despectiva com que se narra a história de sua educação.

Continuo defendendo que estamos em um momento muito delicado para a EJA: ou diluí-la nas modalidades escolarizadas de Ensino Fundamental e médio vistos como a forma ideal, ou configurá-la como um campo específico do direito à educação e formação de coletivos marcados por constantes sociais. Defendo a segunda alternativa, ainda que mais complexa e desafiante para a pesquisa, a teorização e a formulação de políticas e de normas. Considero que estamos em um tempo oportuno, propício para tentar essa configuração com sua especificidade. Sem dúvida, essa tarefa exige superar improvisações e amadorismos. Porém exige, sobretudo, não jogar fora a rica diversidade e abertura que caracterizam essa história: não ter esquecido a especificidade dos coletivos sociais jovens adultos populares.

O que aprender da história da Educação de Jovens e Adultos?

Na própria história da EJA podemos encontrar elementos para avançar nessa direção. Um dos capítulos mais marcantes nessa história, o Movimento de Educação Popular, continua apontando horizontes. Vejamos alguns traços que podem ajudar na configuração da especificidade desse campo educativo:

PRIMEIRO: Partir de uma visão realista dos jovens adultos. O Movimento de Educação Popular foi até acusado de dar demasiada centralidade às trajetórias humanas dos educandos sem suas concepções e propostas de EJA. Seria melhor reconhecer que em sua visão não cabia qualquer simplificação das trajetórias dos setores populares. Nem sequer uma visão simplificada de suas trajetórias escolares. Muitos educadores da EJA, sensíveis aos educandos populares, sabem que esses jovens adultos se debatem com uma sensação de caminhos cortados. Em cada encruzilhada ou chegada podem estar a frustração e a pergunta inevitável: cheguei ao final do caminho? O que se abre a minha frente? O abismo, a outra margem, a borda? E depois dela? O vazio? Tentar de novo a escola pode significar que esperam ainda transpor essa borda e poderão se mover em outros territórios. Porém, voltando à escola, nem todos experimentarão a sensação de que suas escolhas se tornarão mais facilitadas. Nem com a volta ao estudo suas trajetórias se tornarão planas. A história da EJA, apesar de seus limites, não perdeu a sensibilidade para os limites que a sociedade impõe aos oprimidos.

SEGUNDO: O Movimento de Educação Popular nos legou uma leitura positiva do saber popular. Os jovens e adultos acumularam em sua trajetória saberes, questionamentos, significados. Uma proposta pedagógica de EJA deverá dialogar com esses saberes.

É significativo que uma das ênfases da Educação Popular e de Paulo Freire é no caráter dialogal de toda relação pedagógica. Falam sobretudo de suas experiências na Educação de Jovens e Adultos populares. Reconheciam que eles carregam para a relação pedagógica saberes, conhecimentos, escolhas, experiências de opressão e de libertação. Carregam questões diferentes daquelas que a escola maneja. Essas diferenças podem ser uma riqueza para o fazer educativo. Quando os interlocutores falam de coisas diferentes, o diálogo é possível. Quando só os mestres têm o que falar, não passa de um monólogo. Os jovens e adultos carregam as condições de pensar sua educação como um diálogo. Se toda educação exige uma deferência pelos interlocutores., mestres e alunos(as), quando esses interlocutores são jovens e adultos carregados de tensas vivências, essa deferência deverá ter um significado educativo especial.

A possibilidade de diálogo será mais fácil entre mestres/adultos e educandos/jovens adultos. As questões vivenciadas serão mais próximas a tal ponto que os mestres não deixem nenhuma questão daqueles sem resposta. Mas a proximidade da idade não transpõe todas as distâncias sociais, raciais e culturais.

Partir dos saberes, conhecimentos, interrogações e significados que aprenderam em sua trajetória de vida será um ponto de partida para uma pedagogia que se paute pelo diálogo entre os saberes escolares e os saberes sociais. Esse diálogo exigirá um trato sistemático desses saberes e significados: alargá-los e propiciar o acesso aos saberes, conhecimentos, significados e a cultura acumulados pela sociedade. A história da EJA se debateu sempre com essas delicadas relações e diálogos entre reconhecer o saber popular como parte do saber socialmente produzido e a garantia do direito ao conhecimento; entre reconhecer os processo populares de produção e apreensão do conhecimento como parte dos processos humanos de conhecimento, e a garantia do direito à ciência e à tecnologia; entre reconhecer a cultura popular como uma riqueza da cultura humana e a garantia do direito às ferramentas da cultura universal. Houve improvisações, tratos pouco sérios, porém houve também diálogos fecundos que enriqueceram o pensar e fazer educativos. Esse diálogo é um legado que não pode ser perdido.

TERCEIRO: Chegamos a um ponto importante na história da EJA: ter sido um rico campo da inovação da teoria pedagógica. O Movimento de Educação Popular e Paulo Freire não se limitaram a repensar métodos de educação/alfabetização de jovens adultos, mas recolocaram as bases e teorias da educação e da aprendizagem. EJA tem sido um campo de interrogação do pensamento pedagógico. O que levou a essa interrogação? Perceber a especificidade das trajetórias dos jovens adultos.

Quando jovens e adultos educandos são populares com trajetórias humanas tão difíceis de entender, terminam interrogando a docência e a pedagogia. Carregam trajetórias fragmentadas tão na contramão da linearidade com que a pedagogia e a docência costumam trabalhar que estas são interrogadas. O sonho da escola é que todas as trajetórias escolares sejam lineares, sempre progredindo, sem quebras, subindo as séries sem escorregar, aprendendo em progressão contínua, em ritmos acelerados. Quaisquer alunos(as) que não seguirem essa linearidade serão catalogados como alunos com problemas de aprendizagem, de ritmos lentos, de progressão descontínua, desacelerada. A maior parte ou a totalidade da trajetória dos alunos e alunas que volta à EJA não se enquadram nessa esperada linearidade. Contrapõem-se a essa linearidade. A contestam. Interrogam as bases teóricas (se é que existem) dessa suposta linearidade nos processos de aprender e de desenvolvimento humano. Qualquer proposta de EJA que acredite nessa linearidade dos processos de aprendizagem e desenvolvimento humano nascerá fracassada. Incapaz de entender seres humanos que carregam trajetórias fragmentadas, negação de qualquer linearidade.

Aqui se situa um dos pontos mais tensos entre as velhas crenças da pedagogia – certas pedagogias – e a Educação de Jovens e Adultos populares. Por aí percebemos como o Movimento de Educação Popular foi radical ao rever velhas concepções pedagógicas lineares sobre a formação humana no diálogo com a educação do povo. A EJA tem de se assumir como um campo radical do repensar e do fazer pedagógicos. Assim foi ao longo de sua incômoda história. Se a pedagogia tem por função interpretar e intervir nos processos da formação e da aprendizagem humanas, a EJA pode ajudar a fornecer pistas para que formas não lineares, mais complexas de nos constituir humanos venham à luz e instiguem a pedagogia a refletir sobre elas. Sobretudo quando essas formas fragmentadas, truncadas são trajetórias de milhões de crianças e adolescentes, de jovens e adultos com que a escola se defronta cotidianamente. Em vez de condenar essas trajetórias por não obedecerem a supostos processos lineares, a pedagogia e a docência terão de redefinir suas crenças sob pena de continuar excluindo milhões de seres humanos apenas por serem condenados a trajetórias tão fragmentadas e descontínuas. Aliás, não será essa não linearidade um traço comum em toda aprendizagem humana?

Atualmente, as teorias da aprendizagem, da formação e do desenvolvimento humano estão fecundando a pedagogia e nos ajudam a recolocar muitas sensibilidades aprendidas na história da EJA. Por exemplo, a centralidade das vivências, da cultura, do universo de valores, dos sistemas simbólicos dos educandos e dos educadores nos processos de aprendizagem. Essas sensibilidades fazem parte da história da EJA. Não podem ser esquecidas nas tentativas de sua configuração. Deverão ser aprofundadas à luz de novas bases teóricas.

QUARTO: Recuperando o foco na educação. Ao longo da história da EJA o foco tem se mantido no termo educação e não ensino. Esse uso do termo "educação" teria sido gratuito? As trajetórias de jovens e adultos recolocam uma questão que está na raiz da pedagogia: a educabilidade humana. As trajetórias de jovens e adultos populares estranham a docência porque não cabem nas crenças na linearidade dos processos de aprendizagem, mas também porque essas trajetórias quebram outra crença da pedagogia: a bondade, inocência, educabilidade com que tem sido imaginada a infância que a pedagogia aprendeu a acompanhar e ensinar. Como manter essas ingênuas crenças na educabilidade espontânea humana diante de trajetórias de jovens e adultos que revelam a banalização do mal, não tanto nas suas condutas de alunos(as), mas na sociedade que os mantém nos limites das possibilidades de humanização? Essas trajetórias contestam olhares tradicionais e ingênuos sobre a perfectibilidade da educabilidade humana. Todo ser humano é mesmo educando nas condições inumanas a que é submetido? É uma das interrogações mais de raiz para a autoimagem da pedagogia e da docência.

Na EJA os professores intuem que ser mestres ensinantes é muito, porém exige-se mais. Essas vidas exigem respostas no plano da educação, dos valores e do sentido do bem e do mal. Da ética ou falta de ética de nossa sociedade. Não é por acaso que a letra *E* de EJA não é de ensino, mas de *Educação* de Jovens e Adultos. Ainda bem que a LDB manteve *Educação* de Jovens e Adultos, talvez porque nessas idades e nessas trajetórias populares as grandes interrogações vinham do campo dos valores, do sentido do bem e do mal, das possibilidades e limites da humanização que tão profundamente marcam suas trajetórias.

Mais uma vez é bom relembrar que já nos anos 1960 a Educação Popular pensou a formação do povo como educação, não apenas ensino. Como possibilidades de humanização-desumanização. Atrelou a EJA aos ideais de emancipação-libertação, igualdade, justiça, cultura, ética, valores. Ideais experimentados como aspirações na diversidade dos movimentos populares. Seria suficiente deixar que os próprios jovens adultos nos revelem alguns dos momentos fortes de suas vidas e veremos que essas interrogações são uma constante ainda hoje. Esses jovens adultos populares criam personagens densos, interrogantes sobre os valores, os preconceitos, as crenças, os significados da vida. Interrogações que levam a EJA e que interrogam os saberes escolares, as didáticas e a docência. Como ignorar essas desafiantes interrogações? Que respostas temos como profissionais do conhecimento?

QUINTO: Na história da EJA podemos encontrar uma relação tensa com os saberes escolares. Os próprios jovens adultos levam à EJA essa tensa relação. Não pode ser ignorada. Suas trajetórias escolares truncadas e retomadas estão marcadas por reprovações e repetências indicadoras de uma tensão que vem desde a infância. Desde o pré-escolar. Seriam menos capazes para aprender os saberes escolares? São indolentes e não têm consciência de seu direito ao conhecimento ou esperam outros conhecimentos? Que conhecimento responderá a suas interrogações? Deixar-nos desafiar por suas interrogações seria uma postura própria de profissionais do conhecimento.

Na história da EJA não faltou essa postura de escuta e interrogação diante dos saberes, valores e culturas populares. "Populismo ingênuo", alguns interpretaram. Os avanços nos estudos sobre o conhecimento e a cultura, sobre o processo civilizador deixaram mais tranquilo o reconhecimento do saber e do conhecimento, dos valores e da cultura populares como uma produção que exige reconhecimento e trato profissional. A EJA sempre colocou para a escola esta pergunta: por que o conhecimento escolar continua tão duro em relação a esse saber popular? Os jovens adultos que carregam para a escola trajetórias tão interrogantes dos valores e dos conhecimentos estabelecidos merecem um olhar amável e reconhecido das interrogações que a vida lhes coloca. Para muitos professores as interrogações vindas da vida dos jovens adultos são uma nova luminosidade para rever os conhecimentos escolares. Apostam que novas formas de garantir o direito ao conhecimento são possíveis quando os educandos são jovens e adultos que em suas trajetórias carregam interrogações existenciais sobre a vida, o trabalho, a natureza, a ordem-desordem social, sobre sua identidade, sua cultura, sua história e sua memória; sobre a dor, o medo, o presente e o passado. Sobre a condição humana. Interrogações que estão chegando à docência, aos currículos, à pedagogia. Quando o diálogo é com percursos humanos tão trancados de jovens adultos populares, essas interrogações podem se tornar mais prementes.

Quando tomada em sua radicalidade, a EJA sempre foi instigante para a pedagogia e a docência. Os mais de quarenta anos do Movimento de Educação

Popular são um testemunho eloquente. A EJA é um campo especialmente instigante para o exercício da renovação do pensar e do fazer docente. Para a revitalização do ofício de mestres. Por quê? Insisto porque à EJA chegam interrogações mais radicais ainda do que chegam à educação infantil e fundamental. Porque milhares desses jovens adultos passaram e passam como coletivos por vivências de opressão, exclusão e rejeição, de sobrevivência e reprovação social e escolar. Vivências humanas que tocam nas grandes interrogações do conhecimento. Mas também porque esses jovens adultos carregam a EJA experiências de escolhas no limite, escolhas de liberdade frente a droga, a violência e de opção pela dignidade, os valores, a ação cultural e até a liderança em movimentos de luta pelo teto, pela cultura, pela terra e pela identidade. Indagações que intrigaram sempre o campo da ética e da cultura.

Quando coletivos de adultos professores se abrem a essa rica e tensa realidade dos educandos e a levam a sério, novos conteúdos, métodos, tempos, relações humanas e pedagógicas se instalam. Por aí a EJA instiga os saberes escolares, as disciplinas e os currículos. Essa é a história mais rica da EJA. Essa tem sido e pode ser sua mais séria contribuição ao movimento de renovação curricular e de renovação do pensar e fazer docente. As ciências do ser humano foram mais audaciosas quanto mais se aproximaram das grandes interrogações da condição humana. A pedagogia e a docência não fugiram a essa regra. O que deteriora o pensar e fazer escolares tem sido entreter-nos com questões e saberes instrumentais apenas e com didáticas miúdas, passando distraídos pelos questionamentos radicais que os próprios educandos vivenciam e levam à escola. De maneira peculiar levam à EJA.

SEXTO: O Movimento de Educação Popular trouxe outra marca: fazer uma interpretação política das intrincadas trajetórias dos setores populares. Não aceitar qualquer interpretação despolitizada, nem sequer das truncadas trajetórias escolares, mas vê-las inteiramente atreladas às trajetórias sociais, econômicas, culturais, éticas a que nossa perversa história vem condenando os setores populares. Vê-los como oprimidos será um olhar mais politizado do que vê-los como pobres, preguiçosos ou violentos, ou como reprovados e defasados.

Essa visão politizada dos jovens e adultos populares deixou profundas marcas nas propostas pedagógicas. Deixou luminosidades que até hoje norteiam milhares de educadores(as) de jovens adultos. Ignorar essas luminosidades e tentar despolitizar a EJA será alocá-la em lugar nenhum. Poderá significar burocratizá-la, gradeá-la e discipliná-la. Estamos hoje nessa encruzilhada.

A Educação de Jovens e Adultos sempre trouxe uma instigação política. No conjunto dos "níveis" do sistema escolar foi o campo mais politizado.

Na década de 1960 é retomada na América Latina em um momento extremamente politizado. Uma politização que não vinha apenas do ideário político das revoluções que o privilegiaram: Cuba, Nicarágua. Nem apenas dos movimentos sociais, do campo, por exemplo, ou dos partidos políticos conectados com as demandas populares. O radicalismo político vem das questões radicais e explosivas a que são submetidos os filhos dos setores populares, dos pobres, negros, oprimidos desde a infância. Quando eles e elas chegam de volta à escola, carregam essas radicais questões acumuladas e condensadas em suas trajetórias. A radicalidade política da EJA vem de dentro, carregada pelos próprios jovens e adultos populares. Não são trajetórias lineares, fáceis, de superfície, sem significados políticos. Ao contrário, são trajetórias que desde crianças os interrogam e interrogam a educação sobre os significados políticos da miséria, da fome, da dor, da morte, da luta pela terra, pela identidade e pela sua cultura, pela vida e dignidade. Trajetórias de idas e voltas, de caídas e recaídas. De escolhas sem horizontes e luminosidades para escolher. Sem alternativas de escolha. Na história da EJA essas vivências foram interpretadas politicamente como opressão, como negação da liberdade, como desumanização. Consequentemente a educação desses jovens e adultos foi assumida como um ato político como exercício de emancipação e libertação. O direito popular ao conhecimento sempre teve na EJA um sentido político: contribuir nesses ideais de emancipação e libertação. Dar aos setores populares horizontes de humanização. Dar-lhes o direito de escolher, de planejar seu destino, de entender o mundo. De intervir. Um professor de EJA comentava: "o que mais me impressiona nesses jovens adultos é a falta de horizontes. Estão atolados no presente, na sobrevivência mais imediata". De fato, ninguém os perguntou, nem eles e elas se atreveram a se perguntar o que vou ser na vida quando crescer. Mas chegaram a escolher voltar a estudar com essas idades. Mais uma escolha nada fácil. Talvez mais um engano. Ao voltar às aulas à noite, após o trabalho, não terão a recepção como quando crianças. Nem músicas, cantos, rodas, festinhas, histórias, fantasias. O mundo encantado da infância que a escola tão bem reproduz deverá ficar distante. A EJA será mais pragmática: aprender a seco? Mais parecida com suas duras vivências de jovens adultos? Talvez alguns coletivos de professores(as) decidam por colorido, músicas, discursos de acolhida, fantasia, sentimento. Um clima humano, como os educandos merecem, exatamente porque sua vivência de jovens adultos é dura mesmo e porque da EJA esperam alguma forma de ser mais livres em suas escolhas.

Lembro de uma professora que comentava em um coletivo: "quando vejo alguns jovens e algumas jovens dormindo sob o peso do cansaço, um arrepio me percorre a espinha". Sei de professores com opções políticas que optaram pela EJA para voltar a seus tempos de alunos do noturno. "Voltei às mesmas interrogações que eu levava para a EJA disposto a encontrar algumas respostas com esses jovens populares". No campo da EJA há radicais opções políticas de docentes. Nem todos ignoram acolhidas emotivas. Há paixão e indignação política. Uma das marcas históricas da EJA. Os movimentos sociais sempre deram centralidade à educação dos seus militantes, jovens e adultos, e sempre contagiaram a EJA com sua paixão e indignação política. Os jovens e adultos que voltam ao estudo, carregam expectativas e incertezas à flor da pele. É o clima que se respira nos cursos de EJA. Dificilmente os professores conseguem ser frios e rígidos ensinantes. Terminam contaminados pela indignação política. Muitos docentes voltam angustiados de noites de docência e convívio com esses jovens e adultos populares. "É mais fácil dormir depois de um dia de convívio com crianças risonhas", comentava uma professora.

Essa indignação política vivenciada no convívio com jovens e adultos em situação de tanta radicalidade política levou o Movimento de Educação Popular, e Paulo Freire em particular, a ver em todo ato educativo um ato político. Uma dimensão que tanto marcou o movimento progressista de educação. A EJA dificilmente será despolitizada porque as trajetórias, as interrogações, as escolhas dos jovens e adultos populares continuam atreladas às gravíssimas interrogações políticas não respondidas, antes agravadas em nossa sociedade. Manter essas interrogações políticas nas escolas e nos cursos de formação, na pesquisa e no pensar pedagógico, na cultura e ação docentes pode ser uma aposta na EJA. Uma aposta em uma reconfiguração de um campo educativo que tem uma história tão tensa quanto densa, mas que exige ser reconhecido como um campo específico de responsabilidade pública.

A Educação de Jovens e Adultos interroga o Sistema Escolar

A preocupação atual com a reconfiguração da educação de jovens adultos nos leva às relações entre a EJA e o Sistema Escolar. Essas relações foram sempre tensas ao longo da história de ambos, o que nos traz uma lição: tentar adequar a Educação de Jovens e Adultos às modalidades de ensino de nosso sistema escolar não será fácil. Com certeza estará marcada por essa tensa história que vem de longe.

Por vezes as análises sobre essa tensa relação culpam a EJA por ter sido uma forma demasiado in-formal de educação. Pouco séria. A maneira de levá-la a sério será enquadrá-la na forma do ensino formal. Deixar mais definidas as normas, as exigências de frequência e de cargas horárias; definir os conteúdos a ser dados, aprendidos e avaliados; organizar esses conteúdos, bem como os tempos e o trabalho docente numa sequenciação mais ordenada; acabar com esse trato pouco científico das lógicas da produção e apreensão dos conhecimentos, etc. Enfim, fazer com que a informalidade da EJA entre na lógica da dita educação formal. Esse ponto merece pesquisas e análises aprofundadas.

De fato, a história da EJA correu em grande parte a margem da construção do Sistema Escolar: campanhas, movimentos sociais, ONGs, igrejas, sindicatos, voluntários. Entretanto, sua análise sempre se fez em comparação com o sistema escolar formal. As conclusões foram as esperadas: a EJA vista como distante do ideal de educação prefigurado no sistema escolar. Faltam-nos pesquisas que se aproximem da história da EJA sem essas comparações e parâmetros escolares. Por aí talvez descubramos que uma das suas riquezas seja ir além dos pesados esquemas, rituais e grades do sistema escolar. Muitas das "carências" apontadas tendo como parâmetros as modalidades escolares de Ensino Fundamental e médio podem ser revertidas e vistas como "virtudes".

A consolidação histórica do sistema escolar representou avanços que não podem ser perdidos. A ênfase no conhecimento a ser transmitido, o ordenamento dessa transmissão, as didáticas para sua aprendizagem, a capacitação de um corpo profissional para o ofício de ensinar, aprender, etc. Entretanto, esses avanços terminaram por ser estruturados em lógicas temporais e espaciais e em lógicas de organização do trabalho e dos processos de selecionar, organizar e sequenciar o conhecimento que se tornaram um empecilho às modernas concepções do direito universal à educação. Essas lógicas da organização do sistema escolar vêm sendo revistas ultimamente e redefinidas para dar conta dos sujeitos reais do direito igual de todos os coletivos sociais à educação, ao conhecimento, à cultura. A tal ponto que nas sociedades democráticas os sistemas escolares estão sendo redefinidos e buscam-se formas mais inclusivas, igualitárias de garantir esses direitos.

A superação de estruturas e lógicas seletivas, hierárquicas, rígidas, gradeadas e disciplinares de organizar e gerir os direitos ao conhecimento e à cultura é uma das áreas de inovações tidas como inadiáveis. Nesse quadro de revisão institucional dos sistemas escolares torna-se uma exigência buscar outros parâmetros para reconstruir a história da EJA. Se a organização dos sistemas de educação formal está sendo revista e redefinida a partir dos avanços da consciência dos direitos, a educação dos jovens adultos tem de ser avaliada na perspectiva desses avanços.

O que estamos sugerindo é repensar os parâmetros escolares com que a história da EJA tem sido contada. Buscar parâmetros próprios específicos na diversidade de formas tentadas para garantir o direito à formação, à socialização e às aprendizagens. Nas últimas décadas as ciências humanas vêm mostrando a diversidade de processos, de tempos e espaços, o repensar das organizações, dos conteúdos e das didáticas com que a formação e as aprendizagens humanas acontecem. Olhando nessa perspectiva, a história da EJA em sua diversidade pode nos fornecer didáticas, conteúdos, processos, tempos e espaços a ser levados em conta na empreitada que a todos nos instiga: garantir o direito à educação dos setores populares, tanto na infância e adolescência, quanto na juventude e vida adulta.

Entretanto, dependendo da perspectiva com que nos aproximarmos na reconstrução da história da EJA, poderemos defender políticas e propostas diversas. Se o parâmetro é o sistema escolar e se suas modalidades de Ensino Fundamental e médio são vistas como as formas ideais e únicas de garantir o direito à educação, as propostas serão no sentido de fazer da EJA uma cópia dessas modalidades. "Adaptar" conteúdos, metodologias, tempos, espaços, organização do trabalho docente e discente às formas e lógicas em que foram estruturadas essas modalidades de ensino. A proposta terminará sendo aproveitar as "brechas" do sistema de ensino, fazendo tantas contorções quantas forem necessárias para que os jovens e adultos populares encaixem suas trajetórias humanas complicadíssimas nas frestas do sistema escolar. Se suas trajetórias humanas não se encaixaram nessas brechas escolares quando crianças e adolescentes, será mais fácil quando jovens adultos?

O que se propõe, nessa perspectiva, é que caberá aos profissionais da EJA a grande luta pela conquista do sistema escolar, pois somente nessa forma e lógica escolar será garantido o direito dos jovens adultos populares ao conhecimento e às competências que a inserção no mundo moderno exige. Esta passou a ser a proposta dos defensores do sistema escolar. Recentemente passou a ter grandes adeptos entre formuladores de políticas, conselheiros e pareceristas, formadores de professores, especialistas em financiamento e até lideranças dos sindicatos docentes. Essa esperança não está ausente nos próprios fóruns de EJA.

Nessa perspectiva, a solução para que a conquista do sistema escolar seja uma realidade para a EJA será tomar medidas mais fortes, mais compulsórias. Por exemplo, condicionar o financiamento da EJA a sua escolarização. No dia em que os governantes se virem condicionados a receber apenas pelos jovens e adultos matriculados e frequentes nas modalidades de ensino, a EJA entrará no sistema. A defesa de que o direito à educação dos jovens e adultos seja assumido como um dever do Estado e consequentemente como uma política pública encontra estímulo nessa perspectiva de que desta vez a EJA está perto de ser inserida no sistema escolar. Uma esperança tentadora, porém complexa.

As reações estão se mostrando, no ENEJA, nos fóruns e encontros de profissionais e entidades que trabalham historicamente nesse campo tão rico e diverso. Implicaria cercar esse campo como responsabilidade única do Estado? Os jovens e adultos atendidos fora dessas modalidades de ensino seriam excluídos do financiamento? Aplicaríamos a defendida rigidez de que dinheiro público é para escola pública? Confundiremos as diversas formas e instituições de Educação de Jovens e Adultos populares como modalidades de ensino? Perderíamos todo o acúmulo de experiências de educação em tão variados espaços não escolares? Quais os ganhos e perdas desse encaixar a EJA nas modalidades de ensino em nome de que desta vez a educação de jovens e adultos seja assumida como política pública escolar?

Essas e tantas outras interrogações que perpassam os encontros e fóruns sugerem que estamos em um momento instigante que exige extrema cautela. Sobretudo há uma questão que deveria ser a primeira: quais os custos e os ganhos para os jovens e adultos populares? Deveríamos destacar com maior cuidado as tensas relações entre suas trajetórias de vida, trabalho, sobrevivência, exclusão, vulnerabilidade social e as trajetórias escolares nas modalidades e nas lógicas de ensino de que participaram desde crianças. A maior parte desses jovens e adultos já tentaram articular suas trajetórias de vida com as trajetórias escolares. A maior parte com experiências frustrantes. Elas revelam a incompatibilidade entre trajetórias populares nos limites da sobrevivência e a rígida lógica em que se estrutura nosso sistema escolar. O que nos garante que essas tensas relações serão superadas se o sistema escolar continua tão apegado a suas inflexíveis lógicas?

As trajetórias de vida dos jovens e adultos não se tornaram mais fáceis; ao contrário, vêm se tornando mais imprevisíveis e incontroláveis para os próprios jovens e adultos. Até para os adolescentes que são forçados a frequentar o ensino noturno. Os índices de abandono na EJA, que tenta se escolarizar ainda que com tímidas flexibilizações, refletem que nem com um estilo escolar mais flexível eles e elas conseguem articular suas trajetórias de vida e as trajetórias escolares. Os impasses estão postos. Como equacionar o direito à educação dos jovens e adultos populares e o dever do Estado?

Haveremos de inventar alternativas corajosas, assumindo que as formas como se cristalizou a garantia pública à educação não são estáticas. Podem e devem ser reinventadas. Como sugerimos antes, avançaremos se nos aproximarmos da história da EJA. Reconhecendo essa história como parte da história da educação. Não negando mas incorporando seu legado. Reinventando formas possíveis de garantir o direito à educação na especificidade das trajetórias vividas pelos setores populares. A EJA foi inventada não para fugir do sistema público, mas porque nele não cabiam as trajetórias humanas dos jovens e adultos populares. O Movimento de Educação Popular foi sensível a esses impasses. Eles continuam e se agudizaram. A realidade da opressão-exclusão não é menos trágica do que nos anos 1960. As tentativas de garantir o direito à educação nessas perversas condições não são menos sérias nessas décadas na EJA do que no sistema escolar.

Partindo desse respeito e riqueza mútua, será fecundo o diálogo. A EJA tem a aprender da pluralidade de propostas de inovação educativa que vem acontecendo no sistema escolar assim como este tem muito a aprender dos corajosos esforços que vêm acontecendo na pluralidade de frentes, em que se tenta com seriedade garantir o direito à educação, ao conhecimento, à cultura dos jovens e adultos populares. O clima para esse diálogo é hoje propício. Diante da urgência de repensar as formas de organização dos tempos e espaços e das lógicas em que se articulou nosso sistema escolar, sem dúvida, um diálogo com as experiências de EJA pode ser enriquecedor para as tentativas de inovação urgente no sistema escolar. Para torná-lo mais democrático. Mais público. Nosso sistema de ensino tem de se tornar um campo de direitos e de responsabilidade pública. Os milhões de jovens adultos defasados são a prova de que esse sistema de ensino está distante de ser público.

Defender que os direitos dos jovens e adultos à educação sejam garantidos como direito público significa entender que suas vidas são demasiado imprescindíveis exigindo uma redefinição da rigidez do sistema público de educação. Essa rigidez foi consolidada quando o sistema escolar estava distante de ter como preocupação a garantia do direito à educação dos setores populares. Para estes essa rigidez é excludente. Nega seus direitos. Dificilmente construiremos formas públicas da garantia do direito à educação dos jovens e adultos populares se não tivermos coragem de rever a rigidez de nosso sistema escolar. Se não investirmos em torná-lo realmente público.

A história da EJA mostra sérias tentativas de sair dessa rigidez como única forma de articular as trajetórias de vida e as trajetórias escolares dos setores populares. Reconhecer o que há de positivo nessa história será uma forma de superar preconceitos. Reconhecida essa história de compromissos com os direitos populares, será possível um diálogo promissor entre o sistema escolar e a EJA. Desse diálogo virão algumas consequências. Os profissionais que trabalham com jovens e adultos deixaram de ficar à margem da formulação das políticas de Educação de Jovens e Adultos e passaram a ocupar seu lugar trazendo a diversidade de iniciativas que se desenvolvem nas diversas modalidades de EJA.

As diversas entidades, os fóruns deverão estar no centro da formulação de políticas públicas, oferecendo ideias, concepções pedagógicas, experiências não formais, porém sérias de organização dos currículos, dos tempos e espaços e do trabalho de professores e alunos. Apresentando aos governos propostas viáveis para a remoção dos entraves que historicamente vêm limitando o acesso e a permanência dos setores populares à educação no próprio sistema escolar. Mostrando aos formuladores de políticas que não é suficiente celebrar a "quase" universalização da entrada no sistema escolar enquanto esse sistema com sua rigidez excludente e seletiva torna inviável a permanência dos setores mais marginalizados e penalizados da sociedade. A EJA sempre veio para recolher aqueles que não conseguiam fazer seu percurso nessa lógica seletiva e rígida de nosso sistema escolar. Cada jovem e adulto que chega à EJA é um náufrago ou uma vítima do caráter pouco público de nosso sistema escolar. Um espaço será público quando adaptado às condições de vida em que o povo pode exercer seus direitos.

Enquanto milhões de jovens e adultos e até crianças e adolescentes não derem conta de articular suas trajetórias humanas concretas com as exigências do sistema escolar, este estará longe de ser público. A EJA em nossa história veio sempre a encurtar essa distância entre as condições concretas de vida, de sobrevivência da infância, adolescência, da juventude e da vida adulta e a intransigência seletiva de um sistema educacional feito à medida dos filhos desocupados e bem cuidados. Essas formas e lógicas podem ter sido a garantia dos direitos de alguns setores sociais, porém tem sido o entrave e a negação dos direitos dos setores populares. A história vem provando que este é o caso de nosso sistema escolar. Os jovens e adultos da EJA são uma denúncia clara da distância intransponível entre as formas de vida a que são condicionadas a infância, a adolescência e a juventude populares e a teimosa rigidez e seletividade de nosso sistema escolar. Olhar-se no espelho das trajetórias dos jovens e adultos que voltam à EJA seria talvez uma forma de o sistema escolar reconhecer essa distância intransponível. Não foi a EJA que se distanciou da seriedade do sistema escolar; foi este que se distanciou das condições reais de vida dos setores populares.

A educação de jovens adultos avançará na sua configuração como campo público de direitos à medida que o sistema escolar também avance na sua configuração como campo público de direitos para os setores populares em suas formas concretas de vida e sobrevivência. Os sistemas que pretendem garantir esses direitos têm de se adaptar à concretude social em que os diversos setores vivem suas exigências. Sobretudo quando se trata da infância, adolescência e juventude populares a quem não é dado escolher suas formas de vida e de sobrevivência. Na história da EJA encontraremos uma constante: partir dessas formas de existência populares, dos limites de opressão e exclusão em que são forçados a ter de fazer suas escolhas entre estudar ou sobreviver, articular o tempo rígido de escola com o tempo imprevisível da sobrevivência. Essa sensibilidade para essa concretude das formas de sobreviver e esses limites a suas escolhas merecem ser aprendidas pelo sistema escolar se pretende ser mais público. Avançando nessas direções o diálogo entre EJA e sistema escolar poderá ser mutuamente fecundo. Como vemos, um diálogo eminentemente político, guiado por opções políticas. Por garantias de direitos de sujeitos concretos. Não por direitos abstratos de sujeitos abstratos.

O que aproxima o Ensino Fundamental e médio da EJA são as trajetórias de vida dos jovens e adultos tão parecidas hoje quanto nos seus tempos de crianças e adolescentes. As diferenças estão em que essas trajetórias vão piorando e as possibilidades de articulá-las com as trajetórias escolares foram se tornando mais difíceis. Daí que até adolescentes sejam forçados a optar por EJA. Os educandos(as) são o elo mais permanente entre o sistema escolar e a EJA. A realidade socioeconômica das crianças, jovens e adultos populares e seus traços culturais aproximam o que tem sido colocado como campos distantes. Essas aproximações, mais do que as distâncias, deveriam merecer a atenção nas pesquisas e na formulação de políticas. Quando se trata de escola pública e de profissionais que trabalham com o povo, as identidades ou proximidades vão além das diferenças que tentam nos impor por ser da EJA ou do Ensino Fundamental.

As diferenças de modalidades no sistema escolar resultam miúdas diante das aproximações nas vidas de crianças, adolescentes, jovens ou adultos populares. Há sim diferenças. Enquanto a EJA tentou em sua história entender a realidade popular, na cultura, vivências, sua opressão e exclusão, o sistema escolar teve mais dificuldade. A tal ponto esteve por décadas, focado nas trajetórias escolares dos alunos, em seu sucesso e fracasso escolar, em seus problemas de aprendizagem que perdeu a sensibilidade para com as perversas formas de viver a infância, adolescência e juventude. A politização da educação e da categoria docente, os avanços da teoria pedagógica e da consciência dos direitos estão mudando nosso sistema escolar, inspirado em valores mais igualitários. A EJA tem muito a aprender dos valores que vêm inspirando o sistema escolar.

O diálogo e a troca das marcas de cada um podem ajudar na formulação de políticas para a garantia do direito popular à educação. A reconfiguração mais pública da EJA terá de dialogar com as tentativas de reconfiguração pública do sistema escolar. A educação sobreviveu sempre aos sistemas escolares.

Reinventar e formar o profissional da Educação Básica[1]

Repensar a formação dos profissionais da Educação Básica tem sido uma preocupação constante das universidades e dos governos. Estamos em um tempo em que esse repensar se traduz em debates, em ordenamentos do Conselho Federal, em tentativas de reformular currículos dos cursos de Pedagogia e de Licenciatura. Mas não podemos esquecer que também estamos em tempos em que o movimento docente e inúmeras propostas de renovação pedagógica reinventam novas tarefas, novos saberes e artes para o velho ofício de educar. Nem sempre esse duplo movimento vindo, de um lado, das políticas, dos ordenamentos legais e das universidades e, de outro lado, do movimento de renovação pedagógica nas escolas e do movimento docente tem conseguido dialogar e se fecundar mutuamente.

Talvez não haja total coincidência entre os diversos atores que pensam e agem na formação dos profissionais da Educação Básica. Há diferenças – e não em detalhes como o número de horas de estágios as agências responsáveis pela formação. Colocar os debates nessa direção será não sair do mesmo lugar. Os embates em torno da formação têm de situar-se em subsolos mais sólidos, mais determinantes e mais desafiantes. Têm de ser questionadas as lógicas em que equacionamos a formação dos profissionais da Educação Básica. Tem de ser questionada a própria concepção de Educação Básica que herdamos da Lei n. 5692/71. Têm de ser percebidos os avanços havidos na consciência do direito à educação, ao conhecimento e à cultura. Tem de ser levado em conta o novo perfil de profissional que vem se configurando para dar conta dos avanços nesse campo dos direitos. Nessa direção oriento as reflexões deste texto.

---

[1] Texto originalmente publicado em: BICUDO, M. A. V.; SILVA JUNIOR, C. A. *Formação do Educador: dever do Estado, tarefa da universidade.* São Paulo: Editora da Unesp, 1996.

Formação como precondição?

A primeira questão a ser posta é como tem sido equacionada a formação dos professores em nossa tradição pedagógica, nas pesquisas e nas políticas do Estado e da Universidade. Tem sido equacionada como uma precondição para a constituição dos sistemas educacionais, para sua renovação e para a elevação de sua qualidade. A escola é vista como a expressão do professor que temos e da formação que ele domina. Repensar a formação de professores tem se concentrado em repensar os centros de sua formação. Toda política de formação do governo e da universidade coloca como objetivo central reformular os centros de magistério, de licenciatura e pedagogia, redefinir currículos e normas.

Olhando para as sínteses da maioria dos congressos sobre formação de professores, descobrimos uma lógica quase linear. As propostas se concentram em como requalificar os cursos de formação, como dotá-los de maior densidade teórica e prática. A ênfase recai na formação precedente à entrada no magistério. Ultimamente se pensa na educação concomitante ao trabalho pedagógico, educação continuada, mas frequentemente se mantém a lógica: completar a qualificação precedente, requalificando em serviço para renovar os processos pedagógicos e, assim, requalificar a baixa qualidade de nossas escolas. A lógica linear continua predominante: qualifiquemos e requalifiquemos os mestres e teremos sistemas escolares de qualidade, pois se não temos uma escola de qualidade é porque nos falta qualidade profissional. Nessa lógica, a formação dos mestres só aparece quando surgem alarmes sobre a baixa qualidade da escola pública.

Uma visão demasiado lógica, que não corresponde à complexa relação entre sociedade, educação e formação de professores. Uma lógica linear, que nos tem impedido de ir mais fundo no equacionamento de nossos crônicos e estruturais problemas educacionais, de olhar a estrutura de nossos sistemas escolares, de ponderar seu papel condicionante da baixa qualidade de nossa educação e dos seus mestres. A lógica que domina nossa tradição pedagógica e política tem mantido os governos na superficial e repetitiva denúncia da falta de qualificação profissional para constituirmos uma educação de qualidade. Tem mantido os centros de formação a reboque dessas denúncias. Uma lógica que tem levado governos e universidades a análises e intervenções fáceis, sem pesquisar e atuar sobre os verdadeiros determinantes da desqualificação de nosso sistema educacional e de seus profissionais.

É urgente colocar essa lógica em questão e orientar nossas pesquisas e análises, orientar as políticas governamentais e universitárias, a fim de entender e equacionar melhor a complexa relação entre sociedade, sistema escolar, educação e formação dos educadores. A formação está no início ou no final da ponta de um complexo processo de interações? Pode continuar sendo equacionada como milagroso remédio para todos os males da escola?

Atrevo-me a afirmar que temos qualificação profissional acumulada, ao menos nas cidades de médio e grande porte, suficiente para construir um sistema escolar que dê conta de uma Educação Básica digna do cidadão brasileiro. Os dados das últimas décadas apontam para a significativa elevação dos níveis de qualificação dos professores das redes estaduais e municipais. Os cursos de formação vêm elevando sua qualidade. Dados que se confrontam com a persistência dos índices de evasão e reprovação tão denunciados como indicadores da baixa qualidade de nossa educação escolar básica. O confronto entre essas duas tendências, o aumento dos níveis de qualificação dos mestres e dos cursos e a persistência da desqualificação da escola mostram a urgência de colocar em níveis mais estruturais nossa reflexão e nossas políticas sobre a formação de professores.

Oriento minha análise para estas questões: que estruturas escolares mantemos, que resistem a toda política de qualificação, que desqualificam a escola, os processos pedagógicos e os profissionais neles inseridos? Que imaginário social sobre a Educação Básica domina em nossa formação histórica e como condiciona o perfil de profissional? Estamos mudando esse imaginário e construindo uma nova concepção e prática da Educação Básica? Temos um sistema único de educação obrigatória? Temos um profissional único que dê conta dessa função social e cultural?

Compreendendo a formação nesse nível mais estrutural, tentarei concentrar minha reflexão em torno de alguns aspectos que considero nucleares para a pesquisa e as políticas governamentais e das universidades.

O imaginário social sobre a educação primária

Oriento minha análise pensando no professor de Educação Básica entendendo a educação infantil, fundamental e média. O perfil que vai sendo construído desse profissional vai determinar as exigências de sua formação. Por sua vez esse perfil de profissional e de formação está colado às características que marcam entre nós a construção do sistema público de Educação Básica universal e obrigatória. Parto, pois, do suposto de que há uma relação histórica estreita entre a tensa construção do sistema de educação pública obrigatória e a construção do perfil de profissional e de sua formação.

Pensemos em algumas das características dessa construção histórica.

O modelo de escola ainda prevalecente no imaginário social é o Ensino Médio, aquele que iniciou com as cadeiras régias e os cursos preparatórios.

Eles se constituíram como a primeira experiência de nosso ensino: dominar as letras para o ingresso na burocracia estatal e eclesial, para o ingresso nos cursos superiores. Esse caráter preparatório, propedêutico, meritocrático e seletivo para o mercado, para a fuga dos trabalhos pesados e da pobreza passou a ser o ideal até hoje dominante que se transfere para a Educação Básica. Uma lógica contrária aos valores que configuraram a construção da Educação Básica universal obrigatória nos países modernos.

Essa concepção de ensino passou ao emergente sistema de instrução pública, que começa a se configurar durante a República Velha. As cadeiras de instrução, primeiras letras e seus regentes se configuram como preparatórios para os ginásios, e não como um sistema público de Educação Básica universal e obrigatória. Em outros termos, quando as classes "dirigentes" e seus governos pensam em integrar as classes dominadas, "dirigidas" adotam o modelo de escolarização já existente e incorporam a representação social já constituída. Essa cultura escolar que vai se infiltrando lentamente na instrução das camadas populares é a cultura escolar dos cursos médios preparatórios. A presença do Estado configurando um sistema de instrução para os setores populares reproduz a cultura escolar já existente. Apenas os conteúdos, os métodos e a formação dos professores são mais rudimentares, iniciadores, primários. É a imagem empobrecida do modelo vigente de ensino ginasial, médio, preparatório.

Em nossa tradição escolar não predominou uma imagem de ensino enciclopédico, erudito nem humanístico, nem sequer o academicismo e intelectualismo encontraram espaço em nossa tradição. Consequentemente, a figura do professor não foi associada a um intelectual culto, erudito, fonte de informação e de saber, nem ao humanista que transita com facilidade nas artes e na cultura. Nem sequer a imagem social da escola média está associada a ser um centro da cultura, das artes, da erudição. Nem nas últimas décadas os colégios privados, tão disputados e caros, conseguiram criar essa imagem. Eles continuam reproduzindo e servindo a uma representação que faz parte de nossa tradição: escola e mestres transmissores de habilidades úteis para disputar o seletivo mercado de emprego, de concursos, de vestibulares.

Nossa escola média, que serviu e serve de referencial de escola, inclusive no nível primário, não conseguiu se afirmar com uma função cultural e intelectual rica e densa. Essa realidade tem condicionado até hoje a imagem do professor licenciado e de sua formação. Ele não consegue se afirmar na sociedade, sequer nas cidades do interior como uma pessoa culta, um intelectual, um intérprete dos anseios culturais das comunidades, nem dos seus próprios alunos. Essa imagem e função tão pobres, tão pouco enraizadas na cultura, tem sido passada à Educação Básica e a seu professor.

O ensino rudimentar das primeiras letras

A ideia de ensino primário, rudimentar das primeiras letras, das noções de contas e ciências passou em nossa história a ser a ideia e a prática caracterizadoras do nascente sistema de instrução pública. Por que só se ensinam os rudimentos? Porque o ensino primário nasce com uma função mais moralizante do que instrutiva e porque ele não deve retirar a mão de obra, que faz a riqueza da nação, da produção e da agricultura. Esse ensino primaríssimo e rudimentar não afasta o povo rude das demandas do mercado de trabalho e reforça a lógica seletiva e excludente dominante na cultura social da época e atual. Hoje letramento. O caráter seletivo e rudimentar está na origem da construção de nosso sistema escolar público. Do professor será exigido apenas que dê conta dessa rudimentar tarefa.

Encontramo-nos no ponto de partida da construção de uma emergente cultura social sobre a Educação Básica que não superamos até hoje. Imagem marcada pelo caráter precário e rudimentar nos conteúdos, nos métodos, na organização e nas exigências de preparo apenas primário e rudimentar para seu mestre-escola. Essa imagem primaríssima marcante no berço do nosso sistema público de instrução determinou profundamente a imagem social de mestre-escola desqualificado ou apenas com preparos primários. Somos vítimas dessa imagem não superada.

Penso que o dever dos governos e das universidades para com a formação de educadores começa por aí, por superar esse imaginário e essa prática de Educação Básica. Somente a superação dessa visão e dessa prática recriará o perfil de um novo profissional menos primário em seu papel sociocultural e em sua qualificação. Essa tarefa exige um novo olhar sobre os destinatários da Educação Básica.

O que fez perdurar, por mais de um século, essa visão rudimentar da educação?

Visão rude e primária do povo

A construção dessa imagem rudimentar da educação e do educador surge associada à visão que se tinha e que ainda predomina das elites e das camadas médias sobre si mesmas e de si mesmas sobre a função social dos setores populares. É uma visão pobre, primária do povo: braços ordeiros para a lavoura, para o trabalho e nada mais. Somente essa concepção tão primaríssima e rudimentar explica que, durante mais de um século, se mantivesse quase inalterado, como normal, o caráter tão rudimentar de nosso sistema de educação. Isso significa que, no imaginário dos governos e das diversas frações sociais, essa função tão primária nada tem de chocante. Ela é vista como normal.

A única anormalidade que mereceu a atenção dos críticos e o lamento dos governos é que nem esse caráter primaríssimo e rudimentar foi conseguido com eficiência. A crítica recai sobre o custo, a baixa produtividade, os índices de repetência desse sistema rudimentar. Se a natureza da educação primária é vista como natural, é preciso que nos interroguemos sobre a visão que as elites e os governos têm do povo, de sua função social e de sua educação, que nos perguntemos por que perdura essa imagem; por que ela impregna as instituições da sociedade, inclusive escolas e universidades.

Aproximamo-nos de outra característica dominante na construção histórica de nosso sistema de Educação Básica e do perfil e qualificação de seu profissional: ela é uma resposta a um projeto moralizante, tutelar dos setores populares. Educar ociosos e vagabundos, tutelar um povo infantilizado, torná-lo ordeiro e dedicado ao trabalho, habilitá-lo com as competências rudimentares para sua inserção mínima no mundo letrado, qualificá-lo rudimentarmente para o trabalho moderno. Sobretudo moralizá-lo. É surpreendente como essa função moralizante esperada da escola volta em nossos tempos de exclusão, violência, drogas, tráfico, quebra de valores. Repõe-se o velho perfil moralizador esperado dos educadores dos setores populares. Multiplicam-se programas conjuntos da polícia, das escolas, em que assistentes sociais, policiais e professores misturam seus perfis profissionais. Confusos perfis de docente educador moralizador da infância violenta. O que fazer, ignoramos esses perfis? Construímos normas, decretos, currículos e brigamos sobre quem os forma? A postura mais consequente será primeiro enfrentar esses perfis de profissional.

Essa concepção tão persistente quanto rudimentar do papel social e cultural outorgado ao povo tem marcado profundamente a construção tão empobrecida de nosso ideal de Educação Básica universal e de formação do educador. Aqui temos de situar nossos questionamentos sobre a formação dos educadores, nesse imaginário que legitima uma formação rudimentar para os profissionais que trabalham nos serviços populares de saúde, segurança, educação.

É verdade que essa imagem não é exclusiva de nossa formação social. Esse ideal de curar a pobreza, a vagabundagem, a violência popular, a desordem, a improdutividade pela Educação Básica universal esteve presente na expansão da escolarização aos setores populares no século XVII e XVIII, na Europa. Mas a concepção e a prática de Educação Básica universal abandonou essas motivações moralizantes e hoje tem outras motivações sociais e culturais bem mais modernas, motivações que levaram a uma redefinição da função social e cultural nos modernos sistemas de educação. Esta se vincula cada vez mais com o reconhecimento de todo cidadão e do cidadão "comum" como sujeitos de direitos, com a democracia, com a inclusão social e com a igualdade perante o saber e a cultura. Esse processo histórico exige maior atenção e aprofundamento. Uma passagem ainda por fazer no nosso sistema escolar, mas que está acontecendo na consciência social e cultural e até no movimento docente.

Escola pública espaço de direitos?

Entre nós essa caminhada para redefinir a Educação Básica como espaço de direitos de igualdade e de inserção nos bens sociais e culturais foi interrompida nos anos 1960 e 1970. A lei nº 5.692/71 representou a retomada "moderna" da conservadora função rudimentar da educação primária, desta vez atrelada à inserção, um pouco mais eficiente e produtiva, do povo no mercado de emprego.

Normatizado por essa Lei dos tempos autoritários por três décadas, nosso nascente sistema de Educação Básica, em fase de universalização, continuou tão primário e rudimentar quanto em décadas anteriores. As quatro primeiras séries do primeiro grau continuaram sob a regência de profissionais qualificados em nível médio, no domínio das habilidades mínimas das primeiras letras, contas e noções elementares das ciências, e não conseguimos incorporar as 5ª/8ª séries num projeto de Educação Básica. As universidades mantêm até hoje esse perfil desqualificado dos professores da educação infantil, do pré-escolar e das primeiras séries, a tal ponto que as universidades têm dificuldade para assumir consistentemente políticas e cursos para sua formação. As universidades públicas e privadas vêm formando professores apenas de 5ª a 8ª séries e Ensino Médio. Poderíamos concluir que a própria universidade e os próprios cursos de pedagogia e licenciatura não superaram esse imaginário tão desqualificado da educação infantil e das séries iniciais do Ensino Fundamental?

A sociedade brasileira nestas décadas avançou bem mais longe na consciência de seus direitos, os setores populares construíram uma imagem bem mais alargada de sua função social e cultural. Os governos e as elites que, atrelados a uma visão rudimentar do povo, é que mantiveram o sistema escolar na estreiteza tradicional. A rudimentar formação dos docentes foi apenas uma consequência.

Vivemos durante 30 anos essa concepção e prática de educação elementaríssima, sem motivação para professores e alunos. Nossa proposta curricular é pobre, sem vida social e cultural. As reprovações e a desmotivação são uma constante. E como produto a pobreza formadora, os curtos horizontes culturais de nossos professores e dos centros onde se deveriam formar, o tecnicismo docente para a desmotivadora tarefa de transmitir habilidades elementares de leitura, escrita e cálculo. Nem dos centros de formação de licenciados e de pedagogia conseguimos fazer espaços de embates culturais e sociais, éticos. Nem isso conseguimos por ter descolado a tarefa de uma proposta mais global de educação e inserção nos saberes e nos bens culturais básicos universais.

Depois de quase três décadas, elevamos os níveis de escolarização do regente de classe, temos menos professores leigos, mas nem por isso constituímos um corpo de educadores que garantam a universalização da educação e da cultura. A pobreza da prática de ensino primário (quatro primeiras séries) atrelada ao preparo do povo para o domínio de habilidades para o mercado empobreceu educandos e educadores. Repito: temos qualidade profissional acumulada durante as últimas décadas, mas continuamos mantendo uma estrutura escolar e uma concepção de educação pobre e empobrecedora, desqualificante dos nossos educadores. Aqui está o ponto neurálgico em que temos de intervir.

A tarefa urgente dos governos e das universidades é redefinir essa estrutura pobre e empobrecedora de Educação Básica, incluindo o Ensino Médio vigente nas últimas décadas; só assim estaremos repondo no verdadeiro lugar a questão da formação dos educadores de Educação Básica.

Temos de reconhecer que não conseguimos dar o salto qualitativo, que outras sociedades deram na passagem de um sistema de educação elementar centrado no domínio de habilidades mínimas e na moralização dos setores populares, para a construção de um sistema público de educação universal. Somente nessa passagem podemos colocar com propriedade a construção de um novo perfil de profissional com nova cultura, novos saberes, nova formação.

É lamentável constatar que as atuais políticas de formação na esfera federal e em muitos estados não ultrapassam essa concepção estreita de ensino primário, apenas a modernizam situando-a no horizonte da empregabilidade e da habilitação para um mercado de emprego mais moderno, em que supostamente novas tecnologias exigem dos setores populares novas habilidades. Temos de aprofundar porque essa resistência conservadora em nossa tradição política e pedagógica em equacionar a Educação Básica universal nos parâmetros do direito ao saber e à cultura, da construção de identidades, de sujeitos de cultura e ética, em que as modernas democracias o vêm colocando. Este é o patamar de radicalidade onde temos de colocar a construção do profissional da Educação Básica e sua formação.

Não temos um sistema único de Educação Básica

Parto do suposto de que temos concentrado nossas preocupações na formação do professor sem ter dado a devida atenção a uma temática que está posta e exige maior preocupação dos governos e das universidades: nosso sistema de Educação Básica não está constituído nem na sua estruturação, nem na configuração, de seu papel social e cultural específico, demandado pelo avanço da consciência dos direitos e pela prática democrática moderna. Junto a essa exigência de constituição de nosso sistema de Educação Básica universal, temos a enfrentar a constituição de um profissional único que garanta esse direito democrático à educação. Nesse contexto histórico, equacionaremos devidamente sua formação.

Nossa política de formação de professores tem de passar pela consciência do estágio histórico em que nos encontramos, na afirmação de um perfil específico e único de educador para um sistema único e específico de Educação Básica, tal como vem se configurando nas democracias modernas. Temos de reconhecer que estamos muito distantes e que o movimento social exige que aceleremos esse processo de construção. Outros países, inclusive latino-americanos, avançaram mais nessa construção. A consciência social do direito à educação e à cultura avançou mais entre nós do que a capacidade do sistema de se estruturar para dar respostas a esses avanços da consciência da educação como direito.

As reformas das décadas de 1960-1970 não teriam deixado as bases para a construção de um sistema moderno de educação universal? Não alargaram o tempo de quatro para oito anos? Não definiram seu profissional?

É necessário ter uma visão mais crítica do quão empobrecedora é a proposta de Ensino Fundamental e do seu profissional que vivenciamos nas últimas décadas.

A Lei nº 5.692/71 se propôs de fato alargar a tradicional concepção de educação universal e obrigatória, incorporou o antigo ginásio com o ensino primário. Três décadas depois vemos como a incorporação foi mais formal do que real. As divisórias entre as quatro primeiras e quatro últimas séries do 1º grau continuam. Temos diferenças marcantes na proposta curricular, na organização escolar, na cultura, *status*, formação dos seus profissionais. Chegamos ao ano 2.000 sem consolidar um sistema único de educação universal, processo bem mais avançado em outros países vizinhos, embora os movimentos sociais e da consciência dos direitos tenham avançado tanto entre nós nas últimas décadas.

Na nossa tradição pedagógica, a Educação Básica terminava aos 10 anos. Hoje continua terminando na 4ª série. Aí se dá, na prática, o término da concepção de educação universal. As séries seguintes (5ª a 8ª) continuam pensadas e organizadas na lógica do antigo ginásio propedêutico e seletivo, para poucos. A antiga passagem do primário para o ginásio continua com mecanismos diferentes, não menos seletivos e excludentes. Os antigos rituais de passagem (exames e cursos de admissão) deixaram lugar a outros rituais (seleção, mudança de escola, de padrões de vida acadêmica, de experiências, separação até física da escola de 1ª a 4ª da escola de 5ª a 8ª), com perfis completamente distantes de profissionais.

Seria interessante pesquisar as culturas dominantes no antigo 1º grau, hoje Ensino Fundamental. Temos culturas escolares e culturas profissionais diferenciadas, que se superpõem reproduzindo os velhos níveis primário e ginasial. A cultura profissional vigente nas quatro primeiras séries é mais totalizante, centrada no aluno, na construção dos múltiplos saberes, na sua identidade e valores. A organização do trabalho em torno do professor regente permite um trato mais global. Entretanto, a cultura escolar e profissional da 5ª à 8ª séries é outra, recortada, centrada na lógica das disciplinas. É a cultura da rigidez seletiva. Os licenciados são formados por domínios de conteúdos organizados por área, obedecendo à lógica das precedências, à lógica propedêutica, às exigências da continuidade nos estudos posteriores. A organização do trabalho reproduz uma relação unívoca, professor-aluno, professor-disciplina, carga horária, avaliação, sentença, aprovação, reprovação. Uma cultura que legitima a interrupção e a negação do direito ao saber e cultura básicas. Podemos dizer, com isso, que chegamos ao ano 2.000 com um sistema e um profissional constituídos de Educação Básica universal?

Como não conseguimos uma experiência única de educação universal, para todos, não conseguimos construir um corpo de profissionais com uma concepção unificada de educação, com uma cultura profissional única e, menos ainda, com uma formação única. Os profissionais que trabalham da 5ª à 8ª série e no Ensino Médio não se representam a si próprios como profissionais da Educação Básica obrigatória. As grades curriculares dessas séries, a relação professor disciplina e áreas, os sistemas de avaliação, a cultura escolar, tudo confere às últimas séries do Ensino Fundamental e ao Ensino Médio um caráter propedêutico, seletivo e excludente contrário à lógica social da educação universal e obrigatória. Domina uma cultura mais próxima do ensino superior não obrigatório. Insistimos em que modificar essa realidade, se não é uma tarefa precedente, é concomitante a todo empenho em repensar a política de formação. Essa é uma das tarefas prioritárias a ser debatida e enfrentada pelos governos e as universidades. Sem desconstruir esse perfil de profissional, pouco avançaremos apenas discutindo quem forma, que institutos e que currículos.

Formar nova concepção de Educação Básica

Tentamos mostrar que estamos em um momento crítico de superação de um imaginário, uma estrutura e uma prática de educação rudimentar e seletiva para construirmos uma nova concepção, estrutura e prática de Educação Básica universal. Dessa superação depende a construção de um novo profissional e uma nova política de formação. Uma tarefa concomitante.

A questão que se coloca é avançar na compreensão do papel sociocultural exigido dos sistemas de Educação Básica universal nas democracias modernas. Esse papel social foi se afastando da rudimentar função de inserção no mercado para se situar no campo dos direitos, da inserção nos saberes, na cultura, na construção de sujeitos socioculturais. A educação se afirma colada ao processo civilizatório, ao processo de humanização, de inserção no mundo humano, na tradição, nos valores, nos símbolos, nos rituais, na identidade grupal, humana, nos ideais e expectativas sociais que fundamentam o processo civilizatório.

A educação obrigatória vai adquirindo esse significado social e cultural, avança com o processo civilizatório e com a consciência universal da igualdade e dos direitos aos bens culturais, à participação na sociedade e no trabalho. Essa filosofia social democratizadora foi se infiltrando nos nascentes sistemas de instrução pública ainda colados à lógica excludente e seletiva do mercado e, por vezes, atrelados à lógica assistencialista e moralizante para com os pobres. A educação vai se inserindo na moderna e democrática cultura do público: espaço da igualdade, do universal, dos direitos. Nas últimas décadas nossa sociedade avançou bastante nessa direção. O imaginário sobre a educação como direito também avançou. Falta desconstruir não só as estruturas escolares e curriculares mas também o perfil do professor. Falta sobretudo desconstruir os moldes em que por décadas formamos esse profissional.

Precisamos ter clareza dos avanços sociais para decidir por onde avançar nas políticas de formação. A nova lógica social da Educação Básica se afasta da lógica da exclusão e seletividade, e se insere na luta pela inserção nos bens culturais. A escola se universaliza na busca de instituições socializadoras, de tempos e espaços de inserção nos valores, condutas, símbolos, representações, crenças, aspirações sociais e humanas, da regulação não coercitiva e simbólica dos comportamentos sociais básicos. A preocupação com essa função socializante, tão própria dos sistemas educativos modernos, esteve muito ausente de nossa reflexão pedagógica sobre a função da escola básica, dos seus currículos, da formação do professor.

Poderíamos ainda pensar no papel cada vez mais assumido pela Educação Básica de ocupar digna e culturalmente a infância e a adolescência excluídas do mundo produtivo, liberadas do trabalho e da sobrevivência. A infância, a adolescência e até a juventude, liberadas cada vez por mais tempos do aparato produtivo, passam a ser um tempo de vida a ser ocupado de maneira formadora, propício à construção da identidade apropriada a cada idade de formação.

As reformas dos sistemas educacionais dos países onde o movimento social e cultural avança e se democratiza estão marcadas por esse repensar profundo dos sistemas de educação obrigatória, para desatrelá-los da concepção mercantil dominante nas décadas de 1960-1970 e torná-los capazes de cumprir novo papel social como sistemas de educação-socialização, humanização. Está se dando um alargamento da sua função social e cultural que supera a concepção da velha escola das primeiras letras, tão forte ainda entre nós. E supera a estreita função preparatória da educação média. A concepção de direito à educação se alarga, incorpora o direito à cultura, a formação das identidades, da diversidade cultural, da socialização, da vivência da cidade e do campo e seus bens e avanços. Incorpora o direito a tempos e espaços de vivências e experiências coletivas, de trocas entre idades, de comunicação, de domínio de múltiplas linguagens culturais. Uma empreitada utópica para a escola básica? Ou um esforço por inserir o tempo de escola num tempo cultural e humanizador que permita não apenas o domínio de habilidades cognitivas, mas que dinamize o conjunto das capacidades humanas, memorização, sensibilidade, comunicação, simbolismo, corporeidade, na construção-apreensão dos saberes, valores culturalmente constituídos.

A tendência da Educação Básica é ser menos especializada na transmissão de conhecimentos e habilidades, e se inserir no processo socializador mais amplo, compartir funções humanizadoras com outras redes sociais. Queiramos ou não, o tempo de escola (cada vez mais longo e denso) tende a se constituir em um *tempo total* de vivências, de experiências plurais, complexas. Enfim, uma concepção e prática de educação universal desatrelada da velha concepção utilitária e mercantil.

Por aí caminha a maioria das reformas dos sistemas escolares democráticos, e nós? Desde o final dos anos 1970, estamos construindo um movimento pedagógico colado ao movimento social e ao avanço da consciência dos direitos que vá nessa direção civilizatória da Educação Básica. Entretanto, encontramos políticas de governos e de gestores que teimam em manter a conservadora e estrita concepção utilitária e mercantil. A concepção e a prática de formação de educadores terá de optar entre essas duas políticas em confronto. No nosso entender, manter a velha concepção e prática utilitária e estreita é optar pelo retrocesso social e cultural. O movimento social no Brasil não está parado; ele pressiona pelo alargamento da nossa concepção de Educação Básica e por um perfil de profissional que dela dê conta.

Formar profissionais da Educação Básica

As pesquisas e as políticas de formação do docente-educador no Brasil de hoje têm de se situar nessa passagem histórica a que nos referimos, orientadas à construção e consolidação dessa nova concepção, estrutura e função sociocultural da escola básica. Temos de reconhecer que o profissional que formamos está bem distante do perfil de educador nessa concepção alargada do processo educativo, já que ele é formado apenas para dar conta da visão pobre e estreita de ensino rudimentar, para reafirmá-la em vez de alargá-la, ou dar conta de um Ensino Médio que teima na velha função propedêutica.

Entretanto, o alargamento da função social e cultural da educação traz concomitantemente a necessidade do alargamento do perfil de seu educador. Temos investido pouco em nossas pesquisas sobre a configuração desse perfil de profissional da educação obrigatória. Aceitamos apressadamente o perfil que está aí como um dado e passamos a discutir sua formação, os currículos e as agências formadoras.

Insisto em que temos perfis desencontrados de profissionais do primário e do ensino ginasial atuando no Ensino Fundamental e médio; não construímos um profissional único de educação universal que dê conta de uma nova proposta de Educação Básica. Essa é uma das tarefas mais urgentes quando pensamos no papel dos governos e das universidades.

A formação dos professores prevista na Lei nº 5.692/71 não está equacionada para consolidar a construção de um sistema único de educação universal. Continuou sendo equacionada por níveis de ensino e não pela natureza da educação a que servem. Essa questão deverá estar no ponto de partida de nossas pesquisas e de toda política de formação de educadores: como equacionamos os diversos níveis de qualificação dos professores? A nova LDB nº. 9394/96 aponta para uma concepção mais humanista e totalizante da Educação Básica, mas não aponta um perfil de profissional que dela dê conta. Os ordenamentos mais recentes não enfrentam a construção de um perfil único de profissional.

Atualmente diferenciamos a formação de educadores em função dos alunos que educam pelo critério de idade de (1 a 6 anos, de 6 a 10, de 10 a 14) ou pelo critério de nível de ensino, educação infantil, 1ª a 4ª, 5ª a 8ª, Ensino Médio. Durante as últimas décadas, a tendência, em outros países, tem caminhado para equacionar a formação dos educadores em função da modalidade de educação a ser garantida na sociedade. Duas modalidades passam a ser definidas: de um lado, a educação obrigatória, básica; de outro, a não obrigatória, superior. Nesse reconhecimento da especificidade social e cultural da Educação Básica, seus profissionais não são concebidos como uma reprodução reduzida do perfil de professor de ensino superior. Esse foi um dos grandes desastres das reformas de 1968 e de 1971. Por que esse desastre não foi reparado até hoje? Por que os licenciados para a Educação Básica não são concebidos como profissionais de um direito tão específico como a Educação Básica obrigatória?

A conformação histórica da Educação Básica universal obrigatória introduz, no equacionamento da formação do educador, uma peculiaridade que marca decisivamente a função social e cultural do seus profissionais. Marca a peculiaridade de sua formação. O novo caráter social de educação obrigatória e dos profissionais que nela trabalham confere um novo referencial às políticas de formação e expressa uma filosofia política nova aos próprios conteúdos formadores e aos centros que devem formá-los. Que dimensões formadoras, que saberes passam a ser enfatizados quando pensamos no profissional da Educação Básica universal? Quem dará conta dessa específica formação?

Quando nos colocamos o papel do poder público e das universidades na formação dos educadores, temos que equacioná-lo no papel de consolidar esse processo histórico de construção de um sistema público que desse conta do avanço do direito à Educação Básica obrigatória. Em outros termos, o papel social do docente-educador e sua formação têm de ser equacionados na construção desse campo da educação obrigatória. Quanto aos governos e às universidades, exige-se que estejam atentos à nova configuração do direito social ao saber e à cultura universal.

É um dever do poder público criar condições para que haja maior sintonia entre o avanço da consciência social e a capacidade das instituições públicas e de seus profissionais para garantir esse direito. Tem sido uma atribuição dos Estados modernos constituir tanto sistemas públicos de educação obrigatória quanto um corpo profissional com formação adequada para garantir essa função social. Tem sido dever das universidades dar conta dessa específica formação.

Quando pensamos em um projeto cultural de conteúdos e práticas escolares comum e universal para todos os cidadãos brasileiros, temos de pensar em um *projeto cultural comum* para a formação dos profissionais para que deem conta da concepção alargada de educação a que nos referíamos antes. Eles têm de saber-se profissionais desse projeto cultural. Têm de dominar saberes não apenas sobre conteúdos e práticas de ensino, mas também sobre o desenvolvimento integral do ser humano, sobre os processos de socialização total dos indivíduos nas sociedades modernas. Têm de dominar conteúdos e processos para estimular o conjunto das capacidades humanas não só cognitivas e intelectuais mas também sociais, afetivas, expressivas, comunicativas, e entender como todas elas interferem nos processos de apreensão do conhecimento.

A formação do professor tem de ser enriquecida dentro dos princípios do humanismo pedagógico, cada vez mais retomado pela concepção democrática de educação. Temos de inserir nos currículos dos centros de formação esses componentes voltados para o equilibrado desenvolvimento das múltiplas dimensões da personalidade. Na história do pensamento educacional, está como uma constante a sensibilidade com a formação da pluralidade de dimensões do desenvolvimento humano. Ao menos a educação universal tem de perseguir esses ideais, e a formação dos profissionais tem de habilitá-los para dar conta desses processos totais.

Quanto mais estreita for a concepção de Educação Básica, mais pobres serão os projetos de formação dos educadores, e maior será o número de cidadãos excluídos nesse pobre projeto de educação. Ao contrário, quanto mais se alargam as dimensões formadoras da educação, mais ricos terão de ser os projetos de formação dos educadores, e mais includente e democrático se torna o sistema escolar. Não será este ou aquele departamento que dará conta dessa formação plena.

Há uma relação estreita entre nosso sistema escolar seletivo, excludente e seus níveis de aprendizagem e reprovação e sua prática pobre e utilitária. Quanto mais restritas continuarem as qualidades da nossa Educação Básica, mais seletiva será de um determinado tipo humano, aquele que só busca na escola essas dimensões estreitas, utilitárias para o mercado. O problema da formação dos nossos educadores não está em ser pobre em eficiência, mas em ser orientada para uma prática estreita e utilitária. Por mais que acrescentemos qualidade, ela continuará reforçando o caráter seletivo e excludente de nossa escola.

De que projeto de Educação Básica?

Os conflitos no campo da formação de professores estão situados aí, entre as políticas que reduzem sua função a transmissor de habilidades e saberes rudimentares e utilitários e preparatórios, e aquelas que pensam a Educação Básica como um processo mais global de desenvolvimento da personalidade, da incorporação das diversidades culturais. Esse conflito está posto entre nós e tem de ser radicalizado. Exige opções dos governos e das universidades.

A questão, pois, que se coloca tanto para a formação precedente, quanto concomitante ou continuada, dos professores, é optar por redefini-la numa concepção mais alargada de Educação Básica. Pensar em um currículo bem mais amplo nas qualidades e saberes que os mestres devem dominar e nas dimensões humanas que devem cultivar nos educandos. Essa perspectiva supõe superar a estreita concepção de docente, ensinante, para recuperar a tradição do humanismo pedagógico e radicalizá-lo no projeto de formação do docente-educador.

A opção por uma concepção e prática de Educação Básica mais plural e por um protótipo de educador mais total implica dedicar mais tempo à sua formação para dar conta do papel socializante da educação obrigatória. O tempo de escola é um tempo de socialização que toca na totalidade das dimensões da personalidade do educando. Os professores passam insensíveis por esses processos, não dominam um saber profissional para tratá-los com profissionalismo.

À medida que avançarmos na construção de um sistema de educação assentado em uma ideia ampliada da cultura e da formação humana, e pretendermos estendê-la para além das quatro primeiras séries, teremos que empurrar a estreita concepção de ensino ginasial ainda dominante da 5ª à 8ª séries do Ensino Médio. Teremos de redefinir o perfil de profissional ainda dominante nessas séries, que não está afinado com o perfil de educador e socializador da cultura universal; que está atrelado, na sua formação como licenciado e na sua prática, a uma tradição acadêmica preparatória para estudos superiores, não para a Educação Básica. A redefinição da atual formação dos licenciados é o ponto em que mais teremos de avançar.

Não queremos entrar na discussão de que deve ou não ser mantido o modelo de licenciaturas. O que importa é recolocar o ponto de partida: a que tipo de educação, obrigatória ou não, se dedicarão esses profissionais. Podemos até manter seu caráter de licenciados, mas sem dúvida com uma concepção de licenciatura redefinida radicalmente na perspectiva do educador de Educação Básica obrigatória. Na nova LDB a educação média é concebida como Educação Básica; logo, devemos ter outro tipo de profissional, capacitado para a socialização dos saberes, competências, cultura apropriadas à garantia do direito de nossa juventude à formação plena.

A tentativa de construir um novo perfil de profissional para um projeto moderno e democrático de Educação Básica, de cultura geral, universal entra em conflito com nossa tradição acadêmica. A universidade não tem prestado atenção a esses delicados conflitos que estão postos em nossa tradição pedagógica e que colidem com o movimento social. As universidades continuam presas a essa tradição acadêmica preparatória para estudos superiores, quando formam o professor de 5ª a 8ª série e de Ensino Médio.

No projeto de formação vigente, patrocinado pelas universidades, são reforçadas culturas profissionais que colidem com o projeto urgente de constituição de um profissional único da educação e da cultura básica. Teremos de continuar formando um profissional que restringe seu trabalho, seus saberes e práticas no estreito campo da matéria de sua especialização? Ou teremos de repensar esse modelo e formar um docente com um perfil mais alargado que trate o aluno como pessoa, sujeito sociocultural, personalidade e identidade em formação? Os cursos de licenciatura não conseguiram incorporar essas dimensões formadoras, mas teimamos em mantê-los no mesmo perfil, retardando a possibilidade de construir um sistema democrático de educação e cultura universais.

Temos posto a urgência de uma opção entre uma concepção ampliada ou restrita de formação do docente-educador. Aí tem de ser colocado o debate nacional. Não ficarmos presos a aspectos pontuais. Insisto em que essa opção está posta em todas as sociedades modernas democráticas que, nas últimas décadas, estão redefinindo seus sistemas escolares, à luz de uma ideia ampliada do direito à cultura geral, obrigatória. A ideia democrática de obrigatoriedade caminha nessa direção e requer algo mais do que docentes espertos e competentes em um recorte disciplinar do conhecimento.

Formar o profissional do saber desinteressado e polivalente

Temos experiência de como a cultura profissional universal e global colide com a cultura vigente na maioria dos professores de 5ª a 8ª série e do Ensino Médio, e também com a cultura utilitária que domina em nossa tradição pedagógica. Essa cultura resiste e se atrincheira nas clássicas perguntas e nos clássicos medos de que a escola deixe de preparar os alunos, sobretudo das camadas populares, para o mercado, para concursos e vestibulares, para as novas tecnologias e as novas exigências dos processos produtivos. É a tradicional visão utilitária e mercantil do ensino primário e ginasial tão arraigadas no imaginário dos próprios professores, das escolas, das universidades e dos governos. Por que outros países mais desenvolvidos não tiveram esses medos? Porque o movimento social e cultural, a democratização do saber e da cultura pressionaram essa concepção mercantil, porque o ser humano, sem excluir o trabalhador, exige ser tratado como sujeito humano e não apenas como braços eficazes, o que representa um grande avanço na consciência social. É o humanismo reposto em novas dimensões, que pressiona a escola a alargar sua função social. A experiência de outros países mostra que essa concepção de educação não rebaixa a qualidade do ensino básico. O que o aluno aprender e vivenciar nessa concepção de educação e cultura básica estendida até a 8ª série e Ensino Médio será aproveitável nas etapas posteriores da escolarização. Será um saber aproveitável e necessário, mas a diferença está em que os conteúdos, saberes, valores vivenciados na Educação Básica não são selecionados a partir do critério propedêutico como é tradição em nossa cultura escolar. O critério de seleção será a garantia de uma base cultural comum a todo cidadão independentemente de continuar ou não estudos superiores.

Em outros termos, os conteúdos da cultura obrigatória e dos saberes a ser dominados pelos educadores e educandos não deixam de ser centrais, apenas não são pensados e selecionados a partir do critério único de preparação para o ginásio, o Ensino Médio ou superior. Preparar o educador para intervir na democratização da cultura e do conhecimento passa a ter sentido por si como exigência do avanço democrático e igualitário da sociedade, como exigência do processo civilizatório e humanizante como direito humano universal. Passa a ter sentido dentro de um projeto que pretende aprofundar a igualdade de direitos ao saber e à cultura, esticando o máximo possível o currículo comum na lógica da educação universal. Nessa direção não estaremos aprofundando a tradicional dicotomia entre o ensino primário de conteúdos elementares, moralizante destinado aos setores populares e o ensino ginasial e médio de corte mais "científico" e utilitário para os setores médios. O que propomos é avançar para a superação não apenas dessa dicotomia, mas também da estreiteza dessas concepções. O que o avanço social demanda é que alarguemos a concepção de educação obrigatória como tempo de vivência e inserção na cultura e nos saberes universais a que todo ser humano tem direito.

Pretendemos destacar que essa busca de um tempo escolar básico que garanta desde os primeiros anos a inserção na cultura, nos saberes, valores, identidades, linguagens, expressões simbólicas universais não poderá acontecer com o sistema hierarquizado que ainda temos no interior da educação fundamental e média, nem com os currículos e a formação hierarquizada dos professores que o reproduzem. O que temos de corrigir é o atual dualismo interno na Educação Básica, que faz com que os conteúdos da cultura não tenham igual significado e valor para todos.

Quando falamos em uma proposta de educação obrigatória integrando as oito séries em uma concepção e estrutura única, rica, não hierarquizada e nem dicotômica, não pensamos em rebaixar os conteúdos do currículo de 5ª/8ª. Pretende-se, ao contrário, garantir por oito anos o domínio dos saberes e competências necessários à vida social e cultural de todos os cidadãos. A mesma lógica vale para a educação de nossa juventude.

Essa função da escola fica marginalizada quando se dá um caráter propedêutico à educação da infância, da adolescência e da juventude. Essas idades têm exigências e especificidades formadoras em si mesmas. É um contrassenso pedagógico vê-las apenas como etapas preparatórias para níveis superiores de escolarização. É um contrassenso social defender uma escola igualitária de qualidade e privar os cidadãos da cultura fundamental, das competências gerais, da formação polivalente e desinteressada, em nome da fidelidade a um programa centrado no domínio de conhecimentos sem dúvida necessários, mas que nem sempre são próprios dessa idade de formação. Em nome de adiantar para a 5ª / 8ª séries conhecimentos úteis, próprios do Ensino Médio, negamos aos adolescentes uma experiência escolar rica na socialização completa de sua personalidade e uma preparação para entender e participar da sociedade. Temos de repensar o que é conhecimento "útil" para um cidadão criança, adolescente ou jovem. Sem dúvida, esse conhecimento valioso não dispensa, mas ultrapassa o saber dos nossos programas e disciplinas. Repensar o conhecimento valioso ao educando na idade específica de formação básica implica repensar com profundidade os saberes e as competências que o educador deve dominar. Implica repensar os currículos dos centros de formação e as estruturas responsáveis por sua formação.

Trata-se, portanto, de uma proposta mais rica e globalizante de formação dos educandos e dos educadores, para além das atuais limitações presentes nos currículos da formação de normalistas e licenciados.

Formar um profissional de sínteses

Gostaríamos de pontuar outro possível questionamento à proposta de formar um profissional único, que dê conta da Educação Básica obrigatória: estaríamos propondo a formação de um "pluralista" *versus* o especialista de área e disciplina tal como hoje temos da 5ª/ 8ª séries e na educação média? A educação obrigatória caminha no sentido de exigir dos profissionais a função de síntese ou a capacidade de integrar os conhecimentos e a cultura comum com a formação dos cidadãos como sujeitos sociais e culturais. Capaz de integrar os problemas sociais, culturais, cognitivos, psicológicos e pedagógicos inerentes ao tipo de cultura e conhecimento que tem de vivenciar os alunos na escola obrigatória. Dominar a qualificação necessária a essa complexa função educativa é uma especialidade. É formar um profissional capaz de fazer essa difícil integração formadora de um ser humano.

Formar profissionais da educação obrigatória, ou seja, capacitados para formular sínteses básicas exige maior criatividade dos cursos de formação do que formar apenas o alfabetizador, o professor de matemática, geografia ou ciências.

A lógica da divisão do conhecimento em áreas e disciplinas tem deixado de lado o significado cultural dos aspectos gerais e como esses aspectos gerais afetam os aspectos específicos. A problemática da educação geral e da formação cultural do cidadão não pode reduzir-se à soma de saberes e habilidades adquiridos por área ou disciplina. Há um *campo síntese* onde se expressa o projeto cultural e formador. Um campo de saberes que o professor tem de dominar e que não se esgota na soma dos saberes e metodologias que cada profissional deve dominar como alfabetizador, matemático ou historiador.

Temos que mostrar, em nossas pesquisas, as incongruências existentes entre a defesa da escola como tempo de socialização do conhecimento e da cultura e a atual organização dos tempos e espaços e das atividades educativas em áreas e disciplinas em recortes alocados a um profissional. Como mínimo é uma opção discutível. A prática tem mostrado que organizar o trabalho a partir desses recortes não permite dar conta dos saberes, da cultura e das expressões simbólicas acumuladas historicamente e devidas a todo cidadão. A experiência tem mostrado que, por um lado, essa organização tão recortada do trabalho escolar permite aprofundar e sistematizar os conhecimentos de cada campo do saber, por outro lado ela tem deixado de fora dimensões básicas da formação humana próprias de um projeto de educação universal.

Falta-nos valorizar, como um campo específico da educação de todo cidadão, as dimensões básicas do saber e da cultura, da construção do conhecimento, dos valores e das identidades, um campo ignorado em nossa tradição. É o projeto realmente educativo, formador, referido à formação básica, universal e que dá sentido a cada campo especializado do conhecimento como mediador dessa formação.

Referimo-nos a esse campo como *um saber síntese*, vertebrador, que unifique os profissionais da educação obrigatória. Um campo em que as discussões, as visões, os valores, as habilidades dos professores desse nível de educação estejam sintonizados em que encontrem o significado de sua ação e qualificação específicas.

Temos avançado pouco na compreensão dos saberes necessários a essa função educativa polivalente e desinteressada. Temos de reconhecer que sem dúvida o conhecimento socialmente relevante se elabora nas áreas do saber especializado, mas não podemos esquecer que há outros saberes e significações da cultura e que há interferências complexas entre o conjunto de saberes que compõe o avanço cultural e civilizatório nas sociedades modernas. Esse conjunto de saberes, valores, símbolos da cultura básica são os referenciais nucleares para a maior parte dos indivíduos, para a reprodução da maior parte das dimensões de nossas vidas e para a construção de nossa identidade como sujeitos sociais. Esses saberes não se esgotam nem nos rudimentos preparatórios para entender as várias disciplinas (ensino primário), nem no conhecimento organizado nas disciplinas escolares, 5ª 8ª séries e educação média.

Falta-nos construir um acervo de conhecimentos e competências que seja uma síntese articuladora da educação e cultura básicas que aproximem o cidadão comum às parcelas da cultura, que o ajudem a utilizá-las para entender e se desenvolver como pessoa na sociedade.

O profissional da Educação Básica será não um generalista, mas o especialista nessa base da cultura, dos problemas que tem de enfrentar o homem moderno comum e que não pertencem a disciplinas específicas. Trata-se de formar o educador da capacidade de articular os saberes, e não trivialidades rudimentares.

Um profissional do aprender as bases da cultura e do conhecimento

Insisto em que se trata de um campo de saber e especialização tão complexo ou mais do que as tradicionais áreas e disciplinas. É o campo de construção do projeto cultural para a infância, a adolescência e a juventude, como idades de inserção nos saberes e na cultura. Falamos em projeto cultural no sentido antropológico, e não apenas acadêmico, ou seja, pensamos em algo mais do que os saberes tidos como significativos nos campos especializados da academia. Esses terão de ser um dos componentes dos saberes, escolares sobretudo na educação média. É um componente da formação do professor dominar os conhecimentos e as destrezas de cada âmbito do saber produzido socialmente. Mas não pode se esgotar aí a formação do profissional da educação obrigatória.

O sentido antropológico de projeto cultural de Educação Básica compreende muito mais. Aos profissionais desse nível básico de educação tem de ser familiar a cultura enquanto o conjunto de significados, crenças, valores, representações, usos, condutas, expressões simbólicas, linguagens, formas de relações entre os grupos humanos, diversidade cultural de gênero, classe, raça. Em toda experiência escolar, sobretudo na Educação Básica, acontece um processo de socialização e iniciação nesse campo cultural com maior centralidade do que a inserção nos saberes da cultura acadêmica especializada. Não se trata de guardar esses saberes para poucos, mas entender e dominar o que é próprio da formação de cada tempo humano, infância, adolescência ou juventude. Entender que, dos saberes produzidos e acumulados socialmente, se constitui em direito universal, obrigatório. Enfim, entender a especificidade da Educação Básica que, historicamente, não se configurou como o tempo de formar mini-historiadores, físicos, biólogos ou gramáticos. Nem sequer se constitui para lançar os saberes básicos que serão convenientes para acompanhar um curso superior em qualquer um desses recortes do conhecimento. Trata-se de entender que cada idade de formação tem sua especificidade quando equacionada a partir dos interesses e direitos dos que aprendem e se formam. Cada idade de formação tem direitos específicos e saberes específicos. Quais? Essa é a questão a ser enfrentada nos centros de formação. Impõe-se também outra questão: os centros especializados nesses recortes do conhecimento terão capacidade e estrutura para formar nessa direção?

Nossos currículos não se colocam esses conhecimentos próprios dessa idade de Educação Básica como preocupação, nem nas escolas, nem nos cursos normais, de licenciatura ou pedagogia. Quando nos colocamos a formação do educador, não pensamos nesse campo como uma especialidade, mas isso não deixa de ser uma especialidade. Temos de reconhecer a função social, cultural e pedagógica desse especialista em sínteses, e não em generalidades, nem em recortes do saber. Temos de reconhecer que, em nossa tradição pedagógica, esse especialista da base da cultura e dos saberes básicos não foi preenchido com o mestre das primeiras letras nem com o professor dos ciclos básicos de alfabetização e, menos ainda, com o professor licenciado especialista de cada disciplina, apesar de nos departamentos não faltarem profissionais sensíveis a essas questões.

Precisamos equacionar, na estrutura universitária, espaços e currículos específicos que tenham como horizonte a formação desse profissional especialista na síntese da educação e cultura básicas. Um profissional que domine as competências e os conhecimentos necessários à compreensão de um campo tão complexo quanto a formação plena do ser humano.

Saber fazer escolhas ético-pedagógicas

Mas que competências nos aproximarão desse profissional? Uma das competências básicas será a capacidade de fazer escolhas pedagógicas. Tocamos em um ponto que nos parece fundamental, quando repensamos a formação do docente-educador. Durante as duas últimas décadas, passamos por um movimento de renovação pedagógica que tem insistido no domínio dos conhecimentos críticos, uma verdadeira renovação de teorias da educação, dos processos de construção do conhecimento, visões novas sobre métodos, currículos, prática pedagógica. Um movimento fecundo, que tem de ser radicalizado no quotidiano da estrutura e organização escolar e curricular.

Consequentemente, avançar na formação de um profissional da Educação Básica, que antes de se entender como um técnico eficiente ou como um fiel servidor de parâmetros curriculares e conteúdos, saiba se pensar e se preparar para ser responsável por saber fazer *escolhas pedagógicas*. Formar um docente educador, que fundamenta sua prática em uma opção por *valores* e ideias que o guiem e ajudem a clarear situações, projetos, intervenções. Isso significa que os centros de formação têm de se propor, como um dos objetivos formadores, capacitar o mestre na compreensão e representação de sua atuação profissional da perspectiva intelectual à *ética*.

Estamos sugerindo uma dimensão na formação dos educadores que não tem sido destacada em nossa tradição, que sempre parece supor que a boa ou má prática do mestre se deduz logicamente dos conhecimentos científicos e técnicos que domina. Em realidade, não há como descontextualizar os saberes dos valores que motivam a prática pedagógica, porque os processos de construção do conhecimento e das opções pedagógicas são inseparáveis dos valores e da cultura. Diríamos mais: a realidade educacional em qualquer sociedade é inseparável dos valores e da cultura. A definição do que seja boa ou má educação, saber válido ou não, está carregada de valores e interesses. A formação ética é um componente básico de todo educador.

Sugerimos que os centros de formação, os projetos de educação continuada se coloquem esse horizonte formador. A qualificação técnica deve completar-se na capacidade crítica e ética de fazer escolhas pedagógicas sobre o que convém fazer, sobre os saberes e a cultura a escolher, sobre o que é possível e como fazê-lo dentro da realidade social e cultural dos educandos, dentro de sua diversidade de classe, gênero, raça, ritmo de construção do conhecimento, e de suas identidades.

A constituição de conhecimentos seguros e técnicas eficazes é apenas um componente da formação. Esta tem de visar fundamentalmente a maturidade profissional, cultural e ética, fruto da reflexão sobre a ação, da capacidade de explicitar os valores de suas escolhas pedagógicas, fruto do enriquecimento de ações coletivas, da consciência das múltiplas dimensões sociais e culturais que se cruzam na prática educativa escolar.

Uma formação de um profissional especializado na garantia do direito à Educação Básica: eis a empreitada desafiante, dever dos governos e tarefa das universidades.

Ciclos de desenvolvimento humano e formação de educadores[1]

A organização da escola em ciclos está se tornando realidade em numerosas redes municipais e estaduais e no Distrito Federal. Milhares de professores(as), dirigentes e técnicos estão empenhados na implantação dos ciclos. A nova LDB incorporou essa modalidade de organização da Educação Básica no art. 23. Consequentemente os ciclos não são mais uma proposta inovadora isolada de algumas escolas ou redes. Trata-se de uma forma de organizar os processos educativos, que está merecendo a devida atenção dos formuladores de políticas e currículos, de administradores e formadores. Por que tanta tensão e curiosidade?

Observo que a atenção por parte dos professores(as) se deve em grande parte a uma sensação de ameaça. Estamos tão acostumados com a organização seriada que ela passou a fazer parte de nosso imaginário escolar. Desde criancinhas nos levaram às primeiras séries, fizemos o curso-percurso subindo por rampas tão escorregadias. Formamo-nos professores(as) regentes das primeiras séries, licenciados(as) de séries avançadas. Lecionamos por anos na estrutura seriada, na organização gradeada e disciplinar do trabalho. Para o sistema seriado fomos formados(as), e ele terminou nos formando e deformando. Trazemos suas marcas em nossa pele, em nossa cultura profissional. Desconstruir a organização seriada e sua lógica é desconstruir um pedaço de nós. Os ciclos ameaçam nossa autoimagem.

Toda nova organização do trabalho educativo traz consequências sérias em todos os níveis, sobretudo em nossa autoimagem profissional. As pesquisas e a reflexão teórica se voltam para as propostas pedagógicas que estão implementando os ciclos de formação. A formação de profissionais da Educação Básica se pergunta que tipo de profissional está sendo requerido, ou melhor, está se formando nessa modalidade de organização do trabalho

[1] Texto originalmente publicado em: *Educação & Sociedade*, ano XX, n. 68, p. 143-162, dez.1999.

pedagógico. Nessas preocupações situou minha reflexão, tendo como referência o convívio direto com profissionais que estão implantando os ciclos de desenvolvimento humano.

Nos seminários e congressos de professores, nos encontros com dirigentes municipais e estaduais sempre nos colocam as mesmas questões: Como nos preparar para trabalhar com ciclos de formação? Quanto tempo dedicamos à preparação, que cursos oferecemos, que competências prévias desenvolvemos, como avaliamos se os profissionais estão prontos para iniciar a organização dos ciclos?

Essas questões refletem determinada concepção e prática de formação, muito arraigada na nossa tradição pedagógica, na formulação de políticas e até na orientação ou filosofia dos cursos de formação e qualificação. Nas propostas pedagógicas que acompanho e que têm como um dos objetivos organizar os processos de trabalho em tempos de desenvolvimento, a questão da formação de educadores tem centralidade. Várias administrações criaram ou dinamizaram centros de aperfeiçoamento dos seus profissionais e mantêm um diálogo estreito com as escolas normais e cursos de pedagogia e licenciatura. Diríamos que as experiências de ciclo de formação vêm sendo um campo fecundo para repensar concepções e práticas de formação de educadores. Essa é uma das questões que trabalho neste texto.

Há outro tipo de questão que aflora na prática: em que sentido podemos dizer que os professores e as professoras estão se formando como novos profissionais na medida em que participam da reestruturação do sistema escolar, de sua lógica seriada e se inserem em um processo de construir outra lógica estruturante de seu trabalho? Pretendo neste texto refletir sobre os aprendizados que estamos fazendo, os questionamentos que afloram, a maneira como os próprios educadores(as) se defrontam com sua formação e sua qualificação, inserindo-se em coletivos de profissionais de tempos de formação. A prática pede reforçar velhas concepções, mas pode também questioná-las e, dependendo da natureza das práticas, pode formar novos sujeitos, novos profissionais.

Divido meu texto em duas partes. Na primeira aponto como a organização do trabalho em ciclos de desenvolvimento humano nos leva a questionar e superar determinadas concepções e práticas de formação e qualificação, o que provoca um processo formador. Na segunda parte reflito sobre as virtualidades formadoras de todo o processo de desconstrução da estrutura seriada e de construção de uma estrutura centrada nas temporalidades ou ciclos do desenvolvimento humano.

Questionando a concepção precedente de formação

Faz parte do pensar mais tradicional que a qualificação dos profissionais se coloque como pré-requisito e precondição para a implantação de mudanças na escola. Daí a pergunta que sempre nos é feita: quanto tempo demoramos na preparação para a intervenção? Faz parte de nossa tradição. Se pretendemos introduzir uma nova prática, nova metodologia, novo currículo ou nova organização escolar, a primeira questão a colocar seria: Quem vai dar conta das inovações? Como preparar, capacitar os professores para as novas tarefas.

O caráter antecedente de toda qualificação é aceito como algo inquestionável, não apenas quando pensamos na formação de professores como também quando eles pensam na educação de seus alunos. Qual o sentido do tempo de escola? Ser o tempo antecedente, precedente à vida adulta, à vida profissional. Aceitamos que ao tempo de fazer terá de preceder o tempo de aprender a fazer. Ao tempo de intervir, terá de preceder o tempo de aprender, de qualificar-se para intervir com qualidade. Sempre nos disseram que o domínio da teoria precede a prática.

Essa concepção de educação precedente polariza a vida em dois tempos: de aprender e de fazer, de formação e de ação. Polariza a teoria e a prática, o pensar e o fazer, o trabalho intelectual e o manual. Polariza e separa as minorias pensantes e as maiorias "apenas ativas". Essa mesma concepção tem inspirado o pensar a formação e a qualificação de professores. Tem marcado as políticas e os currículos.

Quando se critica a escola básica afirmando ser de má qualidade, logo se pensa em treinar seus profissionais. Se a prática é de má qualidade, só há uma explicação: a má qualidade no preparo dos mestres. Essa lógica mecânica justifica que todo governo e toda agência financiadora coloquem como prioridade qualificar e requalificar, treinar e retreinar os professores. É dominante a ideia de que toda inovação ou melhoria educativa deve ser precedida de um tempo longo e caro de preparo daqueles que vão implementá-la. Ninguém ouse dirigir carro nesse trânsito urbano maluco sem antes aprender as leis do trânsito, treinar-se em longas horas de autoescola, passar na prova e obter carteira de habilitação. Essa semelhança está tão internalizada em nosso pensamento pedagógico que passamos meses e anos requalificando, gastamos tempo, dinheiro e energias treinando para a intervenção sempre adiada por falta de preparo adequado.

Na organização da escola que respeita os tempos humanos não seguimos essa visão precedente de formação. À medida que fomos construindo propostas inovadoras, e a organização dos ciclos entra como uma das inovações centrais, questionamos essa concepção e prática de formação. Fomos questionando o papel dos cursos e dos centros de aperfeiçoamento. Não separamos a equipe de coordenação pedagógica para planejar ações, e a equipe de qualificação para previamente dar cursos. Não apenas porque essa visão polariza os tempos de pensar e fazer, de teoria e de prática, os tempos de formação e de ação-intervenção, mas por algo muito sério: ela carrega uma concepção de educador que prioriza domínios e competências pontuais. Se se pretende inovar métodos na visão tradicional, se propõe treinar no domínio de novos métodos. Se se pretende organizar a escola em ciclos, logo, na visão tradicional se propõe que aprendam primeiro o que é ciclo, conteúdos de ciclos, avaliação de ciclo, passagem ou retenção no ciclo, etc. Nessa visão tradicional, o profissional da Educação Básica é visto como alguém competente em tarefas, um tarefeiro. Competente em práticas, um prático. A experiência nos levou a perguntar se, quando as tarefas mudam, o professor de Educação Básica muda. Se, quando mudam suas competências, muda seu papel social e cultural. Será que a cada inovação de conteúdo, método ou organização mudará o papel social da educação, da escola e o papel e a função social e cultural dos educadores? Defrontando-nos com tais questões, vamos desconstruindo a visão precedente. Uma tarefa de formação.

A visão tradicional parece supor que nosso papel muda em cada conjuntura, o que reflete uma visão pobre da Educação Básica e dos educadores. Reflete os estragos que a visão tecnicista fez na concepção de Educação Básica e da figura social de seus profissionais e de sua formação. Reflete, ainda, os estragos ocasionados por ela nas políticas de formação, nos currículos, nos cursos e nas instituições formadoras. A visão tecnicista, utilitária e mercantil desqualificou a Educação Básica, o papel de seus profissionais e os processos de sua formação, marginalizou o que há de mais permanente – as dimensões históricas que a função do educador acumulou como tarefa social e cultural, como ofício. Desqualificadas e ignoradas essas dimensões e funções mais permanentes e históricas, reduziu a educação ao ensino, à transmissão de informações, ao treinamento de competências demandadas em cada conjuntura de mercado. Desqualificou o próprio ofício de mestres.

O perfil de profissional que restou é este que estamos formando ou deformando nas últimas décadas. Todos que temos experiência em cursos de magistério, de licenciatura, de habilitações em administração, supervisão e orientação temos experimentado, com pesar, como é difícil pensar nas dimensões mais permanentes do ofício de mestres, de educadores, como é difícil ler e debater sobre essas dimensões, como os futuros professores, diretores, supervisores preferem saber o como e o que fazer, diante do novo currículo, da nova metodologia e da nova organização. Os futuros profissionais da escola e aqueles que nela trabalham internalizaram a concepção precedente: só interessa aprender o que os prepare para tarefas concretas, para intervenções pontuais. A estrutura de muitos currículos dos cursos de formação e de qualificação ainda mantém essa lógica precedente. Muitos, entretanto, tentam superá-la. As propostas inovadoras que acompanho também tentam. Veremos como.

O que pretendo destacar é que o questionamento dessa concepção precedente de formação, a tarefeira, pode ser um temo de qualificação. Um tempo a ser explorado pedagogicamente, redefinindo imagens de formação e, sobretudo, autoimagens de professor qualificado. Pode ser um tempo propício para redefinir até os preconceitos que existem no interior da categoria. Lembro-me que em um dos debates uma professora ponderou:

> Agora entendo melhor por que somos divididos em categorias, não pelo que fazemos, nem pela competência que temos, mas pela formação precedente e pela titulação. As professoras P1 somos consideradas de segunda categoria, sem prestígio, com piores salários e com menores possibilidades de avançar na carreira, apenas porque somos diferentes na titulação, ainda que sejamos tão competentes na qualificação adquirida no trabalho.

De fato, a centralidade dada à formação precedente condiciona o ser profissional. Equacioná-la devidamente pode nos ajudar a superar preconceitos. Pensemos em outras questões e que preocupam os professores.

Como definir o perfil de educador?

Outra questão nos é colocada com frequência quando apresentamos a organização por ciclos: Como definir as competências, as incumbências, o perfil de professor que dará conta da organização escolar por ciclos? Antes de organizar os cursos, é definido esse perfil? Que cursos, matérias, carga horária são necessários?

No processo de elaboração e implementação das propostas pedagógicas nas redes municipais e estaduais e no Distrito Federal também surgiam essas preocupações. Cada profissional parecia se perguntar: Que profissional devo ser agora? Que competências devo dominar para dar conta da minha turma, do meu ciclo, da nova organização escolar?

A maneira mais tradicional de responder a essa questão seria a seguinte: se a nova LDB no seu art. 23 sugere que o sistema escolar seja organizado em ciclos, que profissional ela propõe para dar conta dessa nova organização escolar? A própria LDB define as competências necessárias e as condições para a implantação dos ciclos? Existe algum parecer oficial, alguma resolução que defina essas competências e essas condições? Com base nesse levantamento, poderíamos equacionar os cursos de formação e requalificação necessários para termos profissionais capacitados para implantar a nova organização escolar. Seguindo nossa tradição, deveríamos esperar que algum parecer dos conselhos listasse as competências a serem formadas e até definisse a carga horária, as matérias, o número de alunos por turma, se devemos reter no meio ou no final do ciclo. Toda inovação deveria ser decretada, tutelada, regulamentada, autorizada.

Rotulo de tradicional essa forma de pensar a formação de profissionais da Educação Básica porque é com essa lógica que temos equacionado em nossa tradição pedagógica as políticas de formação, os currículos e as competências requeridas dos mestres. Eles aparecem como super-heróis que em cada conjuntura, em cada cena do filme, tem de dar conta das novas competências, dos novos conhecimentos, conteúdos e técnicas, das incumbências (termo comum usado nos pareceres oficiais dos conselhos) que lhes são atribuídas pelas leis, pelas reformas curriculares, pelas políticas oficiais, ou, como agora se diz, demandadas pelos avanços da sociedade do conhecimento, da informática e das tecnologias. Nessa lógica, pensar nos currículos e nos cursos de formação será readaptá-los ao sempre inconcluso propósito de preparar os mestres super-heróis da escola, capacitá-los para dar conta do novo filme, das novas (sempre novas e tão velhas!) "incumbências atribuídas pela lei".

As propostas pedagógicas que acompanho e que estão organizando a escola em ciclos de desenvolvimento humano não têm seguido essa lógica na formação de professores; ao contrário, tentam superá-la. Do processo de superação procuramos fazer um tempo de requalificação. À medida que avançamos na implantação dos ciclos, percebemos que não é esse o melhor caminho para definir o perfil de educador. Que lógica tradicional é essa? Ela nos ajuda a equacionar o profissional que vem se formando no processo de organização da prática educativa em ciclos? Entender bem essa lógica tradicional é importante para não cair nela e para superá-la. É uma lógica dedutiva. Temos de reconhecer que tal lógica vem nos colocando por décadas no mesmo beco sem saída.

O grave é que gestores de políticas e pareceres de dignos conselheiros continuam presos a essa lógica dedutiva. Os primeiros parágrafos dos pareceres iniciarão lembrando que a nova legislação educacional brasileira corporificada nos estatutos legais (enumeram-se os estatutos legais) atribui aos professores de Educação Básica tais incumbências (enumeram-se com detalhes). Consequentemente, conclui-se que a formação de um profissional capaz de exercer plenamente e com a devida competência as atribuições que lhe foram legalmente conferidas deverá seguir tal currículo, com determinada carga horária, em determinados níveis e centros de formação ou que ele deverá frequentar tais cursos de requalificação. Cumpridos os dignos pareceres, só nos resta esperar no fim da linha, e os centros de formação lançarão no mercado a cada ano, em solenes formaturas, os profissionais que a sociedade e a escola esperam e que as leis e as políticas decretaram.

Como lógica parecerista, perfeita, porém distante da lógica social. Por quê? Esse pensar dedutivo parece supor que os estatutos legais, as políticas, as normas criam a realidade social, que os papéis e as funções sociais podem ser definidos e modificados com políticas e normas, a cada demanda, em cada conjuntura histórica como o mocinho muda de papel em cada cena do filme, dependendo do *script* definido. Parece supor ainda que propondo um *script* novo, uma nova forma ou formato curricular e colocando a massa informe dos formandos e treinandos nesse formato, formaremos novos papéis sociais para novas práticas. Insisto: não se implantarão propostas inovadoras listando o que queremos inovar, listando as competências que os educadores devem aprender e montando cursos de treinamento para formá-los. Uma vez formados, teremos novos profissionais inovadores e poderemos iniciar tranquilos as propostas? Uma visão ingênua que ao longo das experiências vamos redefinindo e superando.

Esse sonho de criar novos papéis sociais atribuindo incumbências e propondo formatos é muito antigo. Quantos manuais o Medievo e o Renascimento se propuseram formar o bom menino, o perfeito monge, o heroico militar, o digno príncipe, a perfeita casada e até o bom selvagem? Pouco sabemos da eficácia desses manuais na conformação de crianças, de monges, de militares, de príncipes, de casados e de casadas e de bons selvagens. Faz muito tempo que esses manuais saíram de moda, e a crença de que é por aí que se conformam papéis sociais também. Por que manter essa crença quando pensamos na formação de professores?

Poderíamos fazer pesquisas históricas para entender por que apenas quando pensamos e decidimos sobre o ofício dos mestres da Educação Básica mantemos esse pensamento tão ingênuo. Será porque identificamos tanto as professoras com a infância que terminamos por infantilizá-las ou tratá-las como crianças, sempre inacabadas? Será porque a maioria são professores, mulheres? Haveria um viés de gênero? Sobre a formação de outros papéis sociais não temos essa postura, sequer em relação aos professores de educação superior e, menos ainda, em relação aos médicos, advogados, engenheiros. Deixamos que esses papéis se conformem na dinâmica social após titulados ou diplomados.

Avançando na implantação dos ciclos de desenvolvimento humano, essa lógica dedutiva e essa ingênua pretensão de redefinir os papéis de profissionais da Educação Básica vão ficando mais desencontradas com o sentido das propostas pedagógicas. À medida que outro profissional vai se explicitando, percebemos o que há de mais permanente no ofício de mestre. A experiência de reorganizar a estrutura escolar nos defronta com velhos papéis sociais e culturais. Os professores se reencontram com outras identidades. Isso é formador.

É curioso constatar que o campo da formação de profissionais de Educação Básica é onde mais abundam as leis e os pareceres de conselhos, os palpites fáceis de cada novo governante, das equipes técnicas, e até de agências de financiamento, nacionais e internacionais. Para a formação de profissionais do magistério superior, ou para as áreas de saúde, engenharia, direito, arquitetura, não se adota a mesma lógica dedutiva, nem se prescrevem e modificam com tanta facilidade as atribuições e as incumbências por meio de leis e pareceres. É outro olhar sobre a construção histórica desses papéis sociais. Os próprios profissionais, suas corporações, suas organizações representativas têm peso, são guardiões de seu ofício, de seu *ethos*, de sua qualidade e sua identidade. Participam na definição de sua qualificação e colaboram. Essa história vem de longe e é respeitada. Uma história bem diferente do trato dado à formação de professores de Educação Básica, do trato dado ao ofício tão antigo, mais do que esses outros ofícios, de educar crianças, adolescentes e jovens. A forma como esse ofício é tratado nas políticas é como se fosse um fazer e pensar indefinido, deformado. Cada governante, legislador ou conselheiro, cada tecnocrata de banco se julga no direito de conformá-lo à mercê de cada demanda conjuntural.

Não é ingênuo pensar que as atribuições listadas em cada nova lei, nova política, novo parecer possam, por um passe de mágica, alterar o histórico ofício de mestre que os professores repetem? É curioso com que facilidade cada lei ou parecer lista novas atribuições com a pretensão de formar um novo perfil, mais moderno e atualizado de educador. O grave não é apenas essa ingênua pretensão. O grave é confundir a função histórica de educador com detalhes, com capacidades de elaborar o projeto de escola, por exemplo, ou com aprender as técnicas de condução de uma reunião com as famílias, ou aprender novos critérios de enturmação, de avaliação, de aceleração. É grave porque distraídas as leis e os pareceres com detalhes, os currículos, as pesquisas e as políticas de formação não chegam ao cerne do ofício de mestres, do papel social de educador, do que é a qualidade constitutiva, do que é historicamente identitário do pensar e agir educativos. Outra concepção e outra prática de formação.

O permanente no ofício de mestre

As propostas pedagógicas que acompanho não equacionam a formação e a qualificação dos professores segundo essa lógica tradicional. Ao contrário, pretende-se superá-la. Partimos de outro olhar, de outra concepção do ofício de mestre, do educador, do velho e sempre novo papel de pedagogo. A hipótese que nos orienta é a de que os profissionais da Educação Básica estão mais feitos do que essa lógica dedutiva supõe; de que a melhor estratégia é partir da formação que eles já têm, assumir que a função de educador carrega dimensões definidas socialmente, partir do que há de permanente nesses velhos papéis sociais. É outra lógica para a formação dos profissionais da Educação Básica.

O ofício de mestre é anterior à escola e nela se reproduz. Foi se conformando ao longo da história, acompanhando os tantos processos de desenvolvimento humano, os processos civilizatórios e educativos, as tensões sociais, culturais e políticas. De lá vêm nossos mestres ancestrais. Sua configuração social e cultural se situa nos tempos de longa duração. Cada educador dificilmente consegue fugir de *ethos*, estilos, culturas, práticas, identidades que têm uma longa história. O ofício de mestre, inclusive mestre-escola, se confundiu e ainda se confunde com outros ofícios próximos, presentes em todas as culturas. Os sempre presentes condutores da infância, os pedagogos, os iniciadores nas culturas, nos saberes, nos valores, nos métodos e nas crenças. Os socializadores, formadores de hábitos e condutas, sistematizadores do conhecimento.

Funções sociais e culturais que permanecem tão parecidas, tão constantes, herdando saberes e técnicas, por vezes resistindo a atribuições legais, a rotinas burocráticas. Resistindo porque sua formação histórica se materializou em práticas, símbolos em tecidos e tramas, em complexas redes sociais e escolares por onde passa a construção do conhecimento e da cultura.

Em vão pretender alterar com pareceres, com listagem de atribuições e incumbências um ofício tão definido historicamente, tão parecido em todas as culturais e em todas as instituições educativas. Um ofício tornado público, situado no campo dos direitos. Quem não constatou que todas as escolas são tão próximas em lugares tão distantes, em formações sociais tão diversas? Os tecidos do desenvolvimento humano, da cultura e do conhecimento são tão próximos! E o ofício de mestre também.

Penso que uma das tarefas urgentes das pesquisas e análises, das políticas e currículos de formação é superar a visão tradicional e avançar em outro olhar que leve as pesquisas, as teorias, as políticas e os currículos na direção do que há de mais constante, mais permanente no velho e sempre novo ofício de educar, de humanizar, de formar as mentes, os valores, os hábitos, as identidades, de produzir e aprender o conhecimento. Não é essa a função social e cultural da Educação Básica e de seus mestres? Não é esse o subsolo, tão denso quanto tenso, no qual sempre se situou o ofício de mestre, a função pedagógica?

Situados nessa perspectiva, podemos equacionar a formação dos professores para a implantação dos ciclos de desenvolvimento humano, tentando explorar as proximidades existentes entre o que é constitutivo do ofício de mestre, as velhas e renovadas funções educativas, o permanente em toda ação cultural e educativa. Como? Tentando aproximar a concepção de ciclo dos estreitos e históricos vínculos entre educação, formação e desenvolvimento humano.

À medida que a organização da escola e do sistema escolar vai sendo questionada, percebemos que sua estrutura, as séries, as grades, as disciplinas, a organização dos tempos, dos espaços e do trabalho materializam determinada concepção de Educação Básica e de seu profissional. Consequentemente exigem capacidades adequadas a essa estrutura. Levados por esse caminhar, nos defrontamos com as grandes questões e as permanentes dimensões da formação dos educadores, da configuração de seu papel social e cultural.

Na implantação das propostas pedagógicas que se empenham em organizar a escola por ciclos, percebemos que é reforçado o que há de mais permanente na função social e cultural dos profissionais da educação. Trata-se não de acrescentar novas incumbências a ser treinadas previamente, mas de criar situações coletivas que propiciem explicitar e cultivar o papel, os valores e saberes educativos que cada educador já põe em ação em sua prática, nas escolhas que faz cada dia no trato com os educandos. Preferimos nos basear no acúmulo de saberes, pensamentos e valores que informam o que há de mais educativo no ofício de mestres, que todos cultivam na diversidade de práticas, de culturas e identidades de cada um.

Cada professor, os coletivos de profissionais carregam cada dia para a escola uma imagem de educador que não inventam, nem aprenderam apenas nos cursos de formação e treinamento. É sua imagem social, é seu papel cultural, são formas de se relacionar como adultos com crianças, adolescentes ou jovens. São aprendizados feitos em outros papéis sociais: no convívio e no cuidado com irmãos e irmãs; nos papéis de parentes, avós, pais e mães; no aprendizado feito nos grupos de idade, nas amizades, nos movimentos sociais, nas organizações da categoria, nas experiências escolares, nas relações dos tempos de formação, no aprendizado de ser criança, adolescente, jovem e adulto. A nova LDB em seu art. 1º coloca a educação e a formação nessa pluralidade de vivências sociais e culturais, de aprendizados. Fomos acumulando saberes, valores, formas de diálogo, de relações, de intercâmbios que levamos para o que há de mais permanente e definidor de toda ação educativa: ser uma relação, um diálogo de pessoas, de sujeitos sociais, culturais, de gerações. Na prática educativa socializamos os aprendizados que fizemos e fazemos, que a sociedade acumulou, que nós acumulamos como indivíduos e como coletivo.

Organizar os processos educativos em ciclos de desenvolvimento humano ou tendo como eixo o desenvolvimento humano, suas temporalidades, nos situa ou nos ressitua nessas dimensões mais permanentes do fazer educativo, do ofício de educadores. Consequentemente, trata-se não de acrescentar novas competências a ser previamente treinadas, mas de voltar o olhar dos mestres para essas dimensões, para esse lastro de competências, de saberes e valores acumulados e frequentemente marginalizados e ignorados nos programas de qualificação. Diríamos que o melhor processo de formação é explicitar, trazer à tona essas dimensões permanentes soterradas sob os escombros e o entulho burocrático, rotineiro de atribuições acidentais. Trata-se de inverter prioridades. Priorizar as dimensões constitutivas do ofício de mestres, secundarizar o que soterrou essas dimensões. Deixar que aflore e seja assumido o educador que há em cada profissional da escola, que seja assumida a qualificação que carrega cada coletivo de professores. Criar um clima propício ao reencontro com sua identidade, com os saberes coletivos que vêm de longe e que foram aprendidos em múltiplas relações humanas e educativas. Trabalhar as competências coletivas nas práticas em que se expressam. Por aí nos afastamos da estreita, antecedente e treinadora concepção de formação e qualificação. Afastamo-nos de uma concepção pontual, conjuntural de qualificação e do ofício de educador, sempre incerto, mutável, à mercê da última lei, da última reforma, do último currículo ou didática.

O complexo processo histórico de construção de papéis sociais, do papel de pedagogo, educador ou mestre não se altera com normas, políticas, intervenções pontuais. Elas passam, e com elas a ilusão de gestores e teóricos. As dimensões configuradas lentamente para ofícios que fazem parte de uma longa história de humanização e formação humana permanecem. É aí que pretendemos amarrar a qualificação dos educadores.

O que estou sugerindo é que a tentativa de organizar o sistema escolar por ciclos de desenvolvimento humano nos foi levando a descobrir e mexer nas dimensões mais constitutivas do ofício de mestres, e não apenas em novas atribuições e incumbências. Em outros termos, dependendo do patamar em que colocarmos a organização por ciclos, poderemos tocar níveis mais superficiais ou mais profundos da escola e do perfil de educador.

Chegamos a um ponto importante para equacionar a formação de professores e a organização dos ciclos. A questão que se coloca é se a organização dos ciclos nos leva ou não ao encontro dessas questões de fundo, se tocamos na visão de Educação Básica, do papel social e cultural de seus profissionais, ou a concepção de ciclos que em muitas redes está sendo implantada nos deixa na periferia, na epiderme dessas questões de fundo, nos desvia dessas questões para nos preocupar apenas com competências pontuais.

Concepções de ciclos que deformam

As expectativas quanto à organização da escola em ciclos nem sempre são coincidentes. As experiências vêm sendo bastante variadas e até desencontradas. Estão sendo implantados ciclos que não passam de amontoados de séries, ciclos de progressão continuada, ciclos de competências, de alfabetização, por exemplo, os CBAs, como poderíamos ter ciclos de "matematização" ou do domínio contínuo de quaisquer outros conteúdos, habilidades e competências, ciclos de ensino-aprendizagem das disciplinas e até ciclos do antigo primário e do antigo ginásio. Na maioria dessas propostas a lógica seriada não é alterada e por vezes é reforçada. Apenas o fluxo escolar pode ser amenizado com mecanismos de não reprovação, de aceleração ou de adiamento da retenção. Devemos nos perguntar em que o perfil de professor muda nessas concepções de ciclo: elas formam ou deformam?

Nessas concepções de ciclo pouco há para mudar no perfil de professor, apenas algumas sensibilidades e habilidades novas que podem ser adquiridas em cursos de treinamento antes da implantação desses ciclos ou no processo. Se a concepção de Educação Básica e a lógica que estrutura os processos educativos na escola praticamente não são alteradas, o perfil de profissional será o mesmo, e as habilidades e competências serão praticamente as mesmas com pequenos retoques no percurso. Aí tem sentido apenas um treinamento precedente. O que estou sugerindo é que há correspondência entre o profissional que queremos e formamos e a concepção de Educação Básica que a lógica da instituição escolar objetiva ou materializa. Se essa lógica e essa concepção se mantêm inalteradas, ainda que falemos em ciclos, não há como pensar em outro profissional nem em outras propostas para sua formação. Pequenos retoques serão suficientes.

A história das reformas mostra essa correspondência quase mecânica entre a lógica estruturante dos sistemas escolares, a concepção de prática de Educação Básica, o perfil de professor e as ênfases em sua formação. Tivemos e temos inúmeras reformas e políticas quase nada inovam na lógica estruturante do nosso sistema escolar, nem na concepção utilitarista e credencialista de ensino. Consequentemente, o perfil de professor e as propostas para sua formação pouco têm mudado nas últimas décadas, e podemos supor que pouco vão mudar apenas trocando série por ciclo. Que diferença há além do nome entre o antigo primário (1ª a 4ª), e o que várias administrações hoje passaram a chamar de 1º ciclo? Que diferença há entre o que por décadas foi identificado como ginásio (5ª a 8ª) e hoje passam a chamar de 2º ciclo?

Nesses retoques, mais nominais que reais, pouco há a pensar sobre a formação do profissional da organização por ciclos. Em realidade, essas administrações estão brincando de mudanças apenas trocando nomes. Os profissionais já perceberam esses truques pouco sérios. Agregar as séries do antigo primário em um ciclo e as séries do antigo ginásio em outro ciclo, em vez de contribuir para a construção de uma organização única de educação fundamental, que ainda não temos, pode significar um recuo à estrutura escolar preexistente à Lei n° 5.692, de 1971. Um retrocesso lamentável. Uma irresponsabilidade histórica. Esses arranjos de ciclos em nada contribuirão para uma dívida antiga: formar um profissional único de educação fundamental; ao contrário, atrasará uma necessidade que é urgente, ou seja, formar profissionais que tenham uma concepção única, uma formação orgânica com todo o percurso da educação fundamental. Essa divisão inconsequente do direito à educação fundamental nas velhas divisões – 1ª a 4ª e 5ª a 8ª – continua norteando os PCNs. Tudo segue os velhos blocos pré-5.692/71: Currículos para 1ª-4ª (1° ciclo), currículos para 5ª-8ª (2° ciclo), formação de professores para as séries iniciais de um lado, e formação de professores para 5ª-8ª, e Ensino Médio, de outro. Que retrocesso lamentável.

Sabemos, e não há como ocultar, que essa agregação do antigo primário em 1°. ciclo e do antigo ginásio em 1° ciclo tem uma motivação administrativa: municipalizar o antigo primário. Podemos ainda suspeitar que essa lamentável estrutura de ciclos termine por reduzir o direito popular à educação fundamental apenas a quatro séries, o dito 1° ciclo. Há outra concepção oficial: implantar os ciclos, amontoados de séries, para acabar com a retenção, acelerar o fluxo ou acabar com a defasagem idade-série em nome do respeito à diversidade de ritmos de aprendizagem, com processos mais leves de avaliação contínua, ao longo do ciclo. Essa visão de ciclos em nada mexe com as velhas concepções de educação e de seu profissional; antes as reforça e desqualifica. A pergunta que devemos nos fazer é se essa concepção de ciclos não desqualifica o papel de educador e a sua formação.

Nessa visão tão simplista de ciclo tem sentido estruturar algumas horas, para que os professores aprendam algumas competências "novas", para lidar com "ciclos"; para que aprendam como organizar turmas, como selecionar conteúdos do programa, como avaliar avanços, ritmos diferenciados, progressão contínua, como não reprovar, mas acelerar os lentos, como agrupar por ritmos de aprendizagem, como normalizar o fluxo escolar, como enturmar, separar os lentos e defasados em turmas de aceleração. Se as mudanças não passam de retoques pontuais na velha lógica seriada, terá sentido preparar antes, e será fácil e rápido preparar antes os professares para que estejam aptos a fazer essas correções de rumo em um sistema que continua inalterado em sua lógica e estrutura e na concepção de Educação Básica que o inspira. Podemos estar fazendo apenas uma caiação que oculte e adie os crônicos problemas, sem mudar o papel da escola e de seus profissionais, sem acrescentar nada novo a sua qualificação. Essa concepção de ciclo pode estar deformando, e não formando um novo perfil de educador.

Repensando dimensões permanentes de nosso ofício

Entretanto, há propostas pedagógicas assumidas por profissionais das redes municipais e estaduais e por suas administrações, que tentam dar conta de outra concepção de organização da escola por ciclos, e se perguntam como questão fundamental que concepção de ciclos deve orientar a nova organização. Entendemos que essa concepção é inseparável do avanço do direito à Educação Básica ou do direito ao pleno desenvolvimento de todos nós como seres humanos. Essa é a visão dominante na nova LDB (art. 2º e 22), e essa é a visão que nos orienta ao buscar um novo ordenamento, uma lógica estruturante do sistema escolar e da escola que dê conta dessa concepção de Educação Básica universal. Nesse quadro de preocupações, ciclo não é um amontoado ou conglomerado de séries nem uma receita para facilitar o fluxo escolar, acabar com a reprovação e retenção, não é uma sequência de ritmos de aprendizagem. É mais do que isso. É uma procura, nada fácil, de organizar o trabalho, os tempos e espaços, os saberes, as experiências de socialização da maneira mais respeitosa para com as temporalidades do desenvolvimento humano. Desenvolver os educandos na especificidade de seus tempos-ciclos, da infância, da adolescência, da juventude ou da vida adulta. Pensamos em ciclos de formação ou de desenvolvimento humano.

As idades da vida, da formação humana passam a ser o eixo estruturante do pensar, planejar, intervir e fazer educativos, da organização das atividades, dos conhecimentos, dos valores, dos tempos e espaços. Trabalhar em um determinado tempo-ciclo da formação humana passa a ser o eixo identitário dos profissionais da Educação Básica e de seu trabalho coletivo e individual. O profissional passa a se ver como um educador, um pedagogo, um adulto que tenta dar conta dessas temporalidades do desenvolvimento humano com suas especificidades e exigências. A escola é vista como um encontro pedagogicamente pensado e organizado de gerações, de idades diferentes. Outra concepção de educação, outro profissional; logo, outros mecanismos para sua formação, outras dimensões a ser privilegiadas.

Nesse quadro de propostas inovadoras, em que a superação da lógica seriada e a procura de uma nova lógica estruturante passam a ser um dos eixos inovadores, tem sentido colocarmos as questões que o tema aponta: que perfil de profissional vem se constituindo, formando na organização do trabalho pedagógico por ciclos de desenvolvimento humano? Que traços, que saberes, que sensibilidades, que valores, que capacidades de escolha, que fazer pensado vão se perfilando como domínios desse profissional da Educação

Básica? Como pensar pedagogicamente esses processos de formação? Essas questões acompanham todos os processos de elaboração e implementação das propostas.

Uma das sensibilidades que vão se perfilando nos educadores que se empenham na organização da escola por ciclos de desenvolvimento humano é em relação ao sentido da Educação Básica. As propostas pedagógicas que acompanho - antes de estar preocupadas com a reprovação, com o fluxo escolar, com acabar com as séries - estão preocupadas em recuperar a concepção de Educação Básica como direito ao desenvolvimento humano, à realização humana. É a tradição que vem da *paideia*, da Renascença, do humanismo presente na Ilustração, radicalizado nas lutas pelos direitos sociais, pela emancipação humana e pela igualdade e diversidade. Nessa longa trajetória, foi se constituindo o perfil de pedagogo, educador, no que tem de mais permanente. Foi se perfilando historicamente o ofício de mestre educador. Essas figuras que teriam de dar conta dos grandes questionamentos humanos.

As propostas pedagógicas que estruturam a escola em ciclos de desenvolvimento humano se colocam como questão fundamental repensar a concepção e a prática de Educação Básica que estão presentes em nossa tradição e na estrutura seriada que a materializa. Essa tarefa é permanente. A organização por ciclos é apenas uma consequência da mudança na concepção e na prática de Educação Básica. O perfil de educador e sua formação são apenas uma consequência dessa mudança. Recuperando os vínculos entre concepção de Educação Básica, de ciclo e de educador, estaremos colocando a formação de educadores em patamares mais permanentes, aproximando-nos do que há de mais definidor no pensar e fazer dos professores. Fugimos de treinamentos pontuais e precedentes.

O educador que formamos tem tudo a ver com a concepção de Educação Básica que inspira os currículos, a didática, a organização escolar. A concepção de organização da escola em ciclos vai depender da concepção de Educação Básica que nos orienta. Penso que não podemos interpretar o art. 23 da nova LDB, que propõe a organização por ciclos, sem referi-lo ao art. 22 e aos art. 1º e 2º, nos quais a LDB afirma sua concepção de educação. Pensar em organizar a escola em ciclos sem referi-los à concepção de Educação Básica tão afirmada na nova lei não tem sentido.

É verdade que a LDB tem inúmeras ambiguidades em relação à concepção de educação porque opta. Entretanto, não me parece exagero dizer que ela se afasta radicalmente da concepção utilitarista, mercantil, credencialista e propedêutica tão marcante na Lei nº 5.692/71. A nova LDB recupera uma concepção mais ampliada de educação. O art. 1º abre nosso olhar de educadores e vincula a educação à multiplicidade de processos formadores em que nos constituímos, socializamos, aprendemos, nos tornamos sociais, culturais, humanos. Retira a educação da estreiteza do mercado, do domínio de destrezas e habilidades para situá-la no campo da formação humana. Os art. 2º e 22 são ainda mais explícitos, afirmando que a finalidade da educação é o pleno desenvolvimento dos educandos. Situa como tarefa da educação desenvolver os educandos como seres humanos em sua plenitude, recuperando a velha tradição humanista, que identifica educação com humanização. Coloca o cerne do direito à Educação Básica no campo dos direitos do ser humano a se desenvolver como humano. Uma visão bem distante da prática das últimas décadas, que reduziu o direito à educação a receber da escola as credenciais e competências demandadas pelo mercado seletivo. Preparar para a empregabilidade.

A nova LDB nos diz que os educandos têm direito a mais. Nesse algo a mais tem sentido pensar em ciclos de desenvolvimento humano, em temporalidades da formação humana ou em tentar organizar a escola, os conteúdos, os tempos e espaços, os rituais de avaliação, a organização do trabalho dos mestres e educandos para darem conta dos tempos, dos ciclos de desenvolvimento dos educandos. Insisto que essa concepção da LDB está distante da concepção estreita de ciclos reduzidos a amontoados de séries, ciclos de progressão, de conteúdos, ciclos de alfabetização, ciclos para facilitar o fluxo, para não reter, etc. Essas concepções não dão conta da radicalidade em que a nova LDB e todos os humanismos pedagógicos situavam a função social e cultural da Educação Básica e o perfil de educador.

Sendo fiéis a esses humanismos pedagógicos, levando a organização por ciclos a essa radicalidade entendemos as virtualidades formadoras para os professores que se engajaram nessa construção. Organizar a escola em ciclos de desenvolvimento humano vai significando que todos repensemos nossa concepção de educação e repensemos o papel, o perfil, a função social do educador. Repor nosso ofício em outros patamares, nos descobrir profissionais do pleno desenvolvimento humano. Entender as temporalidades, os ciclos da formação humana, nos assumir profissionais do desenvolvimento humano, nos requalificar, recuperando dimensões permanentes em nosso ofício de mestres.

Participar nesse processo é formador, é ressignificar pensamentos, valores, sentimentos, imaginários, autoimagens. É redefinir competências, práticas, capacidades de fazer escolhas. É encontrar outro sentido ao próprio ofício de mestre e a própria existência humana.

É interessante acompanhar todo o processo de elaboração e implementação das propostas pedagógicas que tentam recuperar outra concepção de Educação Básica e tentam uma organização escolar que dê conta do desenvolvimento humano, de seus ciclos. Esse processo é concomitante a um movimento de confronto com pensamentos, valores, representações, culturais escolares e profissionais. É um confronto com a própria imagem de educadores. Há uma tensa desconstrução-construção de referências, de culturas. Há um tenso processo de desenvolvimento humano, social, cultural dos professores. Há uma formação concomitante. É frequente ouvir de professores que participam de coletivos de profissionais de ciclo: não foi fácil, perdemos o chão, o tapete de nossa cultura seriada, mas nos fizemos outros, não somos os mesmos, não dá para voltar atrás. Somos outros e outras como professores e como pessoas.

Possivelmente este é um dos produtos mais fortes dessas propostas pedagógicas: elas não pretendem mudanças pontuais, não têm por finalidade reprovar ou passar todo mundo, introduzir esta ou aquela temática nas grades curriculares, avaliar desta ou daquela maneira. Não é fácil, mas muitos profissionais pretendem como coletivos ir mais fundo: buscar um novo sentido ou reencontrar velhos sentidos no seu ofício e na função social e cultural da escola. Penso ser essa a visão mais radical de formação presente na nova LDB, na medida em que recoloca a educação nos processos de desenvolvimento e formação humana e propõe uma nova organização de escola para dar conta das especificidades de cada tempo-ciclo de desenvolvimento dos educandos.

Essa visão mais radical da Educação Básica é o caminho para encontrar o sempre velho e sempre novo perfil e sentido do ofício de mestres. Eles têm o direito de ir às grandes questões que dão sentido a seu pensar e fazer. Questões que os requalificam porque são as mesmas que o ser humano sempre se colocou, que procurou responder, que aprendeu a responder ou para as quais não encontramos respostas prontas.

Operários e educadores se identificam: que rumos tomará a educação brasileira?[1]

As questões básicas que pretendemos discutir nesta comunicação são as seguintes: para onde aponta a política educacional e as práticas dos educadores no Brasil de hoje? Quais as mudanças sociopolíticas que mais afetam o contexto educacional no país? Que alternativas se abrem para a prática educativa, enquanto prática social, dos docentes e dos chamados – impropriamente – especialistas em educação? Tentando responder a essas questões, estaremos contribuindo para configurar, do ângulo sociopolítico, o "contexto educacional brasileiro – seus determinantes", tema proposto a nossa análise.[2]

Como configurar o contexto educacional brasileiro?

Para responder à questão (para onde aponta hoje a educação no Brasil?) a tendência mais comum tem sido olhar para o MEC e perguntar: nova reforma à vista? A visão elitista da história que sempre dominou nossa formação nos leva inconscientemente, a olhar para cima, para o presidente, o ministro, o secretário estadual, o delegado de ensino ou o diretor, quando nos perguntamos se algo de novo em educação se faz ou pode ser feito no país, no Estado ou na unidade escolar. Sempre nos ensinaram, e continuamos a ensinar aos alunos, que a história é feita de cima para baixo; que os bem-pensantes, as elites controladoras do poder fazem a história, e a história da educação também, para os malpensantes, ou não pensantes – as massas. Estas, pensa-se ingenuamente, ao máximo se beneficiam da história e da educação feita pelas elites. Até para certos grupos que se julgam radicais, as massas e os oprimidos são mecanicamente reproduzidos pela educação

[1] Comunicação apresentada no *2º Encontro Nacional de Supervisores de Educação*, Curitiba, Outubro/1979 e publicada na revista *Educação e Sociedade*, São Paulo, n. 05, p. 5-23, jan. 1980.

[2] A comunicação se refere ao contexto social, político e educacional brasileiro da década de 1970.

feita e manipulada pelos dominantes. Visão linear da história em geral e da educação em particular.

Nossa perspectiva não pretende ser essa. Partimos do pressuposto de que há uma história que se faz em baixo e uma educação que nasce e cresce nas camadas populares, feita pelas camadas populares para apreender sua vida e sua luta. E essa história, que se faz nas camadas subalternas, englobando sua consciência, sua educação e organização condiciona a história oficial.[3]

As políticas públicas, as grandes decisões das elites, dos que controlam o poder, a riqueza, a propriedade levam em consideração essa história que se faz de baixo para cima, no seio das camadas subalternas, sua consciência, seu processo educativo e sua organização. Ainda que essas camadas estejam desorganizadas e reprimidas, o Estado e as classes dominantes passam a orientar suas políticas e decisões levando-as em conta. Em concreto, se queremos definir o atual "contexto educacional brasileiro, seus determinantes", não é suficiente olhar para o Estado e as classes dominantes e perguntar: o que vocês, que mandam, querem da educação e de nós, educadores?

É necessário entender que o modo de produção que domina nossa economia e as relações sociais que ele gera tem sua lógica. É essa lógica que os que mandam têm de obedecer na definição de cada política. Mas essa lógica, a do capital, gera suas contradições nos níveis econômico, social e político. E as contradições geradas exigem ser resolvidas com novas políticas. Mais ainda, essa lógica do capital gera as massas de trabalhadores, a classe operária e os assalariados, que pressionam condicionando os limites da opção política e econômica das classes dominantes. Não podemos ignorar esse fato essencial para compreender nossa história e a história específica desse setor social chamado educação.

Nossa comunicação pretende responder à questão sobre "o contexto educacional brasileiro, seus determinantes", não privilegiando o discurso e os pacotes dos que controlam o poder, como os determinantes únicos e básicos, mas pretende captar as articulações globais que marcam o presente processo histórico. Se algo privilegiamos são os determinantes políticos que vêm de baixo: o crescimento dos assalariados, sua organização, suas pressões dentro e fora do sistema escolar. Privilegiar esses fatos como determinantes do atual contexto educacional implica não ignorar as articulações globais, mas chamar a atenção para essa dimensão da educação comumente ignorada. Também olharemos para cima e veremos como reagem os detentores do

[3] Esse pressuposto tem sido marcante nas pesquisas, dissertações e teses do Programa de Pós-Graduação da FaE-UFMG.

poder, como suas políticas públicas hesitam entre o reformismo e a repressão. Reformismo que busca sair das contradições criadas pela expansão e organização das camadas populares.[4]

A aparente descentralização da administração do ensino, a vinculação escola-comunidade, a iniciação para o trabalho em nível de 1° grau para as camadas periféricas, a busca de programas e currículos mínimos mais "adaptados" à cultura, aos valores e à função dessas camadas; enfim, esse conjunto de medidas destinadas a compensar os filhos das classes subalternas no sistema escolar parece ter alguma coisa a ver com a redefinição das forças sociais e com a nova consciência e organização dos trabalhadores e assalariados no contexto sociopolítico brasileiro.

Educação, mecanismo de cooptação ou de reprodução da força de trabalho?

Na tentativa de configurar o contexto educacional brasileiro e sua vinculação com o contexto sociopolítico, podemos começar por um fato que para uns é uma dádiva do poder e para outros é uma conquista da sociedade: a abertura política.

A abertura política é, sem dúvida, um elemento importante no contexto nacional e trará suas influências no comportamento dos diversos setores sociais, entre eles a educação. Mas que influências?

Seria fácil cair na seguinte direção: um regime politicamente mais participante leva a uma política mais redistribucionista; logo levará à maior e melhor educação. O exemplo estaria nos regimes populistas de 1930 a 1964. Nesta perspectiva, espera-se para breve que à maior abertura acompanhem políticas sociais públicas mediante as quais os serviços públicos de educação, saúde sejam utilizados como mecanismos políticos, o que terminará criando maior redistribuição da educação. É necessário discutir o pressuposto de que os regimes políticos populistas tenham um caráter redistribucionista em nível econômico e social ainda que tenha implicado, em certos aspectos, distribuição do poder político.

A expansão e a melhoria do ensino não obedecem basicamente às leis do mercado político, de tal maneira que fiquem condicionadas ao grau de abertura do regime. É importante não esquecer o papel do Estado na definição das regras do jogo ou na institucionalização do mercado de bens sociais e políticos. O mercado livre, em nível político e socioeconômico,

---

[4] A organização das camadas populares em ações e movimentos sociais urbanos já era significativa na década de 1970, ainda em pleno regime autoritário e no despontar da abertura política.

não existe, por mais democrático que seja o regime, a não ser na ilusão do liberalismo. O mercado capitalista, até os bens sociais ou serviços sociais, é institucionalizado. No auge do populismo, os serviços de saúde e educação se ampliaram sem dúvida, e no regime autoritário mais recente não deixaram de se ampliar, até quantitativamente mais do que antes. É importante ter presentes as leis que regulam as políticas educacionais, sobretudo as dirigidas às classes subalternas. Todas as reformas, tanto no regime populista como no autoritário, definiram a educação a ser transmitida às massas em função das necessidades de reprodução da força de trabalho. O Estado apenas ampliou a educação dessas camadas populares até o elementar, o mínimo, o primário e o básico, o necessário para a sua subsistência, para a sua reprodução e inserção na ordem estabelecida.

Se a educação do povo foi além, não foi por causa da doação do Estado, mas da pressão desse povo e porque realmente, para um capitalismo mais avançado, as exigências de reprodução da força de trabalho são maiores. Isso não depende principalmente do grau de abertura do regime e do mercado político, mas das necessidades básicas de saúde, educação para um padrão de trabalhador e de cidadão que deve enfrentar certo tipo de produção com um tipo específico de tecnologia, de força mecânica, que tem de se "adaptar" a determinada hierarquia e ordem no processo produtivo e social. São esses os critérios definidos na prática e até no discurso – cada dia menos encoberto sob o véu do humanitarismo e igualitarismo – das políticas públicas para a educação das camadas subalternas.

Não esperemos que a intervenção do Estado na esfera econômica e social diminua com um estilo de maior abertura política. Se interveio mais nos últimos anos, não foi fundamentalmente porque o estilo político era mais fechado, mas sobretudo porque o Estado se tornou mais necessário na fase de acumulação capitalista industrial em que o Brasil entrou. O Estado "planificado", que opera na regulamentação de todos os fatores da produção e da acumulação (criação de infraestrutura, fixação de preços e juros, distribuição de lucros e perdas) é o mesmo Estado que opera nos aspectos mais vinculados à nossa área de análise: a esfera educacional (relação trabalho-capital, salário, greves, sindicatos, produtividade de força de trabalho, sua qualificação e controle). Em síntese, a abertura não altera a intervenção do Estado na reprodução da força de trabalho, para fazê-la mais produtiva, mais ordeira, mais submissa ao capital e à ordem sociopolítica necessária à acumulação – funções sintetizadas nos lemas "Educação e Desenvolvimento", "Educação e Segurança Nacional", tão repetidos nos discursos setoriais e dos pareceres do Conselho Federal de Educação e de seus pares no âmbito dos Estados.

É essa vinculação nunca antes tão estreita entre educação, desenvolvimento, segurança e acumulação que está na base da maior presença do Estado na condução da educação e na definição do que obrigatoriamente deva ser ensinado, principalmente às camadas subalternas frequentadoras, sem outra alternativa, das escolas públicas.

Para encontrar alguma pista sobre os possíveis novos rumos da educação no país, a abertura política, tal como é colocada até agora, não nos oferece o melhor caminho se olhamos o problema apenas e fundamentalmente de cima para baixo, através das supostas boas intenções dos dirigentes. Eles continuarão fiéis à função do Estado no processo de acumulação e reprodução. Não é por acaso que, enquanto se proclama tanto a democratização da sociedade civil em suas diversas esferas, pouco ou nada se proclama da democratização do Estado e da democratização das relações entre capital-trabalho. Esses fatos nos levam a buscar outras pistas para configurar as possíveis mudanças na política educacional e nas práticas educativas de base: as contradições na função do Estado e a redefinição das forças sociais na sociedade brasileira, e a maior presença e pressão do povo. Por esse caminho é possível que encontremos mais elementos. O fenômeno mais relevante na sociedade brasileira hoje está não nos bons propósitos de abertura de seus dirigentes, mas na reorganização da sociedade e especificamente das camadas subalternas, o que implica uma redefinição de forças que se refletem, sem dúvida, no Estado, em suas políticas públicas e na política educacional.

A reorganização das classes subalternas e a educação

Para configurar o atual contexto educacional brasileiro, julgamos que um dos determinantes básicos seja a nova organização e participação das classes populares na vida do país. Alguém pode pensar que estamos indo longe demais, que o crescimento dos trabalhadores em número, consciência, organização e pressão nada tem a ver com o que acontece ou venha a acontecer na escola e nos rumos da educação. Depende da análise que fazemos desses movimentos populares. Se nossa análise ficar na superfície dos fatos ou se limitar a explicações isoladas e externas: fracasso do modelo político e econômico, elevação do custo de vida, inflação, petróleo, abertura política, manipulação, infiltração e outras explicações tão frequentes no discurso oficial e na imprensa liberal, realmente pouco ou nada têm a ver com os rumos da educação, os movimentos populares e a pressão dos trabalhadores. Mas se aprofundarmos na análise, entenderemos que essas greves e pressões se situam dentro de um movimento profundo de transformação das relações sociais de produção, das relações de trabalho e das condições coletivas de vida desses trabalhadores. Será possível acharmos a vinculação entre escola e fábrica, educação e relações de trabalho.

Para quem privilegiar as análises superficiais e isoladas a que nos referíamos, a vinculação entre pressões das camadas subalternas e educação se dará apenas por barganha e manipulação política, no sentido de que o governo terá que ampliar seus recursos nos setores sociais - saúde e educação - e na melhoria do nível de vida das camadas que pagaram o custo necessário à fase de crescimento do "bolo" do desenvolvimento econômico. Chega, enfim, a hora de repartir: essas camadas receberão a recompensa em serviços sociais e melhores condições de saúde, ensino, transporte. Não é esse o caminho que nos leva à vinculação entre pressão dos trabalhadores e educação. Não é da lógica do capital, acumular e concentrar para repartir, mas continuar acumulando até onde as contradições e as correlações de força o permitam.

Julgamos que a escola, a educação e os educadores, seremos, ou melhor, já estamos sendo, obrigados a nos redefinir, levados por esse movimento profundo de transformação das relações de trabalho, o mesmo movimento que gera as greves e pressões dos trabalhadores e assalariados. Tentemos aprofundar como isso acontece.

No nível político, as condições de vida e de trabalho dos trabalhadores foram criando uma nova prática da classe operária: de organização e de luta. E as camadas populares se fizeram presentes através de formas diversas de organização e pressão: associações de bairro, movimento contra a carestia, comunidades de bases, comissões de empresas, sindicatos, partidos. Essa presença se dá em níveis que diretamente nem sempre atingem a escola e os educadores, ao menos por enquanto. Mas é importante não esquecer que qualquer movimento de pressão das camadas subalternas termina pressionando e obrigando o Estado e as classes dominantes a redefinir suas políticas na área econômica e social.[5]

Tentemos ir mais a fundo em nossa análise. Os trabalhadores e assalariados, em sua nova consciência e nova prática de classe, mostram compreender que as causas de sua situação estão no modo de produção, de acumulação e concentração do capitalismo imposto, em que o Estado e seus aparelhos, entre eles a educação, foram colocados, como nunca antes, a serviço do "modelo de desenvolvimento". Essa acumulação e esse desenvolvimento foram possíveis devido ao congelamento dos salários, à depreciação do trabalho não qualificado ou semiqualificado, à divisão técnico-social do trabalho; enfim, a todos os mecanismos de modernização e hierarquização, introduzidos na

---

[5] A pesquisa e a análise das relações entre educação e os movimentos populares e as pressões dos trabalhadores tem se configurado como uma área central no Programa e como um GT da ANPEd.

organização e no controle do trabalho no processo de produção, mecanismos que tiveram apenas uma função: maior acumulação, através de maior produtividade, maior controle, menores salários ou menor tempo de trabalho pago.

Mas o que tem a ver a escola com todo esse movimento de exploração do trabalho para acumulação do capital? É necessário que nossa consciência de educadores ultrapasse, com urgência, os muros da escola. Continuar considerando os filhos dos trabalhadores e assalariados (futura força de trabalho) apenas como mentes em que se acelera um processo de ensino-aprendizagem é, no mínimo, ingenuidade e, pelas suas consequências, é realmente irresponsabilidade.

Formar o trabalhador dócil, ordeiro?

A escola é a responsável direta por esse processo de acumulação-exploração e não só por ser agência socializadora e adestradora de uma força de trabalho dócil, passiva e até ingênua. Muito se tem falado ultimamente dessa função reprodutora da escola – aparelho ideológico do Estado. Não é por aí que vai nossa análise. As greves e os movimentos populares recentes parecem mostrar que a função real dessa ideologia transmitida na escola não dura muito, quando confrontada com as condições de trabalho e de vida, com a vivência no dia a dia das relações de produção, que negam tudo o que o professor, seus textos e gravuras tentaram incutir sobre "o trabalho dignificante e cooperativo", sobre a "boa ordem" e outros temas por meio dos quais a escola cumpre sua função de aparelho ideológico.

"As belas mentiras" são desmistificadas no primeiro dia de fábrica. O jovem que abandona a escola prematuramente para bater na porta da fábrica engavetará as "belas mentiras", remendo empobrecido do saber de outra classe, e retomará seu saber e sua consciência de filho de operário, saber nascido no cotidiano, nas condições de vida e trabalho de sua infância e de sua família. A nova vida de fábrica, de operário, de assalariado, a organização e movimentação da classe poderá ser a *sua escola*, que formará sua consciência real, comprometida com novas práticas. A contraconsciência que o aparelho ideológico do Estado, a escola, tentou inculcar nele pode até servir para fazê-lo perceber com mais clareza a "triste realidade" de sua classe ou então servirá para que ele se apresente como um membro "educado" nos seus escassos momentos de relacionamento com a "boa ordem": ao pedir emprego, aceitar o contrato. Mas na sua prática de classe a consciência que vale é sua consciência, e não o saber inculcado pela escola.

Alguém pode perguntar: mas, se a consciência operária, que nasce das condições de classe é tão real, e o saber transmitido pela escola é tão fraco e acidental, por que o operário não se organiza e reage como classe? Não estamos caindo num espontaneísmo? A classe trabalhadora sabe e sente no dia a dia o peso dos aparelhos repressivos, na vida, na fábrica... não apenas nos mecanismos de força física mas também e principalmente, na coerção das leis trabalhistas, dos contratos de trabalho, do desemprego, da instabilidade de sua situação de trabalhador, pai de família. Qualquer um tem que ser membro educado e ordeiro na fábrica, na sociedade, e não porque a professora assim o ensinou. Voltemos à questão central: qual é, então, a relação entre escola e fábrica, educação e relação de trabalho?

Não é necessário insistir que o central no capitalismo é a acumulação do capital e que a base da acumulação é a exploração do trabalho. O importante é captar os diversos mecanismos desse processo. Um deles é a distinção introduzida entre trabalho hábil e inábil (ou qualificado e não qualificado); outro é a divisão técnica do trabalho, apresentada pelas teorias de administração como um dado objetivo e neutro, que fundamentaria a organização social do processo produtivo. Mas é necessário desvendar a explicação que encontre o processo real de acumulação e apropriação nos véus da mercadoria, e ver as relações sociais reais presentes nessa organização e divisão do trabalho.

A desqualificação do trabalho desqualifica a escola

A introdução da categoria "trabalho sem qualificação", "não qualificado", "inábil" é uma forma de reduzir o tempo de formação e o custo da reprodução, além de legitimar a depreciação e a desvalorização do trabalho, da grande massa de trabalhadores que compõem a base da empresa moderna, como foi o mecanismo de depreciação do trabalho das mulheres e dos menores, base da empresa tradicional. Mas a introdução do trabalho não qualificado ou semiqualificado como base da produção ainda é um mecanismo de controle do processo de produção e do controle de um dos elementos centrais desse processo: a técnica e a ciência. O operário desqualificado nunca terá condições de ser autônomo, de pretender o controle técnico da produção e, consequentemente, não poderá aspirar ao controle social desse mesmo processo. É esse o sentido último da tentativa de separar o trabalho manual e o trabalho intelectual.

A classe operária será incapaz de ser autônoma não só por não controlar a posse dos meios de produção que estão em mãos de poucos, mas por não ter acesso à ciência e à tecnologia, por não ser "intelectual", qualificada e ser apenas manipuladora eficiente da técnica. Assim, o fundo do problema dos níveis de qualificação reside na organização do trabalho, no processo de controle, apropriação e acumulação. É aí que a escola entra e cumpre uma das funções mais sérias nesse processo. A escola coopera para reforçar a unidade das técnicas de produção, de dominação e expropriação no processo produtivo. A estrutura de ensino existente é um dos mecanismos para separar o trabalhador das forças produtivas. O capital faz tudo para que o homem de ciência e o operário produtivo estejam completamente separados. A escola forma aquele negando ao trabalhador a possibilidade de criar seu saber no processo produtivo. Esse saber feito não por ela mas por especialistas formados na escola controlada pelo capital, é um instrumento nas mãos do capital dirigido contra o operário produtivo, indefeso em sua ignorância. "O saber é um instrumento que pode separar-se do trabalho e mesmo ser-lhe oposto". É essa a função da escola como instrumento central de expropriação do saber operário e da tentativa de separação entre trabalho manual e trabalho intelectual.

Se é por aí que a escola se vincula ao processo de acumulação, domínio e apropriação, no momento em que no Brasil surge nova consciência e nova organização dos trabalhadores contra esse processo, é de esperar que a atitude das camadas subalternas em relação a escola mude, gerando mudanças profundas na função social da escola e dos educadores. É esse o ponto que pretendemos ressaltar nessa comunicação.

Pesquisas frequentes vêm mostrando que no nível individual o trabalhador tudo faz para usar a escola como mecanismo de saída dos últimos lugares na organização do trabalho. É sinal de que ele tem consciência de que a escola legitima essa organização hierarquizada.

À medida que a consciência se torna mais coletiva e a organização é maior, a pressão do trabalhador será para usar a escola não como fuga da classe, mas a serviço da classe, conquistando o direito ao saber, a ciência e a técnica.

Alguém pode pensar que estamos longe dessa situação possível apenas em países de capitalismo avançado. O capitalismo no Brasil nos últimos anos tem mudado profundamente. A organização e a divisão do trabalho tem se hierarquizado como nos países mais modernos. As qualificações têm sido utilizadas como um dos mecanismos dessa organização. É isso que explica a demanda por titulação e a expansão do ensino em todos os níveis, principalmente o superior. Essas massas de proletários e assalariados sabem as consequências dessa organização do trabalho e sentem que a ciência, a técnica e as qualificações produzidas no sistema escolar são um dos fatores perpetuadores da divisão e da organização do trabalho em que são explorados. E sentem que essa divisão em que eles compõem os últimos lugares e recebem os salários mínimos não responde às necessidades objetivas do ato de produzir, mas é um mecanismo de acumulação e expropriação do seu trabalho. Consequentemente, é fácil para esses trabalhadores e assalariados ver a vinculação entre sua situação de classe e um sistema escolar seletivo, hierarquizado e excludente. E isso não na perspectiva tão frequentemente denunciada pelos educadores e políticos liberais – reformistas, defensores dessa escola que está aí para todas as camadas sociais – mas no sentido de redefinir a função social desse sistema escolar.

Redefinir a função da escola na organização do trabalho

Nesse sentido, a reorganização das camadas subalternas faz uma pressão nova na história da educação brasileira: a pressão sobre os educadores para pensar e pôr em prática uma educação alternativa tanto fora quanto dentro do sistema público. Essas camadas da sociedade começarão a querer invadir e redefinir um serviço que nunca foi nem nasceu para ser deles – a escola.

As consequências desse movimento, que não estão tão distantes, possivelmente já estão ocorrendo com os movimentos populares, e são de extrema relevância para a renovação da escola e dos educadores. A renovação não virá, como sempre aconteceu, pela superação das teorias pedagógicas e sociais tradicionais e pela introdução de ideias sempre importadas e mal transplantadas e aclimatadas no modelo sociopolítico brasileiro. As mudanças, desta vez, poderá vir de dentro da sociedade brasileira, das contradições e pressões existentes nos interesses de classe, que chegam até o político, cultural e educacional. Se assim for, para nós educadores não será suficiente optar por ser mais ou menos a favor da última reforma educacional ou da última moda psicopedagógica nas teorias de aprendizagem. Nós, educadores, seremos obrigados a nos definir por uma escola a serviço de uma ou de outra classe, de uma ou de outra organização de trabalho. Este é o maior desafio do atual contexto educacional brasileiro: redefinir a função da escola na reprodução da organização do trabalho no processo produtivo.

Cabe perguntar agora, como o atual contexto sociopolítico brasileiro, especificamente a nova consciência e a nova prática dos trabalhadores, pressionam para redefinir a vinculação entre escola e organização capitalista do trabalho e, consequentemente, nos pressionam para redefinirmos nossas práticas educativas.

A luta dos trabalhadores e assalariados mostra que essa pressão se faz em dois campos: no campo da organização do trabalho, controlada pelo capital e garantida pelo Estado, e no campo da escola, controlada pelo Estado, seus burocratas, intelectuais e educadores.

Alguém pode arguir que nada disso acontece até agora, que a luta não passa do nível reivindicativo. Sem dúvida, as análises superficiais nada veem além da reivindicação de melhores salários. A realidade é outra. As classes subalternas não se limitam a uma luta reivindicatória. Sua prática incomoda tanto porque pressiona mais na base do sistema: o processo de acumulação, o Estado, suas políticas e sua função de garantia da acumulação, e a organização capitalista do trabalho.

Os recentes movimentos populares redefiniram na sua prática as leis de greve, a política oficial de arrocho salarial, as distâncias entre os diversos pisos salariais ou a política oficial de concentração de renda, reconquistaram a autonomia dos sindicatos e a impunidade das lideranças sindicais e de fábrica. O operariado tomou a iniciativa e mostrou as causas reais e as verdadeiras soluções para os problemas que os tecnocratas tentaram encobrir com suas estatísticas. O operariado se adiantou aos projetos de políticas sociais elaborados em gabinete, obrigando, na prática de sua luta, os políticos e técnicos a redefinir seus projetos. Até o discurso oficial é outro. Hoje os responsáveis "pelos destinos da educação" não falam mais em "educação e desenvolvimento", mas em educação como "mecanismo de redução das grandes disparidades de renda", e falam em educação e "redução da marginalização cultural, social e econômica dos estratos mais baixos da população". Discurso novo. Os tecnocratas viraram defensores dos pobres, dos marginalizados, da social democracia. A pressão dos de baixo dá medo; obriga a redefinir as políticas.

O operariado demonstrou que não está apenas reivindicando, que está questionando sua condição de trabalhador, de força de trabalho, que suas reservas intelectuais são grandes e o levam a perceber na carne as reais coordenadas do sistema que o explora. E, apesar de não ter acesso à escola, de ser expropriado de seu saber pela divisão entre trabalho manual e trabalho intelectual, ele tem consciência, é pensante e tem reservas intelectuais tão profundas ou mais do que os instruídos, os titulares e os bem-pensantes.[6]

Pode ser esperado sem utopias, que esse mesmo processo caminha no sentido de conquistar novas formas de organização do trabalho, de controle da ciência e da técnica. Consequentemente, a luta se situará na redefinição dos sistemas de formação do trabalho nas empresas, nas organizações oficiais e empresariais de formação de mão de obra. A questão não é se isso é já realidade ou imaginação. A nova consciência e a nova prática operária vão por aí. Podemos ter certeza de que se a classe trabalhadora redefiniu os projetos do capital e do Estado, no nível da estrutura salarial, lei de greve e outros e redefinirá também a organização e a divisão do trabalho e os sistemas de ensino que estão a seu serviço.

[6] Esse fazer-se da classe operária enquanto processo de educação tem sido central no Programa, pesquisar e aprofundar no papel histórico do movimento operário tão central no GT Trabalho e Educação da ANPEd.

A solidariedade entre trabalhadores da produção e da educação

No campo específico da escola, do sistema educacional como um todo, controlado pelo Estado, intelectuais e técnicos do sistema, a pressão das camadas subalternas já está chegando. Alguns fatos, muito novos, podem ser constatados: a solidariedade na luta entre trabalhadores da produção. Nas recentes greves o mais importante não foi o apoio dos educadores às classes subalternas num gesto de simpatia ou compaixão, mas que o apoio de os sindicatos, associações de base, pais e o povo à luta travada entre educadores e patrões-Estado, por melhores salários, melhores condições de trabalho, melhor educação, em síntese, por outra escola.

Esse apoio não pode ser interpretado na perspectiva tradicional: o povo quer mais escolas e melhoria da educação e do ensino que aí está a serviço dos interesses do capital. Se assim for, o apoio da classe operária seria contra si mesma. O que essa classe apoia não são as reformas dos técnicos e intelectuais para modernizar o sistema escolar e torná-lo mais eficiente, nem apoia os sindicatos e associações que queiram reduzir a luta a uma dimensão reivindicatória. A classe operária apoia a luta dos professores e regentes, vítimas do próprio processo de modernização da escola feita para ser fiel a seu papel de reproduzir a divisão do trabalho dentro do sistema escolar e do processo de produção.

Há, pois, nessa solidariedade entre trabalhadores do ensino e trabalhadores da produção, uma identidade de luta, contra as formas de exploração inerentes às relações de trabalho na escola e na produção. Não está clara, ainda, a percepção de que nessa escola, que explora o trabalhador do ensino, é que se legitima também a exploração da organização do trabalho na produção, através da separação entre trabalho manual e intelectual, e da tentativa de expropriação do saber operário e do controle da ciência. Com a luta de uns e de outros, que se vai travando pela conquista do poder operário sobre o processo de organização do trabalho, a escola aparecerá como um dos elementos centrais.

Na escola se alimentam as velhas concepções burguesas da profissão, das qualificações, da ciência, da nobreza e superioridade do trabalho intelectual sobre o manual. Se alimenta a expropriação do saber, a depreciação e exploração da grande massa dos operários não qualificados ou semiqualificados que compõem a base da empresa moderna, sob a alegação falsa de que o operário não exercita seu saber e suas potencialidades intelectuais no processo moderno técnico-científico da produção. Lutar contra a organização do trabalho implica lutar contra a escola burguesa.

Esse sentido dá identidade e solidariedade entre trabalhadores no ensino e trabalhadores da produção.[7]

Docente: de servidor público a trabalhador

O interessante não é que haja uma redefinição das forças na sociedade como um todo, o que terminará afetando a escola. O mais interessante é que dentro da escola está se dando essa redefinição de forças, o que desmente qualquer argumento de que nossa análise anterior estava extrapolando demais os problemas sociopolíticos para configurar o contexto educacional. Um dos dados mais relevantes nesse processo é que uma das primeiras categorias de trabalhadores e assalariados a sair à rua, reivindicando e se organizando, foram os professores. Por que esse fato é o que nos revela para a configuração do atual contexto educacional?

Não pretendemos fazer uma análise dos recentes movimentos de professores e das grandes lições que os regentes de classe deram às outras categorias. Pretendemos apenas ressaltar alguns pontos que mostram para onde vai hoje a educação no Brasil.

A primeira constatação é que a categoria mais representante e pressionante é a dos regentes de classe. A segunda é que essa categoria se sente marginalizada das outras categorias de profissionais da educação. E a terceira constatação é que seu movimento não tem um caráter reivindicatório, mas questiona todo o sistema escolar e sua função social. Essas características dão à pressão dos trabalhadores do ensino uma novidade e uma dimensão relevante na configuração do contexto educacional brasileiro.

O fato de ser uma luta da última categoria (dos docentes), mostra que os efeitos da política educacional que implantou no sistema escolar a organização do trabalho que domina a produção empresarial capitalista está gerando suas contradições. Se o que se pretendia era a divisão e hierarquização do trabalho educativo, o que se gerou foi a parcelação, diferenciação salarial e funcional, a depreciação do trabalho dos educadores de base, a grande massa e, consequentemente, se gerou sua consciência e organização. A organização do trabalho educativo em bases empresariais levou os ordeiros professores públicos a se sentirem não servidores do público, mas força de trabalho vendida a um patrão chamado Estado. Esse dado novo acrescenta um elemento importantíssimo na configuração da educação e na definição de seus rumos.

---

7 Essas solidariedades entre trabalhadores do ensino e trabalhadores da produção se explicitavam no final dos 1970, na diversidade de ações coletivas e de greves e na afirmação dos educadores docentes como trabalhadores em educação e em organizações sindicais.

Mas o problema central é que essa situação, a que a política educacional relegou os docentes, os levou a não limitar sua luta a aspectos reivindicatórios. A nova consciência e nova prática dos trabalhadores da educação é se sentirem como *trabalhadores* e sentirem a necessidade de se associar como tais, e organizar sua luta nos mesmos moldes dos trabalhadores da produção, do comércio e sobretudo se sentirem solidários nos mesmos objetivos de questionar o modelo sociopolítico e econômico, o Estado, a organização do trabalho, que os gera e explora como trabalhadores.

A política educacional da última década tudo fez para atrelar o sistema escolar ao processo de acumulação e reprodução da força de trabalho. Agora as contradições no próprio contexto educacional estão aí: os educadores de base se identificam na condição, na consciência e na luta com as classes trabalhadoras, e a escola se converteu num espaço de luta por interesses de classe. A escola e os educadores adquirem uma dimensão nova: de meros instrumentos de conchavo e articulação político-partidária passam a ser espaço de confronto de interesses de classe. As repercussões dessa mudança na condição, consciência e prática política dos educadores de base e da escola vão sendo sentidas sem demora.

A nova consciência e prática dos trabalhadores do ensino e sua proximidade de objetivos com os trabalhadores da produção reforçará mais ainda a situação que aqui apresentamos como central para configurar o atual contexto educacional: a pressão pela redefinição da vinculação entre escola e organização capitalista do trabalho e, consequentemente, a redefinição da função social da escola e de nossas práticas educativas.

Enquanto os trabalhadores da produção levam sua luta à transformação da divisão capitalista do trabalho na produção fabril, como parte de extensão do controle social dos trabalhadores sobre as condições do trabalho, os docentes centram sua luta na transformação da organização do trabalho imposta pela reforma no processo educativo, como parte também de um objetivo mais amplo de atingir o controle social da escola.[8] Essa pressão se dará em vários níveis: da unidade escolar e dos centros de formação de docentes, especialistas e tecnocratas.

A redefinição do trabalho na escola e nos cursos de formação

Em nível da unidade escolar a luta vai no sentido de retomar a unidade entre saber e fazer, entre ser regente de classe e especialista, e retomar a figura

[8] Uma das bandeiras de luta do movimento docente será a gestão democrática da escola, diretas para diretor, que marcará as reformas educativas dos 1980, reforçando o controle do trabalho.

do educador pensante que pratica e cria um saber e uma ciência educativa, e não apenas usa as técnicas e as metodologias elaboradas pelos técnicos e simplificadas pelo supervisor. A unidade escolar passará a ser um centro de criação técnica e científica que capacite os regentes de classe a controlar a escola, o processo educativo e a redefinir sua função social, hoje controlada pelos espertos a serviço do poder.

Mas a pressa deve ir mais longe e atingir os centros de formação de especialistas e técnicos da educação. Há uma relação mútua entre a divisão do trabalho na unidade escolar e a modernização dos cursos de pedagogia, entre a estruturação desses cursos como centros de titulação e qualificação de especialistas e as condições de exploração e a depreciação do trabalho do docente de base. Consequentemente, a tentativa de redefinir a divisão do trabalho no processo educativo tem que passar necessariamente pela redefinição da função social dos cursos de pedagogia e dos centros de formação de recursos humanos para o sistema escolar.[9]

É significativa a hostilidade dos movimentos de regentes de classes contra os especialistas e os tecnocratas das unidades escolares, Delegacias de Ensino e Secretarias de Educação, e a dificuldade deles em aderir à luta dos docentes. É um sinal de que a hostilidade tem bases na divisão do trabalho e que os centros de formação de especialistas são percebidos pelos docentes de base como mecanismos dessa divisão. A luta será para que esses centros mudem sua função social. Em vez de mecanismos de reprodução e legitimação da depreciação do trabalho não qualificado, da superação entre trabalho intelectual, que os centros passem a ser o lugar onde o educador se encontre com sua função, pense na prática e volte mais seguro à nova prática transformadora, como educador. O que hoje comumente acontece é que os centros de formação, as faculdades de educação são os lugares onde o docente encontra os mecanismos para fugir à docência, à educação direta, buscando um título para atingir posições burocráticas e técnicas mais lucrativas.

Esses fatos e essas tendências na consciência e prática dos trabalhadores da produção e do ensino, queiramos ou não, constituem determinantes centrais de um novo contexto educacional brasileiro. Nossa argumentação é esta: uma nova consciência e nova prática estão se dando nas classes subalternas; sua luta e sua organização tentam mudar sua condição de trabalhador, de força de trabalho. Além das exigências reivindicatórias de melhores salários, há uma estratégia que visa ampliar o controle social dos trabalhadores sobre

[9] Mudanças na divisão do trabalho docente que vem mudando os protótipos de profissionais formados nos cursos de pedagogia, de graduação e de pós-graduação, que mudaram os currículos de formação, reforçando um profissional único e superando a função de formar especialistas, gestores.

as condições de trabalho. O problema da divisão do trabalho, das classificações, da expropriação do trabalhador de seu saber e de seu trabalho intelectual fará parte dessa consciência. Consequentemente, a vinculação entre essa realidade e a escola entrará nessa estratégia de luta, condicionando o contexto educacional e nossa prática educativa. Como evoluirá essa consciência da vinculação entre escola e organização do trabalho, e expropriação e acumulação, a história da organização e luta dessas classes subalternas irá indicando o caminho.

O fato é que nós educadores não podemos mais olhar apenas para as linhas da política educacional vindas de cima. Algo de muito sério está acontecendo em baixo, perto de nossas unidades escolares, nas vilas e nas fábricas, no comércio, nas relações de força dessa sociedade em que a escola está inserida. Estar atento a esse movimento de forças que se dá no seio da sociedade brasileira e redefinir a escola, nossas práticas nesse contexto, eis a exigência. Continuar como estamos, fechados em nosso universo de problemas, teorias e rotinas, é uma forma de opção por um dos lados dessa luta. É continuar fazendo da escola um dos mecanismos de sustentação de uma situação contra a qual as camadas subalternas reagem e se organizam.

Alguns desafios para educadores, especialistas e pesquisadores

Diante dessa nova configuração do contexto educacional brasileiro, o que fazer? No decorrer da análise, algumas estratégias de ação foram sugeridas. Ressaltemos alguns pontos mais diretamente vinculados aos supervisores, a quem vai dirigida esta comunicação, mais aplicáveis a quem está comprometido com o processo educacional

Uma primeira conclusão é evidente: se no nível do contexto sociopolítico a sociedade se polariza, e os trabalhadores insistem em se definir como trabalhadores e se organizar como classe, não tem sentido ignorar essa realidade (que até o discurso oficial aceita) e nós, educadores, continuarmos englobando os filhos de trabalhadores, futura força de trabalho, através de categorias indefinidas e assistenciais, tais como alunos pobres, carentes, renda baixa, QI baixo, capacidade baixa, e outros conceitos que só têm por função ocultar o que é evidente: que são filhos de trabalhadores e que o sistema tudo faz para que sejam trabalhadores. Nessa mesma teimosia de ocultar o evidente se enquadram os projetos de "metodologias especiais", de "programas mínimos", de "educação compensatória", "educação funcional". A nova consciência e prática dos trabalhadores e a reação do Estado e do capital deixam claro que a realidade central na sociedade e na escola são as classes sociais e seu antagonismo.

Outro ponto, que deveria fazer parte de uma estratégia de ação, é redefinir a função dos chamados especialistas em educação. Insistimos nessa análise que o fundo do problema das especializações reside na organização do trabalho que não tem base objetiva nem no processo de produção, nem no processo educativo, que são, antes, o resultado de uma certa divisão do trabalho, que tenta subutilizar e subestimar as capacidades gerais do trabalhador e educador de base, e, consequentemente, mutilar e esterilizar suas reservas intelectuais. É essa a lógica que dirigiu a introdução das figuras dos especialistas no processo educativo. Basta se voltar ao espírito das leis e às justificativas apresentadas para sua criação.

Quando, no sistema escolar, a categoria mais alta era a normalista, ela servia para depreciar o trabalho docente dos não normalistas e rebaixar seus salários. Quando a porcentagem de normalistas aumentou na composição do corpo docente brasileiro, foi necessário criar novas categorias de trabalho especializado para depreciar o nível, as funçoes e os salários dos normalistas, reduzindo-os à categoria de não especializados. Para o sistema escolar modernizado administrativamente, na lógica da empresa privada, interessado em produzir mais e melhor educação com menos custo, a introdução dos especialistas foi uma grande invenção: o salário dos normalistas – tidos como não especializados – foi rebaixado aos níveis dos salários mais baixos da sociedade, enquanto uma proporção mínima de especialistas passaram a fazer parte do quadro do magistério com salários baixos, mas relativamente compensadores em relação aos normalistas.

As consequências então manifestas: desvalorizado o título, o normalista foi rebaixado, e todos batem às portas de uma faculdade de educação onde, em cursos corridos, ganhem o salvo-conduto para fugir da docência e regência de classe. Quando esses docentes se organizam e saem às praças para lutar pela valorização da função docente, os especialistas utilizados pelos mecanismos do sistema para depreciar o docente, suas condições de trabalho, seu salário, esses especialistas não aderem à luta e se refugiam em associações corporativistas, com reminiscências medievais para "promover o aperfeiçoamento profissional de seus associados, defender seus interesses e direitos profissionais, propor soluções aos problemas relativos a sua situação funcional junto às autoridades responsáveis".

Qualquer estratégia particularista e elitista que evite se misturar com os de baixo, os regentes de classe, é fazer o jogo do sistema. Toda fragmentação dos educadores em associações corporativistas é um reforço da fragmentação do processo educativo e, consequentemente, enfraquecimento da luta por uma nova função social da escola. É significativo que, enquanto as autoridades se negam a reconhecer as lutas dos docentes e a dialogar com os sindicatos e associações de trabalhadores do ensino, criados ou redefinidos nos movimentos recentes, essas mesmas autoridades e seus representantes burocráticos incentivam e prestigiam as associações e os encontros de especialistas. Divide e vencerás.

Foi um fato lamentável que nos movimentos dos regentes de classe – a base da nova educação – as associações de especialistas, em geral, não aderiram ou se limitaram a moções de apoio simbólico como se se tratasse de uma luta por uma educação com a qual eles nada tinham a ver. Quando não aconteceu o pior, especialistas e diretores se prestaram ao jogo repressivo do Estado denunciando educadores.

É de suma importância entender que a criação dessas categorias funcionais no sistema de ensino tem muito a ver com as causas da luta dos docentes, com a deteriorização dos salários, das condições de trabalho e do próprio trabalho do docente e educador de base. Em toda empresa capitalista a distinção entre trabalhadores especializados e não especializados não tem por objetivo a valorização destes, mas sua depreciação sob o protesto de não serem especializados.

A estratégia não é apenas lutar por uma classificação mais equitativa e igualitária, mas lutar para restituir ao trabalhador de base, o docente, a possibilidade de controlar seu trabalho, seu produto, de criar seu saber, de buscar a função social da escola onde ele atua, o que exige a redefinição da função do especialista, supostamente responsável pela criação desse saber, da ciência, da técnica, responsável pelo controle e definição do produto e da função social da escola.[10]

A proposta não é que o especialista renuncie ao pouco controle que ele tem sobre o processo educativo, mas que se some ao educador de base para juntos se fortalecerem. Não se afastar e isolar da luta coletiva das camadas populares e dos trabalhadores do ensino, mas somar com o que ele tem de específico, sua ciência e seu saber, na ofensiva comum contra a divisão do trabalho na escola e na produção.

Aprofundar na relação entre educação, trabalho e movimentos sociais

Outra exigência é intensificar nossas pesquisas e estudos sobre a relação entre a evolução do sistema escolar e a formação da classe operária. Os estudos

[10] No final dos 1970 a Associação de Supervisores assim como de administradores já se colocavam essas questões redefinindo sua função e somando com o movimento docente, fortalecendo lutas e identidades profissionais coletivas comuns

mais frequentes sobre política educacional têm se voltado para a análise da educação do sistema. As reformas, as leis, o discurso oficial das elites são o objeto quase exclusivo de estudos, pesquisas, conferências e seminários. Há, sem dúvida, alguns estudos relevantes sobre a educação feita fora do sistema, aquela educação feita para o povo por grupos de educadores intelectuais e por organizações aliadas das classes subalternas. Mas a educação do povo enquanto processo de consciência e organização da classe trabalhadora não tem merecido muita atenção nas análises. Menos atenção, ainda, vem se dando à relação entre o processo histórico de formação dessa classe e à evolução da educação do sistema.[11]

Os recentes fatos sugerem que o peso da pressão e a organização das camadas subalternas sobre as políticas sociais é mais forte do que parece supor a pouca atenção dos analistas da política educacional mais preocupados em captar o jogo dos conflitos entre os diversos setores hegemônicos da burguesia ou em interpretar a educação nos processos de cooptação entre o Estado e os diversos grupos sociais. Mais ainda: os fatos sugerem que nossas análises da relação entre educação oficial e classe trabalhadora devem insistir mais na relação entre escola e organização capitalista do trabalho do que na função de controle ideológico da escola. Enquanto muitas das análises privilegiam quase exclusivamente a dimensão político-ideológica da escola, a identidade entre trabalhadores, assalariados e docentes parece sugerir que a identidade entre a escola e o processo de produção é direta, e não apenas nem fundamentalmente mediatizada pela dimensão ideológica.

Pode ser até funcional para o sistema que os educadores continuem a ver como central a dimensão ideológica da escola, quando para o capital o central é que a escola garanta o essencial: o controle dos meios de produção e a acumulação via reprodução da organização capitalista do trabalho, da expropriação do saber e poder operário e de seu possível controle sobre a ciência, a tecnologia e o processo produtivo. A escola nessa visão se vincula ao processo de produção muito mais pelo que faz para não permitir que o trabalhador seja ele mesmo, do que pela ideologia que inculca para que ele seja de determinado estilo. *O mais grave na relação entre escola e formação da classe trabalhadora no Brasil e que se fez tudo para que o trabalhador não fosse educado, não dominasse a língua, não conhecesse sua história, não tivesse a seu alcance instrumentos para elaborar e explicitar seu saber, sua ciência e sua consciência.*

[11] A FaE-UFMG, na graduação e na pós-graduação, tem estado nessas fronteiras de articulação entre os processos de educação que se dão nas escolas e aqueles que se dão na diversidade de movimentos sociais.

Tudo se fez para que o trabalhador não tivesse escola para legitimar sua posição na organização do trabalho, na estrutura do poder, de exploração salarial e de descontrole dos meios de produção, a começar pela terra. A manutenção dessas relações de produção é o que interessa ao capital e explica a seletividade do ensino e todos os mecanismos de repetência, de educação apenas para o trabalho. Se o capital e o Estado estivessem tão interessados na socialização ideológica das camadas populares levariam todas elas à escola e inventariam mecanismos para que não houvesse evasão.

Urge, pois, redefinir nossas pesquisas sobre as relações reais entre escola e organização do processo produtivo. Seria um serviço à compreensão da formação da classe trabalhadora, dos mecanismos de sua exploração e libertação entre os quais a evolução do sistema de ensino tem um peso relevante.

A escola e o movimento social: relativizando a escola[1]

As CBEs têm sido um espaço de afirmação de que os profissionais da educação estamos realmente preocupados com a ignorância a que as classes populares têm sido submetidas em nossa história. A maior parte de nós sente-se comprometida com essas classes. Achamos que não é possível continuar negando ao povo o direito à educação. Isso nos identifica e une.

As diferenças existem, todavia, e é preciso ir um pouco mais fundo se quisermos chegar à raiz daquilo que nos separa. Colocaria a questão nos seguintes termos: quando defendemos o direito das camadas populares à educação, o que estamos entendendo por "camadas populares"? O que entendemos por "direito à educação"? Sem dar uma resposta precisa a essas perguntas, não poderemos chegar a um acordo sobre qual é a função da escola, ou em que medida a escola garante o direito à educação.

Quem tem direito à educação?

O primeiro ponto a se levantar é o seguinte: temos que definir, historicamente, o sujeito da frase acima. O sujeito do direito à educação não é abstrato.

Trata-se de cidadãos concretos, forjados na história da luta das camadas populares brasileiras pela cidadania. Aí começam a aparecer as diferenças entre nós. Os que defendem o direito desses cidadãos a ter acesso aos conteúdos do conhecimento, colocam que há "injustiça" na distribuição dos bens sociais: as classes dominantes se apropriam do saber e deixam ao "povo" as migalhas. Parece até que o problema fundamental é dar o pão do conhecimento aos famintos de saber. "Se o povo está faminto de saber, e até agora a escola só lhe deu os restos, então façamos um cardápio rico e de boa qualidade, igual para todos!" Essa colocação, no mínimo, não é completa.

[1] Texto transcrito de gravação, apresentado na IV Conferência Brasileira de Educação (CBE), Goiânia, em 1986, e originalmente publicado em: *ANDE*, n. 12, p. 16-21, 1989.

Pode estar parcialmente correta, mas não que seja a melhor forma de abarcar o problema na sua totalidade. E por quê? A questão fundamental não pode ser tornar as pessoas mais iguais em nível do consumo dos bens sociais, quando existe, na base, uma crônica e brutal desigualdade social, cultural e econômica.

Nessa perspectiva, o grande problema das camadas populares é participar do banquete intelectual das camadas dirigentes. Não é assim. Mesmo porque, considerando-se o cardápio transmitido nas escolas para a classe dominante e às classes médias, o tal banquete está mais para piquenique. É lógico que todos somos favoráveis a uma escola pública de melhor qualidade, onde conteúdos consistentes sejam transmitidos. Entretanto, não podemos conceber o direito à educação como mero mecanismo de reduzir desigualdades na distribuição. Ao capitalismo tão pouco interessam as desigualdades extremas nesse nível. Afinal, é preciso que existam consumidores até de ensino.

Não se trata apenas de tornar menos desiguais, em nível de consumo de serviços, indivíduos que a própria organização econômica e social define como desiguais. Os trabalhadores não são apenas um aglomerado de gente tratada com "injustiça", mas se configuram enquanto classe social, com interesses antagônicos aos da classe dominante. Não precisamos pedir que os capitalistas tratem os trabalhadores com mais justiça. A própria classe operária pressiona para que isso aconteça, e o capital atende, na medida em que seus interesses não sejam afetados.

Mas a classe operária vai muito além de corrigir injustiças na distribuição dos bens sociais. É necessário maior clareza na análise das classes sociais e sua relação. Há que distinguir desigualdade de deficiências acidentais que podem ser atenuadas no quadro do capitalismo, e deficiências e desigualdades inerentes ao sistema, que só a mudança radical corrige. Otávio Ianni dizia na abertura que alternativas muito nítidas se colocam à sociedade brasileira hoje: o capitalismo selvagem, autoritário, o capitalismo liberal, a social democracia ou o socialismo. A compreensão do problema do direito dos trabalhadores à educação e dos conceitos aí envolvidos depende da opção política que realizemos. Temos que abrir o jogo: qual é a nossa? Que mudança que está acontecendo?

É preciso cuidado com a relação mecânica que se costuma estabelecer entre saber e poder. A burguesia não controla o poder unicamente porque detém o saber. As classes subalternas não são dominadas só porque a classe dirigente se apropriou do saber escolar. A exclusão do saber sofrida pelo povo não é fundamentalmente um problema de negação do saber escolar. A hegemonia nasce na fábrica e a luta pelo saber se insere nas próprias relações sociais de produção passando pelo campo do político, chegando ao Estado e suas instituições.

A que educação o trabalhador tem direito?

Uma segunda questão: que educação queremos garantir aos trabalhadores? O que entendemos por educação?

No primeiro dia da CBE, Otávio Ianni colocava que existe, no Brasil, um movimento social para construir uma nova sociedade. O confronto entre as vias burguesa e socialista está acontecendo diariamente, nas fábricas, no campo, nas escolas. O movimento de construção de uma sociedade alternativa implica a construção de um novo saber, de uma nova cultura, de uma nova concepção do mundo e dos sujeitos empenhados nessa construção. As diferentes lutas sociais educam a classe trabalhadora, num processo de aquisição de uma identidade coletiva. Esse é o núcleo do educativo; é aí, e não apenas na escola, que o educativo acontece prioritariamente. Concordamos em ressaltar a importância de partir não só da escola, nem da construção de um saber universal, mas da luta permanente entre a sociedade burguesa e a sociedade alternativa, socialista, em construção.

No Brasil, a nação não reflete seu próprio rosto; reflete o rosto da burguesia. Qualquer concepção que as camadas populares possam construir a partir de suas práticas sociais, políticas, organizacionais é sistematicamente negada, desestruturada em nome de ser contrária aos interesses nacionais. Nós, intelectuais, a exemplo do Estado brasileiro, sempre nos lastimamos pelos ignorantes – sempre pensamos por eles. É uma forma de não reconhecer o saber social, a construção coletiva da educação que está em processo apesar das tentativas de esmagá-la. As classes dominantes não aprendem o que sabem na escola, fundamentalmente. Existe uma enorme quantidade de espaços onde elas podem refletir, estruturar e reestruturar o pensamento burguês. É isso que é negado às camadas subalternas. Se apenas a escola fosse negada, não seria tão grave. A diferença entre o saber adquirido e dominado pelas classes dominantes e o das classes subalternas não é devido ao fato de estas últimas terem menos escolas. É que elas não têm a possibilidade de construir e estruturar seu pensamento. São esmagadas enquanto pensantes, enquanto sujeitos de conhecimento e de cultura. Não lhes é permitido pensar; são-lhes negados tempos e espaços.

A relação Estado-sociedade e entre as classes sociais tem que ser vista também como uma luta permanente pela construção do saber. Queiramos ou não, vivemos numa sociedade de classes, em que a luta se deu historicamente não só pela jornada de trabalho e pelos salários, mas pela construção de uma concepção de mundo. Não podemos separar cultura de produção, cultura de relações sociais. A luta pelo saber, pela cultura, pelo ensino acaba sendo um dos modos pelos quais o povo entra na história e se constitui cidadão.

Conquistar a cidadania não é só aprender a ler, escrever, contar ou saber as histórias da carochinha ou outras histórias mais críticas. A conquista da cidadania passa, fundamentalmente, pelo saber que se adquire na luta política, travada diariamente para construir a cidadania.

Quando se trata do direito à educação, o problema fundamental da sociedade brasileira não está na negação da escola. Isso é muito e, ao mesmo tempo, é pouco. Como profissionais da educação, não somos contra a escola nem poderíamos ser, mas relativizamos a escola. Entendemos que o mais grave não é a inexistência de uma política que permita ao povo entrar na escola e ali permanecer. O mais grave é que não há uma política que favoreça a educação do povo através de suas lutas. Pelo contrário, nos próprios governos, que tanto enfatizam a política educacional como expressão de seu compromisso social e como expressão de seu democratismo e igualitarismo, é fácil detectar uma política expressa, nesses mesmos governos, no sentido de esmagar o movimento político-educativo que constitui a prática do povo. Há uma política definida visando embrutecer o povo, mantê-lo intelectualmente pobre, ignorante não só do saber sistematizado, mas da percepção de quem ele é enquanto classe e enquanto sujeito histórico e cidadão.

Quando falamos que se está negando aos trabalhadores o direito à educação, nós nos referimos basicamente à destruição desse movimento de educação. Na análise de tais processos de negação e destruição deveria constituir o ponto central da formação dos educandos. No entanto, os profissionais da educação se desviaram do que é nuclear, essencial, para se fixar apenas na questão da escola. Chega-se ao ponto de afirmar, como alguém já o fez neste simpósio, que estamos aqui reunidos para falar da instrução escolar e não da educação que se faz nas fábricas, nos sindicatos. Os profissionais da escola foram reduzidos a ser competentes apenas em educação escolar, sem entender os processos sociais e educativos mais amplos; consequentemente acabam por não ser competentes nem mesmo em educação escolar. A competência do educador tem como pré-requisito básico a capacidade de entender muito bem por onde passa o educativo na sociedade. Somente por esse caminho, terá competência como profissional da escola.

Vou fazer uma afirmação que parece até dura: podemos chegar a garantir escola de boa qualidade para todos e continuar negando educação ao povo. Aliás, é o que o capitalismo faz nos países desenvolvidos. O direito à escolarização é assegurado, mas continua sendo negada, até por partidos ditos socialistas e progressistas, a possibilidade de o povo estruturar seu pensamento e manifestá-lo em ações políticas e em propostas alternativas.

A escola que se dá fora da escola

Gostaria de colocar um terceiro ponto: onde se dão os processos, educativos por excelência, das classes trabalhadoras? Já comecei a falar sobre isso – vou apenas completar – quanto mais nos dedicamos a refletir a escola, mais nos convencemos e acreditamos que a garantia do direito do povo à educação não passou na história moderna basicamente pelo sistema escolar.

Os processos educativos, a consciência de identidade, a visão do real, da história, da natureza não esperam a escola para se desenvolver. O que não significa negar o papel que a escola possa ter no processo. Como dizia Otavio Ianni, apesar do caráter autoritário do Estado brasileiro, o povo continua em marcha, a classe operária vem se fortalecendo, e vem se formando uma sociedade alternativa. Esses processos sociais são acompanhados de mudanças nas formas de pensar o real e de interpretá-lo. A escola pode, e deve, contribuir nesse processo educativo e cultural; entretanto, seus limites têm ficado claros ao longo da história. Se não podemos ignorar a contribuição que a instituição escolar tem dado à socialização e à instrumentalização para a formação no mundo moderno, não podemos superestimar sua contribuição e, menos ainda, reduzir à escolarização o direito dos setores populares à educação. Essas colocações não significam que somos contra a escola. Estamos apenas colocando-a historicamente no seu lugar, onde está e esteve até nos momentos mais revolucionários. Temos consciência dos limites da escola, do peso real na transformação da sociedade. É a única forma de não elevar a uma categoria central o que não é central – sempre considerando a importância relativa que a escola tem nas sociedades modernas.

Os pedagogos e a pedagogia têm girado apenas em torno da escola, superestruturando-a. Há uma pedagogia em marcha, que vai além da escola, na própria história, nas lutas sociais, na prática produtiva e político-organizativa. Infelizmente, não somos profissionais dessa pedagogia apenas da pedagogia escolar. A sociedade brasileira é mais vigorosa do que imaginamos. Se nós, educadores, acreditamos que existe em curso, fora da escola e também nas escolas, um poderoso processo social educativo, teremos razões de sobra para ser otimistas. Podemos ligar nossa humilde contribuição profissional a uma árvore que nunca esteve tão florescente – pois nunca as camadas subalternas transformaram tanto sua maneira de conceber o real como neste momento. Apesar de a escola dar a impressão de continuar mais ou menos como sempre esteve, é possível enxertá-la na árvore vigorosa do movimento social.

Nessa perspectiva, os setores populares enquanto educandos, são vistos como sujeitos da produção do saber, e não apenas como receptores de saber, contraposto ao educador que transmite conteúdos. Esses educandos são produtores do saber, sujeitos inseridos numa classe social, num movimento social do qual participam, no qual se fazem e se educam.

Não endossamos uma visão rousseauniana, em que o povo é o bom selvagem, que chega à escola já sabendo tudo. Essa é uma postura ingênua, que nega tudo o que estamos colocando. Não repetimos, também: "vamos partir da experiência do aluno". É pouco e pode ser enganoso. Levamos nossa análise além desse romantismo. Trata-se de uma postura epistemológica e de uma concepção do real diferentes. Ao afirmarmos que é imprescindível atribuir aos setores populares, como sujeitos da produção do saber, a centralidade que eles têm, estamos nos referindo ao educando e ao aluno enquanto coletivo, enquanto membro de uma classe. Não se trata de partir do nível individual, daquilo que o Joãozinho ou seu pai pensam. Quando partimos das categorias individuais que temos do social e levamos em consideração apenas o saber que o povo leva à escola, através do que o aluno individual sabe, ou de como a ele se apresenta o real, estamos mitificando o povo. O aspecto central é determinar para onde se dirige a dinâmica do social, expressa nas lutas de classe. É preciso atingir a radicalidade intrínseca à realidade.

A história da pedagogia, infelizmente, é uma história da instrução escolar. Podemos fazer o histórico das tendências pedagógicas – mas são tendências escolares. Falta construir a teoria pedagógica da formação do ser humano, não apenas na escola, mas no social, no real e na escola como parte desse real. O que falta a nós é maior lucidez sobre como se forma o ser humano nas relações sociais. Temos a teoria tradicional, a teoria da escola nova, a teoria dos conteúdos. Todas elas são escolares e não esgotam a teoria pedagógica. Normalmente, foram construídas de costas voltadas à pedagogia em marcha nos processos sociais, na produção, na organização política, etc. Essas pedagógicas são marcadas por escolacentrismo, que tem de ser superado para termos condições de entender e agir pedagogicamente na escola

O sentido da escolarização do povo

O quarto ponto a colocar é: que sentido tem a escolarização do povo enquanto garantia do direito à educação? Vou dividir a resposta a essa questão em duas partes e começar pela que pode até chocar; o movimento de constituição do sistema escolar nasce contrário aos interesses dos setores populares. Na segunda parte, colocarei alguns aspectos positivos da luta pela escolarização do povo.

O sistema escolar em que atuamos não passa de uma formação peculiar, própria de uma sociedade concreta. É uma construção histórica antiga, que não se origina a serviço dos interesses dos setores que trabalham e produzem.

Com o capitalismo, se desenvolve e se afirma como uma instituição central. A crítica à escola, que vínhamos fazendo desde os anos 1970, foi esquecida em nome da defesa da escola. É verdade que certas críticas à escola na sociedade capitalista, numa linha reprodutivista, são duvidosas e reforçaram nos profissionais da educação um grande pessimismo. Entretanto, é falso e perigoso afirmar sem reservas, como forma de acabar com o pessimismo, que a escola é fundamental para as classes trabalhadoras.

O escolacentrismo, que tanto enfatiza a escola na sociedade contemporânea parte de uma teoria da educação muito mais contrária do que favorável aos interesses das classes populares. Ela se alimenta de uma lógica que nega o direito à educação das classes trabalhadoras através da dinâmica social. Essa lógica, inerente à escola, tem que ser criticada, tem que ser denunciada permanentemente. Não é possível ignorá-la em nome da própria defesa do seu direito à educação. Antigamente se dizia: "fora da Igreja não há salvação". Hoje pontificamos: "fora da escola não há salvação". Essa é e foi sempre a fala das elites, da aristocracia e a da burguesia quando se dirigia às massas: "Se quer ser educado, vá à escola". "Se você quer ser alguém que pensa, vá à escola". Quem não pode ir à escola, não pensa e é tratado como ignorante, como incivilizado. Essa lógica, em si, é contrária aos interesses das classes trabalhadoras!

Não estou dizendo que ir à escola é contrário aos interesses dos trabalhadores. Refiro-me à lógica, ao movimento de onde a escola nasce e se afirma. Na base da lógica da construção do sistema escolar, está a separação da criança, pelo maior tempo possível, do social, do real. Infantiliza-se a criança, o jovem, o adolescente e até o adulto.

Outro ponto básico na lógica da constituição do sistema escolar: separa-se a educação da produção. Compartimentaliza-se tudo: o parlamento é o lugar do político, a igreja, o lugar da oração, nas fábricas se produz, e nas escolas se educa e se aprende. Segundo essa lógica, numa fábrica ou na luta da rua ninguém se educa, e nada se aprende. Se você quer ser educado, vá para a escola. A prática social é vista como antieducativa; só o saber escolar é valorizado na divisão do trabalho, na organização do poder, na repartição da riqueza e na remuneração do trabalho.

A lógica que está no movimento de constituição da escola parte da separação entre teoria e prática. Essa cisão ocorre na dinâmica mais total da sociedade, entre dirigentes e dirigidos, entre concepção e execução, entre trabalho manual e trabalho intelectual. A escola não cria essas divisões, mas as exprime institucionalmente. Nesse sentido, tem de ser criticada. É por isso que insistimos na necessidade de não se desvincular tanto o processo educativo do processo de produção. A realidade das lutas sociais tem que ser valorizada como educativa. É impossível continuar de costas para o núcleo onde se dá o educativo. Os setores populares podem ser excluídos da escola, porém dificilmente se consegue excluí-los desses processos sociais e de produção. Por que não incorporar nos saberes escolares essa produção social?

Finalmente, o mais grave é a redução do processo educativo ao processo de escolarização. Acreditamos que o lócus fundamental do saber está na escola. Isso não interessa aos trabalhadores – e não é só porque eles não vão à escola. O lócus real do educativo está no movimento social e na escola, enquanto parte desse movimento. É sintomático que só sejam remunerados os educadores que atuam na escola. Aqueles outros, que querem fazer também a educação onde ela está realmente, têm que ir por conta própria, no sábado e domingo, como amadores ou voluntários da paz. O grave não é apenas que o Estado não valorize os profissionais do educativo e só pouco e mal os profissionais da educação escolar, mas o grave é que nos centros de formação de educadores que nós administramos apenas há espaço e currículos para os profissionais da escola.

O educativo, como fenômeno social mais total, não é refletido e teorizado, e não formamos educadores que nele atuem. É uma consequência do reducionismo a que chegamos. Além de reduzir o educativo à escola, caímos em outro reducionismo quando enfatizamos a transmissão de conteúdos – alienantes ou críticos – como a função básica e definidora da escola. Tem sido essa uma das tendências pedagógicas mais recentes. Uma análise sociológica e histórica mais detida mostraria que a escola não cumpriu essa função como central, não apenas em relação aos setores subalternos, mas também em relação às elites e às camadas médias que nelas foram escolarizadas.

A escola é, antes de tudo, uma experiência social, e não apenas um lugar onde cada um leva o caneco para receber sua porção de saber sistematizado. Essa é uma visão reducionista da função social da escola. Como toda instituição, a escola fundamenta-se em um espaço de produção ou de organização do trabalho, das pessoas. Daí nossa ênfase às questões da organização escolar, das relações sociais e de trabalho dentro da escola. Esses aspectos não representam apenas uma mediação. Eles constituem o ser da escola. A escola é importante não tanto pelo que os alunos recebem em termos de conteúdos verbalizados pelo mestre ou pelo livro, mas pela experiência que adquirem no campo social, cultural e intelectual.

Quando se nega às classes subalternas a escola, o mais grave é negar a elas uma intensa experiência social, cultural e intelectual, positiva ou negativa. As classes subalternas são condenadas cedo a girar apenas em torno de experiências de subsistência desumanizadoras e embrutecedoras. A escola é uma das instituições mais totais, depois da família, em que se pode desenvolver a abertura de pensamento, a rapidez de percepção, a capacidade de brigar por seu espaço. E isso não depende fundamentalmente dos professores. Não temos a ilusão de que a universidade se faça nas cátedras, através de um processo de comunicação de conteúdos.

Essa é a visão das teorias pedagógicas: reduzem a escola à mera relação entre professor que transmite e aluno que recebe. Na verdade, a escola acontece muito mais nos pátios, nas brigas, nas horas da entrada e da saída, na decisão entre estudar ou gazetear a aula, na organização dos tempos e espaços, na própria organização dos processos de transmissão, na lógica que passa pela ciência ensinada; enfim, nas relações sociais em que se dá o processo de trabalho escolar. Essa é a realidade da escola, que exige maior destaque. Por que colocar a transmissão de conteúdos como a grande função social da escola?

Para as classes dominantes, a escola é importante não porque elas saem sabendo, mas porque saem sabidas. Elas conseguem "internalizar" a lógica do sistema do sistema, a lógica do capital, que a escola reproduz nos conteúdos e, sobretudo, na organização. A escola progressista tenta ser progressista nos conteúdos, mas, através de sua organização, pode continuar cumprindo outra função social.

As lutas pela escola nas lutas sociais

Vamos, nos limites do tempo, alistar apenas alguns pontos na parte positiva. Que aspectos positivos apresenta a luta pela escola, enquanto garantia do direito do povo à educação?

Primeiro, o povo manda o filho à escola para valorizá-lo no mercado de trabalho. A escola está vinculada ao jogo do capitalismo, e o povo faz muito bem em aproveitar as regras do jogo.

Segundo, a escola instrumentaliza para uma participação maior no mundo letrado (se bem que, como advertia Singer, de pouco vale instrumentalizar para o mundo letrado um operário que não tem tempo nem de ler um jornal, nem de escrever uma carta, porque está esgotado).

Terceiro, a escola pode instrumentalizar para as lutas do povo. É fundamental que um trabalhador saiba ler e escrever. E não apenas isso. É necessário que os setores populares tenham tempo e espaço para pensar de maneira sistematizada, conhecer a história de nossa formação, entender e dominar o saber. A escola popular pode ser esse espaço, por vezes tem sido e é devido à pressão do povo e dos profissionais da escola.

Quarto ponto – e mais importante – as lutas do povo contra a segregação escolar fazem parte da luta maior contra a segregação social, econômica e cultural. Nesse sentido, temos que estar do lado dos trabalhadores na luta contra a ignorância e a favor da escola. A escola faz parte da luta dos trabalhadores pela sociedade diferente. Se você entrar em uma reunião de qualquer associação de trabalhadores, eles estarão defendendo a escola, como nós aqui. Só que eles não lhe conferem a centralidade que nos lhe damos. É claro, nós somos profissionais, defendemos a nossa área, mas cuidado! Podemos cair na ilusão pedagógica de que, pela escola, a sociedade vai se remir.

Avancemos na compreensão de que, se a escola não é agente de libertação das camadas populares; se a escola e o saber sistematizado não são suficientes para isso, não obstante, quando a escola se vincula à dinâmica maior das lutas populares, ela passa a ter sentido positivo, na medida em que procura negar a lógica capitalista e inserir-se na outra lógica que está aí em marcha na sociedade. Os profissionais da educação vão se incorporando nesse processo e absorvendo o seu vigor. Construindo uma nova escola. Aí a relativização da escola terminará sendo o melhor caminho para defender a escola de direito. Porque o que diferencia os níveis de garantia do direito à educação, na nossa sociedade, não é fundamentalmente que temos escolas e conteúdos enriquecidos para os ricos e escolas e conteúdos pobres para os pobres. O problema é mais sério. A escola do povo, ainda que rica, perde sua qualidade quando frequentada pelo povo, porque é uma experiência isolada dos outros tempos e espaços de seu sobreviver.

Os setores populares, antes de entrar na escola, enquanto frequentam e quando saem, não encontram outras experiências, outros tempos e espaços educativos, culturais e intelectuais ricos e enriquecedores; ao contrário, são submetidos a uma existência material embrutecedora, no trabalho, na moradia, no lazer, no transporte e, quando abrem espaços, são reprimidos. Tudo ao contrário da experiência de vida da burguesia e até das camadas médias. Não é apenas a escola desses setores sociais que é de melhor qualidade, mas a qualidade relativa de suas escolas é reforçada pela qualidade humana e social de suas condições materiais de existência.

A luta dos setores populares vai nessa direção: conquistar seu direito à educação, não apenas nem fundamentalmente tendo boas escolas, mas "educando o educador" por excelência, as circunstâncias, as estruturas, as relações sociais. É esse educador que precisa ser educado para garantir o direito do povo à educação e à escola.

O aprendizado do direito à cidade: a construção da cultura pública[1]

As cidades são sistemas vivos, feitos, transformados e experimentados por seres humanos [...] os cidadãos são as raízes da cidade.
M. Castells

Nas comemorações do centenário tem sido destacado que Belo Horizonte nasceu moderna, porque foi pensada e planejada no seu traçado, na distribuição e fluxo da população, na alocação dos serviços. Cidade marcada pela lógica do progresso, da razão, o universalismo. Mas qual o sentido em celebrar essa modernidade? Onde encontrar suas marcas? Qual a modernidade a celebrar?

Maria Stella Bresciani (1992) lembra-nos que o início dos tempos modernos pode ser encontrado na capacidade política de acolher e incorporar os diversos sujeitos sociais como sujeitos de direito, independentemente de serem proprietários de bens. Organizar a sociedade como o lugar dos assuntos humanos é a ideia matriz de sociedade politicamente moderna, civilizada, através das lutas políticas e dos movimentos sociais. Pode ser essa a ideia matriz da cidade civilizada tornando-se politicamente moderna. Quando é capaz de incorporar as reivindicações e os direitos dos diversos grupos sociais. Podemos encontrar marcas dessa cidade moderna na Belo Horizonte cotidiana? Qual a modernidade construída?

Supomos que a cidade não nasce moderna, mas se constrói moderna nos embates sociais e culturais. É um movimento que vai acontecendo à medida que ela vai se tornando capaz de acolher e processar politicamente as reivindicações e as lutas pelos direitos. Não foi essa a marca do início dos

[1] Texto originalmente publicado em: *Educação em Revista*, Belo Horizonte, n. 26, p. 23-38, dez. 1997.

tempos modernos? A cidade torna-se civilizada quando regida pela cultura do público. Essa cultura do público, do coletivo, da cidade civilizada, espaço social e político tem sido uma construção lenta e tensa.

Em que medida Belo Horizonte avançou no seu primeiro século nessa direção como espaço de assuntos humanos, de convívio dos seus cidadãos? A construção dessa cultura urbana pública não tem muito a ver com o movimento mais recente em prol dos direitos? Com a consolidação de leis, medidas e políticas públicas que protejam os cidadãos, que garantam seu direito a espaços e a serviços independentemente de serem proprietários de bens? É na passagem de uma representação da cidade como mero abrigo, espaço de reprodução biológica das camadas populares para a cidade como espaço de igualdade, de convívio entre iguais que acontece a civilização da cidade.

Essa construção é recente. Sem desconsiderar reivindicações de décadas passadas, esse processo se intensifica da década de 1970 para cá, quando se dá uma participação mais marcante dos movimentos sociais. Podemos afirmar que nas últimas décadas esse processo modernizador se acelerou e foi se consolidando uma nova sensibilidade política de dirigentes e cidadãos perante a função da cidade. Se a capacidade da política em acolher "os pobres" e processar as reivindicações das massas empobrecidas marcou o início dos tempos modernos, a capacidade política de Belo Horizonte de colher e processar as manifestações "novas" e a nova consciência dos trabalhadores empobrecidos poderá significar que a cidade foi se fazendo moderna. Terá havido um avanço na construção de uma nova cultura urbana, mais pública? O que temos a comemorar?

Novas representações da cidade

A realidade social de Belo Horizonte tem se mantido bastante inquieta nos últimos vinte anos: manifestações coletivas de vários setores têm ocupado os espaços públicos, as ruas, as praças. Tensões e reivindicações destacadas pelos meios de comunicação sobre saúde, transporte, terra, educação, segurança. Às vezes essas manifestações não têm caráter reivindicativo. São eventos que atraem a presença da população nas ruas, nas praças, nos espaços públicos, nas eleições, nos comícios, nos festivais. Manifestações que deixam marcas na consciência social, que trazem à tona questões contemporâneas da democracia, de igualdade e diversidade, da cidadania, da função social do espaço urbano, da gestão do público, dos direitos da mulher, do trabalhador, do negro, dos meninos de rua. Trazem à tona um espectro renovado de questões e representações sobre sua condição de sujeitos da cidade moderna. Novos grupos deixaram de ser atores menores na trama urbana:

trabalhadores, professores, profissionais da saúde, da limpeza, mulheres, negros, crianças e adolescentes, trabalhadores de rua. Como nunca antes, todos eles marcaram sua presença na cidade.

Os setores populares submetidos à rotina da reprodução da sobrevivência, fechados por décadas nesse estreito círculo das necessidades mais prementes, submetidos a um estilo de política clientelística, esses setores vão crescendo como membros de grupos, se associam, reivindicam, discutem politicamente suas condições de vida e buscam canais de representação na condução dos serviços e espaços públicos. Vão redefinindo a política clientelística. Pressionam por uma política de cidadania. As camadas silenciadas por décadas, distanciadas dos modernos espaços urbanos e das festividades do poder deixam ouvir sua voz na sua cidade. Seriam os anúncios de uma Belo Horizonte politicamente mais moderna, civilizada?

Quando a cidade e a política urbana conseguem incorporar e processar essas pressões pela cidadania, as velhas reivindicações se politizam e começam a ser pensadas numa nova lógica, nova cultura, em que as demandas de serviços se constituem em processos políticos para articulação de direitos, para construção de espaços humanos para os humanos, para a produção digna da existência, da cultura, das histórias sociais e culturais de cada coletivo de cidadãos.

Essa inquieta vida social mexeu em valores, concepções, identidades de grupos, nas representações da cidade e de seu papel social. Teria feito avançar uma nova cultura urbana? A cidade e seus cidadãos estariam se formando e transformando nessa dinâmica social? Estariam construindo uma nova mentalidade e consciência coletiva? Qual o peso pedagógico dessa dinâmica sociocultural de que Belo Horizonte foi palco no final de seu primeiro centenário?

Está subjacente a essas questões o suposto de que a dinâmica urbana, as mudanças demográficas, econômicas e políticas (a eleição democrática de governos populares), as formas de ocupação do espaço e sobretudo os fenômenos de protesto social, a mobilização cultural agem como formadores de novos valores, percepções, nova consciência cívica. Educam os cidadãos e a própria cidade. Educam os dirigentes, invertendo ss prioridades das políticas urbanas e o próprio estilo de governar.

Supomos que o processo educativo não acontece apenas e nem principalmente ns bancos de nossas escolas. A dinâmica urbana como um todo é educativa ou deseducativa, forma novos padrões de conduta, civiliza ou embrutece, dependendo das virtualidades humanizadoras ou desumanizadoras inerentes às formas de produção da existência a que a cidade submete seus habitantes. Quando governos ou coletivos fazem avançar o caráter humano das formas de produção da existência e de gestão do público, estão sendo educadores do direito à cidade. Consolidam uma nova cultura urbana. Esse processo, no entanto, é tenso, colide com a cultura privada, o aprendizado do direito à cidade passa por esse embate cultural.

Cultura privada, cultura pública

Henri Lefebvre (1968) e Manuel Castells (1983) nos têm lembrado que há uma relação estreita entre a cidade e os cidadãos. Não há cidade sem cidadãos nem cidadãos sem cidade. Só podemos entender esta e aqueles em uma relação mútua, tensa. Quando os cidadãos se mobilizam para transformar a cidade, essas relações se tornam mais explícitas. Transformar os interesses e os valores sociais presentes nas formas e nas funções de uma cidade historicamente determinada é uma tensão cultural pelos valores e interesses que regem a produção do espaço, dos serviços e sua ocupação. Uma tensão em torno da cultura que legitima formas e funções urbanas.

Os movimentos cidadãos terminam explicitando as formas espaciais, as funções econômicas, as instituições políticas e o significado cultural do processo de urbanização. Que valores, que lógica governam a produção das cidades modernas? Os movimentos cidadãos se contrapõem a esses valores e a essa lógica? Explicitam um novo significado cultural para a cidade?

A vida urbana tem sido denunciada por estar regida por valores privados e não por valores coletivos. As condições de vida e os valores que regem a existência das cidades modernas não levam ao isolamento? Leandro Konder (1994) lembra que Marx, descrevendo o movimento dos londrinos na rua, escrevia: "[...] a brutal indiferença e a insensibilidade do isolamento com que cada um se concentra em seus interesses privados [...] o egoísmo empobrecedor constituem um privilégio básico da sociedade atual, em nenhum lugar se manifesta tão desavergonhadamente esse princípio e com tanta desenvoltura como na multidão da cidade grande".

Maria Stella Bresciani (1994) tem mostrado que a visão negativa da cidade, a avaliação tenebrosa do potencial destrutivo das massas urbanas e o emaranhado das metáforas elaboradas para expressar esses medos desde o século XIX têm se mantido como uma constante no discurso sobre a cidade. Até hoje o quadro que os meios de comunicação descrevem e noticiam cada dia a respeito da vida nas cidades confirma essa cultura urbana que introjeta em cada morador valores de isolamento. Os conflitos, a violência, a extrema pobreza dos trabalhadores em contraste com a extrema riqueza de poucos e sobretudo a ineficiência dos serviços públicos, tudo obriga ao reforço da cultura privada, que está tão enraizada em nossa tradição política.

A lógica de ocupação do solo é regida pela especulação imobiliária, pelas leis do mercado, pelo valor financeiro da terra. Os interesses privados governam a cidade e terminam por governar os seus moradores e a cultura urbana. Essa lógica é proclamada como garantia do progresso. Até o planejamento dos órgãos governamentais tem se submetido frequentemente a essa lógica privada na ocupação do espaço e na alocação dos serviços públicos. Com pode avançar a cultura do público nessa resistente cultura urbana governada por valores privados? A experiência urbana estaria reforçando o imaginário social que considera o *privado* como mais eficiente, mais confiável do que o *público*. O público não está legitimado na nossa cultura social. É um campo a ser usado a serviço dos interesses privados. Tudo parece nos levar a concluir que a experiência de vida da multidão amorfa dos transeuntes de rua, nas grandes cidades, reforça a cultura privada e dificulta a construção de uma cultura do público.

Um olhar superficial e desatento sobre o cotidiano da vida urbana nos levaria a essa conclusão de que não há lugar para outra lógica na construção das cidades. Entretanto, é possível outro olhar e reconhecer que elas permitem que indivíduos e coletivos sociais vivam uma experiência dura, sem dúvida, mas estimulante para lutar por espaços coletivos. A experiência urbana cria possibilidades novas de encontro, de comunicação, de confronto de condições de vida e, consequentemente, de construção de uma consciência mais universal de igualdade, diversidade, liberdade, enfim, de direitos humanos. Leandro Konder (1994) pondera que a cidade se tornou, desde o Renascimento, cada vez mais, decisivamente, a matriz das principais tendências da cultura moderna e contemporânea. A cidade não engendra automaticamente a cidadania, mas passa a ser o lugar onde pode ser travada com melhores possibilidades a luta pela efetivação da cidade e da cultura pública.

Guiados para esse olhar, poderemos nos voltar para os elementos dinâmicos formadores de uma cultura do público, do direito do cidadão à própria cidade. Que sinais podemos desvendar dessas potencialidades transformadoras da cultura pública, na dinâmica de nossas cidades?

O campo da educação e a cultura pública

Limitamos nossa reflexão ao campo da educação, suas propostas, suas reivindicações e seus avanços. Partimos do suposto de que nesse processo amplo de aprendizado do direito à cidade, de ampliação e consolidação de uma cultura urbana mais pública, o dinamismo havido no espaço da educação tem sido um fator significativo de humanização.

Há um consenso de que a escola é educadora da cidade. Como isso acontece? A primeira resposta, a mais fácil, seria pensar na escola formando cidadãos ordeiros, instruindo as crianças, inculcando nelas hábitos de cooperação, higiene, convívio social para elas garantirem, quando adultas, a ordem e o progresso da cidade. Da escola se tem esperado essa função moralizadora e instrutiva, sobretudo quando é pensada para os setores populares.

Desde o século XIX, a escolarização das massas urbanas tem sido pensada como uma instância de moralização para reverter o medo das elites, aliviar a avaliação temerosa de seu potencial destrutivo. Pensa-se na escola como antídoto para a violência das massas urbanas. "Cada escola que se abre, uma cadeia que se fecha", diz o ditado que sintetiza essa visão. Será por aí que a escola educa o direito à cidade e a torna mais civilizada?

A história de mais de um século de expansão da escola urbana mostra como é precária essa função moralizante da escola. Por quê? Porque os valores que ela inculca nem sempre são os valores da sociedade. Tem pouca força educativa inculcar valores de igualdade a crianças que padecem no seu dia a dia a desigualdade, os preconceitos de raça, gênero, classe: inculcar valores de cooperação numa cidade regida por valores competitivos e excludentes.

Temos de reconhecer que as "boas" lições moralizantes que a escola transmite às crianças como cooperação, ecologia, ordem e higiene tem sido pouco eficientes para se contrapor às lições e valores privados que a cidade inculca e que terminam se impondo como os valores e os saberes que regem as condutas dos adultos na conflitiva sobrevivência urbana: os valores da concorrência, da primazia do privado sobre o público, do salve se quem puder no trânsito louco, da ocupação privada do espaço, da destruição da natureza, etc.

Os educadores, a sociologia da educação e a pedagogia já perceberam os limites dessa função moralizante esperada da escola e têm buscado novos vínculos entre a escola e a cidade. Nas últimas décadas a preocupação por adestrar as massas urbanas, por formar o trabalhador ordeiro vem sendo substituída pela preocupação em formar cidadãos conscientes de seus direitos e críticos frente à injustiça, à desigualdade, à exclusão, aos preconceitos sociais que sofrem. Foram redefinidos currículos, livros e material didático. A postura dos professores é cada vez menos moralizadora e mais científica, explicativa e indagadora frente à realidade. A origem social dos professores mudou, e sua consciência política também, o que não deixou de condicionar sua visão da cidade e da ordem social. Sua sensibilidade pedagógica está mais próxima da formação de cidadãos críticos e da consolidação de uma nova cultura urbana. Os próprios professores mostraram sua nova consciência dos direitos.

A escola está passando por processos sérios de renovação de sua função social. Tenta acompanhar a dinâmica cultural da sociedade. Pretende dar conta dos avanços democráticos, incorpora novos valores de igualdade e de respeito às diversidades culturais. Torna-se uma instituição de inclusão social de apropriação de cultura. Na rede municipal de Belo Horizonte foram incentivadas as experiências inovadoras das escolas, dos professores e das famílias. O Programa Político-Pedagógico da Escola Plural, no governo popular do prefeito Patrus Ananias, colocou como preocupação central fazer com que a escola se encontre com a função social e cultural que a sociedade democrática moderna espera dela. Uma proposta ousada para Belo Horizonte no final de seu primeiro centenário. Uma tentativa de sintonizar a escola urbana com os esforços da cidade, para acolher e incorporar todos os seus moradores na sua diversidade: como sujeitos sociais e culturais, como cidadãos de direito.

Escola tempo-espaço de vivência cidadã

À medida que se reorganiza a escola como lugar de assuntos educativos, ela se renova como espaço humano de inclusão, e não de exclusão social e cultural. A escola está se redefinindo para ser um tempo digno de vivência da infância cidadã. Está preocupada não tanto em formar para cidadania futura, mas em potencializar a vivência da cidadania no presente, para as crianças, os jovens e os adultos, os professores e os funcionários que nela convivem.

Temos de reconhecer que nestas últimas décadas a escola pública vem se tornando cada vez mais pública, tendo um papel relevante na consolidação de uma cultura do público.

Esse movimento de renovação pedagógica pode fazer com que a escola, no seu cotidiano, seja uma instituição educadora do direito à cidade. Esse moderno movimento tem levado à prática cotidiana de nossos professores a cumprir de maneira mais consciente e eficiente esse papel: educar os cidadãos, possibilitar a vivência digna da cidadania, para crianças, adolescentes e jovens.

Podemos avançar e pensar se o campo da educação escolar tem se somado aos movimentos cidadãos, tem se mostrado à cidade e tem feito avançar a cultura do público, para além das lições de cidadania que são dadas às crianças nas salas de aulas.

Iniciamos a nossa reflexão destacando o caráter educativo do movimento social urbano, das ações e gestos coletivos. A escola educa a cidade e os cidadãos quando se conecta com essa dinâmica urbana.

É nesse campo que pensamos também a escola, a comunidade escolar, os seus profissionais como formadores de novos valores e nova cultura urbana, por meio de suas lutas pela educação, pelos espaços públicos, pelo direito à cidade. O peso educativo das lições aprendidas na escola quando crianças depende do avanço de uma nova cultura urbana, de uma nova cultura dos direitos: escola e cidade se reeducando mutuamente.

Nos últimos vinte anos, o campo da educação escolar tem sido um dos mais dinâmicos. Tem se projetado na cidade, nas suas ruas e praças. Tem sido notícia e provocado confronto. Tem redefinido estilos de governo e as políticas e sua lógica. Tem se tornado fronteira na construção de uma nova consciência e representação da cidade e do público. A escola saindo de si mesma, projetando-se na dinâmica da cidade, participando das tensões sociais, políticas e culturais teve um papel relevante na educação da cidade, na sua modernização política e cultural.

Entre outros campos, saúde, transporte, terra, na educação se instalou a tensão, o dissenso na capital das Minas Gerais, tão marcada pela conciliação e por estilos de cultura política que tanto embasaram a cidadania, a igualdade de direitos, a cultura pública.

Tentamos refletir sobre o papel da educação escolar no aprendizado do direito à cidade em torno de dois fatos marcantes nas últimas décadas: as lutas dos professores organizados e o movimento reivindicatório popular por escolas, ampliação de séries, condições materiais, merenda, biblioteca, professores, material didático, mais verbas.

Modernizando a cultura urbana

Nas lutas populares por educação em Belo Horizonte nunca faltaram as presenças incômodas, frequentemente reprimidas e silenciadas, de diversos sujeitos sociais que reivindicavam novos ou mais dignos serviços urbanos. Nas últimas décadas essas presenças se tornaram mais frequentes, mais visíveis e mais radicais em suas reivindicações. Entre essas presenças se destacaram os funcionários públicos e, entre eles, os professores da educação pública, as associações comunitárias, os movimentos étnicos. Em que medida contribuíram para a construção de uma cultura urbana do público? Fizeram esses sujeitos sociais avançar o aprendizado do direito à cidade? Podemos responder ponderando alguns pontos.

Primeiro ponto: O aprendizado do direito à cidade avançou à medida que a *cidade foi exposta ao público.*

Os moradores descobriram o verdadeiro rosto de sua cidade. Ele se tornou exposto ao debate e à crítica pública. As manifestações frequentes dos professores e de outros grupos urbanos agiram como um espelho no qual a própria cidade teve de se contemplar com agrado ou desagrado. Como coletivo. Como cidade. Esse debate da cidade sobre si mesma não teria sido a maneira pedagógica de constituir uma cultura pública?

Nesse debate público travado nos meios de comunicação, nas ruas e praças, a cidade foi redefinindo sua autoimagem, ao menos a imagem que o discurso oficial apresentava sobre Belo Horizonte: cidade-jardim, cidade-oportunidade, cidade-moderna. Os movimentos sociais – o movimento dos professores especificamente – confrontam essa imagem e mostram a cidade-problema. Problemas de moradia e transporte, de emprego, de infraestrutura básica, de serviços elementares de saúde e educação, de preconceitos e exclusão. O planejamento urbano foi sensível a esses problemas e tentou administrá-los na lógica de uma racionalidade mais econômica do que social. Muitos dos problemas foram deixados à mercê das possibilidades de cada imigrante, de cada família, de cada grupo social e da lei do mercado e da exploração imobiliária. Eram mantidos no campo do privado e do mercado.

Dos anos 1970 para cá, a cidade teve manifestações diversas de inconformismo e pressão social. Vários movimentos trazem à tona seus problemas em outra perspectiva. Mostram que eles são coletivos, são da cidade, e não privados. São politizados, passam a ser expostos em praça pública, mostrados aos transeuntes anônimos, aos governantes pelos próprios sujeitos que os padecem.

Os meios de comunicação contribuíram para tornar os problemas mais expostos ao olhar coletivo. É um processo de grande força educativa e, por isso, a tentativa de ocultá-los, equacioná-los em gabinetes ou relegá-los ao âmbito do privado vai sendo questionada. Os problemas foram mostrados como públicos, coletivos, exigindo soluções do público e na lógica do público. Foram levados ao campo da política.

Nessa nova lógica pública e política a cidade foi exposta e repensada, criticada e denunciada: mudou sua autoimagem. No campo da educação, os profissionais contribuíram significativamente para essas mudanças? Foram educadores da cidade.

Segundo ponto: *A cidade passou a ser discutida e avaliada como espaço de direitos.*

O rosto da sua cidade que a mulher, o homem da periferia vivenciavam em traços desconexos no seu bairro, vila, moradia e trabalho é reconstruído não como consequência inevitável do rápido crescimento urbano, da migração descontrolada, da falta de recursos, das leis de mercado, mas sobretudo como uma consequência das relações sociais e de poder, da concentração da renda, da falta de vontade política, dos valores que regem as políticas governamentais, da cultura excludente.

Os novos sujeitos sociais trazem os problemas da cidade, suas causas e seu equacionamento para outra lógica: a lógica dos direitos, da igualdade e diversidade, da inclusão social e cultural, da democracia. Apenas trazidos os problemas a esse campo é possível equacioná-los a partir dos valores da cultura do público. Nesse campo, os cidadãos não se conhecem apenas como consumidores de serviços, de espaços, mas como sujeitos de direitos. O olhar sobre a cidade, sobre os serviços públicos e sobre os cidadãos dá um salto de qualidade.

Temos de reconhecer que esse foi um avanço significativo nas últimas décadas. Um tempo em que a cumplicidade social e política com a indignidade de vida urbana é desmascarada pelos próprios sujeitos urbanos que a padecem. A repressão frequente, por vezes brutal, era não pelas reivindicações que traziam os movimentos cidadãos, mas pela ousadia de desmascarar essa cumplicidade social e política, pela ousadia de tentar politizar e publicizar problemas despolitizados e mercantilizados. A lógica dos direitos é mais incômoda e revolucionária do que a racionalidade do mercado. O tempo do mercado não coincide com o tempo dos direitos.

O aprendizado do direito à cidade é mais perigoso do que o aprendizado das primeiras letras, das noções elementares de ciências, de ecologia, sexualidade, educação para o trânsito. Teriam os professores extrapolado sua função pedagógica? Não seria mais aconselhável que se preocupassem com a qualidade total de sua prática na sala de aula? Que preparassem seus alunos para passar nas provas de gramática e contas? Que gerissem eficientemente os minguados recursos da caixa escolar? Que fossem gestores eficientes das demandas dos clientes da escola? Que ensinassem aos seus alunos lições de ordem e submissão?

Nas últimas décadas, os professores avançaram como profissionais do saber e da cultura, nas salas de aula, fizeram avançar a escola em qualidade social e cultural, mas ousaram plantar sua cátedra nos espaços da cidade e contribuir no aprendizado do direito à cidade, na construção de uma nova cultura urbana; afinal, não são eles profissionais da cultura? Estão onde devem estar, no seu papel social e cultural. Educam os cidadãos, agindo eles mesmos como cidadãos.

Terceiro ponto: O debate e o confronto em torno do *uso e da ocupação privada do público.*

A dinâmica social ocorrida nas últimas décadas em muitas cidades brasileiras, onde novos sujeitos entram em cena, coloca em debate não apenas o direito ao acesso aos serviços públicos, mas também sua ocupação pública. A questão posta é de quem são a escola, o posto médico, o transporte, a segurança, a água e esgoto, a energia elétrica, os espaços culturais; quem os ocupa; quem se apropriou do público, do Estado, dos recursos públicos.

Os movimentos sociais tiveram posturas diversas diante dessas questões. Frequentemente apenas reivindicavam o acesso aos serviços e recursos, em questionar sua ocupação e os ocupantes. Durante décadas, os ocupantes eram usados como mediadores para que os serviços e os recursos chegassem aos bairros e às vilas. O povo teve de apelar para os ocupantes do público, os partidos, os políticos, o cabo eleitoral, as instituições assistenciais. Teve que pagar com seu voto e suporte político para receber em troca um bem público (Sposito, 1984).

No campo da educação se avançou além dessas barganhas. As comunidades escolares, as associações de bairro e, sobretudo, os professores e servidores passaram a questionar a gestão dos bens públicos, a ocupação privada da escola por "proprietários" externos ao magistério e a comunidade escolar: políticos, partidos, tecnocratas. Esse movimento pela autonomia e gestão democrática da escola trouxe uma contribuição significativa na construção de uma nova cultura pública. Trouxe à tona uma questão central em nossa tradição política: a apropriação privada do público e seu gerenciamento na lógica dos interesses privados. Questionou essa tradição e apontou para a afirmação da escola como terreno público, da comunidade escolar. Os professores tiveram um papel central nesse processo, somando com os pais, alunos, funcionários e com as associações comunitárias.

Desde o Império a criação das cadeiras de instrução, depois na República das escolas, dos grupos escolares, a nomeação de delegados, diretores, professores, funcionários foram manipuladas nos mecanismos de composição e articulação do poder central com os poderes locais. Nas últimas décadas, os professores e a comunidade escolar reivindicam a escola como um terreno educativo. Se apropriam desse terreno e plantam a bandeira da autonomia. Reocupam essa terra e a demarcam como espaço social com uma função sociocultural definida. Sem dúvida, um fato da maior importância na configuração do público e na construção da escola pública.

É importante constatar que a dinâmica no campo da educação escolar não se limita a reivindicar construção de escolas nos bairros e nas vilas, nem requer ampliação de séries, melhoria das condições físicas, do material escolar, da merenda, etc. As reivindicações situam-se também no terreno da gestão democrática da escola como um serviço público, um bem coletivo.

Os debates e confrontos com os governos por formas mais participativas de gestão da universidade, da escola, dos centros de formação, da distribuição dos recursos públicos têm sido uma constante nos últimos quinze anos nas cidades brasileiras: eleições diretas para reitor, diretor, colegiados, coordenação pedagógica, elaboração de projeto político-pedagógico das escolas, orçamento participativo, gestão da caixa escolar, conselhos de classe, reforma dos regimentos escolares, conselhos populares de educação. Em todos esses debates e conquistas, participaram os professores, os pais, os alunos, as associações e as lideranças comunitárias. A escola foi reocupada pelos sujeitos que nela estudam e trabalham. Um movimento novo desconhecido de nossa tradição política tão marcada pela ocupação privada dos serviços públicos.

Espaços públicos ou reprivatizados?

Estamos trabalhando a ideia de que o campo da educação tem se constituído em fronteira de luta pelos direitos, contribuindo para uma modernização da cultura urbana. Uma cultura que põe como central o trato da educação e dos serviços urbanos como direitos, como espaços públicos, de igualdade, de inserção social e cultural dos diversos grupos sociais.

Não faltarão dúvidas sobre essa análise. Não seria mais acertado olhar todo esse processo de oposição, lutas, reivindicações no campo da educação e da cultura, apenas como reações corporativas dos professores e funcionários e, consequentemente, antimodernas, distantes de uma cultura do público, dos direitos? Não estaria sendo apenas reproduzida a velha política dos interesses privados pelo corpo dos profissionais da escola? Essas questões estão nos meios de comunicação, nas comunidades escolares e no interior da categoria do magistério. Mostram que o embate sobre o caráter público ou privado dos serviços urbanos está posto e promete tensões ainda não equacionadas. O fato de essas questões estarem no debate é sinal de que há sensibilidade sobre o caráter privado ou público da escola.

Poderíamos retomar a acusação que se faz aos professores de terem conduzido suas lutas movidos por objetivos meramente corporativos: salários, estabilidade, condições de trabalho, etc. Essa postura corporativa teria mantido o campo da educação na lógica do privado e não teria contribuído para o avanço de uma cultura do público. O que teria acontecido seria uma ocupação da escola e dos recursos da educação pelos professores como sua propriedade. Em suas formas de luta, eles não terminaram por submeter o direito popular à educação e ao tempo de escola dos cidadãos aos seus interesses privados? Os professores, com suas formas de reivindicações, não tem ameaçado anos letivos, férias, calendários, tempos de aula e, consequentemente o direito ao saber e à cultura, sobretudo das camadas populares? Avançaram na consciência de que são profissionais do público, dos direitos? Veem a escola como espaço social ou se fecharam na tradicional luta privada e corporativa por suas necessidades?

Essas questões têm sido postas em relação a outras categorias de trabalhadores que atuam em serviços básicos, como transporte, água, energia elétrica, gás, limpeza urbana, saúde, segurança. Pensando especificamente nas dimensões que estamos destacando neste texto, a construção de uma cultura do público, poderíamos levantar algumas reflexões.

Quanto à crítica de que em realidade a escola pouco teria avançado como espaço público, pois apenas mudaram os "proprietários" que a usam para seus interesses privados, antes o vereador, o poder local, o deputado mais votado, o partido no poder e agora os professores, deveríamos pensar que as tensões em torno da gestão da escola e esse processo de desocupação/reocupação propiciaram um debate sobre quem tem direito a esse espaço social e cultural. Afinal, de quem é essa terra da escola? Por que foi sempre apropriada para interesses não educativos? Que interesses tinham os grupos dirigentes para mantê-la sob seu controle, deixá-la abandonada, improdutiva, sem cumprir sua função social? O fato de que essas questões tenham estado no debate por mais de uma década é inovador. Significa um avanço. Essas questões não se esgotaram; elas prometem confrontos, o que é positivo para a construção de uma nova cultura democrática.

A postura dos professores que coincide com as demandas das comunidades por serviços escolares de melhor qualidade teve e tem o mérito de trazer ao debate urbano a função social da escola, os usos e abusos que dela sempre se fizeram, o caráter privado de verdadeira ocupação em que ela se manteve durante décadas. Desse debate se passou facilmente a questionar a ocupação privada dos recursos e serviços públicos, do público e do Estado.

Não podemos ignorar a relevância pedagógica desses debates e embates sobre quem são os donos do público nessas décadas na cidade. Não se pode ocultar ingenuamente essa relevância pedagógica na construção de uma cultura pública, pichando de corporativos os professores e funcionários, principais sujeitos desse embate. O processo vivido na construção dessa cultura mostra que ela não foi concluída, que a questão central: "quem são os donos da escola", levaria à questão mais funda, o público pode ser privatizado? Poderá ter donos?

Esse debate permitirá a consolidação da escola pública, desde que seja assumido no interior da categoria dos seus profissionais. A cultura profissional tem raízes nos valores sociais e políticos marcados pela lógica privada. Podemos apenas ter mudado de ocupantes ainda desprovidos de uma visão do público e da escola como espaço de direitos. Até onde avançou o corpo de professores, em suas lutas, nessa construção de uma cultura profissional da escola como espaço público? Da educação como direito? Essas questões não podem ser escamoteadas. Exigem um posicionamento político, não corporativo. Enquanto a escola tenha donos, não importa quem eles sejam, não será pública e democrática.

Nos congressos de professores e nas associações de pais essas questões estão sendo debatidas. Há consciência de que a cultura profissional tem muito a avançar para se tornar mais pública. Não podemos deixar de reconhecer que há distâncias e avanços significativos entre a lógica social e política que moveu os tradicionais ocupantes da escola, as elites conservadoras, e os novos "ocupantes": os profissionais da educação, as famílias e comunidades. Estes últimos têm outro enraizamento social, outra concepção de sociedade, de Estado e dos direitos. Sem dúvida que suas concepções não são unânimes nem quando a categoria se apresenta coesa em suas reivindicações. Os novos ocupantes da escola pública, como sujeitos sociais e culturais, carregam para suas lutas concepções e interesses nem sempre públicos.

Mais recentemente, novas tensões estão se manifestando no campo da educação escolar. Os professores avançaram na consciência de seus direitos, pressionam por condições de trabalho e valorização profissional. Os setores populares também avançaram, e muito, na consciência do direito à escola, a recursos públicos, a mais temo de cuidados e educação para seus filhos. O avanço desses direitos tem sido coincidente. Mas esses direitos têm chegado a impasses nas administrações públicas, na distribuição dos recursos públicos, no equacionamento dos tempos. Como administrar democraticamente direitos legítimos, nem sempre coincidentes? A escola continuará sendo uma fronteira avançada da luta por direitos. Não esperemos que haja sempre coincidência de interesses no interior da própria comunidade escolar.

Entretanto, temos que reconhecer que o fato de ter sido questionada a prática tida como inquestionável do direito das elites conservadoras a ocupar os espaços públicos e o Estado a seu serviço é um grande avanço na construção de uma nova cultura do público. Nesse avanço, a escola, seus profissionais e os setores populares contribuíram questionando o título de propriedade privada de um espaço tão central nas modernas sociedades democráticas. Por extensão, terminaram questionando os velhos valores políticos da apropriação privada do público. Sem o questionamento e superação dessa velha cultura, será difícil avançar na construção de uma nova cultura urbana.

O direito a condições de humanidade

A acusação de que o movimento dos professores e outros movimentos sociais se mantêm na defesa de interesses privados e corporativos pode ser ainda repensada sob outros ângulos. De fato os grupos sociais mais reivindicativos, entre eles, professores e funcionários, agiram premidos pela sobrevivência diante da situação de exclusão social, de desemprego, salários indignos, instabilidade, ausência de concursos, contratos temporários, condições péssimas de trabalho. Lutar por condições humanas de vida, de sobrevivência é lutar por direitos, inclusive, pelo direito à educação, à cultura e à cidadania. Essas motivações seriam menos dignas? Pré-políticas?

Por trás da acusação feita aos professores, médicos e outras categorias de privilegiar reivindicações ligadas às condições materiais, e não à qualidade da educação e da saúde, à qualidade de vida dos cidadãos, há uma visão abstrata dos direitos de cidadania e do direito à cidade. Uma das contribuições dos movimentos sociais tem sido desmascarar esse tratamento abstrato dos direitos e da democracia, mostrando que eles passam pela materialidade, pelos processos concretos de produção e reprodução da existência. No caso da educação, como garanti-la sem uma base material, sem espaços físicos, salários, estabilidade profissional, tempos de qualificação, trabalho coletivo, material didático, merenda, tempo de não trabalho para a infância, etc.?

O direito real à educação e à cultura, bem como à saúde, à segurança, à cidadania, enfim, supõe condições materiais, espaços e temos para sua produção. O direito à cidade se concretiza na humanização dos espaços e da materialidade em que se dá a vida humana. Essa é uma dimensão central no aprendizado do direito à cidade. Até agora vínhamos destacando os aspectos culturais, a mudança de valores, representações, identidades. Mas a cidade são espaços e estruturas. O direito à cidade passa pela reapropriação desses espaços por transformar as estruturas espaciais. A ênfase dos funcionários públicos em reivindicar condições materiais permitiu politizar e dar concretude ao direito à cidadania e à democracia... Politizar a centralidade das condições materiais, que inviabilizaram por décadas a construção de um sistema escolar e mantiveram a educação universal como um direito retórico, sempre proclamado, mas sempre adiado e inviabilizado por falta de base material dos educandos, educadores e das escolas.

Sem dúvida, um salto de qualidade no trato dos direitos e do público. Os movimentos sociais têm sido os críticos mais agudos da democracia e da cidadania abstrata e os que mais tem contribuído na construção da cidadania concreta. Temos que reconhecer que o dito "corporativismo" permitiu trazer as políticas urbanas para essa concretude, para esse tecido material no qual se tecem as vivências humanas ou desumanas dos cidadãos. A retórica sobre os direitos, sobre a importância da escola para a democracia e o desenvolvimento, se não foi abandonada, perdeu bastante confiabilidade. O direito à cidade foi situado no que é mais constitutivo da vida urbana: o espaço, a materialidade. Um grande avanço.

Poderíamos dizer que a centralidade dada pelos movimentos sociais às condições materiais de produção da existência questiona também a concepção progressista de cidadania e de pertencimento e participação na cidade. Referimo-nos a uma concepção que tem insistido e quase reduzido a cidadania ao domínio da consciência crítica ou de saberes argumentativos e críticos para a participação.

Os diversos grupos que se manifestaram nas últimas décadas afirmaram outra concepção de cidadania como direito à vivência digna da existência. Digna nas condições materiais, na moradia, no transporte, no trabalho, na escola, na infância, na juventude, na vida adulta. Mudaram a ênfase. A função da escola não ficou reduzida a formar um cidadão imbuído por uma opinião e um conhecimento crítico, mas um cidadão interessado em desfrutar de uma qualidade de vida mais humana. Uma concepção e prática de cidadania menos intelectualizada e mais colada à diversidade de experiências pela transformação das condições de vida a que são submetidos os diversos grupos sociais.

A cidadania no tecido do cotidiano

Diríamos que a ênfase dada pelos movimentos sociais às condições materiais de produção e reprodução de sua existência, seu trabalho, sua cultura, saúde ou educação teve o mérito de situar a cidadania no tecido do cotidiano. Não em gestos extraordinários de participação política.

Trazer o direito à cidade para os processos da reprodução digna do dia a dia não significa vulgarizar a cidadania e os direitos humanos. Há muito de extraordinário no ordinário da reprodução digna da existência humana no cotidiano da cidade. A cidadania do dia a dia, da escola pela qual tantos lutaram - os professores, a comunidade escolar e as famílias - tem muito de extraordinário.

É no cotidiano que se dão os processos socializadores de construção do conhecimento, da cultura, das identidades, enfim, nesse ordinário acontece ou não a extraordinária função social e cultural da escola e da cidade.

Temos de reconhecer que devemos às famílias dos setores populares e aos professores ter destacado essa centralidade. Foram necessárias muitas manifestações, protestos e braços parados para, de maneira sofrida, mostrar que o cotidiano e as condições materiais em que se reproduz a existência não podem ser separadas das grandes funções sociais sonhadas para a escola e para a cidade. É como se tivéssemos descoberto as estreitas relações entre o cotidiano e o extraordinário, entre as condições em que reproduzimos nossa existência privada e as possibilidades de exercer nossos direitos públicos, sociais e políticos.

A experiência ou intuição dessas relações levou os setores populares e os professores e famílias a levantar a bandeira em defesa do público, lado a lado com a bandeira da defesa por condições de vida privada: moradia, emprego, salário, estabilidade, etc.

Os professores mostraram que sua vida privada como a vida de todo cidadão está diretamente conectada com eventos públicos: o regime ditatorial, a falência do Estado, as políticas públicas, o compromisso dos governantes com os direitos ou com os privilégios, etc. Mostraram os estreitos vínculos entre o pequeno mundo de cada um e as grandes decisões públicas, os vínculos estreitos entre público e o privado ou a necessidade de construir uma cultura do público para garantir uma vida digna de gente.

A consciência do público emerge à medida que o morador da cidade experimenta a estreiteza dos espaços privados. Experimenta os limites de sua condição de trabalhador, de negro, de jovem escolarizado a cada de emprego. Nessa estreiteza em que são obrigados a reproduzir a existência própria e de seus familiares tomam consciência da centralidade do público. Quando este falta, é ineficiente ou excludente, que outro horizonte se abre para reproduzir com dignidade sua saúde, sua educação, sua socialização, seu preparo para o trabalho e sua garantia da cidadania? É por esse denso processo que passa o aprendizado do direito à cidade, ao público.

Aprender o direito à cidade é reivindicá-la como espaço, estruturas espaciais, moradia, transporte, escola, água, esgoto, posto de saúde, lazer. A base material da maior parte de nossa experiência se dá nos espaços da cidade; é essa face menos destacada que os movimentos urbanos nos mostram: o peso da materialidade, da territorialidade na configuração da identidade cultural urbana. Há uma estreita relação entre os espaços vividos e o imaginário dos moradores sobre a cidade. Toda a dinâmica das nossas cidades nas últimas décadas traz esta marca: os cidadãos tentando tomar posse da terra, dos serviços urbanos, melhorar a qualidade de vida na cidade. A história de grandes contingentes de moradores está associada à procura de um espaço onde morar e reproduzir sua existência com um mínimo de qualidade de vida.

A defesa da escola, de sua estrutura física, sua base material é um componente a mais da centralidade que tem para os cidadãos a configuração do espaço social urbano. É o embate entre pobreza e dignidade expressas nos espaços de atenção infantil, de lazer, de saúde, nas ruas pavimentadas, na colheita do lixo, na água, no esgoto, na iluminação. A vida na cidade se expressa pela qualidade das condições materiais espaciais em que é vivenciada. Essas vivências espaciais são básicas na produção do significado urbano. Espaço e cultura interagem.

As formas espaciais expressam as relações e os valores sociais, políticos, racistas, de classe, de exclusão ou inclusão que permeiam a sociedade. Expressam as reações a esses valores e as tentativas de afirmar outros valores e outras relações sociais. a cidade é uma construção social e cultural, que só acontece colada às formas em que se estruturam os espaços.

Os movimentos cidadãos alertaram os governos e os formuladores de política que o direito à cidade passa tanto pelo direito a espaços e condições materiais de humanidade e inclusão, quanto pelo direito à cultura, à identidade, a valores sociais humanos, igualitários, democráticos. Espaço e cultura interagem na produção e vivência da cidadania.

As linguagens do cotidiano

Como os setores populares, os funcionários públicos, os professores fizeram avançar o aprendizado do direito à cidade? Que recursos pedagógicos, que linguagens e símbolos eles usaram?

Durante os últimos anos os transeuntes da cidade se deparavam com frequência com mensagens expostas nas ruas e avenidas, nas praças e escadarias, nas reportagens dos meios de comunicação. Eram linguagens e imagens diretas vinculadas ao cotidiano de sua experiência urbana. Linguagens que constatavam fatos do dia a dia, do ordinário/extraordinário da vida urbana, da vida familiar, do trabalho, do bairro, da condução, do posto médico, da escola, do professor de seus filhos.

Os cartazes, as palavras de ordem se revelavam como clipes de vivências fortes da vida quotidiana para a maioria dos transeuntes: mais verbas, mais postos de saúde, escola para todos, merenda, livros, defesa da escola pública, salários para os professores. Uma espécie de reportagem representada, posta em cena nas praças, nas escadarias das igrejas e nos espaços do poder, como nas primeiras urbes gregas, romanas ou renascentistas. Como no teatro popular, com sua temática quotidiana e sua linguagem direta.

Uma linguagem, apropriada ao aprendizado do direito à cidade, que leva para a rua, para o trabalhador que volta para a casa, que espera o transporte em longas filas, leva sua realidade quotidiana. Uma linguagem que explora as vivências e os símbolos familiares a sua experiência popular, religiosa, lúdica e escolar: coreografias, cartazes, desenhos, músicas populares, religiosas e do tempo de escola, adaptadas para denunciar o cotidiano da cidade.

Insistimos no caráter pedagógico dessas linguagens e símbolos tão frequentes nas últimas décadas, quando o campo da educação e da cultura tiveram um papel de destaque: greves de professores, festivais de teatro, de arte negra, o teatro de rua, a noite dos tambores, a marcha do Afoxé nos 300 anos de Zumbi. Momentos em que a educação e a cultura saíram das salas de aula e reinventaram velhas linguagens pedagógicas no aprendizado da cidadania e do direito à cidade.

O mérito dos diversos personagens educadores do público tem sido encontrar esses métodos. Aprender com os clássicos processos educativos ensaiados ao longo da história da constituição das cidades e dos seus cidadãos. Linguagens próximas do teatro popular, cujos personagens são os mesmos que cada dia sobem o morro, cuidam dos filhos, ensinam as primeiras lições.

Um gênero frequentemente praticado na história da construção da vida das cidades: crônica, reportagens, denúncia, ficção, teatro de rua. Uma matriz de comunicação colada ao cotidiano da vida dos cidadãos sobre suas histórias, imagens e crenças: seus problemas, símbolos, valores, seus medos e esperanças. Educar ressignificando a cultura e a memória coletivas.

Mostrando sua cidade, os professores se mostram à cidade e a si mesmos com outra imagem, próxima, mas diferente da imagem de sala de aula. Mais próximos dos moradores e trabalhadores, que transitam do trabalho para a condução e a casa, para o bairro. De mestres das aulas se tornaram mestres da cidade, contadores de histórias urbanas. Uma clássica função de todos os educadores.

Contam aos transeuntes o que se passa naqueles prédios grandes frequentemente pobres espalhados pelos bairros, as escolas onde seus filhos passam várias horas, ao longo de vários anos de sua vida. Não é por meio desse mergulho nas histórias e na memória coletiva que se dá nosso aprendizado? Que peso terá tido essa narrativa de histórias vividas no conhecimento dos cidadãos sobre sua cidade? Que significa ser mestres, desta vez, sem livro de texto ou cartilha, apenas mostrando o livro de sua vida, da vida cotidiana, da escola e dos serviços urbanos?

Manoel Castells (1986) enfatiza que as cidades são sistemas vivos, feitos, transformados e experimentados por seres humanos. Seres que carregam seu imaginário, seus símbolos, sua identidade cultural e os seus valores que se confrontam com os valores e as instituições políticas dominantes. Esse processo traz novos significados sociais para a experiência urbana. As ações coletivas dos cidadãos têm como objeto a transformação do espaço urbano, das estruturas espaciais, mexendo nas estruturas de valores e nos interesses sociais.

Essa produção do espaço e da cidade é acompanhada por um processo de aprendizado e ressignificação cultural, no qual diversos atores entram com suas tradições, sua diversidade, sua história e memória coletivas. As vivências das famílias de imigrantes, as relações entre os sexos, os movimentos éticos carregam um imaginário de cidade que entra em jogo nas diversas manifestações cidadãs. Essa experiência e esse imaginário estão associados à construção da identidade cultural e à defesa da igualdade e da inclusão social.

Os movimentos cidadãos aceleram a cidade

A dinâmica observada nas cidades, nas últimas décadas é impulsionada por reações coletivas contra a pobreza, a exclusão racial, de classe e gênero e contra a marginalização espacial e cultural. Nessa dinâmica afloram as questões do espaço e das condições materiais de existência nas cidades, ao mesmo tempo que se afirmam valores, imaginários, identidades, culturas. Todos esses elementos entram em jogo no aprendizado do direito à cidade.

As linguagens do cotidiano, tão exploradas pelos movimentos cidadãos tornam-se pedagógicas na medida em que exploram e traduzem todos esses elementos. Os quadros da vida cotidiana mostram a fisionomia das cidades com seus problemas e suas múltiplas aspirações, condensadas em uma frase, uma faixa ou no refrão das músicas. Esses quadros e fases expressam sonhos coletivos ainda não realizados: migrar para a cidade na esperança de ter um pedaço de terra para morar, ou o sonho de que os filhos tenham a escola que os pais não tiveram.

Os professores, quando se fazem presentes na cidade, tocam no imaginário social com uma força que outros profissionais não tem, tocam em fragmentos da memória e em sonhos que se remontam ao primeiro impulso que levou as famílias a deixar a terra e migrar: a esperança de escola para seus filhos.

Poder ter escola pode ter sido o símbolo da cidade. Não esqueçamos que para muitos o sonho da escola para os filhos se confunde com a marcha do campo para a cidade. Para muitas famílias esse sonho mal se realizou. Seus filhos apenas conseguem permanecer poucos anos na escola, experimentam suas carências e o descaso do poder público, frequentemente foram reprovados e excluídos pela escola, objeto de seus sonhos.

As linguagens exploradas pelos professores nas praças e nas ruas reavivam aquele sonho-memória e as vivências do curto tempo de escola. Reavivam os sonhos de uma escola possível, de qualidade social e cultural, desde que assumida pelas políticas públicas. O sonho convertido desta vez em realidade?

A relação dos professores públicos com as famílias e as comunidades urbanas é um fenômeno de grande valor pedagógico. Poucos profissionais públicos têm a proximidade que eles têm, por ser uma relação mediada por imagens e esperanças tecidas com sentimentos sobre os filhos, sua dignidade e seu futuro.

A escola pública e seus professores agem como elo entre as imagens do passado e os sonhos projetados nos filhos: a esperança de um futuro melhor para eles do que para os pais. A escola tem sido vinculada no imaginário social à mobilidade e à igualdade, ao bom emprego.

O debate e as tensões em torno da escola pública e das condições de trabalho dos professores, servidores e alunos, quando expostos ao público, retomam as imagens da cidade; daí as virtualidades pedagógicas dos embates no campo da educação nas últimas décadas, em Belo Horizonte e na maioria das cidades brasileiras. Retomam essas imagens e as alargam além das experiências familiares, situando-as no campo do coletivo. A paisagem urbana aparece condicionada por interesses e decisões que vão além do esforço de cada família para manter seu filho na escola. Vai além da vontade das crianças de estudar e dos professores de ensinar.

Mulheres que mostram o rosto de nossas cidades

Um dado não pode ser esquecido: esses mestres que mostram o rosto de nossa cidade, não por acaso são mulheres em sua maioria. São mestras abrindo sua vivência, seu saber e sua sensibilidade sobre as condições de reprodução da existência nos espaços privados e públicos. Sua imagem de mulheres é relevada no imaginário social ao espaço do privado, do lar, da reprodução privada da existência. Desta vez, como em tantas outras, elas se mostram sujeitos do público, trabalhadoras e profissionais com direitos em espaços públicos: a escola, a praça, a rua, a prefeitura, o palácio do governo. Falam do público com seu saber sobre o público e o privado, sobre seus vínculos.

Chegamos a um ponto central para entender a força pedagógica das professoras de escola básica no aprendizado do direito à cidade. Elas souberam explorar a força que sua figura de mestres(as) tem no imaginário social. São as figuras públicas mais próximas dos interesses populares. A Educação Básica se consolidou na representação popular como um bem, um direito de todos independentemente de classe, raça ou gênero. A figura social dos professores se vincula a essa legitimidade social que já tem conquistado o direito à Educação Básica para todos. Sua figura em si é emblemática; simboliza interesses do coletivo popular. Sua presença na cidade se vincula com interesses coletivos. Afirma valores públicos como o direito de todos ao conhecimento, à cultura, à socialização, ao cuidado e à vivência digna da infância e da adolescência.

As professoras, sobretudo, são vistas como profissionais da infância. Esta passou a ser reconhecida como idade de direitos, e os profissionais da educação da infância são reconhecidos socialmente como garantia desses direitos. Sua figura individual ou coletiva, sua conduta e seus gestos nas ruas e nas praças públicas têm a força pedagógica de reafirmar a consciência da dignidade, da experiência de vida da infância. Sua figura social é formadora, para além das salas de aula. A história das professoras de Educação Básica se mistura com a história social da infância e da família (Áries, 1973).

E a cidade tão lenta...

Sem dúvida, outras dimensões poderiam ser apontadas para mostrar como o campo da educação e da cultura vem contribuindo para consolidar uma cultura urbana cada vez mais pública. Um processo lento, carregado de tensões e também de avanços. Outros recortes da vida urbana passam por processos parecidos. A educação sempre foi uma fronteira avançada de luta por direitos pelo fato de estar tão vinculada à reprodução do presente, à sorte da infância e da adolescência e a esperança do seu futuro, no trabalho e na sobrevivência.

Tentamos mostrar como nessa fronteira da educação se redefinem concepções, valores, representações do público. Nas últimas décadas, esse processo significou o questionamento do trato tradicional da escola como mercadoria, troca de favores entre o poder central e os poderes locais, entre as elites e as populações urbanas. Significou o questionamento do trato coronelístico transposto da política rural para a política urbana. O que fica dessa dinâmica sociocultural vivenciada por Belo Horizonte neste final de seu primeiro centenário? Fica a certeza de que não é suficiente planejar uma cidade na racionalidade moderna para ser moderna, que esse processo passa pela capacidade política e cultural de acolher e processar as reivindicações dos cidadãos, de incorporá-los como sujeitos de direitos.

Os cidadãos mostram que estão aprendendo seu direito à cidade com maior rapidez com que a cidade e seus governantes conseguem torná-la espaço público de direitos. Esse parece ser o confronto: a consciência do público, a cultura pública tem avançado a ritmos mais acelerados do que os lentos ritmos de superação de valores e estilos privados: de gerir a cidade, definir políticas, de reverter prioridades. O que ficará dessa dinâmica sociocultural vivenciada na cidade, sobretudo nas duas últimas décadas de seu primeiro centenário, para seu futuro como cidade moderna, democrática e civilizada, e para o nosso, como cidadãos?

Tornar a cidade mais civilizada depende dos velhos atores que se fizeram mais presentes recentemente. Os embates pelo direito à educação, entre outros, colaboraram no confronto entre a cultura privada e a cultura pública. Já houve avanços, qual a sua profundidade? A consciência do direito a espaços públicos, à cidade será apenas uma camada, uma tênue película encobrindo a brutal indiferença e insensibilidade para com os direitos? Resistirá essa camada tênue às formas perversas de desemprego, de normalização da violência, de exclusão social e cultural, de condenação da infância e adolescência à luta pela sobrevivência na rua? Resistirá essa dinâmica social e cultural das últimas décadas ao embate neoliberal contra a limitada legitimidade da consciência do público e a reafirmação da lógica do privado.

Cabe torcer para que o campo da educação e da cultura continue ao lado de outros campos básicos para uma vivência humana, continuem como fronteiras avançadas de direitos. Para isso, a própria instituição escolar e seus profissionais terão de superar a cultura da reprovação, seletividade e exclusão, ainda incrustada nas práticas e nas estruturas do sistema seriado.

O campo da educação e da cultura é transpassado por valores, saberes, identidades, socialização, autoimagens que tocam no cerne da construção e consolidação da consciência dos direitos e do público: justiça, igualdade, cuidado com a infância, trabalho, diversidades culturais, étnicas, de gênero e classe; enfim, a educação toca nos processos de humanização e civilização, nas dimensões cognitivas, éticas, estéticas, simbólicas dos cidadãos. É um campo intimamente conectado com a construção da cidadania e da identidade.

Podemos esperar que os profissionais de educação e da cultura, que a comunidade escolar e a dinâmica social continuem fazendo da educação uma fronteira avançada do aprendizado do direito à cidade.

Referências

ARIES, Philippe. *L'enfant et la vie familiale dans l'ancien regime.* Paris: [s. ed.], 1973.

BRESCIANI, Maria Stella. *Jogos da política: imagens, representações e práticas.* São Paulo: Marco Zero, 1992.

BRESCIANI, Maria Stella. A cidade das multidões, a cidade aterrorizada. In: PACHMAN, Robert (Org.). *Olhares sobre a cidade.* Rio de Janeiro: UFRJ, 1994. p. 9-42.

CASTELLS, Manuel. *La ciudad y las masas: sociología de los movimientos sociales urbanos.* Madrid: Aleanza Universidad, 1986.

KONDER, Leandro. Um olhar filosófico sobre a cidade. In: PACHMAN, Robert (Org.). *Olhares sobre a cidade.* Rio de Janeiro: UFRJ, 1994. p. 73-82.

LEFEBVRE, Henri. *Le droit à la ville: anthopos.* Paris: [s. Ed.], 1968.

SPOSITO, Marília. *O povo vai à escola: a luta popular pela expansão do ensino público em São Paulo.* São Paulo: Loyola, 1984.

Trabalho-educação e teoria pedagógica[1]

Durante os últimos anos acumulamos produção relevante nas diversas áreas de pesquisa em educação, dialogamos com profissionais de nossa área, entretanto o diálogo entre as diversas áreas foi escasso. Todos sentimos a necessidade de socializar nossos conhecimentos no campo da educação, o diálogo é urgente e necessário. Nesse texto pretendo tecer uma série de considerações em torno das relações entre a produção acumulada na área trabalho-educação e em outras áreas como a didática, o currículo e Educação Básica, as políticas educacionais, a formação de professores, enfim o que poderíamos chamar o campo da teoria e da prática pedagógica.

De que lugar procuro esse diálogo entre trabalho-educação e teoria pedagógica? Do lugar em que me encontro nos últimos anos: da escola, das propostas inovadoras, do movimento de renovação pedagógica que está sendo construído com seriedade e profissionalismo pelos profissionais que pesquisam e teorizam a educação e pelos professores que fazem a escola. Desde esse lugar me pergunto se não é possível, mais ainda, necessário e urgente um diálogo entre o movimento de renovação pedagógica e as pesquisas e reflexões acumuladas sobre trabalho e educação. Tanto os profissionais voltados para escola, os currículos, as políticas públicas e a didática, quanto aqueles voltados para as transformações na produção e no trabalho precisamos desse diálogo.

Podemos lembrar alguns dos avanços significativos que acumulamos nas diversas áreas. Os vínculos entre trabalho-educação têm sido pesquisados e debatidos nas últimas décadas. O GT da ANPEd mantém atualizado esse campo de pesquisa e reflexão. Várias publicações têm alimentado a formação dos alunos e professores nos cursos de magistério, graduação e pós-graduação.

---

[1] Texto originalmente publicado em: FRIGOTTO, G. *Educação e crise do trabalho: perspectivas de final de século*. Petrópolis: Vozes, 1998. p. 138-165.

Recentemente, esses vínculos têm sido repensados frente às transformações no mundo do trabalho, às novas tecnologias, às formas de organização, gestão e racionalização da produção e frente aos custos sociais que essas transformações acarretam para os trabalhadores. Em vários momentos o GT Trabalho-Educação tem repensado sua produção, suas bases teórico-metodológicas e os recortes temáticos privilegiados. Uma postura que continua nessa coletânea de textos. Podemos dizer que ao longo desses anos dialogamos com outras ciências preocupadas com a compreensão dos processos de produção e trabalho, com as novas formas de acumulação e regulação social, com o fim da sociedade do trabalho, com as transformações científicas e tecnológicas, etc. Nesse campo houve sensibilidade, pesquisa e produção.

Tentamos dialogar também com os profissionais da educação escolar. Entretanto, esse diálogo ficou quase limitado às políticas de Ensino Médio e profissionalizante. Denunciamos a tradicional dualidade estrutural entre os que são preparados para o desempenho de funções intelectuais ou para funções instrumentais. Dialogamos com as políticas de formação do trabalhador, as exigências e os limites de formação trazidas pelas novas tecnologias. Somamos nos movimentos de defesa do direito do trabalhador ao conhecimento científico e tecnológico acumulado socialmente. Nesses campos os membros do GT Trabalho-Educação fizeram-se presentes em publicações, seminários, grupos de análise e de formulação de políticas.

Atrevo-me a indagar se tivemos a mesma presença, se mantivemos o mesmo diálogo com os profissionais que teorizam e praticam a educação escolar básica, que formulam políticas para esse campo, que refletem sobre currículo e didática e que constroem a prática pedagógica. A resposta a essa indagação poderia ser que o diálogo foi tímido. Por quê? Será que nossos campos de pesquisa e reflexão são distantes, não se encontram? Há pontos de encontro, porém não explorados.

Se tomamos como objeto de nossas pesquisas as relações entre trabalho e educação, assumimos o trabalho como princípio educativo e a centralidade do trabalho humano como constituinte da condição humana, nosso diálogo com a teoria e a prática pedagógica e com os profissionais que pesquisam e que fazem a educação escolar, deveria ter sido constante e fecundo. Estamos no mesmo campo.

Pretendo, neste texto, refletir sobre algumas questões: O conhecimento acumulado sobre as estreitas relações entre trabalho e educação tem afetado as políticas educacionais? Tem contribuído no avanço do movimento de renovação pedagógica que acontece nas escolas? Tem marcado a nova Lei de Diretrizes e Bases da Educação Nacional? O conhecimento acumulado tem sido incorporado na teoria da Educação Básica, na Educação de Jovens e

Adultos, na formação profissional, na formação de professores, nas reformas curriculares, ou tem alimentado apenas nosso diálogo interno no GT? Quem lê nossos textos? Que práticas educativas motivam? Que aspectos da teoria pedagógica e curricular eles alimentam? O que trazemos para o diálogo com a teoria pedagógica?

Por seu lado durante as duas últimas décadas, a teoria pedagógica vem redefinindo suas bases teóricas e seus campos de pesquisa e reflexão. A prática educativa escolar também. A qualificação dos profissionais da Educação Básica, seu pensamento, seus valores e sua cultura se redefinem, alterando práticas na escola, incorporando novas dimensões nos processos educativos escolares. Diante dessa realidade algumas questões terão de ser colocadas pelo GT Trabalho-Educação: nossas pesquisas mostram sensibilidade para o que vem acontecendo na teoria e na prática da Educação Básica? As reflexões acumuladas no campo da didática, do currículo e da apreensão do conhecimento, da socialização e construção de identidades têm sido incorporadas nas análises sobre as relações entre trabalho e educação? Temos repensado o trabalho como princípio educativo à luz dos avanços da teoria pedagógica? Em que pontos? Melhor, em que campos do educativo nos encontramos e podemos estabelecer um diálogo proveitoso? Em síntese, penso na necessidade de um diálogo com dupla direção, da produção acumulada nas pesquisas sobre trabalho-educação para o repensar da teoria e da prática pedagógica e da produção na teoria e prática pedagógicas para o repensar dos vínculos entre trabalho e educação.

Redescobrindo o campo comum: a teoria pedagógica

Comecemos colocando-nos uma questão que julgo da maior relevância: se é necessário o diálogo entre as diversas áreas, onde nos situar? Onde marcar o encontro? Poderá ser fecundo pensar em recortes para esse encontro, por exemplo, retomar pontos comuns entre currículo, didática, formação de professores, organização escolar e trabalho-educação e outros aspectos do fazer e pensar pedagógico. Entretanto, penso que o encontro deverá ser marcado em patamares mais comuns a todos nós e a todas as áreas da educação. Proponho a teoria pedagógica como o lugar mais apropriado para nosso encontro.

No campo da educação temos sociólogos, filósofos, antropólogos, psicólogos, historiadores, profissionais das letras e das ciências, todos pesquisando e teorizando junto com pedagogos sobre recortes diversos da educação. Cada um traz sensibilidades próprias de sua área e termina destacando dimensões relevantes referidas, por vezes de longe, aos fenômenos educativos e culturais. A impressão que dá essa produção é de estarmos rodeando nosso campo e objeto sem, contudo, entrar nele, no que é constitutivo dos processos educacionais. Aprofundamos na teoria do currículo, da didática, da administração escolar, da alfabetização, do ensino de ciências, na sociologia do trabalho, na psicologia genética, cultural, sem referi-las à teoria pedagógica. Nos cursos de pedagogia não se dá teoria pedagógica, nem nos cursos de pós-graduação em educação é normal haver uma disciplina com esse nome e esse conteúdo. Seria difícil imaginar um curso de antropologia, sociologia ou medicina sem teoria antropológica, sociológica ou médica Por que a teoria pedagógica está ausente, ou está subjacente e nem sempre é explicitada na formação dos profissionais da educação e nas pesquisas e reflexões? A pedagogia não é uma das áreas do pensamento construída ao longo da história da educação? Não temos uma pedagogia moderna construída com a modernidade? Estamos aprofundando e questionando a teoria pedagógica com nossas pesquisas?

Aceitar um encontro marcado nesse campo comum supõe derrubar algumas cercas que isolam as áreas de pesquisa e reflexão e reconhecer que todos trabalhamos uma terra comum, cultivamos o mesmo campo social e cultural, o campo da formação humana. Toda educação não é humanização? A teoria pedagógica não se insere na grande teoria da humanização? As relações entre trabalho-educação, por exemplo, não encontram seu sentido quando referidas aos processos de humanização? E o repensar do currículo, da didática, da organização escolar, das práticas escolares, não encontra seu sentido na formação da infância, em sua constituição como humanos? Como encaramos nosso campo, o fenômeno educativo?

Aquela velha imagem, as árvores encobrem a floresta pode ser aplicada a nosso estilo de desmatar e pesquisar nosso campo por áreas. Por vezes pesquisando recortes, não conseguimos chegar às matrizes teóricas e, menos ainda, à sua globalidade social e histórica. Daí a dificuldade de diálogo entre as áreas, como se fôssemos profissionais de campos sociais distantes. Como se não tivéssemos um campo comum. Daí o desinteresse pela produção das outras áreas do mesmo campo educativo, porque não tocamos no mesmo solo, onde as diversas dimensões poderiam e deveriam se encontrar. O estilo tão próprio de pesquisar, produzir, dialogar e de formar profissionais por áreas ou recortes tem levado a deixar a descoberto a teoria pedagógica que seria o campo comum. Seria oportuno provocar debates em encontros e publicações para explicitar que materiais foram produzidos pelas diversas áreas e como podem ser articulados no enriquecimento da teoria pedagógica na recuperação de sua centralidade para todos os que trabalhamos na educação.

O que estou sugerindo é que a melhor maneira de dialogar é reconhecer o recorte social e teórico que nos identifica. Quando sugerimos que é necessário e urgente o diálogo entre profissionais de áreas diversas sobre o fenômeno educativo mais global e especificamente sobre a construção social da concepção e da prática da educação, estaríamos propondo abandonar a produção teórica de cada área específica e voltar-nos para os problemas do sistema de ensino? Não. Estamos, ao contrário, preocupados em radicalizar a pesquisa e a produção em um campo de tanta relevância, como é a compreensão dos fenômenos educativos e culturais, em que se situa toda ação pedagógica dentro ou fora da escola.

Não propomos, para os pesquisadores dos vínculos entre trabalho-educação que sejam abandonados os referenciais epistemológicos que nos orientam, nem que se abandone a melhor compreensão dos processos produtivos, nem a centralidade do trabalho, das novas tecnologias, da globalização, do neoliberalismo. Estamos sugerindo que não fiquemos apenas interrogando o mundo do trabalho, que não dialoguemos apenas com a produção nesse campo, que não continuemos reafirmando como um pressuposto epistemológico que o trabalho é princípio educativo. A sugestão é no sentido de dar centralidade também à pesquisa e à reflexão teórica no campo da educação, que de fato seja nosso objeto, e não um pressuposto sempre repetido, pouco conhecido e aprofundado. Sugiro que nos reencontremos com outros profissionais que pesquisam e teorizam nesse campo trazendo nossa contribuição teórica para a compreensão da educação a partir de seus estreitos vínculos com o trabalho. Temos de reconhecer que o destaque ficou na pesquisa dos processos produtivos, entretanto temos contribuições valiosas para a melhor compreensão dos processos educativos e dos vínculos entre ambos. Destaquemos algumas dessas contribuições.

A procura dos vínculos entre trabalho e educação tem estimulado a vontade de conhecer melhor o mundo do trabalho tão desconhecido nas pesquisas e reflexões pedagógicas. Tem estimulado também a sensibilidade para as virtualidades formadoras do trabalho e, sobretudo, para os processos de formação do trabalhador, da classe trabalhadora, sua pressão para ser reconhecidas como sujeitos políticos e culturais. Tem estimulado nos professores iniciativas para introduzir as experiências de trabalho dos educandos na prática escolar para fazer do trabalho um recurso didático no processo de ensino-aprendizagem, para repensar as políticas do Ensino Médio e profissionalizante ou de Educação de Jovens e Adultos. Entretanto, não caímos no miúdo buscando inserir o trabalho nas políticas educacionais; estamos antes de mais nada buscando no trabalho, na produção da existência, da cultura, dos valores, das linguagens elementos para uma melhor compreensão da formação humana, para repensar a teoria da educação.

Pensemos nas contribuições trazidas pelas pesquisas na área trabalho-educação para o repensar da teoria pedagógica. Em primeiro lugar, recolocamos seu próprio objeto: os processos de formação humana. Quando voltamos nossa reflexão para o trabalho como princípio educativo, terminamos nos aproximando de uma teoria social sobre como se forma o ser humano, como se produz o conhecimento, os valores, as identidades, como se dá o processo de individuação, de nos constituir sujeitos sociais e culturais, livres e autônomos, e como constituir uma sociedade de indivíduos livres, em relações sociais regidas por princípios éticos, em que o trabalho, a técnica produtiva seja o objetivo e o ponto de referência para a liberdade pessoal e coletiva.

Trouxemos materiais novos para rever a reconstrução do velho edifício da pedagogia escolar. Trabalhamos com pedras mestras, com a teoria da formação do ser humano, não com receitas ou com novos recursos didáticos por mais valiosos que eles sejam. Fomos à raiz da teoria educacional: *como nos formamos como humanos? A pedagogia não é uma teoria da humanização?* A contribuição das pesquisas e da reflexão sobre trabalho e educação pode ser encontrada aí: incentivar a pedagogia escolar e todos nós, educadores, a buscar uma visão articulada e densa da teoria do educativo, superar o praticismo dos receituários sobre como ensinar para entendermos melhor o que é educar.

O objeto da pedagogia moderna não tem sido outro senão entender os processos complexos de humanização e ajudar os educandos nessa trajetória. O que diferencia a pedagogia moderna é ser "humanista" ou estar a serviço de um projeto-processo de autoconstrução como humanos, e não estar a serviço de um projeto predefinido de fora. Educar nada mais é do que humanizar, caminhar para a emancipação, a autonomia responsável, a subjetividade moral, ética. Nosso objeto tem sido as relações entre trabalho, educação, humanização e emancipação. Nesses processos mais globais encontra maior relevância nosso ofício de mestres: democratizar o saber, a cultura e o conhecimento, conduzir a criança, jovem ou adulto a apreender o significado social e cultural dos símbolos construídos, tais como as palavras, as ciências, as artes, os valores, dotados da capacidade de nos propiciar meios de orientação, de comunicação e de participação.

Essas contribuições são importantes para a pedagogia escolar que por vezes se distancia da pedagogia moderna e tem dificuldades de assumir teoricamente seu objeto: o que é e como acontece a formação humana? O que é educar pessoas? Como elas se formam e se constituem humanas? Como a escola contribui nessa formação? Sabemos como essas questões mais de raiz nem sempre estão presentes na formação de professores, na elaboração dos currículos, na avaliação e nos produtos esperados da escola.

O olhar sobre os processos de trabalho, sobre os movimentos sociais e a dinâmica cultural parte da preocupação com essas questões. Dirige o foco da teoria pedagógica a seu cerne. Traz o refletir pedagógico para o ponto de origem da pedagogia moderna, que tem por base que os seres humanos não nascem prontos de acordo com um projeto da natureza ou de qualquer deus ou arquiteto extra-humano, mas que se tornam humanos, e eles próprios definem a tentativa de influir no seu desenvolvimento. A humanização como projeto, como *telos*, como pedagogia é o ponto de partida de toda ação pedagógica fora ou dentro da escola. Uma das grandes contribuições, mas não a única, do nosso olhar de educadores sobre os processos de trabalho, os movimentos sociais e a dinâmica cultural foi nos revelar essas realidades como educativas. Fomos entendendo a moderna teoria da educação como processo de produção, e não de inculcação nem de mera transmissão de conteúdos e competências. Fomos entendendo que esse processo educativo não acontece descolado da construção da cidade, da cultura, das identidades, do trabalho, dos tempos e espaços de socialização. Essa procura das matrizes da pedagogia moderna tem nos acompanhado durante esses anos. Nao paramos no estudo dos modos de produção, nem da pedagogia da fábrica, da reorganização produtiva, das mudanças na organização do trabalho, mas procuramos o que é nosso recorte como profissionais do educativo: as dimensões formadoras ou deformadoras desses processos de produção, das relações sociais que os informam. Buscamos materiais para melhor entender a formação humana, a construção e a apreensão do conhecimento, dos valores, da cultura, do saber, das identidades e diversidades, para melhor entender os vínculos entre existência e consciência, entre trabalho e cultura, entre vivência e saber. Aprofundamos a teoria pedagógica para sermos capazes de renovar nossa prática educacional fora e dentro da escola.

Por que esse olhar sobre o trabalho e a produção da existência nos aproximou da teoria da formação e da teoria educativa? Porque as formas como nos percebemos a nós mesmos como sujeitos de direito ao saber, à cultura, à dignidade estão estreitamente vinculadas às formas de viver, de produzir, de trabalhar, de nos comunicar. As formas de conhecer, de apreender o conhecimento, tão centrais na pedagogia escolar, não são uma mera projeção das faculdades intelectuais separadas do mundo exterior. Nossos alunos não são espírito, inteligência, consciência que aprendem ou não isolados dos outros seres humanos, da condição corpórea e biológica, da produção material da existência. Prestar atenção a esse tecido social em que os indivíduos se formam ou deformam nos leva a uma visão mais rica e mais integrada do ser humano, de sua formação e da educação escolar. Enriquece a teoria pedagógica porque recuperamos matrizes que são constitutivas.

Pensemos em outra contribuição: recolocamos a dimensão histórica da formação humana, um dos traços da pedagogia moderna. Quando nos voltamos para os vínculos entre trabalho e educação percebemos que o mundo da produção de bens, os processos de trabalho e as relações sociais mudam e nessas transformações os seres humanos se *trans-formam*, se formam e aprendem, se individualizam enquanto seres históricos. Aprendemos que o pensamento, a consciência não são categorias imutáveis, que o aluno, a criança, o jovem que conhece e se educa não é uma entidade imutável. Passamos a ter maior sensibilidade com a história dos alunos, sujeitos da aprendizagem e de socialização. Aprendemos a superar a visão estática do educando, do conhecimento e da educação. Percebemos que a infância, a juventude e a vida adulta com que trabalhamos são vivenciadas de maneira diferente diante das transformações no trabalho e na cultura, com a vivência diferenciada da produção da existência. Vinculando trabalho-educação, percebemos o ser humano como construção histórica. É sobre essa dinâmica da produção-reprodução histórica do ser humano que a teoria pedagógica reflete ou deveria refletir.

A ideia de produção do ser humano, tão cara à modernidade, está como matriz na pedagogia moderna. Ela traz a noção de mudança, supera as concepções estáticas, a-temporais dos educandos, dos processos educativos, dos currículos, dos conteúdos e da didática. Permite e estimula uma postura nova do educador perante os educandos e perante ele mesmo e perante a teoria e as práticas educativas. Passamos a aceitar que o ser humano é histórico, mutável, diverso e que a teoria pedagógica que trata de seus processos de formação é também histórica e mutável, resultado de mudanças que afetam a estrutura das relações humanas. A pedagogia é uma arte, uma ciência e uma prática inseparável do tecido social. Essa percepção pode ser uma luminosidade promissora para a teoria pedagógica e para sua renovação.

O mesmo poderíamos dizer das políticas educacionais; sua função é garantir o direito à educação, ao conhecimento, ao pleno desenvolvimento dos educandos como enfatiza a nova LDB. Entretanto, esses direitos não são estáticos; eles se concretizam na dinâmica social, são direitos de cidadãos concretos, históricos, diversos em classe, gênero e raça. Sua abrangência adquire dimensões novas com as transformações nas formas de produzir, de viver a cidade, com as novas concepções de dignidade, de infância, de juventude e de vida adulta, sobretudo com a formação histórica da consciência dos direitos humanos. Uma visão dinâmica dos direitos e dos sujeitos sociais torna obsoleta a visão estática das políticas educacionais, que não saem da estreita concepção de direito à educação como garantia de uma vaga na escola, do domínio das tradicionais competências ou instrumentos da escola das primeiras letras. Vincular as políticas e as práticas educacionais às transformações no trabalho e à consciência dos novos sujeitos socioculturais significa sintonizá-las com uma concepção mais alargada e mais dinâmica do direito à educação.

A pesquisa e a produção dos vínculos entre trabalho-educação se debate com essas questões teóricas, que não são específicas de uma ciência e de uma área, mas do próprio campo da educação. Falta-nos um trabalho mais coletivo de sistematização, sobretudo precisamos criar espaços de troca e socialização dessa densidade teórica acumulada no campo comum. Implementar projetos conjuntos de pesquisa, confrontar produtos em publicações, encontrar mais tempos de diálogo coletivo na ANPEd e nos Programas. Repensar o trabalho centrado apenas nos GTs e nas áreas fechadas de pesquisa. Deixar de dialogar quase exclusivamente com os pares da mesma área e GT e sobretudo não dialogar apenas com a produção da mesma tradição epistemológica, considerando outras abordagens como adversários desprezíveis. Nenhuma área pode se julgar o reduto da ortodoxia ignorando o fecundo repensar das ciências. A teoria pedagógica tem ricos materiais para se repensar no nível das outras ciências. A tarefa é dos profissionais de todas as áreas da educação.

Um olhar mais global sobre o fenômeno educativo

Vimos como podemos dialogar sobre o repensar da teoria pedagógica. Vejamos mais um ponto: a necessidade de alargar seu objeto. Cada grupo de pesquisadores nos aproximamos do campo comum por caminhos diversos. Estamos em condições de melhor entender sua complexidade. Uma das contribuições das pesquisas das diversas áreas e, entre elas, trabalho e educação, tem sido trazer elementos para alargar o olhar dos educadores e formuladores de políticas educacionais e de currículo sobre os processos formadores que acontecem na sociedade. Aprendemos que o tempo de escola não é o único espaço de formação, de aprendizado e de cultura. O fenômeno educativo acontece em outros espaços e tempos sociais, em outras instituições, nas fábricas, nas igrejas e terreiros, nas famílias e empresas, na rua e nos tempos de lazer, de celebração e comemoração, no trabalho. Cada GT da ANPEd e cada área dos programas tem mostrado que a educação acontece de formas muito diferenciadas.

A relação entre trabalho-educação tem destacado este ponto. Se reduzirmos nosso olhar apenas à escola, corremos o perigo de não entender outros processos de aprendizado, socialização e cultura, que tanto influenciam a educação escolar, por exemplo: como alfabetizar em uma sociedade onde a cultura oral é predominante? Como avançar na cultura científica e tecnológica quando grandes contingentes de trabalhadores têm como horizonte formas rudimentares de trabalho e de reprodução da existência? Como implementar uma política de qualificação se o horizonte de nossa juventude é o desemprego, a economia informal ou o biscate? Enfim como formular políticas educacionais e curriculares sem estar atentos aos vínculos tão estreitos entre educação escolar e os processos sociais mais globais? A compreensão das dimensões formadoras ou deformadoras que acontecem em outros espaços sociais, nos ajuda a melhor entender a centralidade e os limites da educação escolar, da formação no trabalho, da socialização na família, na rua, nos grupos de juventude.

Essa visão alargada é extremamente promissora para a pesquisa educacional se lembrarmos que a reflexão pedagógica esteve centrada nos tempos e nos espaços escolares. O fenômeno educativo mais global nem sempre foi objeto do olhar pedagógico centrado apenas na escola. Os cursos de formação têm dificuldade de cultivar a sensibilidade para a compreensão do que acontece fora da escola. Os professores não aprendem a vincular os saberes escolares com os saberes sociais, a cultura escolar com a cultura dos educandos, a socialização na escola com a socialização em outros tempos e espaços sociais como a rua, a casa, a igreja, o culto, o terreiro, o pedaço, a cidade, o trabalho e os movimentos sociais. Não apenas a pedagogia escolar teve dificuldade de se pensar em relação com outros tempos e espaços educativos, mas também as pesquisas e as reflexões sobre família, cidade, trabalho ou juventude têm dificuldade de entender a centralidade do tempo de escola. Cada uma dessas instâncias formadoras se julga uma experiência total, isolada. Quando tratamos a escola, a igreja ou a fábrica, como se fossem tempos e espaços educativos totais, estamos estreitando, territorizando o campo educativo. Esse olhar fechado tem condicionado o pensamento sobre a escola, os currículos, e as propostas de formação de professores, mantendo-se frequentemente descolados de uma teoria educativa mais abrangente. A teoria pedagógica deveria dar conta dos fenômenos educativos que acontecem em todos os tempos e espaços.

A territorialização tão fechada da educação pode contagiar tanto os profissionais que pensam a escola como aqueles que pensam o trabalho, a cidade, os meios de comunicação. Cada grupo ou área pode cair nessa territorialização do educativo, ignorando ou marginalizando outros espaços sociais e culturais, outros tempos e outras práticas humanas onde nos construímos como humanos, onde construímos saberes, valores, cultura, conhecimentos e representações da natureza, da sociedade e de nós mesmos. Os recortes positivistas que fazemos das ciências e das áreas de pesquisa nos levam a essa territorialização dos processos educativos. Cada território se isola e ignora os outros. Por exemplo, a ênfase no trabalho como princípio educativo pode levar a considerar outras vivências, outros tempos como alienantes, ao menos como desprezíveis, por exemplo, a vivência familiar, escolar, religiosa, de lazer, etc. Qual o peso dessas vivências na formação do trabalhador? Como se articulam com as virtualidades formadoras dos tempos de trabalho? Como se processa a formação dos seres humanos na pluralidade de suas dimensões? O diálogo entre as diversas áreas que pesquisam, decidem e fazem a educação, não ajudaria na desterritorialização de cada tempo e espaço? Na visão mais totalizante dos fenômenos educativos e culturais? Penso que temos condições para avançar nessa direção e construir a teoria pedagógica e não ficarmos em teorias parciais.

O caráter formador ou deformador da diversidade dos tempos de produção-reprodução da existência tem ocupado um lugar de destaque no movimento de renovação educacional. Nas últimas décadas os GTs da ANPEd vêm pesquisando novas dimensões da educação. Vários programas de pós-graduação concentram suas pesquisas, dissertações e teses aprofundando as dimensões educativas dos movimentos sociais, do trabalho, da família, da cidade, da juventude e vida adulta, da comunicação, das artes. Os olhares sobre a educação se diversificavam. É uma das riquezas do movimento de renovação teórica construído nas últimas décadas na educação. Essa diversidade tem de ser percebida por cada GT e área de pesquisa. Manter um diálogo nessa diversidade, e não ignorá-la.

A reflexão pedagógica escolar também vem sendo marcada por esse olhar alargado sobre os fenômenos educativos. Aos poucos, vamos incorporando a preocupação com os vínculos entre saberes escolares e saberes sociais, entre currículo e cultura, trajetórias pessoais e trajetórias escolares, tanto dos alunos quanto dos professores, produção do conhecimento e diversidade cultural. A atenção às temáticas ditas "transversais", às "culturas silenciadas" (será que a escola e os currículos conseguem silenciar realidades e culturas tão diversas e tão presentes em nossa formação social?), às variadas dimensões da formação humana, vêm incorporando no currículo, na pesquisa e reflexão pedagógica dimensões que não mereciam a atenção das políticas e teorias educacionais porque relegadas à função formadora de outras instituições, por exemplo: ética, valores, socialização, cultura, diversidade cultural, sexualidade, trabalho, cidade, ciclo-idade de formação, lazer, corporeidade, gênero, raça. Estar atentos a essas dimensões não era considerado função da escola e do professor. Sua função era apenas transmitir o programa, os conteúdos escolares. Atualmente, como pesquisar e teorizar sobre didática, organização escolar e currículo sem ter sensibilidade com a cultura, com os processos de produção dos saberes, dos valores, das identidades, sem estar atentos aos movimentos sociais e a diversidade de espaços onde os mesmos são construídos? Como pensar uma teoria do currículo, da didática, da administração escolar sem dialogar com as práticas educativas mais amplas e com os sujeitos sociais dessas práticas? Como pensar as políticas educacionais apenas olhando para o Estado e para suas disposições normativas?

Essa visão mais global dos processos educativos e culturais é uma riqueza para a teoria pedagógica e para cada área. Entretanto, ainda há pesquisadores e teóricos que fogem e têm medo desse diálogo tão fecundo para a teoria pedagógica, que menosprezam a pesquisa, a reflexão e a produção teórica sobre as práticas educativas que acontecem fora das grades dos departamentos e da escola. Os guardiões da produtividade acadêmica cada dia se fecham mais nesse reducionismo. Programas de pós-graduação voltam à organização por áreas de pesquisa. A teoria educacional se empobrece com qualquer olhar fechado e com os medos diante dos desafios teóricos que a dinâmica social mais ampla traz para a educação.

Apesar dos medos de alguns, a reflexão pedagógica passou a estar mais atenta às práticas formadoras mais amplas. Passou a dialogar com outras ciências sempre sensíveis ao fenômeno educativo. Buscou outros olhares e sensibilidades, incorporou metodologias, ferramentas e teorias de outras ciências: antropologia, historiografia, psicologia, sociologia, ciências preocupadas com os processos civilizatórios e culturais, com a construção do conhecimento, a socialização e formação de identidades, a construção histórica da infância, da cultura juvenil, etc. Buscamos outros olhares sobre a formação humana para alargar e enriquecer nosso olhar sobre a educação escolar. O diálogo da pedagogia com essas ciências está cada vez mais aberto.

Se a pedagogia se abre à compreensão das práticas educativas mais amplas, as Ciências Humanas, por sua vez, se voltam para a especificidade do educativo escolar, para os tempos e os espaços, para os rituais e a cultura da escola, sua função cultural e socializadora. A educação escolar passa a ser objeto de outras ciências, como acontece nas tradições acadêmicas de outros países. Lamentavelmente, em nossa tradição acadêmica, a pesquisa e teoria sobre a escola ficaram por conta dos cursos de pedagogia. Essa tradição vem sendo superada. A ANPEd passou a ser o espaço de diálogo entre a pedagogia, a escola e outras ciências.

Podemos dizer que, nos últimos anos, estamos retomando uma tradição que sempre esteve na base da construção da teoria pedagógica: dialogar com as ciências que têm por objeto a compreensão dos fenômenos educativos e culturais mais amplos, a compreensão da construção do conhecimento, dos valores, dos símbolos, das identidades, da socialização. A pedagogia enquanto teoria de todos esses processos não surge historicamente como uma disciplina autônoma. Ela vai se configurando no diálogo com as diversas ciências que refletem sobre os fenômenos educativos mais amplos. Aí está sua riqueza. Nos momentos em que perde esse diálogo e se "escolariza", a pedagogia perde em profundidade, perde seu objeto mais dinâmico. Tende a se fechar, não dialoga. Estamos em um momento de recuperar nosso objeto? De entender a educação escolar nesse dinamismo e complexidade dos processos educativos mais globais?

A nova Lei de Diretrizes e Bases da Educação Nacional é um indicador nessa direção. Um dos pontos mais promissores da nova LDB é, sem dúvida, a concepção alargada de educação. O art. 1° é uma expressão de quanto alargamos, nas últimas décadas, a visão do educativo para além dos bancos da escola. Merece ser lembrado: "A educação abrange os processos formativos que se desenvolvem na vida familiar, na convivência humana, no trabalho, nas instituições de ensino e pesquisa, nos movimentos sociais e organizações da sociedade civil e nas manifestações culturais". No inciso 2° do art. 1° ainda acrescenta: "a educação escolar deverá vincular-se ao mundo do trabalho e da prática social". No artigo 3° se insiste nesta vinculação quando define os princípios com base nos quais será ministrado o ensino: "valorização da experiência extra-escolar"; "vinculação entre a educação escolar, o trabalho e as práticas sociais". A Lei anterior n. 5692/71 apenas se referia à educação a ser dada no lar e na escola.

Esse artigo 1° da nova LDB parece ser um convite para que os GTs e as áreas de pesquisa se encontrem nessa concepção global dos fenômenos educativos. Não apenas a pedagogia escolar poderá sair enriquecida dessa visão alargada, mas também áreas como trabalho e educação podem se rever e enriquecer nessa visão. Os vínculos pesquisados em cada área adquirem novas tonalidades, novas luminosidades quando percebidos como parte da totalidade de processos, tempos e espaços de humanização.

Construindo uma concepção mais universal da Educação Básica

A questão que me persegue neste texto é a possibilidade de um diálogo entre as diversas áreas da pesquisa educacional. Se é possível um diálogo entre dois campos que parecem ter objetos diferentes e até distantes, de um lado, aquelas áreas que têm como objeto as relações entre educação, trabalho, comunicação, movimentos sociais, cidade, jovens e adultos, gênero, etnia, diversidade cultural e, de outro lado, aquelas áreas centradas na educação escolar, história, didática, currículos, formação de professores, educação infantil, alfabetização, educação fundamental, média, profissionalizante, políticas educacionais. Se é possível um diálogo entre a pedagogia escolar e outras áreas do social.

Defendo que esse diálogo é urgente, que todas as áreas podem contribuir para a configuração do campo comum, os fenômenos educativos. Destaquei na seção anterior como as pesquisas vêm mostrando as dimensões educativas do trabalho, dos movimentos sociais, da cidade, da cultura juvenil, da multiplicidade de tempos e espaços culturais, socializadores e identitários. Como essas pesquisas vêm alargando a compreensão dos fenômenos educativos. Destaquei como esse alargamento pode ser fecundo para a teoria pedagógica, para as área preocupadas com a educação escolar e para as áreas não escolares.

Gostaria de chamar a atenção para outro ponto em que esse diálogo poderá ser fecundo: repensar a educação escolar básica, a educação universal, obrigatória. As áreas como trabalho e educação não podem se limitar a dialogar com os profissionais e formuladores de políticas de Ensino Médio e profissionalizante apenas porque esses níveis se preocupam com a preparação para o trabalho, para a compreensão dos fundamentos teóricos e científicos dos processos de produção, por seus vínculos com as novas tecnologias, etc. A ênfase no trabalho como princípio educativo não surge com as demandas do industrialismo, com a preocupação em preparar o trabalhador nem apenas por destacar as dimensões educativas referidas à produção e às suas transformações técnicas. Os vínculos entre educação, escola, trabalho e produção têm sido postos comumente em termos de demandas de qualificação e demandas de valores, saberes, competências e subjetividades esperadas ou exigidas do trabalhador pelas transformações no trabalho. Entretanto, há razões sociológicas e históricas para duvidar que a ênfase deva ser posta aí. Os vínculos passam por relações mais globais na produção dos seres humanos e, consequentemente, do trabalhador.

O trabalho como princípio educativo situa-se em um campo de preocupações com os vínculos entre vida produtiva e cultura, com o humanismo, com a constituição histórica do ser humano, de sua formação intelectual e moral, sua autonomia e liberdade individual e coletiva, sua emancipação. Situa-se no campo de preocupações com a universalidade dos sujeitos humanos, com a base material (a técnica, a produção, o trabalho), de toda atividade intelectual e moral, de todo processo humanizador.

Penso que essas relações não remetem os vínculos entre trabalho-educação apenas, nem fundamentalmente, às políticas de Ensino Médio e profissionalizante, nem aos complexos mecanismos de aprendizagem dos saberes, valores e atitudes do trabalhador. Nos remetem em cheio ao projeto de humanização, de Educação Básica universal da modernidade, do pensamento humanista e socialista. O diálogo nesse nível da Educação Básica tem sido escasso, exatamente onde muitas áreas dos GTs da ANPEd e dos programas de graduação e pós-graduação em educação situam sua pesquisa e reflexão teórica. Não será por isso que andamos desencontrados e não conseguimos dialogar com a escola e seus mestres? Essas áreas têm avançado bastante no alargamento da concepção de Educação Básica, na incorporação de novas dimensões para a função social e cultural da escola. O pensamento acumulado na área trabalho-educação, movimentos sociais e educação teria contribuições significativas nesse movimento pedagógico de repensar nossa Educação Básica. O que estou sugerindo é que o recorte da Educação Básica universal é um ponto em que o diálogo entre trabalho-educação e teoria pedagógica tem tudo para ser fecundo. Não apenas no sentido de que o tempo de Educação Básica é também um tempo de formação do futuro trabalhador, nem no sentido de defender a melhor qualidade da Educação Básica porque é também um dos direitos de todo trabalhador. Nessas dimensões será conveniente o diálogo, porém serão dimensões parciais. Penso que trabalho e educação e a construção histórica da Educação Básica se encontram na própria concepção radical do educativo presente nos movimentos sociais, nos embates teóricos, políticos e culturais que acompanham tanto a defesa da Educação Básica universal, quanto na defesa do trabalho como princípio educativo. Nesse subsolo comum, ambos os movimentos históricos se encontram.

No contato com as escolas tenho percebido que a construção da visão e da prática de Educação Básica universal que vem sendo construída com os modernos movimentos sociais, culturais e democráticos, foi historicamente um processo lento e ainda bastante desfigurado na história de nossa formação social. Nesse contato tenho me convencido que essa questão deveria merecer maior atenção e sensibilidade de todos os pesquisadores e profissionais da educação. Podemos nos indagar como coletivo profissional qual é a concepção e a prática de Educação Básica dominante em nossa tradição social, e nos perguntar se temos um sistema de Educação Básica legitimado no imaginário social, na teoria pedagógica e nas culturas escolares. Pesquisar se a função social e cultural de nossa escola básica dá conta do avanço da consciência do direito à educação e à cultura, se dá conta das exigências contemporâneas de formação intelectual e moral do ser humano, de sua autonomia, liberdade e emancipação. Pesquisar se nossa escola básica ainda está amarrada ao domínio de habilidades e competências primárias referidas a vencer na vida e competir no mercado. Pesquisar que tradição de Educação Básica se instaurou em nosso sistema escolar e na teoria pedagógica, na teoria do currículo, da didática, da formação de professores e da organização escolar.

A propaganda do governo ainda nos mostra as crianças cantando com o rei Pelé propondo para nossa sociedade: *"ABC, ABC, toda criança tem que ler e escrever..."*. É tudo o que temos a propor à sociedade brasileira como o ideal moderno de Educação Básica? Estamos chegando ao ano 2000 tendo como sonho e parâmetro a escola das primeiras letras. A que reduzimos a concepção moderna de Educação Básica, universal e a formação cultural, intelectual e moral de nossa infância? Que vivências da infância como tempo de humanização plena são possíveis para nossas crianças? Essas questões permeiam a construção do ideal de Educação Básica universal e os embates sobre a formação da infância. Permeiam a vinculação entre trabalho produtivo e escola básica, entre os diversos tempos de socialização, cultura, conhecimento, vida produtiva, trabalho, lazer e escola. Todos esses questionamentos têm como pano de fundo a construção e a defesa do direito da infância, a ser plenamente humanos. Questionamentos nucleares para as áreas de trabalho-educação, didática, currículos, formação de professores, políticas educacionais, movimentos sociais.

Na seção anterior destacava como a nova LDB alarga a visão do educativo para além dos bancos da escola. E não para por aí. Podemos encontrar indícios de que ela traz uma concepção mais universal da Educação Básica, não apenas porque incorpora nesse conceito a educação infantil, fundamental e média, mas porque aponta para além de uma concepção utilitária, estreita e primária tão dominante em nossa tradição. Além de reconhecer os vínculos entre o tempo de escola e os processos formativos mais amplos, a nova LDB incorpora uma concepção mais ampla de educação escolar como *desenvolvimento pleno do educando* (artigos 2º, 22º, 29º e 32º). Esse pleno desenvolvimento não é colocado como mais um dos fins da educação nacional como aparecia na legislação anterior, mas como finalidade central. O desenvolvimento da capacidade de aprender, a aquisição de conhecimentos e habilidades, aparecem como *meios*, "mediante" – para alcançar esse desenvolvimento pleno. Essa concepção de educação proclamada na LDB (o projeto do fórum era ainda mais radical na concepção de Educação Básica universal) é um grande avanço frente à concepção utilitarista e instrumental dominante nos estatutos legais anteriores e nas políticas educacionais, (inclusive nas políticas do atual governo, concomitantes e posteriores à LDB). Se o tempo de escola é reconhecido como tempo de desenvolvimento pleno do educando, a teoria e a prática pedagógica terão como finalidade e objeto tornar o educando mais plenamente humano.

Insisto que esse pode ser um dos pontos fecundos para o diálogo entre as diversas áreas de pesquisa e reflexão pedagógica: construir entre nós uma concepção e uma prática mais moderna de Educação Básica universal. O GT Trabalho-Educação debateu-se durante anos na compreensão da educação omnilateral, politécnica. Essa rica visão não pode ser reduzida ao ensino profissionalizante nem ao Ensino Médio. É a concepção moderna de educação universal básica, de formação humana que está em jogo. O que temos a contribuir? Oferecer a produção que acumulamos na área, retomar essas ênfases na compreensão da omnilateralidade, no caráter desinteressado da

Educação Básica. Retomar a centralidade das discussões teóricas e das pesquisas sobre a contribuição histórica que os vínculos entre trabalho-educação teve e continua a ter para a configuração moderna dos processos educativos. Em outros termos, não reduzir as análises à melhor compreensão das transformações na produção e no trabalho, mas recuperar a melhor compreensão dos processos de formação humana. Reafirmar a visão universal.

É nessa visão global que se construiu ao longo da história a concepção universal de educação. Universal não apenas no sentido de para todos, mas de dar conta da universalidade, pluralidade, omnilateralidade das dimensões humanas e humanizadoras a que todo indivíduo tem direito *por ser* e *para ser* humano. Essa universalidade da ação educativa é a concepção universal da *paidéia*, do humanismo renascentista, da ilustração, do socialismo utópico e científico, dos movimentos sociais, trabalhista, feminista, negro, pela igualdade e diversidade, da pedagogia do trabalho e da libertação, do trabalho como princípio educativo... A essa concepção e prática mais universal se contrapôs a concepção propedêutica, preparatória *para* (na estreiteza da propaganda do governo: aprender para vencer), transmissiva, utilitarista e reducionista de educação apenas para inserir na vida e competir no mercado de trabalho.

O estamos sugerindo é que o diálogo entre as áreas de pesquisa e reflexão em que nos dividimos seja retomado em um patamar comum, a teoria pedagógica e a própria construção histórica da Educação Básica universal, resgatada dos reducionismos a que foi submetida. Recuperar a densidade que lhe foi conferida pela modernidade e pelos modernos movimentos sociais. A tradição epistemológica que destaca os vínculos entre trabalho-educação tem contribuições sérias nessa direção. Tanto a defesa da escola básica universal quanto a defesa do trabalho como princípio educativo se amarram na mesma concepção moderna humanista, de educação como humanização. O objetivo da defesa da Educação Básica e da escola universal quanto do trabalho como educativo não foi outro do que a defesa, desde ângulos diferentes, por vezes tensos, de uma concepção pedagógica que tinha como horizonte o ideal de emancipação plena. A pedagogia moderna se configura como ciência que se propõe entender e ajudar na maturação para o desenvolvimento omnidimensional ou politécnico, para autonomia racional, ética, política e prática, para a liberdade, a emancipação, a igualdade, a inclusão, enfim o direito a sermos humanos.

É interessante constatar que é para essa retomada da pedagogia e da Educação Básica para onde se volta atualmente a reflexão pedagógica. É para as dimensões e virtualidades humanizadoras constituintes do ser humano para onde se voltam outras ciências como a antropologia, a história, a sociologia, a arquitetura, a geografia, e até as ciências da natureza. Os sujeitos sociais, sua constituição e socialização, os processos civilizatórios, a cultura, as identidades, a humanização da natureza, da cidade, do ambiente, da produção, do trabalho, das novas tecnologias estão atualmente no foco de olhares diversos por vezes conflitantes. Esses horizontes foram assumidos pelo movimento democrático. Foi nos momentos em que se priorizou a constituição do ser humano, quando foi se configurando a moderna teoria pedagógica e a moderna concepção de educação universal. Estamos em um tempo propício para retomá-la com a centralidade devida, para legitimá-la no imaginário social e, sobretudo, no ideário da teoria e prática pedagógica, do currículo, da didática, da administração da educação e da formação de professores. Afinal esse é nosso ofício e função social.

Aprofundar como acontece a ação educativa

Pensemos em mais um ponto onde o diálogo entre trabalho-educação e teoria pedagógica pode ser fecundo: a compreensão das práticas e procedimentos através das quais acontece a educação ou a compreensão da dinâmica de toda ação educativa e cultural.

E por que as diversas áreas da pesquisa teriam de se colocar essa questão quando estão preocupadas com dimensões mais políticas, mais macroestruturais? Sugerir que nos voltemos para a compreensão da dinâmica de toda ação educativa pode parecer desviar-nos das grandes questões que vêm ocupando nossa atenção.

A teoria pedagógica faz parte da teoria social e não pode abandonar a compreensão dos determinantes estruturais, políticos e ideológicos que condicionam a existência humana e os processos de nossa constituição como humanos. Determinantes que têm condicionado a produção histórica dos sistemas escolares, seu uso como aparelhos ideológicos, de inculcação e reprodução do poder, de controle dos saberes e dos valores Entretanto, denunciar o uso político-ideológico que possa ser feito da escola e do conhecimento, da fábrica ou dos meios de comunicação é apenas parte das questões educacionais. A compreensão da dinâmica da formação dos seres humanos, dos processos civilizatórios e culturais faz parte das preocupações da pedagogia, é objeto central da teoria pedagógica.

Desde a paideia, do humanismo renascentista, do laicismo da Ilustração, desde a modernidade e na pós-modernidade uma das questões postas à pedagogia é mediante que arte, que ciência e que práticas o ser humano pode ser conformado. Arte, ciência e práticas construídas intencionalmente, conduzidas pedagógica e politicamente. Estamos em tempos de volta dos sujeitos em que a sensibilidade social recoloca com centralidade essas questões. São momentos em que se percebe que os jogos do poder não dão conta de explicar toda a complexa dinâmica das ações humanas, entre elas, as ações educativas e culturais. Nesses tempos de volta dos sujeitos cresce a sensibilidade para com os assuntos humanos, com as dimensões éticas, civilizatórias e emancipatórias das ações humanas. O sonho da modernidade tem sido como povoar as cidades, de cidadãos racionais. A tarefa esperada da pedagogia é como educá-los, através de que processos, relações e práticas será possível esse sonho. Esse ponto tem sido pouco pesquisado nas diversas áreas em que recortamos a educação. Sabemos mais sobre o uso que o poder e as ideologias fazem da educação do que sobre como ela acontece. Politizamos esse uso e despolitizamos a própria ação educativa. Sabemos bastante sobre as transformações no trabalho, sobre a história dos sistemas educacionais, as tendências pedagógicas, a diversidade de métodos, entretanto sabemos pouco sobre a dinâmica da própria ação educativa. As diversas áreas têm trazido elementos para aprofundar essa dinâmica, para rever concepções. O diálogo pode contribuir para repor essas questões no cerne da teoria pedagógica.

Podemos lembrar algumas respostas que destacam na sua diversidade como prensamos a dinâmica da ação educativa: será que ela acontece por inculcação? É condicionada por determinantes externos? Passa pela materialidade? Está marcada por ser uma ação entre pessoas? Reflitamos sobre cada um desses pontos.

Comecemos por aquela resposta que coloca a ação educativa na inculcação. Sabemos que pertencemos a uma tradição filosófico-religiosa que acredita que a formação do ser humano acontece por inculcação e transmissão de ideias, saberes e valores. Quando nos perguntamos como acontece a educação, a resposta tem sido pela palavra. O verbo, a palavra criou o mundo, e pensamos que cria e conforma os seres humanos. Deus disse, e tudo foi sendo criado. O professor, o catequista ou os pais dizem suas lições e conselhos, e as crianças vão se formando. Na palavra estão as virtualidades formadoras. O domínio dessa tradição tem sido quase absoluto na pedagogia, não apenas na escola. Também na educação popular e na educação política, o ideal tem sido conscientizar e politizar pela palavra, pelo discurso, pela denúncia. Será que como intelectuais e profissionais do conhecimento e das ideias pensamos que a educação se produz na mesma dinâmica do trabalho intelectual?

Temos de reconhecer que os embates que ocuparam o pensamento crítico, a reforma de currículos e a formação de professores parecem continuar privilegiando a crença em que a educação acontece pela inculcação. Continuamos girando na mesma tradição pedagógica que reduz a ação educativa à transmissão de saberes, sejam eles alienados-alienantes, sejam críticos-conscientizadores. A pedagogia e a teoria do currículo assumiram como tarefa alimentar o embate em torno do caráter ideológico da produção do conhecimento e da seleção dos saberes transmitidos e das ideologias inculcadas nas instituições educativas. Avançar na crítica ao uso ideológico que se faz dos processos de inculcação não significa que tenhamos avançado na compreensão da dinâmica da ação educativa. Podemos apenas estar reforçando a tradição idealista que tem dominado nosso campo. A crítica poderia ir além do uso ideológico e político feito dos saberes escolares e avançar criticando essa tradição que coloca todas as virtualidades formadoras na palavra e no discurso do educador, que reduz o ato educativo ao ato de ensinar. Quando enfatizamos determinadas dimensões nas pesquisas sobre currículo, didática, história, estamos tocando ou reforçando determinada concepção pedagógica sobre como acontece a ação educativa. O diálogo e o embate entre as áreas permitirá explicitar quais concepções de ação educativa estamos reforçando. Esse é o melhor caminho para a permanente construção coletiva da teoria pedagógica.

Pensemos em outra resposta dada à questão como acontece a educação, a resposta que privilegia os determinantes externos.

Posta a ênfase na inculcação, é fácil privilegiar como questões pedagógicas, a produção externa das ideias e dos saberes, dos valores e competências inculcados e transmitidos. As preocupações se desviam dos processos formativos em si para as esferas que decidem o que é selecionado para a transmissão. Pensemos as relações tão destacadas nas últimas décadas entre currículo, poder e ideologia, entre política educacional e os meandros do poder. Há um suposto por trás desses destaques, que as grandes interrogações da pedagogia moderna sobre se podemos ser sujeitos de nossa própria formação como humanos e mediante que arte e práticas ela acontece, encontram resposta fora dos próprios processos educativos, nos jogos de poder e nos confrontos ideológicos. Há uma ênfase na externalidade das práticas educativas. Elas em si não são objeto de pesquisa e teorização, uma vez que o que é central é o que vem de fora, o que essas práticas apenas reproduzem, os embates das ideologias, do poder, da cultura, dos interesses que dominam a sociedade. Como essas práticas não são vistas como constituintes dos processos educativos, e o central são as ideias que se impõem de fora à escola e a seus mestres, o que importa como constituinte do ato educativo é o discurso culturalmente selecionado e organizado fora e imposto à escola. Ainda a teoria pedagógica e a teoria curricular estão marcadas por essa externalidade. As consequências têm sido marginalizar seu próprio objeto, centrar-se nas estruturas de poder, nos embates ideológicos, na história das ideias, nos modelos de infância, nos discursos produzidos fora do ato educativo em geral e, especificamente, fora da prática escolar. Os próprios estudos sobre trabalho-educação caem por vezes nessa externalidade, privilegiando os embates ideológicos e políticos que permeiam as mudanças na produção e no trabalho. O uso ideológico e político que possa ser feito do todo ato educativo e cultural, na escola, no trabalho ou nas igrejas tem de ser conhecido e explicitado, mas não pode ser confundido com os próprios processos educativos que acontecem nesses tempos e espaços. A teoria pedagógica tem como seu objeto a compreensão do que é constitutivo da ação educativa e cultural, da socialização e formação de identidades, saberes e valores, da construção e apreensão do conhecimento. Tem de situar-se no cerne da própria ação educativa, em sua lógica, e não deduzi-la do uso que outras lógicas possam fazer da educação. Temos de nos interrogar até que ponto essa ênfase nos campos externos, nas respostas externas à própria ação educativa ajuda na compreensão da pedagogia, se essa externalidade não tem contribuído para marginalizar as grandes questões postas pela modernidade à educação, se em vez de dialogar com a teoria pedagógica não temos fugido desse diálogo e terminamos fugindo de nosso próprio objeto.

Voltemos à questão posta: onde e como acontecem os processos educativos? Mediante que arte, que práticas eles se processam?

Outra resposta a essas interrogações destaca o peso das condições materiais e das relações sociais em que se produz a educação. Destaca que os processos educativos se materializam em práticas e rituais. A teoria pedagógica cada vez é mais sensível à trama de práticas, procedimentos, rituais e relações em que acontece o educativo. A educação cada vez se torna mais vinculada com a ação humana, com os processos em que se materializa. Essa visão pode ser um avanço.

Esse é um ponto em que as pesquisas e as reflexões sobre os vínculos entre trabalho-educação têm arcado sua influência no movimento de renovação pedagógica que vem acontecendo entre nós. Temos pesquisado como as ideias, os valores e os saberes das pessoas se formam através de suas práticas sociais que vivenciam tanto dentro quanto fora da escola, no trabalho, no lazer, em todo convívio social. A criança, o jovem ou qualquer adulto não se socializa e aprende no conjunto das práticas sociais e depois recebe e sistematiza na escola o conhecimento socialmente produzido através das lições que aprende dos mestres, das leituras que faz e dos saberes veiculados no material didático. Insistimos em que a escola é educativa através de um conjunto de práticas sociais materiais. As pesquisas sobre trabalho-educação reconhecem na produção da existência de virtualidades formadoras e não ignoram que essas virtualidades estão presentes nas práticas escolares, nos rituais da escola, nas formas de interação, nas formas diversas através das quais os professores e alunos se relacionam com os tempos e os espaços, a organização do trabalho, até com a disposição das carteiras, a organização gradeada do conhecimento e com as relações sociais que permeiam o cotidiano da escola. Nessas práticas se produzem a educação e a socialização, os saberes e os valores, a formação ou a deformação. Entretanto, elas são pouco pesquisadas na teoria pedagógica, apesar de ser o tema mais constante de preocupação e diálogo dos profissionais da escola, dos alunos e das famílias. Onde estão suas potencialidades formadoras? Em ser repetitivas, constantes, vivenciadas ainda que não problematizadas pela teoria, em se traduzir em comportamentos, em condutas e em valores. Essas práticas fazem parte do que é o cerne de todo processo educativo e cultural, que é ser ações humanas, entre pessoas em relações sociais. Nessa ação humana, que acontece no trabalho, na cidade, na turma, na escola, é que se processa a ação formadora. Por isso, a concretude de rituais, espaços, tempos, em que se produz a educação, é importantíssima. Tem de ser objeto da teoria pedagógica.

A produção na área trabalho-educação tem trazido uma contribuição importante para entendermos melhor como acontecem os processos educativos. Destacou as potencialidades formadoras dos elementos materiais em que o ser humano produz sua existência. Contrapor a visão da educação como processo de inculcação a visão da educação como produção colada às condições materiais em que as pessoas vivem, em que se humanizam ou desumanizam, se formam ou deformam. Um diálogo sobre o peso da materialidade e das condições de produção da existência seria fecundo para a teoria pedagógica em geral e especificamente para a pedagogia escolar. Seria enriquecedor aprofundar sobre o peso das instituições, dos rituais, das condições materiais, dos tempos e espaços e das relações sociais em que se processa toda ação educativa na escola ou fora.

Esta é a base epistemológica que leva a pesquisa sobre trabalho-educação a concentrar-se na compreensão das transformações na reprodução e nas relações sociais, nas mudanças tecnológicas, institucionais e organizacionais, no uso dos tempos e espaço, nos saberes e competências produzidas pelas mudanças nessa materialidade. Quando a área trabalho-educação se aproxima da escola, enfatiza também essas mesmas dimensões, a escola como instituição e organização, a hierarquia e a divisão do trabalho, o controle do processo e do produto, a expropriação do saber, as condições materiais, estabilidade, carreira, salários, tempos e espaços do professor. Essas dimensões não podem ser classificadas como sindicais, mas como pedagógicas.

A ênfase nessas dimensões materiais e sociais, em que se produz e reproduz a vida do trabalhador, dos professores, dos alunos e funcionários, tem como fundamento teórico o destaque dado às condições de existência na produção-formação do ser humano. Diríamos que há uma teoria pedagógica que fundamenta essas ênfases. Na história da educação essa dimensão está em permanente conflito com a ênfase na inculcação. A tensão entre educação pela palavra ou pelas práticas. Se é uma constante interpretar a educação como inculcação, também é fácil encontrar uma constante que interpreta os processos educativos colados às práticas, às intervenções, às artes, às diversas formas de produzir, à existência, aos rituais, às comemorações e celebrações, à dança, às expressões simbólicas, à guerra e ao trabalho.

Na pedagogia mais antiga, até monacal, o trabalho entra como um componente insubstituível da formação humana. Na pedagogia renascentista se retoma a centralidade da vida ativa, se enfatiza a visão da escola como oficina e do mestre como artesão e artífice. O primeiro impulso utópico da Ilustração foi sobre as virtualidades formadoras e humanizadoras do trabalho. A formação politécnica, o trabalho como princípio educativo são inseparáveis da história da moderna teoria pedagógica. O trabalho, o corpo e os sentidos foram trazidos com destaque pelos movimentos sociais como componentes da moderna teoria pedagógica. Os movimentos sociais têm pressionado para que essas dimensões sejam assumidas como constituintes de toda ação educativa e cultural.

Não tem sentido relegar a preocupação com as potencialidades formadoras da materialidade à periferia do campo educativo, nem considerá-las como questões dos GTs que não tocam na pedagogia e que não se preocupam com a escola, nem com a educação. Essa visão preconceituosa de dimensões tão constituintes do educativo não contribui para o enriquecimento da teoria pedagógica. O mais sensato seria voltarmos para o peso que essas dimensões tiveram na configuração da pedagogia ao longo de sua história. Se pretendemos entender melhor como acontece a educação, seria aconselhável dialogar com outras ciências como história, antropologia e sociologia, que destacam o peso das instituições, das relações sociais, dos tempos e espaços, dos rituais, dos procedimentos e práticas na socialização e na produção da cultura, das identidades e dos saberes e valores. Como seria enriquecedor para a pedagogia dar a devida centralidade ao peso formador das condições materiais e das relações sociais em que se produz a educação!

Pensemos em mais uma resposta dada à questão que nos ocupa: como acontecem os processos educativos, mediante qual arte, qual vivência ou qual práticas eles se processam.

A pedagogia escolar tem trazido dimensões fundamentais para melhor entender como acontece a educação. Ela tem insistido que toda ação educativa é ação humana, ação entre pessoas, de pessoas sobre pessoas, é convívio de gerações. A imagem do adulto conduzindo a criança é a imagem do pedagogo e da pedagogia. Essa imagem sintetiza as bases epistemológicas da teoria educacional. A relação pais-filhos, mestre-aluno, educador-educando tem sido considerada sempre como constituinte da ação educativa. Essa visão faz parte não apenas da pedagogia, mas também de nossa cultura. Ser relação humana é o que confere o sentido específico à educação. A presença de pessoas faz parte de toda ação formadora.

O diálogo trabalho-educação e a teoria pedagógica teriam muito a aprender nesse ponto. Se, de um lado, a pedagogia em geral e a escola especificamente não podem esquecer o peso dos elementos materiais da produção da existência, de outro lado os vínculos entre trabalho e educação têm de destacar mais o elemento humano, a presença de pessoas na educação. A ênfase no peso dos aspectos institucionais e materiais pode marginalizar o elemento humano. A experiência escolar nos lembra que as condições de trabalho, as tecnologias e a organização são formadoras porque nelas se expressam pessoas, sujeitos concretos, em relações sociais e culturais. Dar a devida centralidade ao elemento humano na relação trabalho-educação pode significar incorporar as contribuições teóricas vindas da pedagogia, da psicologia cultural sobre o que é o construtivo dos processos educativos. Não é aconselhável repetir que o trabalho é educativo e ignorar ou não incorporar contribuições epistemológicas vindas das áreas que têm a educação como seu objeto.

Uma das contribuições é destacar o caráter pessoal de todo ato educativo. Um dado central, por vezes marginalizado nas pesquisas sobre a relação trabalho-educação. Se toda ação formadora se dá em uma relação de pessoas, se nela se expressam homens e mulheres, eles não podem ser vistos como meros pacientes da ação formadora ou deformadora das tecnologias, da reorganização dos processos de produção e trabalho. As pessoas são sujeitos que se expressam nessa materialidade, que entram nela com suas matrizes culturais, suas histórias pessoais, suas representações e valores, sua subjetividade, sensibilidade, afetividade e emoção, sua condição humana. A relação trabalho-educação tem de ser personalizada, reconhecendo a centralidade do elemento humano. As bases epistemológicas que têm alimentado as pesquisas sobre trabalho-educação têm de ser impregnadas de humanismo, para que fiquem menos lógicas, menos dedutivas e mecânicas e incorporem que à margem das pessoas não há ação pedagógica, por mais determinante que seja o peso das estruturas. Incorporem o que é constitutivo da condição humana e de toda relação educativa, a imponderabilidade, a não deductibilidade, a criatividade presente em toda relação entre sujeitos humanos. Não se trata de reconhecer apenas a capacidade de resistência dos sujeitos ao peso determinante das estruturas. Reconhecer a capacidade de resistir não muda as bases epistemológicas que têm alimentado a visão da relação trabalho-educação. É necessário ir além para chegarmos ao cerne de toda ação educativa. É bom nos aproximar mais da experiência escolar, do caráter humanista que a impregna e recuperar os sujeitos da formação humana.

Como vemos, temos materiais riquíssimos levantados pelas diversas áreas para fazermos avançar as ciências da educação. Especificamente a área trabalho-educação e a teoria pedagógica têm pontos nucleares onde dialogar e se enriquecer mutuamente. Aquela área tem muito a aprender com esta, uma vez que não é suficiente afirmar ou supor que o trabalho forma ou deforma. Falta-nos conhecer melhor as mediações que interferem no ato educativo, como o ser humano se educa, como processa a cultura, o sistema de símbolos e o pensamento que dirigem sua ação humana. Nos falta entender como esses processos acontecem especificamente no trabalho, na cidade, na escola ou na família. Nesse campo falta-nos muito por pesquisar, apesar de ser nosso campo profissional. Podemos aprender dialogando com a teoria pedagógica, a axiologia, a filosofia da ação e a antropologia. Não é suficiente, ainda que necessário, fazer análises macropolíticas e ideológicas para dar conta de nosso campo, nem fazer sociologia do trabalho, da família ou da escola para avançar na compreensão dos processos educativos no trabalho, na família ou na escola.

Se temos a aprender da teoria pedagógica, insisto em que temos também contribuições a dar. A prioridade posta nos estudos sobre trabalho-educação nos processos materiais e sociais do trabalho na conformação do ser humano, traz para a análise da educação a centralidade das práticas, dos procedimentos e da materialidade em toda ação educativa. Os conteúdos, os valores e os saberes, as concepções de natureza e sociedade que os professores transmitem e os educandos aprendem são inseparáveis das estruturas e das condições em que se dá a ação educativa. São inseparáveis dos procedimentos e das práticas através dos quais se ensina ou socializa. A teoria pedagógica que ignorar ou secundarizar essa praticidade de todo ato educativo não conseguirá dar conta de seu próprio objeto. Assim também não dará conta se ignorar o que é constitutivo de toda ação educativa e cultural: dar-se em relações pessoais, de pessoas para pessoas, de gerações par gerações, de adultos para crianças e jovens. Toda educação acontece entre sujeitos. É constitutivo de toda prática educativa e cultural ser uma ação humana, de sujeitos humanos, daí estar sempre marcada pela diversidade de experiências culturais dos sujeitos que dela participam. Nesse sentido, toda pedagogia do trabalho, da escola ou da família é humanista e adquire seu sentido no fato de ser uma ação humana.

Sem dúvida, será importante pesquisar a organização do trabalho, as novas tecnologias, os rituais, os tempos e os espaços, os regimentos, as grades curriculares, tudo o que objetiva e concretiza a pedagogia da fábrica ou da escola; entretanto, o central em nossas pesquisas terá de ser os sujeitos que interferem nessa relação educativa. A teoria pedagógica e a relação trabalho-educação se empobrecem quando seu foco deixa de ser as pessoas, as relações sociais e passam a privilegiar as técnicas, as tecnologias, os métodos, os conteúdos inculcados. Por sua vez, a pedagogia escolar se empobrece quando secundariza o peso da materialidade em que se produz a existência e se reproduzem os seres humanos. A teoria pedagógica e a relação trabalho-educação se enriquecem quando incorporam todas essas dimensões.

Pedagogias em movimento: o que temos a aprender dos movimentos sociais?[1]

É a tomada de consciência política – das populações primitivas – que tornou nosso século (XX) o mais revolucionário da história.

Eric Hobsbawm

A análise das relações entre educação, trabalho e exclusão social nos leva a um permanente olhar em duas direções, que terminam se encontrando. De um lado, estar atentos às contraditórias transformações que precarizam a vida de milhões de seres humanos, negando-lhes os direitos mais básicos: olhar os brutais processos de desumanização a que são submetidos. De outro lado, estar atentos às múltiplas manifestações de luta pelos direitos humanos, às manifestações de mobilização coletiva vindas dos excluídos e oprimidos: olhar os processos de humanização que se dão nos movimentos sociais e nas experiências e lutas democráticas pela emancipação.

O primeiro olhar privilegia as análises dos vínculos entre trabalho e educação, em que temos uma longa tradição. Análises que vão desde a compreensão das determinações e restrições postas pela organização produtiva até a afirmação do trabalho como princípio educativo. Em comum o reconhecimento da categoria trabalho na compreensão dos processos de formação-deformação humana; o caráter histórico desses processos educativos e culturais vinculados a formas concretas de produção da existência. Em comum ainda uma forte carga humanista nas análises: o destaque do sentido desumano da divisão histórica do trabalho e do caráter deformador e sufocante do domínio do processo de produção sobre os homens, e não deles sobre as relações de produção.

---

[1] Texto originalmente publicado em: *Currículo sem Fronteiras*, v. 3, n. 1, p. 28-49, jan./jun. 2003.

Em estudos diversos foi muito mais destacado o trabalho como deformador sob as relações capitalistas de produção do que o trabalho como princípio educativo, formador. Pretendo apenas chamar a atenção para essa rica e fecunda tradição que tanto tem marcado o repensar da teoria pedagógica: encontrar os vínculos tensos entre trabalho e educação.

O tema proposto agora nos traz para outros vínculos: as relações entre movimentos sociais e educação. Uma relação menos explorada, menos explicitada e possivelmente não menos fundamentada na história da formação humana e na tradição pedagógica progressista.

Sistematizo neste texto algumas das notas que me orientaram nos encontros da ANPEd e da CLACSO de que participei, refletindo sobre os possíveis vínculos entre movimentos sociais e educação.

O aprendizado dos direitos

Nas décadas de 1970-1980 várias pesquisas, dissertações e teses mostraram a influência dos movimentos sociais na conformação da consciência popular do direito à Educação Básica, à escola pública. Pesquisas têm mostrado como a ampliação e a democratização da Educação Básica, bem como a inserção dos setores populares na escola pública teve como um dos mais decisivos determinantes a pressão dos movimentos sociais. Essa é uma relação bastante pesquisada e reconhecida.

Neste texto, sugerimos a possibilidade de ampliar essa relação. Perguntarnos pelas virtualidades formadoras dos movimentos sociais. Em que medida podem ser vistos como um princípio, uma matriz educativa em nossas sociedades. Que dimensões eles formam e que aspectos eles trazem para a teoria pedagógica e para o fazer educativo nas propostas de educação tanto formal quanto informal.

O aprendizado dos direitos pode ser destacado como uma dimensão educativa. Os movimentos sociais colocam a luta pela escola no campo dos direitos. Na fronteira de uma pluralidade de direitos: a saúde, a moradia, a terra, o teto, a segurança, a proteção da infância, a cidade.

A brutal exclusão dos setores populares urbanos dos serviços públicos, mais básicos, provocou, desde a década de 1950, reações e mobilizações pela inserção social. Pelo direito à cidade, aos bens e serviços públicos.

As camadas urbanas em toda a América Latina foram crescendo e ocupando o espaço urbano, de maneira caótica. Como se inserir? Como ter parte ou ter direito à cidade? A inserção social passou ao debate político, social e educativo. Passou a inquietar e mobilizar as próprias camadas populares urbanas. Processos diversos e dispersos de mobilização que vão contribuir para a conformação dos direitos sociais entre os excluídos. Entre esses direitos, destaque-se o direito à educação e à escola pública.

A escola vai deixando de ser vista como uma dádiva da política clientelística e vai sendo exigida como um direito. Vai se dando um processo de reeducação da velha cultura política, vai mudando a velha autoimagem que os próprios setores populares carregavam como clientes agraciados pelos políticos e governantes. Nessa reeducação da cultura política, os movimentos sociais, tão diversos e persistentes na América Latina, têm tido um papel pedagógico relevante.

Essa reeducação da cultura política, que vai pondo a educação e a escola popular na fronteira do conjunto dos direitos humanos, se contrapõe ao discurso oficial e por vezes pedagógico que reduz a escolarização a mercadoria, a investimento, a capital humano, a nova habilitação para concorrer no mercado cada vez mais seletivo. As lutas coletivas pela escola básica explicitam essas tensões.

De alguma forma os movimentos sociais reeducam o pensamento educacional, a teoria pedagógica, a reconstrução da história da Educação Básica. Um pensamento que tinha como tradição pensar essa história como apêndice da história oficial, das articulações do poder, das concessões das elites, das demandas do mercado. Seria de esperar que a reconstrução da história da democratização da escola básica popular na América Latina não esquecesse de que ela é inseparável da história social dos setores populares, de seus avanços na consciência dos direitos.

A expansão da escola básica popular se torna realidade não tanto porque o mercado tem exigido maior escolarização nem porque as elites se tornaram mais humanitárias, mas pela consciência social reeducada pelas pressões populares. Estas podem até sonhar na escola como porta do emprego, entretanto as grandes massas pobres que se debatem com formas de sobrevivência elementaríssimas agem por outra lógica. Não será a desarticulação de sua vida que as leva a pressionar pelos serviços públicos mais básicos? Por espaços e tempos de dignidade e cuidado para seus filhos e filhas? O espaço e o tempo de escola é equacionado nesse horizonte de dignidade para o cuidado e proteção da prole. É a sensibilidade humana popular que pressiona.

Essas dispersas e diversas mobilizações populares se prolongam por todas as últimas décadas. Controladas, cooptadas ou reprimidas brotam e rebrotam tão persistentes quanto a exclusão e a marginação a que continuam submetidos os setores populares ao longo dessas décadas. Não é temerário, portanto, supor que essas mobilizações agiram como pedagogos no aprendizado dos direitos sociais, especificamente do direito à educação.

Essa pedagogia que pode ser encontrada nas lutas e nas mobilizações dos setores populares das cidades e dos campos se encontra com o aprendizado dos direitos vindo da inserção no trabalho. O movimento operário, o novo sindicalismo se articulam de formas diversas, ao menos se aproximam dessas dispersas mobilizações populares. Os atores não são tão diferentes.

A consciência do direito ao trabalho, à cidade e à terra se alimentam e contaminam. A consciência dos direitos se radicaliza na inserção na produção e se amplia nas lutas pela inserção nos serviços básicos para a reprodução digna da existência.

Os sindicatos tiveram um papel pedagógico relevante e reconhecido. Agiram como escolas de formação de lideranças e de formação política das diversas categorias de trabalhadores. Os movimentos sociais não deixaram de ter papel pedagógico: formaram lideranças também e contribuíram para educar as camadas populares nem sempre tocadas pela mobilização operária. Em frentes diversas cumpriram papéis educativos próximos.

Humanizar as possibilidades de viver

Como educadores não podemos ficar satisfeitos em reconhecer que os movimentos sociais têm tido um papel pedagógico no aprendizado dos direitos. Podemos ir além e nos perguntar por onde passa o pedagógico.

É difícil separar esses processos formadores da consciência dos direitos, mas importaria encontrar as coincidências quanto às dimensões formativas que revelam. São coincidentes em nos mostrar que a formação humana é inseparável da produção mais básica da existência, do trabalho, das lutas por condições materiais de moradia, saúde, terra, transporte, por tempos e espaços de cuidado, de alimentação, de segurança.

A ampliação da consciência do direito à escola passou nas últimas décadas de nossa história colada às necessidades e às lutas pela melhoria dessas condições básicas de sobrevivência, de inserção no trabalho e na cidade, da reprodução da existência sobretudo da infância e da adolescência popular. Não podemos esquecer desse subsolo material, que alimenta tanto os movimentos sociais quanto o movimento operário e alimenta o aprendizado dos direitos inclusive do direito à escola.

É importante destacar como o aprendizado dos direitos vem das lutas por essa base material. Por sua humanização. Os movimentos sociais têm sido educativos não tanto através da propagação de discursos e lições conscientizadoras, mas pelas formas como tem agregado e mobilizado em torno das lutas pela sobrevivência, pela terra ou pela inserção na cidade. Revelam à teoria e ao fazer pedagógicos a centralidade que têm as lutas pela humanização das condições de vida nos processos de formação. Nos relembram quão determinantes são as condições de sobrevivência ao nos constituir seres humanos. A luta pela vida educa por ser o direito mais radical da condição humana.

Os movimentos sociais articulam coletivos nas lutas pelas condições de produção da existência popular mais básica. Aí se descobrem e se aprendem como sujeitos de direitos. É importante constatar que, enquanto o movimento operário e os movimentos sociais mais diversos apontaram nessas décadas essa matriz pedagógica, um setor do pensamento pedagógico progressista nos levava para relações mais ideológicas: o movimento cívico, a consciência crítica, os conteúdos críticos como matriz formadora do cidadão participativo. Outra direção e outras ênfases bastante distantes das ênfases que setores, também na fronteira do pensamento pedagógico progressista, davam aos vínculos entre trabalho e educação, e entre movimentos sociais e educação. Matrizes mais coladas à materialidade da produção das existências na fábrica, no campo, no trabalho, nas lutas e mobilizações sociais.

Alguém nos lembrará que estamos em outros tempos, em outro contexto. Sem dúvida. Podemos nos perguntar como ficam no atual contexto esses vínculos entre movimentos sociais e educação. Essas matrizes pedagógicas, tão destacadas nas relações entre educação, trabalho, movimentos sociais, não estariam perdendo suas virtualidades pedagógicas? A desestruturação da organização produtiva, da organização operária, das lutas sociais e dos direitos conquistados não estariam desestruturando também suas proclamadas virtualidades formadoras? Quais as consequências para o pensar e o fazer educativos dessa desestruturação e precarização das bases da produção da existência? A classe trabalhadora e a diversidade de lutas, tão decisivas no aprendizado dos direitos, estão sendo desestruturadas. Podemos encontrar ainda sinais de resistência, de afirmação de direitos e de mobilização? Questões centrais para continuar à procura dos vínculos entre educação e trabalho, educação e movimentos sociais.

Poderíamos ver nesses brutais processos de desestruturação produtiva, de sem-terra, de desemprego, de perda da estabilidade e dos direitos conquistados não tanto o distanciamento dessa matriz pedagógica, mas a recolocação da centralidade, da imediatez da produção reprodução da existência, para a formação humana. Os movimentos sociais e o movimento operário retomam as lutas mais básicas por trabalho, terra, moradia, saúde, escola, alimentação, sobrevivência da infância e da adolescência, pelo direito à escola como possibilidade de liberação do trabalho e da exploração infantil.

Diante da opressão e da exclusão que avançam, terá de ser retomada com mais radicalidade, e não abandonada, a produção da existência enquanto matriz e princípio educativo, formador-deformador. E os movimentos sociais que não saíram de cena e situam suas lutas nessa produção mais imediata da existência terão de ser percebidos como educadores por excelência das camadas populares.

Retomar esses vínculos nestes tempos não perdeu atualidade, inclusive para o pensar e o fazer pedagógicos escolares, quando sabemos que a infância e a adolescência que frequentam as escolas públicas, estão entre aquelas que sofrem de maneira brutal a exclusão e as formas precaríssimas de viver. Como pensar currículos, conteúdos e metodologias, como formular políticas e planejar programas educativos sem incorporar os estreitos vínculos entre as condições em que os educandos reproduzem sua existência e seu aprendizado humano?

Todo processo educativo, formal ou informal pode tanto ignorar quanto incorporar as formas concretas de socialização, de aprendizado, de formação e deformação a que estão submetidos os educandos. Ignorar essa realidade e nos fechar em "nossas" questões, curriculares e didáticas, terminará por isolar os processos didáticos escolares dos determinantes processos socializadores em que os setores populares se reproduzem desde a infância.

Sujeitos sociais em formação

Continuemos a nos indagar sobre as matrizes pedagógicas ou sobre as dimensões da teoria pedagógica em que os movimentos sociais se encontram ou desencontram com a educação formal e informal, sobre as marcas que eles deixam na formação dos atores sociais.

Interrogá-los em suas dimensões educativas, em suas virtualidades formadoras e nos indagar pelos componentes que trazem para a teoria pedagógica.

Um componente que os movimentos trazem para o pensar e o fazer educativos é nos reeducar para pôr o foco nos sujeitos sociais em formação. Eles nos lembram sujeitos em movimento, em ação coletiva. A maioria das análises sobre eles destacam seus sujeitos. Falam mais deles do que das organizações e programas. Até a mídia nomeia os sujeitos: "os sem-teto ocupam as escadarias da prefeitura". "Os sem-terra acampam frente à fazenda do presidente" (notícias de cada dia).

São eles, os novos-velhos atores sociais em cena. Estavam em cena, mas se mostram como atores em público, com maior ou novo destaque. Seu perfil é diverso: trabalhadores, camponeses, mulheres, negros, povos indígenas, jovens, sem-teto, sem-creche. Sujeitos coletivos históricos se mexendo, incomodando, resistindo. Em movimento.

Essa presença foi observada em várias análises e pesquisas. De alguma forma o foco tão centrado nas estruturas, nos aparelhos de Estado e suas políticas teria nos desviado dos sujeitos da ação social. Nos anos 1980 uma vasta literatura na área social, política e pedagógica traz essa marca. Até os títulos das obras se referem a sujeitos. O que pode significar reconhecer essa presença de sujeitos na cena social e pública para o repensar pedagógico?

As experiências não formais de educação, mais próximas da dinâmica popular, tiveram grande sensibilidade para captar a presença dos sujeitos. A literatura sobre educação popular, desde seu início nos anos 1960, destaca sua centralidade na ação educativa. Sujeitos em movimento, em ação. A educação como um processo de humanização de sujeitos coletivos diversos. Pedagogias em movimento.

Paulo Freire construiu sua reflexão e prática educativa, referida sempre aos movimentos de jovens, de trabalhadores e camponeses dos anos 1960-1970, aos movimentos culturais e de libertação dos povos da África e da América Latina. O mais importante na pedagogia da prática da liberdade e do oprimido não é que ela desvia o foco da atenção pedagógica deste para aquele método, mas dos objetos e métodos, dos conteúdos e das instituições para os sujeitos. Freire não inventa metodologias para educar os adultos camponeses ou trabalhadores nem os oprimidos ou excluídos, mas nos reeduca na sensibilidade pedagógica para captar os oprimidos e excluídos como sujeitos de educação, de construção de saberes, conhecimentos, valores e cultura. Sujeitos sociais, culturais, pedagógicos em aprendizados, em formação.

Não nos propõe como educá-los, mas como se educam; nem como ensinar-lhes, mas como aprendem, nem como socializá-los; mas como se socializam, como se formam como sujeitos sociais, culturais, cognitivos, éticos, políticos que são. Como Freire capta ou aprende que os jovens, os trabalhadores e os camponeses são sujeitos pedagógicos? Estando atento a seus movimentos sociais e culturais, a suas práticas de liberdade e de recuperação da humanidade roubada, como ele nos diz.

Seria interessante um estudo que destacasse os estreitos vínculos entre os movimentos sociais e as reflexões pedagógicas de Paulo Freire, do movimento de educação popular e da diversidade de experiências educativas não formais. Apenas em *Pedagogia do oprimido*, Freire se refere "aos movimentos de rebelião, sobretudo de jovens no mundo atual..." e vai tecendo suas reflexões referindo-se constantemente a diálogos e entrevistas com trabalhadores e sobretudo com os camponeses e com os diversos movimentos de libertação, de descolonização tão presentes nas décadas de 1960 e 1970. Seu olhar atento aos sujeitos em movimento o leva ao encontro com a teoria pedagógica mais perene.

A teoria pedagógica se revitaliza sempre que se reencontra com os sujeitos da própria ação educativa. Quando está atenta aos processos de sua própria formação humana. Quando a ação educativa escolar ou extraescolar, de formação da infância, adolescência ou de jovens e adultos se esquece deles e de seus processos, movimentos e práticas sociais, culturais e educativas e se fecha em discussões sobre métodos, conteúdos, tempos, instituições, calendários, avaliação se perde e desvirtua. Perde suas virtualidades como teoria e prática educativa.

Para a pedagogia tanto escolar quanto extraescolar, a questão primeira será a recuperação dos agentes da ação educativa: infância, adolescência, juventude e vida adulta, sobretudo a recuperação dos complexos e tensos processos em que estão imersos para sua sobrevivência e afirmação como humanos, como coletivos.

Para a revitalização da teoria pedagógica esse é o caminho mais fecundo, refletir sobre a condição humana, suas dimensões e suas virtualidades formadoras e deformadoras, humanizadoras ou desumanizadoras presentes nos processos sociais e nos movimentos de humanização e libertação. Quando nas pesquisas, nos congressos ou nos pareceres falamos mais dos nossos processos, conteúdos e métodos do que dos sujeitos sociais e culturais, e de suas práticas e movimentos, estamos fora de foco. Ao menos nos desviamos do foco que a tradição da pedagogia popular priorizou em seus tempos mais fecundos como teoria educativa.

Se os movimentos sociais repõem a centralidade dos sujeitos, como olhá-los? com um olhar escolar? como analfabetos? Como empregáveis? Se paramos nesse estreito olhar, podemos ficar satisfeitos com teorias de alfabetização ou de capacitação, porém estas não podem ser confundidas com teorias pedagógicas. Para que os sujeitos e seus processos formadores provoquem a teoria pedagógica, temos de olhá-los no que eles têm de mais radicalmente humano. Voltando a Paulo Freire, como ele justifica a "pedagogia do oprimido"?

> Mais uma vez os homens, desafiados pela dramaticidade da hora atual, se propõem a si mesmos como problema. Descobrem que pouco sabem de si... Estará, aliás, no movimento de seu pouco saber de si uma das razões desta procura. Ao se instalarem na quase, senão trágica descoberta de seu pouco saber de si, se fazem problema a eles mesmos. Indagam. Respondem, e suas respostas os levam a novas perguntas.
>
> O problema de sua humanização, apesar de sempre dever haver sido, de um ponto de vista axiológico, o seu problema central, assume, hoje, caráter de preocupação iniludível (Freire, p. 29).

A pedagogia se nutre do ser humano como problema de si mesmo, ou da problematização do sermos, do fazer-nos e formar-nos humanos. Seu objeto de teorização é a trágica descoberta de nós mesmos. A pedagogia acompanha ao longo da história as indagações do fazer-nos problema e nós mesmos, do como nos formar. Quando descobrirmos como educadores quão pouco sabemos dos sujeitos da ação educativa, poderemos talvez repensar.

Para Freire não se trata de uma lucubração acadêmica. O objeto da pedagogia – a humanização, a descobre nos movimentos sociais. Em nota de página, nos diz onde ele vê os seres humanos se fazendo a si mesmos problema:

> Os movimentos de rebelião, sobretudo de jovens, no mundo atual... manifestam em sua profundidade, esta preocupação em torno do homem e dos homens, como seres no mundo e com o mundo. Em torno do que e de como estão sendo... buscando a afirmação dos homens como sujeitos de decisão. Todos estes movimentos refletem o sentido mais antropológico do que antropocêntrico de nossa época (FREIRE, p. 27).

Para Freire os sujeitos em movimento repõem as grandes interrogações que alimentaram a teoria da formação humana. Eles trazem a escola e as diversas experiências de educação não formal ao cerne do educativo: aos sujeitos sociais e seus dramáticos processos de produção-formação humana. Reeducam as teorias pedagógicas, as humanizam ou as aproximam nas grandes interrogações que estão em sua origem. Pedagogia como acompanhamento das possibilidades de sermos humanos, de realização do humano possível que há na infância e em cada ser humano.

Vivências totalizantes

A pergunta que aflora: por que os movimentos sociais teriam essas virtualidades educativas tão de raiz? Uma das suas características é seu envolvimento totalizante. Quando em movimento, os sujeitos vivem em torno do que e do como estão sendo; consequentemente, todas as dimensões de sua condição existencial entram em jogo. Frequentemente sua vida é posta à prova em situações de risco.

Nos momentos de mobilização se vivenciam situações-limite: de um lado, como ponto de partida e motivação as carências existenciais no limite; de outro lado, coletivos se articulam em processos de luta e reivindicação tensos, arriscando o emprego, a segurança, a vida, a identidade. Muitos dos movimentos sociais carregam a característica de ser vivências existenciais totais.

Parece-me ser por aí que Freire nos aponta quando nos diz que nesses processos os seres humanos em movimento se colocam a dramaticidade de ser humanos e se afirmam como sujeitos de decisão, se interrogam pelas possibilidades e pelos limites de ser e viver como gente.

A reflexão teórica sobre as dimensões educativas dos movimentos sociais, das práticas de educação popular ou Educação de Jovens e Adultos pode se encontrar aí nessa condição de permanente risco, nesse limiar-limite em que o povo tem de viver sua existência, arriscar tudo para sobreviver. Ter como objeto de pesquisa e de reflexão as artes e os saberes aprendidos nessas situações totalizantes e nesses limites da condição humana seria uma grande contribuição para superar as visões tão pontuais, didáticas, metodológicas e gerenciais, que tanto têm distraído e esterilizado o pensamento e a prática escolar e extraescolar.

Os movimentos sociais nos puxam para radicalizar o pensar e o fazer educativos à medida que nos mostram sujeitos inseridos em processos de luta pelas condições elementaríssimas, por isso radicais, de viver como humanos. Como tarefa, nos propõem captar as dramáticas questões que são vividas e postas nessas situações-limite e revelá-las, explicitá-las. E ainda captar como os sujeitos se formam, entrando eles mesmos como totalidades nos movimentos.

Repor em nossa reflexão e ação o caráter limiar por isso totalizante dessas ações educativas seria uma das tarefas das pesquisas e das análises. Os sujeitos da ação social entram com tudo como sujeitos políticos, cognitivos, éticos, sociais, culturais, emocionais, de memória coletiva, de vivências, de indignação, sujeitos de presente e de futuro. Os movimentos sociais mexem com tudo porque neles os coletivos arriscam tudo. São processos educativos formadores totais. Como aprender essas virtualidades educativas totalizantes?

A ação educativa junto à diversidade de coletivos inseridos nesses movimentos e na sobrevivência tão no limite terá de dar conta da totalidade de dimensões que os constituem como humanos. Por aí avançaríamos para uma concepção mais alargada, menos estreita da educação não apenas de jovens e adultos, mas também da infância e da adolescência na educação escolar.

Essas vivências totalizantes revelam à pedagogia o ser humano como totalidade existencial. Revelam e repõem dimensões perdidas na pesquisa, reflexão e ação pedagógica, tão centrada em formar o sujeito parcelado, instrumental, competente e hábil nos conhecimentos úteis, frechados. Revelam e repõem a educação como formação de sujeitos totais, sociais, culturais, históricos.

Recuperar essa concepção mais alargada de educação como formação e humanização plena pode ser uma das contribuições mais relevantes da pedagogia dos movimentos para a educação formal e não formal. Para o repensar e agir pedagógicos. Alargar esse foco supõe ver os educandos para além de sua condição de aluno, de alfabetizandos, de escolarizandos.

Para vê-los como sujeitos de processos sociais, culturais, educativos mais totalizantes, em que todos estão imersos seja na tensa reprodução de suas existências tão precárias, seja na tensa inserção em lutas tão arriscadas em que tudo está em jogo.

Uma das características dos movimentos sociais é que os coletivos são de todas as idades, gêneros e raças. As crianças, os adolescentes e as mulheres entram em movimento, se expõem, vivenciam o risco, a repressão, a morte, frequentemente. Vivenciam as mesmas situações limite. Não ficam em casa ou na escola enquanto os pais se expõem nas greves ou se formam no trabalho. Essas crianças e esses adolescentes, jovens ou adultos que experimentam esse tenso limiar carregam para as experiências de educação formal ou informal suas vivências e aprendizados. O que fazer: ignorá-los ou incorporá-los?

De volta aos começos

Há um dado a não ser perdido na procura das virtualidades questionadoras dos movimentos sociais; que eles nos remetem ao perene da condição humana: a terra, o lugar, o trabalho, a moradia, a infância, a sobrevivência, a identidade e diversidade de classe, idade, raça ou gênero. Os sujeitos coletivos, que se agregam e põem em movimento, se identificam com essas dimensões tão perenes. Eles nos remetem ao enraizamento de nossa condição e formação como humanos: a vida, o sobreviver, as condições materiais, o lugar, o espaço, o corpo, a raça, a cor da pele, as temporalidades, o gênero, as relações mais básicas entre coletivos; nos remetem, sobretudo, à permanência e à imutabilidade histórica das condições em que como coletivos produzem sua existência tão precária. Remetem à persistência da materialidade em que se jogam as possibilidades de liberdade, emancipação, formação como gente.

Destacamos a radicalidade dos movimentos sociais porque articulam coletivos em torno das carências existenciais mais básicas. Convém destacar que eles se alimentam das velhas e tradicionais questões humanas não respondidas. Retomam velhas lutas em torno dos direitos humanos mais elementares, perenes não garantidos nem pelas novas tecnologias, nem pelo saber instrumental, nem pela sociedade do conhecimento, nem pela universalização da alfabetização, da escolarização e tantas outras promessas da modernidade e do progresso. Nesse sentido, eles nos mostram como a permanência das grandes questões não resolvidas questiona tantas utopias inclusive o progresso pessoal e social pela escolarização e pela educação.

Os movimentos sociais, ao mostrar as velhas e tradicionais perguntas não respondidas, interrogam as utopias, entre elas, a escolarização, o progresso técnico-científico em que a pedagogia se envolveu tão responsavelmente.

Quando o sonho do progresso e do futuro ofusca tantos pedagogismos progressistas e tantas propostas curriculares, os coletivos em movimento nos puxam para o presente tão elementar de tantas existências e nos colocam as questões primaríssimas ainda não respondidas. Sobretudo relembram que essas lutas não são de agora. Retomam uma memória coletiva. Eles nos acordam de tantas promessas tão curtas quanto um sonho bom e nos trazem de volta para o começo, para os primórdios da condição de sobrevivência e convivência como humanos. Aí nasce a pedagogia, na infância das possibilidades elementares de sermos humanos.

Esses coletivos nos lembram que ainda milhões de pessoas não saíram daí, dos começos. Como se as promessas de futuro não tivessem conseguido que a humanidade ultrapassasse seus inícios. Suas necessidades primárias. Como se tudo estivesse no presente apesar de tantas promessas de futuro, de inserção e de igualdade.

Um dado dramático para o repensar das pedagogias que se tornaram tão futuristas, que vivem prometendo o futuro para os letrados, os escolarizados, para os milhões de jovens e adultos trabalhadores e camponeses que sacrificam o descanso, o convívio por promessas, que em tão pouco alteram seus presentes. Os movimentos sociais nos repetem que para milhões ainda o presente é a questão. O presente mais elementar. Vivem sua história, se organizam e mobilizam para dar conta do seu precário presente sem horizontes. Às voltas sempre com o presente. Sua vida e sua sorte no jogo perene do presente.

A pedagogia que não tenha esse presente tão premente como sua tarefa se perde ao perder seu chão: os próprios sujeitos se formando, humanizando ou desumanizando na materialidade tão presente e tão pesada, em que reproduzem sua vida.

Nessa direção, os movimentos sociais tão colados às necessidades mais elementares nos colocam como desafio a velha matriz pedagógica: o presente reposto nas estreitas relações entre a produção-reprodução material e social da existência e a formação como humanos do seu tempo. Um tempo parado, suspenso na imutabilidade das relações sociais? Esses coletivos se põem em movimento como se quisessem empurrar o tempo. Mostrando a urgência de alterar no presente essas circunstâncias, essa materialidade e essas relações sociais para que se tornem educativas, formadoras, e não deformadoras.

Os coletivos que tanto arriscam não estariam a nos apontar que intuem, que sem terra, sem teto, sem moradia, sem trabalho, sem igualdade, sem identidade não há como viver a condição humana? Não dá para se formar como humanos? É a lição que teve de aprender o ser humano nos tensos processos de sua constituição como sujeito de cultura, de pensamento e de valores, de dignidade e de direitos.

Estamos sugerindo que esses coletivos se voltem para o presente e aí se atolem nas necessidades mais primárias? Que seu olhar diante da permanência de promessas nunca cumpridas se fecha no passado, na tradição? As lutas em que se arriscam apontam para além dessas necessidades e promessas não cumpridas. Para sua superação. Apontam para vidas possíveis intuídas na memória coletiva. Não se abandona um horizonte para além do presente e do passado. Cada movimento é uma marcha para vidas possíveis. É um movimento, não um ficar nos valores e nas concepções tradicionais.

O objeto das mobilizações são necessidades localizadas no seu universo mais próximo, na reprodução mais imediata da existência, porém as reivindicações são dirigidas para fora, para os governos, para as políticas públicas, para a reforma agrária, para o modelo econômico, para a igualdade. Os movimentos geram um saber e um saber-se para fora. Um ser que alarga seu saber local e se amplia. Os sujeitos que participam nesses movimentos vão sendo munidos de interpretações e de referenciais para entender o mundo fora, para se entender como coletivo nessa "globalidade". São munidos de saberes, valores, estratégias de como enfrentá-lo.

Na perspectiva educativa podemos ver que não se dá uma reprodução de autorrepresentações tradicionais, conformistas, fechadas; ao contrário, há uma abertura para fora a partir de necessidades, de valores e experiências de luta, coladas à sua tradição e à sua identidade, à sua memória coletiva.

A permanente volta aos começos realimenta a utopia de outras vidas possíveis. Abre a percepção de si e da realidade que os retém presos aos começos. Como captar esses tensos processos de formação? Tarefa do pensar e do fazer pedagógicos. Em análises diversas a educação popular tentou captar e equacionar essa tensão entre tradição, localismo, memória, cultura popular e abertura e alargamento na formação que os movimentos sociais provocam.

Movimentos culturais?

Não podemos ignorar que nem todos os movimentos sociais se situam nessas necessidades primárias ainda não resolvidas, as mais incômodas e permanentes dado nosso contexto social e econômico. Outros movimentos têm como referência pertencimentos específicos de gênero, raça, idade, opção sexual e outras que carregam significados culturais, afirmação de identidades, superação de preconceitos, defesa de direitos em outros campos não tão colados à sobrevivência. Poderíamos falar em movimentos culturais, porque os atores se identificam, resistem ou lutam por identidades culturais específicas? Falar em "novos" movimentos sociais?

Outros atores novos e outras motivações, novas ou apenas expostas de formas diferentes? O importante é constatar que a cultura tem sido agregadora a ponto de motivar organizações, movimentos e formas de resistência diversas. A cultura tem motivado comportamentos e condutas resistentes. Análises diversas têm destacado que os "novos" movimentos sociais partilham um campo cultural comum; assim, tensões sociais e orientações culturais são inseparáveis.

Esses movimentos nos mostram que a cultura não é um campo pacífico, nem de conformismo e reprodução do atraso, do passado, de heranças conservadoras, mas um campo tenso. Mostram a cultura como uma ferramenta para entender não tanto a reprodução de valores, condutas homogêneas, de velhos protótipos humanos, mas como elemento perturbador de condutas, de velhos modelos de inclusão e integração social. Mostram que a teia social e educativa é bem mais complexa do que as concepções integradoras supõem. Inclusive as concepções integradoras e universalistas de Educação Básica.

Ao explicitar as tensões no campo da cultura, esses coletivos interrogam o peso da cultura nos processos formadores, nas motivações da ação humana, sobretudo as concepções demasiado homogeneizadoras de educação-integração-racionalização, construção do sujeito universal, questões que tocam fundo nos parâmetros do pensar e do agir pedagógico. As pesquisas e as análises teóricas teriam de aprofundar esses pontos ou revelar em que aspectos tocam na teoria e na prática pedagógica.

Os movimentos nos pressionam para reconhecer que a cultura é um componente central da formação, da compreensão dos processos sociais e educativos. Centralidade esquecida no cientificismo e cognitivismo conteudista de nossa tradição escolar, que invade e contamina até as experiências de educação não formal, por exemplo, a Educação de Jovens e Adultos, que frequentemente em vez de se abrir a dimensões trazidas pelos coletivos em movimento, se deixam apressadamente influenciar por velhos olhares escolacentristas. Em vez de enfatizar a educação como ação cultural e de pensar na cultura vivida e devida, aderimos a visões cientificistas e instrumentalistas de conhecimento até na educação não formal. Daí o desconforto com a cultura que as pedagogias carregam.

Estou sugerindo que os movimentos nos puxam para o campo da cultura, mais aberto do que as opções estreitas de conhecimento instrumental e de competências úteis que tanto limitaram nosso olhar e nosso pensar pedagógico. A cultura deixou de ser nosso território para ser encarada como um território do qual deveríamos nos distanciar e distanciar o povo, os escolarizandos. A cultura do povo, dos jovens e adultos, das comunidades negras, dos povos indígenas, ainda é vista pela cultura escolar como primitivismo, preconceito, crenças a ser superadas pelo saber racional instrumental moderno. Uma visão reducionista da cultura emanando do agir humano mais tradicional e estático. Uma visão da cultura que contaminou a visão do povo.

Revisitar a cultura como território da pedagogia pode significar superar essa visão preconceituosa do povo e da cultura. Reconhecer que todos os sistemas de pensamento e de ação estão emaranhados com crenças, valores, sentimentos, práticas herdadas. A cultura também tem sua tradição como princípio, como matriz formadora. Como a caixa de ferramentas de que nos apropriamos e munimos para enfrentar o mundo. Cultura que pode nos aprisionar em identidades fechadas, mas pode abrir identidades para fora. O referencial dos movimentos sociais não são valores conformados com a manutenção de formas de viver, de submissão e tutela, mas o referencial, o conjunto de símbolos identitários a serviço da transformação de suas existências. Cultura, símbolos, mobilizados a serviço de valores progressistas de justiça e igualdade, de identidade e diversidade.

Se a cultura é um eixo da ação coletiva como assumi-la como um eixo da ação educativa? Por exemplo, dar a devida centralidade a ver a ação educativa como relação de pessoas, de sujeitos mestres, educandos, comunidades, coletivos culturais que, ao entrar na relação social ou na relação educativa formal ou informal, trazem sua experiência de infância, adolescência, juventude ou vida adulta, sua experiência espacial, temporal, corpórea, seus afetos, resistências, sua diversidade e socialização, sua memória. Os coletivos entram na ação coletiva com toda essa bagagem cultural, a redefinem e a ressignificam.

Mas como encarar pedagogicamente essa cultura ou esses sujeitos culturais? Não partindo apenas dela como matéria-prima bruta a ser integrada em esquemas escolares, antes assumir a cultura como de fato ela nos chega através dos próprios sujeitos coletivos, como inquietação e até resistência a formas de inclusão homogeneizadoras. Ver e assumir a cultura como campo de embates, como uma teia de sentidos e significados nem sempre coincidentes com os sentidos e significados que a sociedade, os currículos, as concepções de homem, mulher, jovem, negro, indígena, camponês, trabalhador, tentam impor e legitimar como homogêneos.

Os coletivos questionam a visão da cultura como um todo coerente, aceito, homogêneo que a ação educativa tem de inculcar, transmitir, e todos os educandos, aprender e internalizar. Questionam essa homogeneidade cultural tão incrustada no currículo e na escola e, de formas diversas, quebram a aparente homogeneidade para afirmar a diversidade em que é tecida a vida social, em que se constroem os coletivos sociais e os indivíduos. Em que se formam.

Questionam essa homogeneidade construindo e valorizando suas identidades coletivas. Identidades que vão além da reprodução da consciência e do autoentendimento ideológico, para repor a centralidade dos processos interativos, da solidariedade e do sentido da ação coletiva, das inúmeras interações cotidianas, ativadas pelos grupos em movimento.

Quando assumida a cultura como eixo da ação coletiva e da ação educativa formal ou informal, a aparente sintonia entre escola e sociedade passa a ser interrogada, se rompe ou se explicita, pois já estava quebrada. A cultura traz um mal-estar, uma intranquilidade quando é assumida como constituinte dos sujeitos humanos, como componente da ação educativa. A cultura é mais resistente do que o conhecimento escolar. Ela nos denuncia que os sujeitos humanos não são puros aprendizes de conhecimentos neutros e menos ainda que eles são cópias de um todo homogêneo. A cultura é mais rica, mais multifacetada para impregnar e inspirar a ação educativa. Reflete o rosto mais plural dos educandos, sujeitos culturais de linguagens, vivências, valores, concepções, imaginários múltiplos. Mais resistentes. Mais sujeitos.

Ao denunciar o modelo integrador e os processos de socialização integradores que ignoram as diversidades culturais, a memória coletiva, as identidades e pertencimentos, os movimentos são um convite para reconhecer o potencial formador das tensões culturais.

Há um conflito formador no campo das crenças e dos valores. Os coletivos pobres, marginalizados experimentam a insuportável ordem injusta, imoral das relações de produção, da apropriação da terra e do espaço e da riqueza, por isso que um de seus traços mais marcantes é a afirmação do ser humano e de suas necessidades e direitos, como prioritários em contraposição a uma moralidade ou imoralidade das regras do mercado, da produção e da exploração. Apontam outra racionalidade, outros modelos societários e outras orientações culturais conflitantes com as normas e valores estabelecidos. Explicitam uma luta permanente, reprimida e silenciada pelo controle dos padrões socioculturais: a ética, o conhecimento, a memória, as normas e os significados.

Os "novos" atores sociais reinterpretam normas, valores, lógicas, saberes, padrões culturais. Criam novos significados. Tensões que estão no cerne das sociedades contemporâneas em que a construção de identidades grupos se defronta com a impositiva identidade social global.

Nesse sentido, os movimentos sociais recuperam a centralidade da ética e das orientações culturais no convívio humano, na produção, na política, na formulação de políticas, no trato do público, da terra, do espaço. Eles têm trazido o confronto ao campo da ética, à defesa dos limites morais. Eles vêm agindo como repositores de velhas dimensões: a formação de sujeitos éticos, do público, da moralidade. Dimensões tão presentes nos velhos ideários pedagógicos. Tão esquecidos nos modernos ideários.

A maioria dos coletivos que se agregam e se organizam na luta pela terra, pelo espaço, pelos serviços públicos carrega uma esperança espontânea em um mundo de justiça, de liberdade, igualdade e dignidade. Uma esperança de uma outra ordem no campo e na cidade, na saúde e na educação, nas relações sociais e inter-raciais. Uma ordem regida por outros princípios, outros valores, mais generosos, mais igualitários. Os confrontos no campo da ética tocam em cheio a teoria pedagógica.

Os movimentos sociais trazem para a pedagogia algo mais do que conselhos moralizantes tão do uso das relações entre mestres e alunos. Recolocam a ética nas dimensões mais radicais da convivência humana, no destino da riqueza, socialmente produzida, na função social da terra, na denúncia da imoralidade das condições inumanas, na miséria, na exploração, nos assassinatos impunes, no desrespeito à vida, às mulheres, aos negros, na exploração até da infância, no desenraizamento, na pobreza e injustiça. Aí, nessas radicalidades da experiência humana os movimentos sociais repoem a ética e a moralidade tão ausentes no pensamento político e social. E pedagógico também.

Eles reeducam os indivíduos, os grupos e a sociedade. Mostram a urgência do reencontro da pedagogia com essas dimensões éticas tão determinantes nas possibilidades de formação e humanização inclusive da infância popular que conduzimos como educadores.

Atentos(as) como educadores(as) a essas dimensões tão centrais como a cultura, as identidades grupais, a ética, os valores nos processos de formação, poderíamos ver a educação e os aprendizados humanos como algo mais do que simples produtos da ação "objetiva" das forças econômicas, das condições materiais e até das nossas metodologias progressistas e perceber o convite que os movimentos sociais nos fazem à abertura para as dimensões subjetivas, do irredutível papel dos indivíduos, dos grupos, de suas subjetividades e identidades, da memória, das suas crenças, sentimentos e emoções coletivas.

Os processos educativos ao um misto explosivo de condições objetivas, de crenças, valores, culturas, memória, identidades, subjetividades, emoções, rituais, símbolos, comemorações, que se dão de maneira privilegiada nos movimentos sociais.

Outros modos de conhecer?

Os movimentos sociais têm seu modo de conhecer a realidade. Podemos captar neles modos diferenciados de conhecer a questão urbana, a questão agrária, o emprego e desemprego, e até modos de conhecer a escola, a educação, a saúde, o transporte, a segurança. Modos de conhecer a lógica social. Mostram um modo próprio dos sujeitos sociais de se conhecer, de lidar com sua memória coletiva, com seus direitos.

Nesse sentido, nos advertem que o conhecimento socialmente construído é muito mais diversificado do que as áreas curriculares pensam. Eles nos recolocam questões complexas no campo da sociologia do conhecimento, no campo da construção e da apreensão do conhecimento.

Os movimentos nos colocam o difícil diálogo entre os conhecimentos socialmente construídos sobre dimensões do viver humano muito mais conflituosa do que as áreas do conhecimento e os currículos supõem; nos advertem que a diversidade de sujeitos sociais, de protagonistas da construção da história, da cidade, do campo tem formas diversas de conhecer a cidade, o campo e a história da qual participam.

Quando cada área do currículo lê a historia, a ciência, a tecnologia, o espaço, a vida, a produção literária, a cidade ou o campo desde seu ângulo, tende a deixar de fora saberes histórica e legitimamente construídos e acumulados pela pluralidade e pela diversidade de protagonistas que agem no social ou na natureza. Protagonistas que também produzem saberes. Outros saberes, outros valores e significados, sobretudo outras lógicas não reconhecidas do pensar e do intervir. Lógicas tidas como marginais às lógicas do saber escolar, do pensar científico e do intervir político.

Na tradição da educação popular e de jovens e adultos tem havido profunda sensibilidade para o reconhecimento do saber popular, da lógica própria da construção e apreensão do conhecimento. Tem sido feito um esforço para entender essas lógicas. Mas para quê? Para reconhecer sua legitimidade ou apenas para superá-las como ilógicas? Por exemplo, o ideal de conscientização está presente, mas com que sentido? Para que o povo aprenda o razonar da razão? Como inculcação e internalização da única lógica da construção e apreensão do conhecimento? Os movimentos sociais constantemente repõem essas questões para a sociologia e a pedagogia.

Não tem sido fácil para as ciências, entre elas, a pedagogia, dialogar com as questões relativas à construção e apreensão do conhecimento que os movimentos sociais nos colocam. Por exemplo, qual é o lugar da consciência intencionada, da reflexão racional, do razonar da razão e da não racionalidade nos comportamentos humanos? Qual o lugar do pensamento lógico, ciente, mas também do pensamento "ordinário", cotidiano, nas práticas sociais? Podemos identificar os processos educativos com o avanço da consciência intencionada, com a reflexão racional? Podemos continuar identificando educação popular com "conscientização" do povo?

A pedagogia cognitiva tem marcado tanto a educação popular quanto a educação escolar. Os diversos campos da educação popular coincidem na identificação entre educação e conscientização, seja a Educação de Jovens e Adultos, a educação sindical ou dos movimentos sociais. Virou um traço da chamada pedagogia progressista. Por trás há inferências sobre o funcionamento da mente humana e do comportamento social aceitas de maneira pouco "crítica". O olhar sobre o povo ainda vê crenças, comportamentos irracionais, e se espera da intervenção educativa que reeduque essas crenças através do aprendizado da reflexão. Ainda contrapõe o senso comum ao pensar crítico.

Dividimos os grupos humanos entre os racionais e irracionais, reflexivos e irreflexivos, conscientes e inconscientes. O discurso da sociedade atual do conhecimento repõe essas polaridades como a marca da sociedade dita pós-industrial. O povo sempre catalogado entre os perdedores da reflexibilidade. O poder dos vencedores estaria no domínio das artes de refletir. Polarizações ingênuas que têm alimentado pedagogias cognitivistas e conscientizadoras dos perdedores, dos irreflexivos pobres.

Há crenças nessa visão de educação: que na razão está o parâmetro universalmente aplicável para julgar as condutas como humanas; que o como viver, crer e agir deve ser ditado pela razão para ser humanos e politicamente consequentes; que critérios cognitivos racionalmente definidos regem a ação coletiva; que as crenças, a ignorância, a paixão e o desejo levarão a análises, conclusões e condutas irracionais; que o povo está preso a essas crenças e somente será liberto, raciocinando, esclarecido, aprendendo o pensar lógico indutivo-dedutivo, porque só assim reconhecerá seus erros, repensará suas crenças e redefinirá suas práticas. Sairá do estágio pré-político, pré-humano para a consciência e o consequente estágio humano e político.

Muitas pedagogias cognitivas supõem que há operações lógicas e formas universais de pensar e de atuar. Educar é fazer com que todos aprendam isso. É a luta da razão contra a não razão. As pessoas ou grupos que não fizerem essa passagem continuarão agindo sem razão, sem consciência, imersas na superstição, no erro, em visões confusas e em práticas irracionais e imorais, pré-políticas.

Muitas pedagogias cognitivas tentam ir além reconhecendo que o povo tem saberes, tem uma racionalidade própria, porém confusa e primitiva;

que o homem comum também orienta sua vida pela razão. Chegamos a reconhecer que o povo também pensa, raciocina, deduz e que até suas crenças se orientam por uma racionalidade, porém ela é confusa "irracional"; logo, deve ser superada pela conscientização. O povo pensa, passa a ser um princípio universal, a ser reconhecido, mas apenas como ponto de partida. Às vezes como pretexto para pedagogias bem diretivas. Consequentemente a arte de educar será partir de esses saberes e dessa racionalidade primitiva para tornar o povo intencionalmente racional, reflexivamente consciente.

A crença é que todos podem chegar lá e têm direito a chegar. Aonde? A racionalidade e a lógica única, universal. Avança reconhecendo que o povo tem seu saber, sua lógica mas ainda deficiente, imprecisa. O diálogo educador-educando seria o diálogo entre lógicas precisas e imprecisas para todos chegarem ao estágio humano e político perfeito, à consciência precisa. Muitas pedagogias progressistas partem da certeza de que esses sabres e lógicas imprecisas podem avançar e que o diálogo poderá, com o tempo e com arte pedagógica, fazer com que o povo chegue à verdadeira consciência de como funciona o mundo e a sociedade. Como é e como deveria ser ou poderá ser.

Os movimentos sociais instigavam essas questões e essas posturas de tantas pedagogias progressistas. Mas foi preciso estar sintonizados com eles. Aprender com eles. Experiências de educação informal têm feito esses aprendizados. Como não reconhecer o quanto sabem sobre sua condição de oprimidos, excluídos, sem-teto ou sem-terra? Aceitamos que têm saberes e até lógicas, racionalidades no se pensar e pensar o real. Até aí chegamos, mas muitas experiências ainda veem o povo como crianças ou adolescentes que também têm saberes e formas de pensar, porém distantes, do saber e das formas racionais de pensar. São iniciantes que poderão chegar lá, se conscientizados.

Diante das análises e das opções que os coletivos em movimento assumem, o discurso pedagógico já reconhece que há uma lógica do senso comum, que o povo busca o conhecimento, se orienta pela evidência, raciocina, deduz e adapta suas condutas ao ambiente. Defende suas crenças como consistentes, constrói explicações que lhe orientam. Alguns grupos serão mais coerentes do que outros, mas todos acumularam esses saberes e essas formas de pensar. O que nos revelaria? Que há um caminhar para a racionalidade. Caminhar a ser respeitado, conduzido amorosamente até superar o senso comum. Educar para superar o senso comum? Para purificá-lo?

Essa pedagogia pressupõe que a mente humana não apenas é racional, mas caminha para a razão; terminará por se submeter aos ditados da razão e da evidência e suas leis e causalidades. Todos os seres humanos têm o mesmo ponto de partida, a mesma inclinação da mente para a racionalidade. Educar essa mente no povo seria a tarefa da educação popular e escolar.

Frequentemente ideais de igualdade orientam essas experiências educativas. Parte-se do pressuposto de que os ditados da razão, a capacidade de razonar da razão não são dominadas igualmente por todos. Ao povo é negada essa possibilidade. Dar a todos, até ao povo mais comum essa possibilidade seria a meta. A arte de educar seria respeitar, avançar, passar por estágios, até a consciência e o entendimento válidos. A função da educação seria acompanhar, mediar esses avanços, propiciar processos de razonamento racional, consciente. A racionalidade, a consciência intencionada só se realizará se cultivada, educada, apropriadamente. Inúmeras experiências educativas junto ou para os movimentos sociais não saem desse progressista entendimento dos processos de construção e apreensão do conhecimento e da consciência. Nessa visão é fácil reduzir a educação a uma questão de método.

Acertar com o método tem sido uma preocupação constante nessas pedagogias. Uma decorrência desses pressupostos racionais ou desse racionalismo progressista, evolutivo: todo ser humano é racional, logo poderá chegar a pensar racionalmente, conscientemente. A ênfase no método, na estratégia, no modo como é uma consequência desses pressupostos. Para essas pedagogias baseadas na crença nessa possibilidade, educar os educadores populares supõe dominar essa racionalidade, ter essa consciência intencionada que o povo ainda não tem. Partir da crença de que o povo como os conscientes tem capacidade de chegar lá. Com esse olhar a questão passa a ser como o povo se apropriará das normas do razonamento correto? Por imposição ou por diálogo? Essa pedagogia tem se contraposto a formas impositivas, não dialógicas de ir fazendo esse percurso. Apenas formas dialógicas, respeitosas dos saberes já tidos e dos processos mentais aprendidos darão conta de que ao longo do tempo educativo o povo faça esse percurso das formas menos conscientes, irreflexivas de pensar, para a consciência intencionada, reflexiva.

Há uma crença de que esse processo progressivo – "progressista", em direção ao conhecimento válido e o pensar correto, depende do método, do trato pedagógico que for adotado pelo educador, conscientizador. Métodos complexos, lineares, de uma lógica linear, com previsão de etapas, sequencial. Tão sofisticados que os educadores dos movimentos sociais, do campo e das escolas públicas das periferias urbanas mal conseguem entender e aplicar. Frequentemente esses complexos métodos são apresentados como a pedagogia socialista e popular mais progressista e libertadora.

A história dos movimentos populares vem questionando a vulgata "progressista" e seu viés "racionalista" e "modernista" e a sua crença nos processos progressivos de chegar a uma lógica única, a um modo único de conhecer a realidade. Um olhar mais atento, como sugerimos antes, nos levaria a captar nos movimentos sociais não tanto modos primitivos de conhecer, mas modos diferenciados de conhecer a questão urbana, agrária, o desemprego, a exclusão, a escola. Nos recolocam questões complexas no próprio campo do conhecimento, nos advertem que é urgente repensar concepções de conhecimento e de consciência, etc. Mais uma dimensão do papel pedagógico exercido pelos coletivos populares.

Uma pedagogia dos movimentos sociais?

Ao longo dessas reflexões nos acompanhou uma pergunta: em que medida os movimentos sociais podem ser vistos como um princípio, uma matriz formadora, educativa?

Estamos em um momento bastante fecundo do repensar o fazer pedagógico. Tentei destacar que um caminho promissor para a pesquisa, a teorização e a intervenção pode ser estar atentos aos coletivos em movimento, às vivências e aos questionamentos existenciais e culturais que eles nos trazem.

Cada coletivo destaca dimensões diversas; entretanto, há traços que são comuns, que são próprios dos processos sociais, culturais, éticos que coletivos tão diversos põem em ação, em movimento. Chamamos a atenção para alguns desses traços pedagógicos comuns. Poderíamos falar de uma pedagogia dos movimentos sociais? Com a preocupação de síntese destaco alguns desses traços apontados ao longo dessas reflexões.

A teoria pedagógica crescerá se se alimentar das virtualidades educativas presentes nos movimentos sociais pelo fato de eles reporem os perenes questionamentos da condição humana. Nossas ações e nossas intervenções escolares são pouco radicais para alimentar e dinamizar a teoria pedagógica, que teve seus tempos mais densos quando se voltou para as grandes questões existenciais da emancipação, libertação, igualdade, diversidade, convívio, inserção.

Os coletivos sociais repõem essas questões clássicas. Essas perenes utopias. Nossa tarefa como educadores não seria estar atentos aos clássicos vínculos entre essas questões humanas e a educação? Como profissionais da pedagogia teríamos de agradecer aos diversos movimentos sociais a colocação em cena, e de maneira tão rigorosa das grandes questões humanas que sempre revigoraram o campo da teoria pedagógica. Eles nos oferecem um prato cheio para sairmos dos recortes pontuais, dos olhares pobres em que se isolaram o didatismo escolar e o metodologismo da educação não formal. Eles nos educam e educam os coletivos que deles participam. Educam a sociedade. Agem como pedagogos.

Um ponto poderia ser este: esses coletivos atualizam uma longa tradição, uma permanência de traços. De quem falam ou em nome de quem agem e falam os diversos movimentos sociais? Partem de suas necessidades, do direito à terra, ao teto, à moradia, à sua cultura e identidade coletiva. Falam de si, dos outros, dos iguais. Seu testemunho, suas necessidades e direitos são coletivos. São direitos humanos. Cada movimento não é só ele. Cada sentimento e cada indignação não é só deles. Suas vivências tão no limite expressam suas vivências e as experiências-limite dos outros. Inclusive suas formas de luta. Os rituais e os símbolos de suas lutas foram aprendidos e vividos por tantos movimentos sociais, tão diversos mas tão encontrados. Há uma pedagogia dos movimentos sociais, dos mais antigos aos mais atuais. Uma pedagogia com rituais, símbolos, representações, palavras de ordem, formas de organização e representação, tão parecidas, tão didáticas. Tão formadoras e educativas que poderíamos falar em uma pedagogia dos movimentos sociais. Mais idêntica do que diversa. Com traços mantidos e repetidos ao longo dos séculos. Traços repostos em cada movimento como se fossem a marca de todo movimento.

De onde vem essa permanência de traços tão didáticos? Da aprendizagem de cada movimento com os outros? Estão tão distantes que nem se conhecem. Não temos registros dessa pedagogia dos movimentos que passem essas artes e didáticas para os novos. A permanência de traços tem sua origem nas identidades e nas permanências das grandes questões, sempre repostas e nunca suficientemente respondidas. A identidade pedagógica vem da mesma origem, das mesmas vivências existenciais e culturais. Cada movimento tem de repetir os mesmos rituais, símbolos, gestos porque ele não é só ele. Ele não começa essa história de lutas. Essa história vem de longe. Aprende-se na cultura e na memória coletivas.

O que os sujeitos sociais de cada movimento se colocam e vivenciam é o que tantos grupos humanos vivenciaram e enfrentaram em outros tempos e espaços. Quanto falam de si, tantos outros distantes, até desconhecidos falaram deles mesmos. Quanto sabem e aprendem de si, tantos outros sujeitos e coletivos souberam e aprenderam deles mesmos.

Cada movimento com suas lutas, didáticas e aprendizagens nos revela quanto sabe de si, e quanto sabe, sem sabê-lo, dos outros. Esse traço nos coloca em contato com permanências pedagógicas que extrapolam cada movimento.

Os profissionais do educativo que pesquisam, teorizam sobre cada movimento social em realidade estão pesquisando e elaborando uma teoria pedagógica que os ultrapassa desde que se situem nesse fundo comum que cada um revela, revive em cada situação e momento histórico. Pesquisar e analisar a relação entre educação e movimentos sociais, Educação de Jovens e Adultos, Educação Popular poderia ser captar, interpretar e explicitar essas permanências, de questões, de rituais, de linguagens e didáticas acumuladas ao longo de uma história tão permanente e tão atual.

As questões humanas, sociais e culturais, os processos pedagógicos, as linguagens e rituais que cada movimento repõe para a teoria e a ação pedagógica parecem nos dizer que, nesse subsolo da formação humana, o que vivenciaram outros movimentos em torno de direitos tão básicos negados tem o mesmo tamanho, o mesmo sentido hoje do que há décadas e até séculos. Como se todas as questões pedagógicas estivessem no presente. Como se os seres humanos, os grupos excluídos, oprimidos repetissem a mesma "pedagogia do oprimido" em cada presente.

Paulo Freire ao nos falar de *Pedagogia do oprimido* universalizou essa pedagogia e a tornou histórica ou sempre presente enquanto tivermos oprimidos que se mobilizam por seus direitos, por se libertar da sua condição. Uma pedagogia surpreendente em cada presente e ao mesmo tempo tão repetida. Tão constante quanto ignorada pela pedagogia. Um vigor pedagógico que rebrota em cada movimento social reprimido, mas vingado algum tempo depois por outros movimentos. A volta permanente a essas antecedências sempre renovadas poderia ser uma tarefa de quem buscamos os vínculos entre educação e os tensos processos de produção e reprodução da existência.

As relações sociais na escola e a formação do trabalhador[1]

A preocupação com o cotidiano, com os rituais, com as relações sociais que se dão nos processos escolares, na produção do conhecimento e na socialização tem aumentado entre os educadores e pesquisadores. Que papel cumprem as relações sociais na escola na formação do trabalhador e dos educandos em geral? A escola está cada vez mais próxima de nossas preocupações. Aproximando-nos da escola, descobrimos seus currículos, sua organização e as relações sociais em que se dá a prática educativa.

Pretendo tratar o tema, "As relações sociais na escola e a formação do trabalhador", no âmbito do objetivo geral do Seminário: "discutir as relações entre educação e trabalho com base nas novas necessidades postas pela atualidade a essas esferas societárias". Os objetivos do seminário apontam como tem sido e como se espera que sejam abordados os vínculos entre trabalho e educação, priorizando as relações entre as mudanças na esfera do trabalho e sua expressão na esfera da educação.

Nessas relações mais amplas o tema sugere que fixemos nossa análise no papel que cumprem as relações sociais na escola na formação do trabalhador, uma dimensão central para a compreensão dos processos educativos, dimensão por vezes acentuada, por vezes secundarizada. É bom que este Seminário recoloque sua centralidade.

Divido meu trabalho em duas partes. Na primeira, pergunto como têm sido analisados os vínculos entre as relações sociais na escola e a formação do trabalhador. Na segunda parte, aponto como estão sendo repostos esses vínculos, a centralidade das relações sociais na escola na formação dos educandos e educadores, as matrizes pedagógicas subjacentes ao olhar sobre as relações sociais nos processos educativos. Orienta minha análise a

---

1 Texto originalmente publicado em: FERRETTI, C. J.; SILVA JUNIOR, J. R.; SALES, M. R. N. (Orgs.). *Trabalho, formação e currículo: para onde vai a escola?* São Paulo: Xamã, 1999. v. 1. p. 13-42.

preocupação com os vínculos entre trabalho, educação e teoria pedagógica, convencido de que o momento não é apenas de reafirmação das opções teórico-metodológicas que orientaram nossas análises, mas sobretudo de um diálogo aberto com essas opções.

O aprendizado das relações sociais

Mariano Enguita em sua obra *Trabalho, escola e ideologia* (1993), dedica um capítulo a "aprendizagem das relações sociais de produção", onde nos lembra que:

> [...] quando se chamou a atenção pela primeira vez e de forma sistemática para o papel da escola na integração dos indivíduos nas relações sociais de produção foi, principalmente, em fins de sessenta e princípios da década de setenta neste século. E este toque de alerta nos chegou de pontos muito diferentes... de duas escolas historiográficas tão distintas como a encabeçada por Michel Foucault e a formada pelos 'historiadores revisionistas" norte-americanos [...]; chegou, ainda, do estrutural-funcionalismo [...]; e, o mais importante, de duas fontes declaradamente marxistas: o estruturalismo althuseriano e [...] o "princípio da correspondência" [...] (1993, p. 222).

Trata-se de um olhar que tem uma trajetória na historiografia e na sociologia, entender os processos de integração dos indivíduos nas relações sociais. Não tem sido nesse campo onde todas as teorias pedagógicas situaram um dos papéis sociais da educação? Em outros termos, o tema nos situa de cheio em nosso terreno: os processos educativos. Vejamos os pontos de coincidência desses legados teóricos que têm sido tão marcantes no pensamento educacional.

Todos esses enfoques, ainda que diversos, enfatizam o papel da educação na legitimação da ordem social, preocupação marcante nas décadas de 1960 e 1970 nas ciências sociais. Eles apresentam vários pontos comuns por onde passa esse papel educativo: a organização do espaço, a economia do tempo, a organização dos movimentos e em geral a normalização das instituições totais (escola, entre elas), o controle disciplinar e a correta disciplina como a arte do bom adestramento. Assumindo como suposto que há um isomorfismo entre a organização interna da escola e a organização da oficina, esses enfoques consideram que a escola tem como papel o ajuste do indivíduo à estrutura social da empresa. A relação entre a escola e o mundo da produção é vista em termos de homogeneidade de suas estruturas, e o sistema escolar como um microcosmos do mundo do trabalho onde se aprendem os papéis ocupacionais adultos. Em síntese, todos esses enfoques coincidem em que o aprendizado das relações sociais de produção se dá na vivência das relações sociais da educação, nas práticas escolares.

Durante as últimas décadas, esses enfoques coincidiram em analisar as relações sociais na educação a partir das relações sociais no processo de trabalho, quer dizer, assumindo a existência de um isomorfismo bastante acentuado entre umas e outras. Todas essas análises em sua diversidade coincidem ainda em priorizar os processos e as práticas instituídas, as relações que os legitimam como componentes básicos da ação educativa. Os aprendizados passam pela vivência e pela sujeição a esses processos e relações instituídas.

Em que ponto se encontra esse isomorfismo tão destacado? Na função de coerção que ambas, empresa e escola, cumprem na interiorização como justa e necessária da submissão à exploração e à dominação que essas relações implicam. Se o trabalhador não nasce feito para as relações sociais de produção será necessário constituí-lo, formá-lo. Como? Diante da pouca disposição das pessoas para se submeterem espontaneamente à organização do trabalho, a história nos mostra a existência de mecanismos diversos de incorporação forçada ao trabalho dos indígenas, dos negros, dos pobres e dos vagabundos. Vários estudos e pesquisas destacaram com detalhes esse isomorfismo e os mecanismos compulsórios de adestramento para as relações sociais (Tyack, 1974; Enguita, 1989).

Ao longo da história esses mecanismos compulsórios apresentam formas diferentes "em nossos dias existem diversos mecanismos que forçam de uma forma mais ou menos suave as pessoas a se submeterem às relações de produção capitalista" (Enguita, 1993, p. 214). Entre esses mecanismos mais suaves está a generalização em si do trabalho assalariado: todos sabemos desde pequenos que algum dia chegará nossa vez. Embora o trabalho seja um mistério para infância, logo sabemos que a todos nos espera a função de trabalhador ou trabalhadora, como sabemos que a todos nos esperam provavelmente outras funções sociais. A função de trabalhador ou trabalhadora aparece como inevitável para a maioria da população. Essa percepção da inevitabilidade do trabalho e das relações sociais de produção terá um caráter socializador da infância e da juventude.

O mecanismo mais compulsório para a suave internalização do aprendizado do trabalho é a impossibilidade de sobreviver sem vender a própria força de trabalho, sobretudo, diante da multiplicação das necessidades humanas. Aprendemos não só cedo que teremos de trabalhar, mais também, que teremos de vender nossa capacidade de trabalho para sobreviver. Essas certezas têm um poder socializador compulsório para esses enfoques.

Nesse quadro de preocupações com a aprendizagem e a internalização das relações sociais da produção, as análises se perguntam pelo papel da família, do exército e, especificamente, da escola. Há coincidência nas análises apontadas em que a família cumpre seu papel, porém não proporcionaria uma aprendizagem adequada das relações sociais de produção. Então, deve haver alguma outra instituição que facilite essa aprendizagem antes de incorporar o indivíduo na vida ativa: a instituição fundamental que se interpõe entre a família e o trabalho é a escola. É nela que se aprendem as relações sociais de produção dominantes na sociedade. É com essa hipótese ou tese que as análises têm olhado as relações sociais na escola. A escola é vista como a agência por excelência para o aprendizado das relações sociais. O papel de outras instituições é minimizado e, sobretudo, poucas referências se fazem à vivência das relações sociais na sociedade como um todo.

É interessante constatar a centralidade dada à escola nessas correntes historiográficas e sociológicas preocupadas com a integração dos indivíduos nas relações sociais de produção. É importante constatar a visão que essas análises não pedagógicas têm da escola, de seu papel social e cultural. Parece que as ciências sociais que veem a escola de fora destacam funções que os olhares de dentro nem sempre percebem.

Esses diversos enfoques provocaram debates e críticas ao longo dessas décadas ora relativizando, ora redefinindo as relações entre o trabalho e a escola. Críticas diversas têm sido feitas às análises apontadas e aos vínculos ou conexões que elas estabelecem entre o aprendizado das relações sociais de produção e a vivência das relações sociais na escola. Por exemplo, o caráter nem sempre harmonioso nessa relação ou as contradições que se produzem na articulação entre o sistema educativo e a totalidade social; a não passividade da escola respeito a ordem social, etc. Em geral, as críticas não negam essas conexões, apenas mostram seu caráter tenso, contraditório, dialético. Várias análises mostraram as resistências dos estudantes, professores e trabalhadores (Willis, 1979).

Possivelmente, o que mais impressiona nesses modelos conectivos de análise é a certeza com que são afirmados os vínculos entre as demandas da produção e as respostas dadas pela escola, através de uma lógica quase dedutiva. Reconhecida a centralidade das relações de produção no conjunto da organização social e sua capacidade expansiva para o todo social, se conclui que todas as outras esferas da vida social se comportarão, inevitavelmente, reproduzindo ou expressando essa centralidade. Desde a teoria pedagógica, sobretudo, houve reações a essa visão reprodutiva que se pretendia para a escola e para todos os processos socializadores, culturais e educativos.

No caso da escola, ela teria sido pensada para moldar (e não tem como não moldar) a infância para essas relações sociais. Logo, a tarefa que nos resta aos educadores, pesquisadores e formuladores de políticas será estar atentos às mudanças no perfil de trabalhador demandado pela produção para ajustar a escola a essas mudanças. M. Enguita nos lembra essas certezas lógicas:

> A escola pode crescer, e sua estrutura mudar, em função da forma como a sociedade entende as necessidades de produção, por imperativo de legitimação meritocrática ou pela crescente demanda popular de educação... ou por outras razões, mas, quaisquer que sejam as causas primeiras e/ou aparentes, sempre há um processo longo do qual tende a se produzir um ajuste entre o que a escola é e o que a produção pede. Nosso problema continua sendo mostrar que esse ajuste se dá sobretudo em termos de relações sociais, que na escola o futuro trabalhador é introduzido nas relações sociais de produção capitalista (Enguita, 1993, p. 231).

Enguita fazia essas ponderações no início dos oitenta. Passaram-se quase duas décadas e, ainda entre nós são frequentes as análises centradas em mostrar o ajuste inevitável, a correspondência orgânica, a absoluta concordância entre a escola e as políticas educacionais com a lógica produtiva. Continua-se enfatizando a escola como resposta às novas demandas da produção, como a agência mais eficaz para socializar, incutir e reproduzir os novos paradigmas econômicos, sociais e culturais, os novos valores, condutas e relações hegemônicas. A história da escola seria apenas uma expressão de momentos ou fases da reestruturação produtiva.

Esses modelos conectivos, apesar de ter sido criticados ao longo destas décadas, não foram superados. Eles perseguem os estudos sobre as relações entre trabalho e educação. Seria interessante mapear as pesquisas e publicações, os trabalhos apresentados no GT Trabalho-Educação na ANPEd. Esse mapeamento revelaria como continua marcante a relação entre reestruturação industrial e formação do trabalhador, novas tecnologias e qualificação, pedagogia da fábrica e pedagogia da escola, políticas educacionais e política de produção. A educação é pensada sempre como decorrência do perfil do novo trabalhador fabril, das metamorfoses do mundo do trabalho, da empregabilidade, da crise econômica, etc. O olhar permanece da produção para a escola como se continuasse indiscutível a crença em uma relação linear entre o mundo do trabalho, suas mudanças últimas e o mundo da escola e suas tímidas adaptações.

Duvidar das certezas?

Parece-me que neste final dos anos 1990, a questão não é tanto se o ajuste é mecânico, tenso, contraditório, mas se podemos permanecer com tantas certezas ao aproximar escola e trabalho. A questão é se podemos ter tantas certezas teórico-metodológicas. Tanto o campo da produção quanto o campo da educação podem continuar tranquilos em suas velhas seguranças, certezas e esperanças: conseguir de maneira racional e lógica objetivos certos e indiscutivelmente válidos? (Gimeno, 1998). A racionalidade moderna impregnou nossas análises, políticas, currículos e organizações escolares: pela educação podemos pôr em ordem a sociedade, adequar os indivíduos a projetos de sociedade, de Estado ou de fábrica. Podemos, com certeza? Esses modelos conectivos se apoiam em certezas, quase em dogmas, sobre o funcionamento da lógica do social. Dogmas atualmente questionados na maioria da ciências, mas que invadiram o campo da educação e nele se encastelaram. Os questionamentos em tempos das incertezas poderão fazer avançar a compreensão das complexas relações entre trabalho, educação, escola, tanto ou mais quanto avançamos em tempos de certezas.

Gaudêncio Frigotto (1998) vem dialogando com os desafios teórico-metodológicos da relação trabalho-educação no contexto da crise dos paradigmas das ciências sociais, das novas formas de entender o real. Um pressuposto fundamental, quando nos propomos ao debate teórico, entendemos deva ser, ele nos diz, que as nossas escolhas teóricas não se justificam em si mesmas ... não são nem neutras, nem arbitrárias, nem dogmáticas ou doutrinárias, não são alheias ao plano das relações sociais concretas (p. 25-26).

Para avançar nessa direção, um passo poderia ser reconhecer e rever por que na área trabalho-educação essas certezas se mantiveram sólidas, demasiado sólidas, como nos mostra o texto de Mariano Enguita: "quaisquer que sejam as causas primeiras e/ou aparentes sempre terá um processo longo do qual tende a se reproduzir um ajuste entre o que a escola é e o mundo da produção pede". Nutrimos nossas análises dessa fé, crença cega nesse inevitável e inquestionável ajuste. Hoje sabemos do perigo de tantas certezas. Podemos continuar pensando os processos formadores, culturais e educativos com essa lógica? Será suficiente reafirmar que estamos apenas sendo fiéis a nossa opção teórico-metodológica? Por que não questionar suas lógicas? Duvidar sempre foi uma opção metodológica fecunda no conhecimento do real.

Um ponto em que tivemos certezas: a contraposição ou a polaridade entre o trabalhador consciente, politécnico, autônomo como ideal e síntese do humano e o trabalhador alienado, expropriado do saber e do controle do seu trabalho. Fiéis a essa contraposição, analisamos as relações sociais na escola como inevitavelmente pensadas para a inculcação e a aceitação da alienação. Elas passam a ser o molde em que se conforma não o protótipo de ser humano em que acreditamos, mas o trabalhador perfeito para as relações sociais de produção. Logo, podemos sonhar com novos currículos, novas estruturas democráticas na escola que tentem moldar o trabalhador politécnico, o cidadão crítico e participativo. Tudo em vão, uma vez que *sempre o ajuste* redefinirá o molde para a alienação e o conformismo.

Os objetivos deste seminário: "discutir os vínculos entre a educação e o trabalho com base nas novas necessidades postas pela atualidade a essas esferas societárias, discutir as mudanças na esfera do trabalho e sua expressão na esfera educacional", estão ainda orientados por essas certezas? Se assim for, pouco temos a acrescentar. O tema não abriria espaço para nenhum debate. A esfera educacional, as relações sociais na escola continuarão no seu papel de sempre ajustar o futuro trabalhador às necessidades postas pelas relações sociais de produção. Se partirmos do suposto lógico de que no sistema escolar se *expressam* as mudanças ocorridas na esfera do trabalho, o único que nos resta é entender essa esfera, com a certeza de que as mudanças nela ocorridas se expressarão nas relações sociais na escola.

Acredito que as temáticas do seminário estejam orientadas menos por certezas do que por dúvidas quanto aos modelos conectivos que nos inspiraram nas décadas passadas e que tanto nos perseguem. A dúvida quanto às conexões mecânicas parece-me melhor conselheira para nossos debates. A insegurança atual quanto aos aparelhos e as instituições da modernidade e da reprodução social e cultural afetam de cheio nosso campo educacional e nossa visão sobre as relações entre trabalho-educação. Nem tudo é socializável e menos controlável quando se trata da constituição dos seres humanos. Não só o trabalho está em crise; a educação escolar e as certezas de seu papel também estão, e sobretudo as certezas sobre o que tem movido socialmente a constituição histórica dos sistemas educativos. Estes não estariam movidos por outra racionalidade, menos lógica e menos ajustada ao que a produção pede?

Poderíamos começar por duvidar da crença que está na base de muitas pesquisas e análises: crença na função que a educação joga em nossas sociedades, uma função absolutizada na formação para os diversos papéis sociais, sobretudo, para a configuração do trabalhador exigido pelas relações sociais de produção. Não seria fecundo para nossas análises perder algumas certezas? Perder a crença, (mais enraizada no pensamento progressista do que no conservador), na capacidade da educação escolar em trazer modificações profundas para moldar os indivíduos para seus papéis de cidadão, trabalhador, pai e mãe de família, consumidor, empregável, etc. O que alimenta essa crença, quase mítica, são modelos conectivos de análise da relação entre educação e sociedade e, especificamente, entre educação formal e o aprendizado das relações sociais.

Estamos em um tempo em que se retoma a centralidade da educação como principal via para sair da crise do desemprego, para o reajuste do trabalho à globalização. Essa retomada vem de empresários, economistas, gestores pouco sensíveis às funções igualitárias, sociais e culturais da educação, o que tende a reforçar nos setores progressistas a crença pelo avesso no sempre reiterado papel da educação e do ajuste entre a escola e a lógica da produção, para alienar, adestrar, integrar o trabalhador na lógica produtiva. Essa retomada tenderá a reforçar os nexos tão destacados na década de 1960 e 1970, tanto nas análises conservadoras quanto nas análises críticas? Esperamos que não, uma vez que as visões do trabalho, da qualificação, da escola e da ordem social são vistas hoje como uma realidade bem mais complexa e as ciências sociais avançaram cientes dessa complexidade, o que permite esperar que uma visão mais global oriente as análises.

Podemos esperar que as incertezas do mundo do trabalho e da educação, em vez de reforçar modelos dedutivos, acrescentem uma nota de realismo no sentido de nos aproximar do real de maneira menos mecânica e, sobretudo, no sentido de valorizar mais os sujeitos do trabalho, da produção e da ação educativa e seu protagonismo na busca de saídas para as incertezas. Desde nosso campo, a educação e a cultura, temos a contribuir nessa incerta relação entre trabalho e escola, porque a crise do trabalho não é só econômica; é também social e cultural, é de formas de aprender o real. A realidade vem mostrando que nem tudo é socializável (nem as ideias dominantes), que as condutas humanas não são facilmente racionalizadas e ajustadas seguindo a marcha triunfante da razão instrumental. Aprendemos a duvidar do salvacionismo religioso tanto quanto do laico. Estamos em outros tempos.

Os limites dos modelos conectivos

Torna-se, pois, urgente avançar na ponderação de algumas constantes nesses modelos conectivos, repensar o modelo sociológico que os inspira, que vê a educação como fator de coesão, no sentido de legitimação da ordem social e cultural. Esse modelo tem deixado de lado ou não tem dado o devido destaque, a outro modelo sociológico que vê a educação como fator de mudança social e cultural, que insere as mudanças educativas tanto dos conteúdos quanto das relações sociais na escola, no movimento democrático social e cultural mais amplo, na luta pelos direitos, na construção de novos sujeitos, sociais e políticos. Essas mudanças democráticas, sociais e culturais também têm sua expressão na esfera educacional, especificamente, nas relações sociais na escola. Poderia ser essa a compreensão mais global do tema proposto?

Para avançar nessa direção, teríamos de rever a absolutização que temos feito das relações sociais de produção, das ideias e valores dominantes, do protótipo de trabalhador imposto ineludivelmente pelo capital. Essas absolutizações terminam por ignorar os sujeitos sociais, ou melhor, por levá-los em conta apenas como massa informe, maleável e moldável. São sujeitos sem história, sem individualidade, sem raízes culturais, valores, condutas, imaginários. Por vezes, nessas análises mecânicas até reconhecemos que os sujeitos têm história e cultura; porém, elas são tão fracas que, ainda que resistam, serão trituradas nos moldes das relações sociais na escola para serem conformadas para as relações sociais da produção.

Ultimamente, nessas análises, parece haver mais atenção à subjetividade, mas por quê? Será porque as mudanças na produção reconhecem timidamente os trabalhadores como sujeitos? Se for por esse motivo, estaremos ainda presos aos modelos conectivos. Estaríamos reafirmando os modelos de ajuste. A questão passará a ser como a escola formará as dimensões da subjetividade demandadas para o trabalho. Fiéis a esse modelo, não iremos longe na atenção aos sujeitos, à sua cultura, valores, identidades, diversidade. Continuaremos a ver a escola nos limites estreitos das demandas da produção. A dinâmica social e as propostas pedagógicas não estão ultrapassando esses limites? Os professores e as crianças, os adolescentes, os jovens e os adultos que frequentam as escolas, os trabalhadores, as mulheres, os negros, os cidadãos não estão afirmando sua condição de sujeitos sociais e coletivos para além do que a organização da produção desejaria? Essa pergunta aponta para outro olhar.

Outro limite dessas análises é que elas tendem a marginar a preocupação com a escola, sua história, as razões de sua expansão, de sua estrutura, seu currículo e sua organização. O que interessa nessa história é o que prova a absoluta concordância com as transformações ocorridas no mundo do trabalho, ou como elas se expressam na história do sistema escolar, na educação fundamental e sobretudo na educação média e profissionalizante.

Como Enguita lembra quaisquer que sejam as causas primeiras ou aparentes da história da instituição escolar, para essas análises o que importa é o longo processo que tende a reproduzir sempre o ajuste entre a escola e o que a produção pede. Em outros termos, não interessa pesquisar a escola, sua função social e cultural, sua cultura, seus currículos, sua organização nem as políticas educacionais nem os programas dos partidos, dos sindicatos ou dos movimentos sociais. Tudo não passa de *aparências*. Logo para que investir em develá-las e pesquisá-las? Até quando se pesquisa a administração escolar, se torna mais atraente dar centralidade aos processos de organização da produção na fábrica para concluir que conhecemos a organização escolar ou concluir sua concordância com a organização fabril. A organização e a administração dos processos e instituições educativas ocupam pouco tempo até nos Departamentos de Administração Escolar. Sabemos pouco sobre o funcionamento e a estrutura da instituição social escola no seu cotidiano, porque a opção teórico-metodológica parte do isomorfismo entre a organização fabril e a escolar. Logo, o foco das pesquisas deverá estar na compreensão da organização da fábrica, para daí apenas concluir sobre a organização da escola. Um olhar que nos leva a ignorar a escola ou pensar que a conhecemos.

Temos de reconhecer que até em programas de educação, em dissertações e teses, guiadas por essa opção teórico-metodológica a escola não tem despertado grandes interesses exatamente por partir do suposto de que ela não passa de uma expressão das mudanças que acontecem na esfera do trabalho. A escola, sua história e seu cotidiano têm estado ausentes enquanto objetos diretos de pesquisa e análise nesses enfoques conectivos, o que contrasta com a centralidade dada à função social da escola na sociologia tanto clássica quanto moderna. Lembremos Durkheim e Bourdieu como exemplos.

Não apenas a escola é secundarizada como objeto de pesquisa e análise. Também, e sobretudo, as mudanças que os professores, coletivos, partidos democráticos implementam são tratadas com irônica indiferença. A pergunta ainda é posta: adianta mudar a escola se as relações sociais de produção não mudarem? É mais atraente analisar as políticas e as reformas orientas pela lógica taylorista, pela qualidade total, pelo Estado neoliberal, pela globalização, uma vez que elas confirmam o ajuste inevitável que está na crença dos modelos conectivos. Essas políticas confirmam nossa opção teórico-metodológica, logo nos atraem. É significativo, lamentavelmente significativo, a quantidade de teses, pesquisas e análises das políticas "oficiais" das agências de financiamento frente ao descaso para com políticas democrática que existiram na história e que existem sintonizadas com os movimentos sociais e as organizações de professores, as revoluções igualitárias e democráticas. Essa marginalização da história total deveria interrogar e questionar opções teórico-metodológicas e a sua produção teórica e prática.

Essa secundarização da escola, de seu cotidiano, da dinâmica história e das tentativas de mudança têm privilegiado um olhar denunciante, daí preferir o olhar sobre as políticas oficiais e das agências de financiamento, um prato feito para a denúncia. Aliás, a denúncia mais do que o anúncio é uma marca dessas análises sobre a função das relações sociais na escola e sua conformação ás relações sociais de produção. A lógica parece ser esta: as políticas educativas e qualificadoras da burguesia, da fábrica, das agências financiadoras, do Estado, e até dos governos populares usam um discurso igualitário, democrático. São as razões aparentes. A função das pesquisas e das análises seria desmistificar a falácia desse falso discurso, dessas reformas aparentes mostrando a lógica real do ajuste, da absoluta concordância, da adequação orgânica entre as políticas educativas e as relações sociais de produção.

A tarefa básica deverá ser a denúncia do ajuste, torná-lo mais explícito ao anunciá-lo. Como por princípio ou como pressuposto teórico, não adianta esperar que esse ajuste não aconteça ou seja revertido. A tarefa que nos toca teórica e politicamente é torná-lo mais infame ao explicitá-lo e denunciá-lo. Já que os professores e os trabalhadores não têm como fugir do ajuste entre as relações sociais de produção e da escola, a função política passa por conscientizá-los da infâmia dessa função inculcadora. Um papel militante que se julga no direito de sempre bater no mesmo ponto. Uma denúncia repetitiva, professoral.

Situamos o embate no campo do pensar a realidade, cientes de que nem formas novas de pensá-la mudarão a inevitabilidade do ajuste entre as relações sociais na escola e na produção. Por que então dar tanta importância à crítica do inevitável? Porque, apesar de tudo, se acredita na força do espetáculo da denúncia, como se esse espetáculo tivesse uma força política e pedagógica capaz de um dia mudar essas relações sociais. Como a virtualidade político-pedagógica é posta na denúncia, não precisamos agir sobre as relações sociais na escola. Qualquer tentativa de intervenção será denunciada como reformismo inócuo. O que é considerado politicamente correto não é mexer na escola, mas a denúncia, já que ela é reveladora, cria consciência ao menos. A quantidade de tempo dedicado à denúncia mais do que à intervenção parece confirmar essa crença na força pedagógica do espetáculo da denúncia. As relações sociais na escola ficarão no seu lugar ou voltarão a ele se ousarmos mudanças. Logo, nos cabe apenas estar atentos às transformações que possam acontecer nas relações de trabalho e na forma como se expressam na escola. Essa instituição social, consequentemente, não tem história; é mera expressão das relações sociais de produção. Por isso, essas análises estão menos preocupadas em conferir historicamente os nexos concretos do que lembrar as categorias teórico-metodológicas que dão suporte a esse olhar. Não negamos a crítica como ponto de partida e como método, porém sem reduzi-la ou confundi-la com o espetáculo da denúncia.

As virtualidades formadoras das relações sociais na escola

Dialogar com nossas análises sobre os vínculos entre as relações sociais na escola e as relações sociais na produção pode significar tirar as lições aprendidas. Lições que têm pontos de que duvidar, mas também muitos pontos que mostram avanços.

Nem tudo tem sido limites quando nos aproximamos dos vínculos entre as relações sociais na escola e na produção. Os diversos enfoques que desde a década de 1960 vêm chamando a nossa atenção para a centralidade das relações sociais na formação dos educandos e, especificamente, do trabalhador representam uma riqueza para a área trabalho-educação e para a teoria pedagógica em geral. Vejamos alguns pontos.

Essas análises partiram da preocupação em mostrar os mecanismos de controle social, de inculcação e adestramento, a microfísica ou a capilaridade do poder no hospital, na prisão, na oficina e na escola. Especialmente na escola, destacavam a vigilância, a organização interna, as normas, a ritualização das relações, as técnicas de organização temporal e espacial, sobretudo as relações sociais entre os alunos e professores, sua centralidade na produção dos saberes, das condutas. O que importa é que essas análises em sua diversidade colocaram uma questão nuclear para a pedagogia: como se formam os indivíduos? Como se dão os processos de aprendizagem e de socialização? Insisto na importância de que essa questão nuclear tenha vindo para nosso campo da educação escolar trazida por historiadores, sociólogos, cientistas políticos, economistas, o que antes de provocar resistência das teorias pedagógicas poderia estimular o diálogo com as ciências preocupadas com os complexos processos de formação do ser humano. Sempre que se abriu a outras ciências, a pedagogia saiu enriquecida. Ela nunca teve o monopólio das teorias da formação humana nem da inserção cultural, da socialização e dos processos de aprendizagem.

Os estudos que destacavam desde a década de 1960 a centralidade das relações sociais na sociedade e na escola na conformação do trabalhador trouxeram contribuições relevantes que não podem ser abandonadas pela teoria pedagógica. Mariano Enguita (1993) explicita essa contribuição:

> a forma mais comum de se compreender (a função integradora da escola) continua ser prestando atenção ao conteúdo do currículo... O que queremos sugerir, no entanto, é que a verdadeira aprendizagem das relações sociais de produção não acontece por meio dessas mensagens recebidas com maior ou menor credulidade, mas através de uma série de práticas, rituais, formas de interação entre alunos e com os professores, formas de se relacionar com os objetos etc., enfim, através de certas relações sociais imperantes na escola que prefiguram as relações sociais do mundo da produção (Enguita, 1993, p. 220).

A hipótese básica é que essas práticas são formadoras porque não são explicitamente discutidas nem justificadas, porque moldam a cotidianidade da vida na escola, pelo que configuram com mais força a consciência da criança. "Sua força deriva de sua materialidade (o ser consciente é a expressão consciente do ser real – Marx)." É a mesma concepção que está na base da centralidade dada ao trabalho como princípio educativo e formador, daí que os estudos sobre trabalho e educação, formação do trabalhador, têm estado mais atentos às virtualidades educativas das relações sociais na escola, do que aos conteúdos.

Quando, neste seminário, nos colocamos como retomar as relações sociais na escola em nossas análises é porque consideramos seu peso formador ou porque consideramos que uma das matrizes do pensamento pedagógico moderno passa pelo reconhecimento da centralidade dos processos materiais, das instituições e das relações sociais na formação do ser humano e nas aprendizagens. As práticas educativas, especialmente as escolares, não são algo natural: alguém que sabe e ensina a quem não sabe. Não são processos meramente intelectuais, mecanismos de transmissão de conhecimentos, meios de produção intelectual nem sequer de inculcação e doutrinamento ideológico pelo discurso. A educação tem sido um campo privilegiado para esse tipo de interpretações. Não obstante, a moderna teoria pedagógica se fundamenta no reconhecimento de que o ser humano não se forma de dentro, desenvolvendo potencialidades inatas, mas de fora marcado pelas vivências em que produz e reproduz sua existência.

Poderíamos lembrar que a centralidade dada às relações sociais, à materialidade, ao instituído, às instituições da sociedade não foi percebido apenas por determinadas correntes historiográficas e sociológicas dos anos 1960 e 1970. Ela estava no pensamento pedagógico da Renascença e constitui uma das matrizes teóricas da pedagogia moderna. Essas correntes as retomaram, ainda que se maneira bastante mecânica.

Uma das coordenadas básicas da educação e da cultura contemporâneas, nos lembra Carlos Lerena (1983, p. 113), é que sobre um trabalho de subsolo, do qual são pioneiros nomes como T. Moro, Galileu, F. Bacon ou Hobbes, começa a tomar-se consciência do caráter constituinte das relações sociais, e do seu corolário, a necessidade de racionalizar e controlar esse, em definitivo, processo de produção de seres humanos. Reconhecer a educação e a cultura como tarefas intencionais de produção do ser humano e as instituições e relações sociais como as formadoras privilegiadas, constitui a base de outras descobertas pedagógicas da modernidade, por exemplo, a ênfase na debilidade da infância e nas possibilidades e responsabilidades do adulto em relação a conformação da criança, a descoberta do valor da socialização e, mais tarde, na linguagem crua e realista da revolução industrial, a constituição do trabalhador pela sujeição às novas relações sociais e à instituição fabril.

Retomar o peso formador das relações sociais na fábrica, na escola ou na sociedade como um todo é retomar essa matriz da moderna concepção da educação e da cultura. Situados aqui e não tanto em um olhar específico da educação como fator de coesão e legitimação da ordem social e cultural, poderemos retomar essa matriz tão fecunda sem cair em um olhar fechado na função disciplinar e de ajuste. Essa matriz da pedagogia moderna não tem que ser necessariamente mecânica.

O tema proposto sugere que retomemos a primazia dos processos materiais (sociais) de trabalho e de produção da existência na formação do ser humano, frente às ênfases nas formas de inculcação e controle ideológico, de disciplinamento e de ajuste social. Priorizar nos processos de educação escolar as relações sociais na escola pode significar que assim como reconhecemos que o trabalho conforma o ser humano, assim também o trabalho, as práticas, os rituais, na escola formam os educandos e educadores. Da mesma forma que não é o resultado do trabalho, senão o processo material e social de sua consecução o que conforma o indivíduo, assim consideramos que não são os conhecimentos formais, mas seu processo de aquisição e as relações sociais e materiais nas quais se adquire o que constituem a fonte fundamental da formação escolar. Por esse caminho fugimos de uma relação mecânica para levar a análise da escola e dos processos educativos em geral para a mesma matriz pedagógica que nos guia no reconhecimento do trabalho como princípio educativo.

Esta análise não conectiva nos estimula a nos aproximar da especificidade da instituição escolar, de sua materialidade, da ação educativa como trabalho, como ação, como prática humana, como relações sociais. Estimularia a melhor compreensão do peso educativo, formador ou deformador das práticas e do trabalho escolar. Estimularia nossa atenção para com as práticas, os rituais, a relação com o conhecimento, tempos e espaços, as relações entre os sujeitos da ação educativa, as relações de poder, a materialidade das escolas, os processos de trabalho de educadores, educandos e funcionários. Que pouco refletimos nas teorias pedagógicas, nas teorias da organização escolar, nos currículos e a didática sobre as potencialidades educativas dessa cotidianeidade, apesar de ser essa uma das matrizes mais fecundas da moderna teoria pedagógica.

Fiéis a essa matriz, os estudos sobre trabalho e educação têm destacado as relações sociais em que se produz a existência como educativas e, na mesma linha o trabalho escolar e as condições materiais e sociais vivenciadas na escola como prioritárias nos processos de educação escolar (Arroyo, 1998, p. 156 ss.).

Outra lição que podemos tirar das análises sobre as relações sociais na escola e no trabalho é a concepção alargada de formação com que elas trabalham. A preocupação não é basicamente como qualificar o trabalhador, nem que competências, saberes, habilidades deverá dominar, mas como constituí-lo na totalidade de sua condição de trabalhador para o capital. No linguajar mais recente, a questão não é em que aspectos capacitá-lo para se tornar empregável, mas que trabalhador(a) constituir ou formar. É um olhar bem mais abrangente, uma compreensão mais certeira das preocupações e interesses da produção. A tarefa é mais árdua: constituí-lo antes de torná-lo competente, qualificado. Essas análises situam-se em um patamar anterior e mais radical, ou pensam a escola em tarefas mais radicais do que transmitir competências e saberes. Pensam a escola na árdua tarefa de constituir o trabalhador uma vez que ele não nasce feito, que tem de ser constituído, formado ou deformado, conformado de acordo com um protótipo de ser humano. Essas análises nos lembram que todo ato educativo tem uma intencionalidade política que vai além do aprendizado de aspectos pontuais, que tem como horizonte maior uma opção política por um protótipo de ser humano.

Olhar as relações sociais como educativas, ainda que não seja para denunciar seu papel no aprendizado das relações sociais de produção, mostra entender que a tarefa da escola é colaborar nesses processos formadores-deformadores, humanizadores-desumanizadores. Que o que se espera dela, inclusive pelo capital, vai além do ensino profissionalizante, e até além do domínio do saber sobre o trabalho e do saber sobre os processos e relações de produção. Aprender é mais do que aprender, seja na concepção positivista ou crítica, seja na concepção dualista ou unitária.

Daí a centralidade de outra lição a tirar dessas análises, o aprendizado das relações sociais aponta para uma pluralidade de dimensões na formação do ser humano. É importante prestar atenção nessas dimensões e entender que não é agora que o mundo da produção percebe o trabalhador em sua totalidade, na subjetividade, na atenção e sensibilidade, nos valores, na cultura e diversidade.

Todas as análises coincidem, já na década de 1960, em destacar que a tarefa formadora esperada das relações sociais na escola é a formação de dimensões de personalidade, valores, concepções, condutas, autoimagens, hábitos internalizados. Aprender a cultura e o valor do trabalho e aceitá-los como justos e inevitáveis. Essas análises mostram que o mundo da produção espera da escola como moldar o ser humano em suas dimensões humanas, seu caráter e personalidade. Uma aproximação sócio-histórica e até psicossocial e cultural das relações de produção, do trabalho, do educativo e do papel da escola. Uma visão totalizante da produção, do trabalho humano, da fábrica, da dinâmica social. É a velha ênfase na função socializadora de todo processo educativo e social, criação de hábitos, valores, autoimagens, internalização de padrões, condutas, representações sociais. Aprender modelos, papéis, e sobretudo aceitá-los e desejá-los, como um bem, e até como um ideal de realização pessoal e social. Parece como se a historiografia, a sociologia nos lembrassem que os processos educativos, como qualquer processo de qualificação, treinamento ou escolarização, sempre foram totalizantes, que têm a conformação do ser humano como intenção e prática. Ainda que estejamos em desacordo com a submissão dessas dimensões humanas à lógica das relações sociais de produção capitalista, não podemos deixar de ver essa intenção totalizante. Essa dimensão não pode ser perdida nem quando nos aproximamos da escola, nem da fábrica.

Enguita (1993, p. 218 ss.) nos lembra que esses assuntos têm sido tratados nos estudos de socialização e interação, nos estudos sobre a formação das estruturas de caráter, sobre a transmissão de valores e atitudes entre gerações, sobre a modelação de personalidades, da autonomia ou conformismo, da flexibilidade mental, sobre modelos de aprendizagem-generalização de comportamentos, atitudes e valores que são projetados de uma esfera para outra da vida social, da família para a escola e para o trabalho e vice-versa.

Sem dúvida, há nas análises históricas e sociológicas uma concepção dos processos produtivos e educativos ampliada, centrada na constituição de um protótipo do ser humano, nos complexos processos de sua humanização-desumanização, de emancipação ou alienação pessoal, de construção do ser social e cultural, do ser humano que há no trabalhador e não pode ser ignorado nem para submetê-lo. Há uma compreensão de que a tarefa de formar o trabalhador, pelo fato de ele ser humano, é complexa, por envolver a totalidade das dimensões humanas: seu caráter, liberdade, autonomia, auto-imagem, valores, cultura, gênero, raça, classe. Como contrasta essa visão ampliada dos processos educativos, socializadores e qualificadores com visões estreitas que reduzem o olhar sobre a qualificação e a educação ao domínio de habilidades e competências e até a formação da consciência política.

O olhar da história e da sociologia é mais alargado e capta que está em jogo internalizar a cultura do trabalho. Consequentemente, reconhece que formar o trabalhador é uma tarefa cultural, ética. Não tem sido nessa concepção ampliada que as relações entre trabalho e educação encontram sua riqueza pedagógica? Reduzi-las a dimensões parciais, advindas de demandas específicas – conhecimentos tecnológicos-científicos, modelos e processos de gestão, qualificação profissional, ensino técnico, propedêutico – não significa perder a riqueza em que historicamente foi posta a relação trabalho-educação? Não significa distanciar-nos do que há de mais rico nessa tradição: o trabalho e a Educação Básica nos complexos processos seja de submissão, ou seja, de emancipação humana?

A preocupação com a subjetividade, com a cultura, a ética, as identidades, o imaginário sempre esteve posta nas análises sobre as relações sociais na escola e a formação do trabalhador. Elas reconhecem que há uma intencionalidade, uma política cultural explícita. O que importa é não esquecer essas dimensões que estão presentes em todo ato educativo, em toda prática da escola ou da fábrica. Consequentemente, situar a relação escola-trabalho-formação do trabalhador no âmbito das relações sociais na escola e na produção significa ver a educação como prática social e cultural, como relação humana, de sujeitos, como produção e reprodução consciente e intencional de um protótipo de ser humano e como ação-intervenção política e cultural que mexe com aspirações, valores, pensamentos; enfim, com sujeitos humanos que pensam e têm suas aspirações. Processos extremamente complexos, que exigem um olhar global.

Repor as relações sociais na escola e a formação do trabalhador nos aponta para dimensões mais totalizantes dessa formação, uma vez que nos situa no campo dos sujeitos, de sua formação-conformação. Situar-nos nesse campo vai além de uma visão reducionista centrada no domínio de novas competências para as novas tecnologias, de novos saberes sobre o trabalho, de novas subjetividades, de novas dimensões de personalidade requeridas por mudanças pontuais na produção. Os processos educativo enquanto processos de humanização são extremamente sutis em sua complexidade. Elas escapam a qualquer tentativa de enclausuramento em lógicas fixistas e em demandas conjunturais. A lógica da socialização e da educação não fica à mercê de mudanças conjunturais, de novidades. Como essas novidades atraem nosso olhar de pesquisadores comprometidos. Novas tecnologias e qualificação, neoliberalismo e política educacional, nova organização fabril e escolar, etc. como se os processos culturais e civilizatórios, de humanização e desumanização, de inserção e socialização, de aprendizagem e conhecimento se alterassem em sua dinâmica histórica a mercê da ideologia da equipe de plantão nos governos, nas agências de financiamento ou nas federações industriais.

As análises que retomaram a centralidade das relações sociais na fabrica e na escola se apoiam em um olhar histórico e sociológico, à procura de constantes na dinâmica social e cultural. Por isso, sua concepção da socialização, da inserção e da educação é mais abrangente, é mais sensível aos tempos de longa duração, em que as temporalidades culturais e educativas se situam.

Todos os enfoques que destacaram a centralidade das relações sociais nos vínculos escola-trabalho-formação do trabalhador focalizam algo mais fundo do que a qualificação: a internalização das relações de produção enquanto componente da inserção social. O que está em jogo é que trabalhador(a), que ser humano tem que ser constituído para relações sociais, políticas, culturais, éticas. Há explícita uma concepção de formação que vai às raízes da condição de trabalhador ou que toca nos processos de sua constituição como humano, ainda que seja para sua alienação e exploração.

Repor nossas análises nesse patamar mais radical e mais abrangente da formação do trabalhador é um legado desses enfoques sobre as relações sociais e a educação. Entretanto, um ponto tem de ser matizado: apesar de situar a formação do trabalhador nesse patamar mais radical e ampliado, muitos estudos, como já destacamos, trataram o aluno(a) e o trabalhador(a) como uma massa informe, moldável por e para as relações sociais, ignorando sua condição de sujeitos sociais e culturais, seus valores e identidades, sua irrenunciável condição de humanos, consequentemente, agentes. Atualmente, é mais difícil ignorar essa realidade, não porque os novos processos de produção precisam incorporar as subjetividades, mas porque os movimentos sociais, dentro e fora da fábrica, formaram novos sujeitos, com novas identidades, sujeitos que entraram em cena ou já estavam e exigiram com nova ênfase ser reconhecidos como tais: operários, camponeses, mulheres, negros, índios, adultos, jovens, educadores e educandos. O reconhecimento dos sujeitos sociais e culturais como agentes de história, valores, cultura leva a outros paradigmas de análise. Nos permite avançar além das contribuições pontuais dessas análises.

Reconhecer esses sujeitos nos leva a ter de aceitar o conjunto de processos e relações em que se constituem. Esse olhar mais alargado não desloca a centralidade das relações sociais na escola e no trabalho, mas chama nossa atenção para o conjunto de tempos e espaços, de vivências e práticas sociais em que se constituem os seres humanos. À medida que radicalizamos a formação do trabalhador para as relações sociais de produção enfatizando sua constituição como humanos, a formação do seu caráter, valores, atitudes, condutas, autonomia ou conformismo temos de alargar os tempos e os espaços em que se produz ou modela a personalidade do trabalhador(a).

Outros tempos e espaços educativos

As ciências que avançaram na compreensão da cultura, do conhecimento, da socialização, da formação de valores, identidades e subjetividades parecem não ter dúvida de que essa tarefa não pode ser atribuída apenas a uma instituição, quer seja a escola quer seja a fábrica. Nem apenas as duas. Há outras esferas societárias, outras relações, outros espaços e outros tempos em que nos formamos e deformamos como seres humanos. Lugar de criança não é só na escola, nem lugar de adulto é só na fábrica. Essa polarização é estreita e deixa de lado experiências humanas outras, ricas para o desenvolvimento, a formação e qualificação. Onde colocar nessa polarização a cultura juvenil? Como um desvio? Um parêntese? Onde colocar a cultura étnica, a cultura feminina, a cultura infantil? As identidades são muito mais múltiplas do que supõem as polarizações entre tempo de infância/tempo de escola, de um lado, e tempo de adulto/tempo de fábrica de outro. As relações sociais na escola e na produção ganharão em complexidade se reconhecermos que a escola e a fábrica não são as únicas instâncias socializadoras e educativas.

Insisto em que o tema – as relações sociais na escola e as relações sociais na produção e a formação do trabalhador – continua fecundo para as pesquisas e análises educativas. Entretanto, ele ficará enriquecido se incorporarmos estudos sobre o peso de outros tempos e vivências sociais e culturais, sobre a socialização na família, na cidade, na rua, nos espaços de lazer e cultura, nos movimentos sociais, nos partidos e sindicatos, nas experiências juvenis, etc. Nos espaços múltiplos, instituídos, legitimados ou invadidos e ocupados, onde reproduzimos nossa existência em cada ciclo de nossa vida social e cultural.

O tema ficará enriquecido se pesquisarmos que dimensões da personalidade, da subjetividade e identidade, que valores culturais e saberes, que concepções, condutas e competências esses tempos e experiências múltiplas formam, que relação conflitiva e tensa há entre esses múltiplos tempos e dimensões da formação humana. Ficará enriquecido se superarmos um olhar de mão única: da fábrica para o resto das instituições sociais, do tempo de trabalho para o resto dos tempos sociais e culturais, da vida adulta para outros tempos de vida, infância, adolescência, juventude. Essa visão perde em riqueza ou perde a complexidade dos processos formadores na totalidade da trama humana. Perde a especificidade educativa e cultural de cada tempo de desenvolvimento humano.

A infância, a adolescência ou a juventude não são etapas que adquirem sentido humano e socializador apenas quando referidas à vida adulta, sobretudo ao trabalho do adulto. A forma como o tema é posto – as relações sociais na escola e a formação do trabalhador – reproduz esse imaginário dominante na pedagogia, na produção e na maioria das pesquisas sobre as relações entre a escola, a formação, a socialização ou a qualificação. Dividimos a vida humana em dois tempos: de um lado o tempo central, o que dá sentido à condição humana – o trabalho, os diversos papéis na vida adulta; de outro lado, o tempo de chegada, de preparo, de aprendizagem desses papéis e competências para o trabalho. Nessa visão, os ciclos da infância, adolescência e juventude não têm sentido em si mesmos. Na criança não vemos criança mas o rosto do adulto a ser formado. Negamos o direito a viver cada ciclo da condição humana. Nessa visão os tempos, os espaços, as instituições onde se reproduz a infância não têm sentido em si, mas apenas se referidos às instituições, tempos e espaços da vida adulta. A escola só tem sentido se referida ao futuro, à fábrica, à cidadania adulta. As relações sociais na escola só têm sentido se referidas às relações sociais na produção a ser vividas em vida adulta.

Estamos em tempos de reconhecimento da especificidade humana de cada ciclo da vida, de reconhecimento dos tempos da infância, adolescência e juventude como tempos de direitos, tempos que têm sua especificidade social, cultural, identitária. Uma perspectiva que reverte o imaginário que ainda orienta as relações entre infância-adulto, educação-trabalho, escola-fábrica.

O tema nos remete ao cerne do imaginário social e pedagógico das relações entre temporalidades humanas, entre instituições formadoras e entre dimensões da formação que interagem nos diversos tempos, espaços de nossa existência. Nesse sentido, superar esse olhar de mão única pode significar estar não apenas atentos(as) às marcas da fábrica que invadem a escola, a família, o lazer, mas também estar atentos(as) às marcas humanas que levamos para nossa condição de trabalhadores, marcas, competências e valores conformados na vida em família, na rua, no convívio urbano, na cultura juvenil, no lazer. As marcas que levamos para o trabalho, constitutivas da condição de mulheres, homens, negros, brancos, crianças ou jovens. Essas condições humanas invadem também, se expressam também no trabalho e conformam o trabalhador, a trabalhadora. Essa visão mais totalizante, de mão dupla, tensa, não cabe na visão de que as relações sociais na família, na escola, nas diversas experiências e esferas societais apenas expressam as demandas ou os padrões de trabalhador e trabalhadora, de ser humano requerido pelas transformações na produção, pelas novas tecnologias ou pela globalização.

Esse olhar ampliado poderá aparecer como ameaçador a nossa opção teórico-metodológica: buscar "os grandes porquês", os determinantes últimos das condutas humanas, dos processos de formação e deformação, de inserção social ou de exclusão. Este é um dos nossos medos: perder a opção teórico-metodológica que vê na produção, no trabalho e na vida adulta o referencial explicativo que dá sentido último ao resto das esferas sociais e ao resto dos tempos humanos. Perder a grande verdade. Todos sabemos que exatamente aqui se situam as incertezas das ciências sociais. Geertz (1997) nos lembra a reconfiguração do pensamento social que vem acontecendo, as novas dimensões da condição humana que exigem um olhar mais atento e cauteloso, mais totalizante, menos seguro, nos lembra que

> estamos em tempos de desprovincianização intelectual. A ciência da sociedade não é um empreendimento insular e parece estar a ponto de se tornar profundamente irregular, mais pluralista. Embora alguns dos que se julgam donos de alguma grande verdade ainda andem por aí, qualquer proposta de uma "teoria geral" a respeito de qualquer coisa social soa cada vez mais vazia... Suponho discutível se isso acontece porque ainda é muito cedo para se ter esperanças de uma ciência unificada, ou porque é tarde demais para acreditar nela. Nunca, porém, esta ciência única pareceu mais distante, mais difícil de imaginar, ou menos desejável do que agora (Geertz, 1997, p. 10).

O pensamento educacional faz parte do pensamento social e terá de ser reconfigurado. Ele foi reconfigurando-se ao longo da história e enriquecendo-se à medida que se abriu para entender melhor a complexidade de nossa formação.

Alargar o campo de visão, estar atentos a outros tempos e espaços significa que não acreditamos mais na possibilidade de generalizar sobre a sociedade, a história, sobre os processos de formação? Significa renunciar à procura dos determinantes últimos? Ao trabalho como *o* princípio educativo e a primazia da pedagogia da fábrica? Renunciar à primazia educativa da produção material? Significa renunciar a visão da própria materialidade das relações sociais ordenadas por uma estrutura de classe? O alargamento do campo da socialização, dos processos pedagógicos para além das relações sociais de produção não conflita necessariamente com as tentativas de produzir, explicações coerentes do social, da história e do educativo, nem conflitia com o propósito de refletir sobe a realidade para modificá-la. Ao contrário, tem contribuído e poderá contribuir para enriquecer a procura de explicações, dos porquês, para enriquecer a teoria e prática social e a teoria e prática pedagógica. Poderá contribuir para entender melhor a primazia educativa de produção material de toda nossa existência.

Poderíamos supor o contrário: partir de uma visão reduzida, pontual, de mão única não contribuirá para avançarmos ao encontro de explicações mais abrangentes. Considerar a fábrica (e a escola como antecipação da fábrica), como o único *locus* da formação-deformação do ser humano, ou considerar a pedagogia da fábrica como o referencial inexorável da pedagogia da escola, da família, etc. pode levar a um reducionismo pouco estimulante e fecundo.

As ciências nos alertam para a pluralidade não apenas de tempos e processos na formação humana, mas também de lógicas, de "pedagogias", poderíamos dizer, e para a pluralidade de dimensões do desenvolvimento social e cultural. Como educadores e pesquisadores do fenômeno educativo nos cabe perceber essas totalidades e pluralidades de dimensões, tempos, processos e pedagogias; cabe também ponderar as tensas relações entre eles, pesquisar para melhorar entender – não apenas afirmar como princípio e opção teórica –, a suposta primazia da fábrica, para aprofundar como a lógica fabril tenta invadir outras esferas da vida humana, desumaniza outros espaços da produção e reprodução social, na família, na cidade, no lazer, na escola. Como invade e condiciona as possibilidades de desenvolver a corporeidade, a sexualidade, a condição de mulher e de homem, de negro(a), de criança e jovem, de conformar identidades coletivas, subjetividades. Mas também nos cabe pesquisar o inverso: como a condição degradante imposta à infância e à juventude, à mulher, ao negro(a) por uma cultura machista, sexista, racial, no conjunto das instâncias e relações sociais condiciona a formação que levam para o trabalho e conforma a condição de trabalhadores(as). Pesquisar, por exemplo, com maior atenção e cuidado as complexas relações de gênero e raça em nossa sociedade poderá enriquecer visões estreitas de mão única. Essas relações não são meras expressões das relações sociais de produção, nem se modificaram quando estas se modificaram, nem poderemos esperar que se modificarão quando as relações sociais de produção se modificarem.

Sem pesquisar e ponderar a vida em sua totalidade não estaremos em condições de equacionar devidamente o trabalho como princípio educativo, nem de entender os múltiplos nexos entre trabalho e educação. Estamos em outros tempos. As pesquisas e as análises avançam para olhares mais ampliados sobre as vinculações entre trabalho, educação, humanização e escola, olhares mais atentos às consequências não pretendidas nos casos específicos de ação – as mudanças no trabalho, por exemplo – mais atentos à pluralidade de esferas sociais vivenciadas pelos trabalhadores, as crianças, os jovens. O trabalhador não se qualifica ou desqualifica só na fábrica assim como a criança, o adolescente ou jovem não se socializa só na escola. Há outros tempos, espaços, práticas sociais e pedagógicas marcados ou não pelas mudanças na fábrica e na escola. A sensibilidade para essa totalidade tensa dos processos educativos, socializadores, culturais, para os múltiplos espaços, processos e pedagogias nos aproxima de uma visão mais ampliada dos próprios processos produtivos e escolares e do peso que eles têm nos processos humanizadores e desumanizadores.

Uma visão menos insular, menos localizada nos leva a abrir as análises para os processos educativos menos localizados nesta ou aquela instituição, nesta ou aquela idade. A sociedade globalizou não apenas mercados, mas também vivências e experiências humanas que afetam nossa vida, nossos valores e nossas condutas. Globalizou situações, políticas, decisões que invadem nosso cotidiano, que permitem ou impedem viver como humanos. Nessa visão mais totalizante dos processos formadores, teremos de incluir outros "educadores" e "socializadores" além da escola e da fábrica. Podemos perceber, por exemplo, que as novas tecnologias, a globalização, a reestruturação produtiva não produzem estragos para a formação do trabalhador ou não condicionam seus valores, sua conduta, sua identidade apenas através das mudanças nos processos produtivos. Elas condicionam políticas mais globais em múltiplos campos. É necessário ampliar o olhar e tentar entender melhor os danos infringidos à condição humana, à qualificação e desqualificação, inclusive à escolarização, como consequência de mudanças nos setores sociais mais globais. Penso, por exemplo, em mudanças cambiais ou em processos de recessão. Mudanças que alteram as condições materiais de produção da existência. A mídia está divulgando esses dias estudos mostrando que em poucos meses quase a metade da população brasileira que tinha conseguido "melhorar de vida" nos últimos anos, já voltou a se fixar embaixo da linha de pobreza. Na definição técnica, segundo esses estudos, estão nessa faixa aqueles que sobrevivem com menos de 2 dólares por dia, 30 milhões de brasileiros estão nessa situação. Nos últimos quatro meses caíram para abaixo da linha da pobreza mais 4 milhões de pessoas. Depois da maxidesvalorização, o desemprego voltou para 20% na Grande São Paulo, e o governo passou a prever uma queda de 4% no PIB. A previsão é de que a cada recuo de 1% do PIB, um milhão de pessoas desabam para o universo dos pobres.

Que consequências têm esses fatos, provocados por essas políticas, na formação, na humanização, na desumanização dos milhões de brasileiros que padecem essa condição de pobreza? Pouco sabemos. Temos poucas pesquisas porque centramos nosso olhar na fábrica. Não obstante, essa realidade condiciona os processos de sobrevivência, a vida nas famílias, a vida da infância e juventude, os valores, a autoimagem, inclusive a inserção dos indivíduos nas relações sociais de produção e até as possibilidades de permanecerem nos tempos socializadores da escola.

O desemprego, a pobreza, a falta de horizontes humanos, as incertezas, a fome, o subtrabalho infantil, a desestruturação e a exclusão social, a esterilização de vidas, numa "existência provisória sem prazo", provocados por essas manipulações têm um peso devastador, e as consequências econômicas e sociais se misturam com as culturais, educativas ou deseducativas, qualificadoras ou não. Essas políticas merecem nossa atenção não apenas pelas mudanças que possam trazer na produção, nas tecnologias e no reordenamento produtivo, mas pelo conjunto de dimensões da vida humana que elas afetam e degradam.

Boaventura de Sousa Santos (*Folha de São Paulo*, 7/10/1998), tecendo considerações sobre a "Economia de Cassino"), nos lembra que os efeitos da enorme aceleração de especulação financeira não se confinam aos lucros e às perdas dos especuladores. Pelo contrário, repercutem na atividade econômica, no emprego, no modo e no nível de vida de milhões de pessoas em todo o mundo, que nem ouviram falar em especulação financeira nem dispõem de meios democráticos para se defender dela.

A manipulação de prioridades econômicas e políticas, a inexistência de meios democráticos de controle e defesa condicionam brutalmente os modos de vida e as possibilidades de desenvolvimento humano de milhões de pessoas em todo o mundo. Possivelmente condicionam com maior eficiência "pedagógica" os valores, as condutas, os horizontes, o pensamento, a autoimagem, a cultura, as identidades da infância e da juventude do que as famílias, as igrejas, as escolas ou as fábricas. As possibilidades educativas dessas instituições são marcadas, sem dúvida, por essas políticas globais e pela inexistência de meios democráticos de defesa. Condicionam radicalmente as bases materiais de produção da existência e, consequentemente, da formação. Condicionam as formas de inserção social e fabril muito mais do que as relações sociais na escola.

Esses fatos globais, que nem as populações que os sofrem, nem as famílias e escolas controlam, não podem ser ignorados quando temos como campo de pesquisa, reflexão e ação, a formação, a socialização das relações sociais.

Esse ponto é fundamental para ampliar a compreensão dos vínculos entre trabalho-escola, relações sociais de produção e relações sociais na escola. Temos de ponderar os efeitos, os "danos" que as mudanças nas primeiras infligem nas segundas olhando o próprio curso da ação específica, ou da relação direta entre ambas. Entretanto, essa relação ficará mais clara se prestarmos atenção ao conjunto de esferas da vida do trabalhador, da infância e da juventude que são afetadas pela totalidade das mudanças. Teríamos de rever a ênfase dada a uma vinculação imediatista entre trabalho, educação e escola a fim de nos abrir para relações mediatizadas pelo conjunto de dimensões da vida humana que são afetadas pela dinâmica mais global da sociedade. Abrir nossa análise para o conjunto de espaços educativos que entram em jogo e indiretamente são afetados pelas mudanças no trabalho, mas também pelo conjunto das políticas e manipulações sociais, econômicas, que afetam a produção cotidiana da existência trará consequências para melhor ponderar as relações entre trabalho-educação-escola. Enriquecerá essa relação.

Enfim, o tema relações sociais na escola, relações sociais de produção e a formação continua um campo fecundo. Relativizar o papel dessas esferas, a fábrica e a escola não diminui sua importância na complexa empreitada da formação dos trabalhadores e das trabalhadoras, na formação da infância, adolescência e juventude que frequenta o sistema escolar.

Insisto em que o tema continua atualíssimo para repensar a teoria pedagógica, a didática, os currículos, a organização escolar na medida em que repõe a centralidade formadora e deformadora das práticas, dos rituais, das formas de interação dos educadores e educandos, das formas de relacionar-se com os objetos, os métodos e o conhecimento, de relacionar-se com os tempos e espaços. Repõe a centralidade educativa da materialidade e das relações sociais imperantes na escola, na fabrica e no cotidiano da família, da cidade, etc. Muitas propostas inovadoras de intervenção na escola têm como preocupação repensar a materialidade, as relações sociais, as estruturas que as objetivam e a cultura que as legitima. Tem como proposta construir estruturas, relações sociais, culturas mais democráticas e inclusivas. Utopia que será revertida pelo determinismo inexorável da fábrica? ou uma visão mais complexa e totalizante dos processos sociais, educativos e culturais?

Referências

ARROYO, Miguel. Trabalho-Educação e teoria pedagógica. In: FRIGOTTO, Gaudêncio (Org.). *Educação e crise do trabalho: perspectivas de final de século.* Petrópolis: Vozes, 1998. p. 138-165.

ENGUITA, Mariano F. *A face oculta da escola.* Porto Alegre: Artes Médicas, 1989.

ENGUITA, Mariano F. *Trabalho, escola e ideologia.* Porto Alegre: Artes Médicas, 1989.

FRIGOTTO, Gaudêncio. Educação, crise do trabalho e desenvolvimento: teorias em conflito. In: FRIGOTTO, G. (Org.). *Educação e crise do trabalho: perspectivas de final de século.* Petrópolis: Vozes, 1998. p. 25-54.

GEERTZ, Clifford. *O saber local.* Petrópolis: Vozes, 1997.

LERENA, Carlos. *Reprimir e liberar.* Madrid: Akal Universitaria, 1983.

SACRISTÁN, J. Gimeno. *Poderes inestables en educación.* Madrid: Ediciones Morata, 1998.

TYACK, R. *The one Best System.* Cambridge, Mass; Harvard: University Press, 1974.

WILLIS, P. *Aprendendo a ser trabalhador: escola, resistência e reprodução social.* Porto Alegre: Artes Médicas, 1989.

Referências

A escola possível é possível?[1]

Ao longo da história da educação brasileira, há uma questão que vem passando de educador para educador: é possível uma escola elementar que ensine, ao menos, os conhecimentos básicos aos filhos das camadas populares? Se essa pergunta fosse feita a cada profissional que trabalha nas escolas da área rural e das periferias urbanas deste país, é bem provável que a maioria respondesse: não tem jeito, a escola do povo não é possível.

As estatísticas não fazem outra coisa senão confirmar o fracasso escolar dos filhos do povo. Os índices de repetência e evasão teimam em mostrar que quase 60% dessas crianças não ultrapassam a 1ª série, e o restante irá saindo, ou sendo forçado a sair, ainda nas primeiras séries, sem contar aqueles que nem entraram na escola.

Afinal, é ou não possível tornar realidade a escolarização fundamental para os filhos do povo deste país, neste país? Essa questão vai e volta na história do pensamento educacional. Estamos num momento em que a sensibilidade nacional e a dos profissionais da educação, sobretudo, voltam-se para esse problema. A escola está de novo em questão. Pesquisas têm sido feitas e até pesquisas sobre o "estado" da pesquisa e propostas surgem priorizando saídas (Brandão, 1983; Melo, 1982; Saviani, 1983; Barreto, 1975).

Nós, os autores dos trabalhos que compõem este livro, pretendemos trazer nossa contribuição porque acreditamos que a escolarização do povo é possível. Não trazemos mais uma pesquisa, nem mais uma saída de emergência. Trazemos o que está sendo tentado, na prática cotidiana, para tornar a escola possível. Reconstruímos e analisamos propostas pedagógicas que estão sendo implementadas. Pretendemos tirar as lições que a prática nos dá para não cair em velhas ilusões. É um pouco do que se faz neste país pela educação escolar do povo. Não é tudo, e possivelmente não é o mais revolucionário,

[1] Texto originalmente publicado em: ARROYO, M. G. (Org.). *Da escola carente à escola possível.* 6 ed. São Paulo: Loyola, 2003. p. 11-53. (Coleção Educação Popular)

mas há uma coincidência: trata-se de propostas de escolarização para crianças e jovens das camadas subalternas. Perguntamo-nos como tantos outros: desta vez a escola do povo será possível? Como profissionais da educação, passaremos a acreditar que a escola é tarefa possível de ser conquistada?

A escola necessária: qualquer escola?

Falar na escola possível para o povo significa muita coragem diante do desânimo que tomou conta dos profissionais da educação, diante de uma longa história de fracassos da escola e diante de um Estado falido enquanto responsável pelos serviços públicos. Até para certos setores falar na escola possível pode representar ingenuidade política: defender a escola, aparelho ideológico do Estado capitalista por excelência? Estamos entre aqueles que acreditam que a educação escolar para o povo é possível e necessária.

A negação da educação escolar para as classes subalternas interessa a quem? Não a essas classes que demandam escola, que se sacrificam como podem para manter seus filhos na escola e que voltam aos cursos noturnos e supletivos após a longa jornada de trabalho. A negação do saber interessou sempre à burguesia, que vem submetendo o operariado ao máximo de exploração e de embrutecimento. Interessou ao Estado excludente, que prefere súditos ignorantes e submissos. O povo percebe sua condição de ignorância, os motivos por que é mantido ignorante e tenta sair de sua condição. A história de cada escola que se abre é feita de luta e de reivindicações dos moradores de cada bairro, vila ou povoado. Foram necessárias muitas lutas dos profissionais da educação para que se garantissem condições mínimas de trabalho na escola

Até na velha Europa das revoluções burguesas, a extensão da escola pública ao povo nunca foi uma dádiva da burguesia republicana, mas uma necessidade de se opor aos resquícios organizados da aristocracia, que se apegava ao controle do poder e do saber. Nunca a burguesia, por mais moderna que fosse, investiu de fato na educação escolar de seus trabalhadores, a não ser quando pressionada (Lopes, 1981).

Diante dessas constatações, novamente perguntamos: é possível uma escola que garanta o direito ao saber elementar às classes subalternas? Diante dos sacrifícios que elas fazem para colocar e manter seus filhos na escola, o que esta deve fazer para instrumentalizar as classes subalternas com um saber que atenda a seus *reais interesses de classe*?

Alguns educadores e administradores do sistema escolar podem julgar que seria suficiente lutar por uma escola que promovesse a inserção das camadas populares no mundo moderno ou que tornasse menos difícil sua sobrevivência na sociedade industrializada, ou ainda que facilitasse sua luta pela obtenção de melhor emprego, pela melhoria de vida. Os profissionais que centram sua ação em abrir a *escola que está aí* para todos julgarão nossa proposta como irrealismo político. Estamos em um momento denso e polêmico da análise e da prática educativa. Os que sempre coincidiram na defesa da escola para as camadas populares têm posições nem sempre coincidentes quanto ao tipo de escola e a sua função social para essas camadas.

Nova crença: educação e democracia

Lembremos a história recente. No final da década de 1960 e início da década de 1970, qualquer encontro ou debate de educadores tinha que abordar o tema "educação e desenvolvimento", também dominante nas publicações. Espalhou-se a crença na educação do povo, pois "povo educado, país desenvolvido". Quantos acreditaram que a escola brasileira, tradicional e elitista seria então possível no Brasil moderno e desenvolvido! Não apenas os intelectuais progressistas e os educadores liberais e humanistas defenderam a criação de novas escolas, mas até o capital, a burguesia e seu Estado modernizado pareciam dispostos a investir recursos em escolarizar as camadas populares para torná-las trabalhadoras eficientes para o desenvolvimento econômico. Nada aconteceu. O povo continuou ignorante. Os recursos para a educação das camadas populares não chegaram ou foram desviados. A crença virou ilusão. Durante alguns anos, não se falou em educação nem em desenvolvimento.

Recentemente, uma nova crença passou a dominar as publicações de educação, os congressos de educadores, as pesquisas e dissertações e até as políticas oficiais de alguns centros de decisão: a crença na escolarização do povo como um valor. Uma crença que volta após alguns anos de descrédito e de críticas à escola capitalista e à sua função de classe. Descrença que tinha bases históricas e representava a reação lúcida e corajosa a várias décadas de crença no valor do desenvolvimento e da educação escolar como sua condição prévia (Frigotto, 1984).

Mal tinha se enraizado a descrença nesse valor geral: educação – desenvolvimento –, mal tínhamos iniciado a crítica – final dos anos 1970 e início de 1980 –, voltou de novo a crença na escola como valor geral e indiscutível. Só que agora atrelada a outro valor, a outra crença: a da democracia. "Educação e democracia" passou a ser a nova fórmula mágica. Uma espécie de cruzada a que todos teremos de aderir, sob pena de ser tachados de reacionários ou de irrealistas. Para alguns, esse valor geral passa por um único caminho: a democratização da escola pública. Qualquer proposta de educação do povo que siga caminhos alternativos será tachada de populista (Paiva, 1983). De fato, a essa cruzada muitos estão aderindo, os que se engajaram nas décadas anteriores na crença na educação e desenvolvimento, e os que até ontem criticaram essa crença. Todos somos intimados a aderir.

Vemos algo estranho. Até os trabalhadores do ensino que, nos últimos anos, descobriram-se trabalhadores vendendo sua força de trabalho qualificada e descobriram no empresário do ensino e no Estado seu patrão e contra ele se organizaram e lutaram, esses trabalhadores são convocados a pôr sua competência a serviço dessa cruzada geral. Todos unidos, proprietários, Estado, trabalhadores do ensino, comunidade, em prol da salvação da escola para todos. As mesmas propostas de décadas anteriores convocando todo trabalhador, peão, gerente, patrão, intelectual a servir com seu trabalho à cruzada do desenvolvimento nacional. Agora todos devem servir à cruzada da salvação da educação nacional. A escola será salva através de um mutirão cívico-educativo.

Resta saber se agora teremos o direito de propor e de lutar por um tipo de democracia e de escola que atenda aos interesses das classes trabalhadoras ou teremos que aceitar a democracia e a escola como valores universais. Assim como nas décadas anteriores nos impuseram a crença no desenvolvimento (capitalista) e na escola que lhe era conveniente, tentam agora nos impor a crença na democracia (liberal) e na escola que lhe convém. A crença no valor educação-desenvolvimento não trouxe nem educação nem desenvolvimento para as classes subalternas. A nova crença – educação-democracia – poderá levar a idênticos resultados. Após a lição das últimas décadas, teremos o direito de lutar por uma democracia e uma escola que ampliem e assegurem o poder das classes trabalhadoras ou apenas que as integrem na ordem burguesa? Haverá nas escolas, universidades, centros de decisão, congressos, partidos, espaço para lutar, não apenas pela escola pública para todos, mas por uma *nova escola*, com nova função social? Será possível construir e afirmar a escola como espaço que sirva a interesses contraditórios?

É bom estar alerta contra o perigo de nos deixar ofuscar pelo valor da escolarização em si. Há sintomas de que se fecham espaços para o direito de preferir e lutar por propostas alternativas de educação do povo, e por concepções diversas de democracia e de educação popular. Será necessário não nos empolgar com novos ventos, novas crenças, quando permanecem inalteradas as mesmas correntes que já afundaram tantos sonhos de democracia e de escola para todos. Preferimos não esquecer as lições aprendidas na história de nossa formação social. Uma história transpassada pelos interesses e confrontos de classe na qual a escola que aí está serviu aos interesses das classes dirigentes e dos proprietários, e não serviu, antes desserviu, aos interesses reais das classes trabalhadoras. Para nós continua atual a função de classe que o sistema escolar sempre teve. Não confundimos interesses reais de classe como fato de que a escola possa ter contribuído para a sobrevivência, melhoria de vida, luta pelo emprego de alguns, e até para sua instrumentalização na facilitação de sua inserção no mundo moderno e letrado.

As análises sobre o caráter de classe da escola e do Estado que elaboramos nos últimos anos, num exercício sério de crítica ao Estado e à escola capitalista, não podem ser engavetadas. As palavras, afinal, têm sentido. Será perigosa qualquer proposta que pretenda "sair da crítica e ir às propostas de ação". O caráter de classe da escola e do Estado continua real e sua análise crítica continua tendo o mesmo sentido que tinha no final dos anos 1970, quando o pensamento educacional brasileiro foi remexido em seu ideário e em sua visão ingênua, tecnicista e pretensamente apolítica. Qualquer que seja a ação, a crítica continua atual e continuará, independente das boas intenções dos novos gestores e dos arranjos e pactos políticos na reorganização institucional do país.

Cardápio cultural igual para todos

Partimos, pois, do pressuposto de que não será qualquer escola que atenderá os interesses das classes populares. As questões centrais passam a ser estas: que escola será realmente um serviço aos interesses de classe dessas camadas? Como ir construindo essa escola e tornando-a possível? Na configuração dessas questões não pretendemos cair em construções imaginárias, mas ir ao cotidiano da prática escolar, descobrir pistas, ciladas ou até becos sem saída. Mas que prática privilegiar? A educação popular, as experiências de escola alternativa? Não são esses os caminhos que seguem os autores desses textos.

Marginalizar a escola real, falida, que chega às camadas populares, e dar preferência a experiências pedagógicas alternativas que estão acontecendo fora da escola oficial pode ser uma pista para encontrar alguns traços da escola possível para o povo. É um trabalho que poderá e deverá ser feito: tirar as lições que podem ser aprendidas nas experiências de educação popular e inseri-las na relação pedagógica escolar. O caráter informal da educação popular e seu caráter intencional de ser uma educação das classes subalternas e uma estratégia de intervenção de classe conferem a essas práticas alternativas riquezas que deveriam ser analisadas com atenção quando se busca uma escolarização formal que seja realmente popular (Brandão, 1982; Beisiegel, 1982).

Por enquanto, não seguimos esse caminho, que acreditamos fecundo para a busca de uma escola possível para os trabalhadores. Pensamos que a questão da possibilidade da escola para as classes subalternas terá resposta na história real de sua negação e afirmação. Há várias décadas que as camadas populares vêm pressionando o Estado para entrar na escola. E entraram. Não na escola que durante anos serviu aos filhos das camadas dirigentes e dos proprietários, mas em uma rede escolar de segunda ou terceira categoria. Com dois ou três anos incompletos foram expulsas, obrigadas a sair para entrar precocemente no mercado de trabalho, por falta de condições materiais, psíquicas, motoras e outros condicionantes tão pesquisados. Saíram porque o lugar delas não era esse, seu destino é o de trabalhadores desqualificados.

A invasão da escola pelo povo, sua expulsão precoce, seu péssimo aproveitamento alarmou alguns, incomodou a muitos. Ensaiaram-se experiências e propostas diversas de escola para o povo durante essas décadas. A pouca escolarização dada aos filhos do povo não foi a mesma dada aos filhos das camadas dirigentes. Foi outra, qualitativamente diferente, feita de ensaios e experimentos. Foi e é uma escola para subalternos, para condenados ao trabalho desqualificado. Uma reconstrução mais atenta da história da educação brasileira nos levaria a descobrir sistemas de educação e de ensino paralelos e complementares.

É bastante funcional para as classes dominantes a imagem que os compêndios de história passam aos educadores. Trata-se de um projeto educativo único, para todos, e de um sistema de educação escolar único. Apenas haveria a lamentar seu caráter elitista. Para os filhos dos ricos, as escolas ricas; para os filhos dos pobres, as escolas pobres. Seria uma questão de injusta distribuição dos bens públicos, dos recursos físicos e humanos, do saber sistematizado? Como temos moradias ricas e pobres, alimentação farta ou escassa, água em abundância nas mansões ou uma bica apenas no canto da rua, teríamos escolas ricas ou pobres, saber farto ou escasso. Aqueles que interpretam a história da educação escolar como a história de um projeto e de um sistema único, apenas distribuído de maneira desigual, defenderão que a escola possível para o povo será da mesma qualidade que a escola dos filhos das camadas médias e ricas. A questão central passará pela distribuição equitativa dos bens culturais, do saber sistematizado e dos meios para sua efetivação.

Nessa perspectiva, quando se pensa em caminhos para uma escola para o povo, surgem como medidas centrais a redução das taxas de repetência e evasão ou a permanência no sistema escolar único para se alimentar satisfatoriamente dos bens culturais, numa mesa em que o cardápio e o tempo para a comida sejam iguais para todos. É evidente que isso implica, como questão central, defende a mesma competência em todos os mestres na arte de distribuir um cardápio cultural igualmente rico para todos.

Essa pode ser a visão de muitos profissionais de escola. O problema é de distribuição equitativa dos bens e dos serviços públicos e a solução consequente está na democratização e na justa administração dos recursos do Estado. O projeto de Estado do público, gerido por técnicos e intelectuais competentes e comprometidos com uma distribuição menos desigual dos bens materiais e culturais, volta como solução. O projeto não é novo e teria sido uma solução se os problemas das formações sociais capitalistas fossem apenas de distribuição equitativa da riqueza sob a administração competente de um Estado imparcial. Os problemas, entretanto, são mais profundos.

A burguesia agrária, industrial ou financeira, tradicional ou moderna, sempre teve um *projeto educativo específico* para as classes subalternas, para delas fazer cidadãos e trabalhadores submissos a seus interesses. Esse projeto, bem mais amplo que o de educação escolar, nunca foi igual, nem poderia ser, ao projeto educativo de formação da própria burguesia, seus cogestores e teóricos. Não foi o mesmo projeto rico para uns e pobre para outros. Se pretendemos construir a escola possível para as classes subalternas, temos que partir da destruição do projeto educativo da burguesia e de seus pedagogos, feito para a constituição de cidadãos-trabalhadores formados à imagem de seus interesses de classe e para mantê-los nessa condição de classe.

É esta uma das questões que norteiam esses trabalhos: que projeto educativo da burguesia e de seu Estado para as classes subalternas? É um projeto de classe. Tentamos configurá-lo. Mostrar sua intenção. Desmistificar o caráter de classe de propostas em que se engajaram tantos profissionais bem-intencionados em busca de uma escola possível e necessária para o povo. Tiramos lições dessas propostas de classe e ressaltamos aspectos passíveis de ser aproveitados para a construção de um projeto educativo que contribua para a libertação dos trabalhadores.

Ocupar espaços ou abrir novos espaços?

Centrar nossas análises na prática cotidiana e ir destruindo e construindo uma escola possível foi o roteiro metodológico seguido nestes trabalhos. Na atual correlação de forças sociais, esse pode ser um caminho para a construção de uma democracia e de uma escola alternativa: destruir e construir a escola nas práticas pedagógicas que vêm sendo tentadas. Não por julgar ser esse o melhor caminho, mas porque, para muitos profissionais, a escola que aí está é seu lugar de trabalho. Mais ainda: é essa a escola possível de ser frequentada hoje pelos filhos das classes trabalhadoras. Todos os dias, vários milhões de futuros trabalhadores, e até de trabalhadores precoces, batem às portas dessa escola e, por não terem acesso às outras, esperam voltar para casa com algum saber adquirido. Adquirem mesmo algum saber? Que saber? É o saber que será insuficiente até para melhor servir ao capital? Que os fará ser preferidos a outros companheiros de classe na luta pelo emprego escasso? Ou é um saber que os prepara para se defender como classe e para a transformação coletiva de sua condição de classe?

Buscamos saídas na prática cotidiana da escola, porém com a lucidez suficiente para não cair no engano de defender esse sistema escolar como o conveniente e possível para os interesses dos trabalhadores. Temos consciência de que esse sistema escolar nasceu e se estruturou marcado por interesses de classe. Não foi montado para servir às classes trabalhadoras, mas aos futuros dirigentes, executivos, profissionais e teóricos da burguesia. Não caímos na ingenuidade de aderir à "teoria da brecha" ou da "ocupação de espaços".

Para as camadas populares, que pensavam ter invadido essa escola, criou-se logo um projeto paralelo e complementar, em que os conteúdos e os métodos, bem como a organização escolar foram concebidas mais para formar os cidadãos como trabalhadores semianalfabetos, submissos e desqualificados, do que ativos e participantes na vida social e na organização do trabalho. Seria ingênuo que a burguesia, seus gestores e pedagogos implementassem um projeto educativo diferente. Sem dúvida, vários elementos do povo tiraram proveito dessa escola para uma melhor sobrevivência e competência no trabalho. É pouco esperar que cada trabalhador "explore as contradições" da escola e tire seu proveito individual e até coletivo. A escola é um projeto de classe e não de uma burguesia esclarecida, de um dirigente benevolente ou de um educador comprometido. Um projeto de uma classe só pode ser enfrentado por *outro* projeto *da* e *para* a classe antagônica, visando à apropriação e à redefinição desse projeto a serviço de interesses de classe, e não a serviço da melhor sorte e da ascensão de alguns indivíduos.

Encarar a escola possível como pervadida pela luta de classes adquire nova relevância na atual correlação de forças sociais. Estamos num momento de reorganização das forças que congregam os interesses do capital em suas diversas frações, ao mesmo tempo que num momento de afirmação, ascensão e mais presença dos trabalhadores e profissionais da educação na cena política e econômica. Não é uma luta individual, mas cada vez mais caracterizada como luta de classes pela terra nas fronteiras agrícolas, pelo espaço urbano, pelo trabalho, transporte, saúde e até escola (Campos, 1985; Campos Malta, 1982).

Os próprios profissionais da educação passaram a lutar como categoria, deixando cada vez mais claro o caráter de classe da própria organização do trabalho escolar e dos projetos educativos sob a administração e controle público ou privado: a indústria do ensino privado e a gerência empresarial do ensino público.

Falar de escola possível como escola de classe não implica cair na ingenuidade de confundi-la com uma agência formadora integral do trabalhador consciente e lutador. Há organizações de classe para cumprir essa função educativa. Sabemos dos limites da escola e de sua especificidade. Mas poderá não ser uma especificidade neutra, nem reduzida a promover oportunidades individuais de melhoria de vida. O fato de essa escola que aí está não ser mais do que isso, e nem isso para muitos, não significa que devamos reduzir as fronteiras da escola possível e necessária apenas a isso (MELLO, 1982).

Este livro se destina a tantos educadores que continuam esperando mais de seu trabalho profissional, e que não caem na ilusão de achar que é possível usar as velhas fórmulas pedagógicas e a velha organização escolar para ensinar conteúdos a serviço dos interesses das classes subalternas em ascensão.

Não será possível ensinar para a participação, desalienação e libertação de classe com os mesmos livros didáticos, a mesma estrutura e a mesma relação pedagógica com que se ensinaram a ignorância e a submissão de classe.

A importância de algumas das experiências aqui reconstruídas e analisadas não está tanto nas alternativas que mostram, mas nos alertas que nos trazem para saídas, limitadas, ou becos sem saída, propostas oficialmente como a escola possível e conveniente para o povo. Propostas que ainda empolgam profissionais bem-intencionados. Seu relato poderá servir para não cair em acomodações e soluções híbridas, sem alterar velhas estruturas. Pensamos nos projetos educativos destinados às periferias urbanas e às áreas rurais, norteados pela filosofia da integração escola/comunidade, adequação de currículos, atendimento às diferenças individuais, novas metodologias e outros. Serão esses projetos educativos o caminho para a construção de uma escola que atenda aos reais interesses da classe trabalhadora?

Acreditamos que muitos profissionais do ensino se fazem essas perguntas no seu caminhar diário para a escola rural ou de periferia urbana. Os trabalhos que analisamos são representativos dessas práticas escolares que estão acontecendo no vale do Ribeira em São Paulo, no agreste pernambucano, em Minas Gerais ou em outros estados.

Do fracasso do aluno ao fracasso da família e da comunidade

As experiências relatadas falam por si mesmas e falam da escola destinada aos filhos das classes subalternas. Tentemos ressaltar e "amarrar" alguns pontos que são comuns. Há dois relatos sobre experiências paulistas. Falar em escola possível e trazer relatos de São Paulo pode desanimar muitos educadores. "Lá tudo é possível, governo rico..." Mas o que chama a atenção é que, em São Paulo, a escola pública não está muito melhor do que em outros estados. "Persistem os altos índices de evasão e repetência. Nas escolas estaduais e municipais, os problemas atingem quase a metade do total de alunos matriculados na primeira série", diz uma manchete da *Folha de S. Paulo*, de 29 de maio de 1983. Assim começa o relato de Carlos Brandão e mostra, com dados recentes, que os índices de evasão e repetência são altos, e o pior, depois de tantos anos, é a sua persistência.

É até possível que os educadores das escolas rurais e das periferias urbanas dos estados chamados pobres estranhem a notícia paulista: "Pensei que só acontecia esse fracasso na minha escolinha". Mal de todos não é consolo de ninguém.

Filho de patrão e de técnico de alto nível no estado pobre chega à universidade. Filho de operário e subempregado em estado rico mal chega à 2ª. ou à 5ª. série. O problema não é de diferenças entre estados e regiões, mas de diferenças na origem e o destino de classe dos grupos sociais. O relato da experiência do SIER no agreste pernambucano mostra que, dos filhos de trabalhadores rurais, apenas vinte e cinco em cada cem chegam à 2ª. série, e somente seis ou oito chegam à 4ª. série primária. É essa escola das classes trabalhadoras que vem fracassando em todo lugar.

Não são as diferenças de clima ou de região que marcam as grandes diferenças entre a escola possível e a escola impossível, mas as diferenças de classe. As políticas oficiais tentam ocultar esse caráter de classe no fracasso escolar, apresentando os problemas e as soluções como políticas regionais e locais.

A construção da escola possível passa por um equacionamento realista da escola que até hoje não foi possível. Um conhecimento mais rigoroso da realidade de nossa escola é condição necessária para combater essa escola e para reinventar, dia a dia, a escola necessária. É gravíssimo o fracasso escolar em qualquer clima e região nas escolas do povo. As estatísticas o demonstram. É mais grave ainda a quantidade de horas de estudo gastas na formação dos educadores para ocultar esse fracasso através de explicações parciais e falsas. Os conceitos refletem essas explicações: fracasso escolar (do aluno), alunos evadidos, repetentes, diferenças entre índices de evasão por área rural-urbana, por região, etc.

As análises aqui apresentadas não pretendem apenas mostrar que até nos estados ricos os índices de repetência e evasão são altos. Vamos além. Tentamos redefinir a colocação do problema: evasão escolar ou exclusão da escola? Não faz diferença? Faz e muita! Os conceitos são importantes no ocultamento do real. Nos cursos normais e de pedagogia fala-se de alunos evadidos, nunca de alunos excluídos, do fracasso do aluno, e não da escola fracassada. Diferenças meramente conceituais? Falar em evasão sugere que o aluno se evade, deixa um espaço e uma oportunidade que lhe era oferecida por motivos pessoais ou familiares. Ele é o responsável pela evasão, consequentemente pela ignorância e pelos efeitos sociais que lhe acarretará essa sua ignorância ao longo da luta pela sobrevivência.

Recolocar o problema em termos de *excluídos da escola* (Fukui, 1982) vai mais fundo na configuração do problema. Alguém terá de ser responsabilizado por essa exclusão ou por essa negação do saber elementar às classes subalternas. Sobretudo quando os mesmos cidadãos – trabalhadores excluídos da escola – são excluídos de outros direitos básicos: direito à saúde, alimentação, saneamento, habitação, organização, e sobretudo, excluídos da terra, dos bens de produção, do poder e da riqueza que produzem. As mesmas crianças – membros da mesma classe – excluídas das casas de escola são excluídas das casas de saúde, das casas de justiça e do direito. As únicas portas que facilmente se abrirão são as das casas de detenção, de correção, dos manicômios. Sobretudo abrir-se-ão as portas das fábricas, todas as manhãs, tardes e noites, de onde não lhes será permitido evadir sob pena de morrer de fome. Os índices de evasão das fábricas, das casas de detenção e correção são mais baixos do que os índices das escolas do povo. Lá são obrigados a permanecer para ser explorados ou reeducados para o trabalho. Na escola são forçados a sair por incapazes para a educação ou por necessidade de bater na porta da fábrica, ou de lutar por comida no subemprego.

Insistimos: a construção da escola possível passa pelo equacionamento correto da escola fracassada e do Estado falido em seu suposto dever de garantir escola para o povo. Falar em alunos evadidos é uma forma de inocentar o Estado e a ordem social. Inocentá-los da negação do direito ao saber das camadas populares. Quando se fala em alunos evadidos, repetentes, defasados, pensa-se logo no baixo QI, nas diferenças individuais de capacidade, interesse ou motivação. Pensa-se nos testes de aptidão e prontidão, nas classes heterogêneas e especiais para alunos especiais. Se o aluno é responsável, a escola é inocentada do fracasso e, sobretudo, o Estado e os grupos dirigentes da sociedade (Bisseret, 1979). Nunca passará pela cabeça de qualquer patrão que ele também é responsável pela ignorância de seus empregados. Lamentará a indolência do povo, sua falta de esforço para estudar, permanecer na escola, aprender para vencer na vida e ganhar mais, como ele, patrão, que com esforço e estudo progrediu e venceu. Lamentará, mas terminará achando bom que seu trabalhador tenha evadido da escola na 2ª ou 4ª série; assim, terá mais um motivo para pagar salários mais baixos a esses empregados ignorantes, ainda que como trabalhadores sejam tão eficientes quanto os companheiros que completaram o 1º ou o 2º graus.

Em síntese, falar em aluno evadido é responsabilizar o próprio povo por sua pobreza, subemprego, baixos salários, sua ignorância e fracasso escolar.

Essa visão elitista e classista está ainda impregnando a visão de muitos profissionais da escola, das classes dirigentes e da burguesia. Com essa mentalidade, não haverá condições de avançar na construção da escola possível e necessária para a libertação das classes subalternas.

Nos últimos anos, parecia que tínhamos avançado na compreensão dos velhos problemas. Descobrimos os condicionantes socioculturais do fracasso escolar. Continuamos falando de alunos evadidos e defasados, porém o evadido defasado ou reprovado passou a ser caracterizado não apenas como um carente de inteligência, controle psicomotor, capacidade ou motivação, mas como um carente social, um subnutrido, um marginal cultural, vítima de um contexto social adverso ao aproveitamento escolar e até à permanência na escola.

Se, por um lado, as análises do fracasso da escolaridade das camadas populares ampliaram-se, por outro, continuaram centradas nas diferenças individuais, ainda que socialmente condicionadas. As consequências dessas análises não foram, pois, tão alentadoras como se esperava para a construção de um projeto de escola para o povo. Para muitos, o contexto social e cultural, supostamente condicionante do rendimento do aluno – os fatores extraescolares –, não foi além dos níveis de renda, escolarização, interesse pela escola dos parentes vivos ou mortos do aluno fracassado. Como não seria possível reverter a marcha da história, pouco havia a fazer para controlar os fatores condicionantes. E os filhos de analfabetos, baixa renda, continuaram evadindo, semianalfabetos, para continuar a tradição familiar condicionante. Essas constatações – precioso tempo perdido – tiveram uma consequência: desalentar muitos educadores e inocentar o Estado.

Ao final, as pesquisas provaram que as causas estavam no contexto social e cultural das famílias e comunidades dos fracassados. Descobriríamos, nessa visão tão espalhada nos centros de formação de profissionais da escola, a justificativa para a filosofia das recentes políticas sociais do Estado e de agências internacionais. Filosofia que joga sobre a família e a comunidade a responsabilidade e a solução de seus problemas. A filosofia da participação comunitária, da integração escola-comunidade, do desenvolvimento comunitário, da escola integrada e de tantos programas de desenvolvimento urbano e rural integrado.

A mesma filosofia política está presente em todas as estratégias de ação do Estado junto às camadas subalternas. Se o contexto sociocultural das comunidades e das famílias é o determinante do fracasso individual na escola, no trabalho, na produção, na saúde, e na vida, a saída se impõe:

educar as comunidades, mudar os valores e os hábitos tradicionais de indolência por hábitos de esforço e dedicação, para não fracassar nem na escola, nem no trabalho.

Desde o final dos anos 1970 é essa a política social e educacional tida como possível e necessária para as classes subalternas. É essa a filosofia que orienta os projetos educativos para as periferias urbanas e as áreas rurais. Essas linhas de ação encontram-se presentes no III Plano Setorial de Educação, Cultura e Desporto (III PSECD), em que fica nítida a preocupação com as populações carentes das periferias urbanas e do meio rural.

O Programa Ações Educativas e Culturais para as Populações Carentes (PRODASEC) concretiza os mecanismos de colocar a educação e a cultura a serviço da política social, ou seja, contribuir para a redução da pobreza crítica e das desigualdades sociais. A ênfase nas ações educativas e culturais como determinantes se aproxima das conclusões a que chegavam tantas pesquisas sobre o peso dos fatores familiares e do contexto sociocultural na determinação da pobreza e do fracasso escolar.

Retomar a denúncia da escola negada

O trabalho de Léa Paixão mostra que essas propostas de educação para o povo têm raízes mais profundas. A análise de Carlos Brandão sugere que a construção da escola possível deve começar por redefinir velhos conceitos que se cristalizaram em velhas práticas pedagógicas. Todos os relatos retomam velhos problemas nunca resolvidos, porém vistos de novos ângulos ou de velhos ângulos esquecidos e que precisam ser retomados. São temas marginalizados pela tecnovisão que nos ofuscou nos últimos anos. São propostas de educadores lúcidos, sempre vencidas e sepultadas em nome de novas teorias vindas de fora e que pouco contribuíram para ver com mais lucidez as raízes estruturais da negação do saber elementar aos subalternos.

Uma rápida lembrança da história da educação escolar no Brasil nos mostra que durante várias décadas não se falava no fracasso escolar, nem na escola fracassada, mas denunciava-se a escola ausente e inexistente para as massas. Os educadores comprometidos com o povo e até os liberais que sonhavam com uma república sólida alertavam para o perigo sociopolítico da ignorância das camadas populares devida à falta de escolas e às péssimas condições materiais das poucas já existentes.

Um dos capítulos mais ricos da história da educação escolar é essa luta pela *existência material* da escola para o povo. Os anos 1950 centravam aí os debates, conscientes de que o direito do povo à educação começava pela constituição material do espaço físico para aprender. Nas últimas décadas se dará prioridade à produtividade da escola inexistente, medida pelas taxas de repetência e evasão escolar. O discurso oficial tenta nos convencer de que o problema da escola pública para o povo não está na sua inexistência material, na falta de recursos físicos, humanos e didáticos mínimos para sua configuração como agência transmissora do saber básico. O problema estaria no fracasso escolar do aluno que entra e sai. Não fica. Evade da escola existente.

Essa mudança de ênfase no diagnóstico da escola pública para o povo vai redefinir muita coisa. Os profissionais da educação que insistiam na falta de escolas e nas péssimas condições físicas e pedagógicas das poucas existentes e que pressionavam o Estado para assumir seu dever de garantir educação escolar para o povo voltam-se para reformas técnicas de diminuição do fracasso do aluno.

No momento em que se passa a priorizar o fracasso escolar, e sobretudo o fracasso dos alunos provenientes das classes subalternas, o Estado e sua escola são inocentados. Passa-se a culpar o próprio povo de sua ignorância. O povo, vítima, vira réu: evadido, defasado, fracassado. As denúncias deixam de lado a falta de condições materiais de trabalho para instruir o povo e passam a centrar a atenção na evasão e fracasso do aluno, nos condicionantes extraescolares do fracasso, como se tudo estivesse garantido na escola como lugar de trabalho e transmissão do saber.

Pesquisas não faltaram para tentar mostrar que tipo de aluno mais fracassa e mais evade. As políticas educacionais esquecidas de construir escolas, de garantir condições dignas de trabalho para seus profissionais e alunos, passam a se voltar para conter a evasão. Uma política de borracheiro: tapar furos para que alguns felizardos consigam rodar mais alguns meses no longo e difícil itinerário escolar, mais um semestre, mais uma série. Será possível chegar a encontrar a escola que sirva aos interesses das classes subalternas com essa política de borracheiro e com os pressupostos que a sustentam? Não será necessário redefinir o diagnóstico e retomar velhos temas, velhos problemas não resolvidos? Os profissionais da educação de tempos passados, sem a sofisticação das nossas técnicas metodológicas e estatísticas, não perderam o senso do real, da percepção do evidente: o problema central estava e continua a estar no fracasso da escola, e não do aluno, no fracasso político de um Estado omisso e de uma sociedade elitista e excludente. As consequências políticas desse diagnóstico são evidentes: situava a luta no plano do político, na redefinição de uma ordem social e econômica que negava a escola e o saber elementar às classes subalternas – cidadãos de 2ª. categoria –, como lhes negava o direito à terra, à posse dos bens de produção, ao poder e à riqueza que produzem (Arroyo, 1982).

Entretanto, a ênfase dada nas últimas décadas ao fracasso escolar do aluno faz com que se esqueça essa dimensão política e social e passe-se a buscar remédios na aceleração do aluno, na sua fixação nos bancos da escola (quando tem bancos), por mais um ano, de uma escolaridade pobre, sem recursos materiais mínimos. O importante passa a ser a diminuição dos índices de fracassos e evasões, ainda que esse aluno nada aprenda, permanecendo mais uns meses numa escola que pouco tem a dar, além de uma merenda escolar. Lavamos a alma do Estado omisso e da ordem social classista. Enquanto nossas pesquisas e elucubrações pedagógicas centravam-se em encontrar novas metodologias de ensino, o dinheiro público era desviado do social para atrair o capital para os pólos de desenvolvimento e reproduzir as condições materiais e sociais de reprodução e acumulação desse capital.

Retomar a denúncia da escola fracassada, do Estado fracassado, e não tanto do aluno fracassado, nem da família ou da comunidade fracassadas, será uma forma de recolocar os problemas em seus devidos lugares. Qualquer proposta de solução da crônica negação da instrução básica às camadas subalternas que inocentar o Estado e a ordem social e que não passar pela redefinição dessa ordem social e desse Estado terá efeito anestésico sobre doenças crônicas de uma ordem social e política que, enquanto permanecer, continuará a produzir os excluídos da terra, dos bens de produção, do poder, da saúde e da escola.

A pedagogia da pobreza

A experiência de Minas analisada por Léa Paixão pode ser vista como um exemplo típico de tantas experiências pedagógicas que visam à diminuição dos índices de evasão, de repetência e da defasagem idade-série. Podemos encontrar projetos semelhantes com variantes mínimas implementados sempre junto às populações tidas como carentes. Em todos os projetos, o mesmo diagnóstico e o fantasma do fracasso escolar: "O governo gasta recursos caros em abrir escolas, dá merenda, e, ao final do ano, os resultados não se alteram". De fato, as taxas de evasão e reprovação nas primeiras séries teimam em permanecer altíssimas durantes décadas. As escolas onde as taxas atingem índices mais elevados são as escolas rurais e das periferias urbanas, as escolas frequentadas pelas camadas populares. Será mera coincidência ou intenção do sistema?

As pesquisas sobre os determinantes extraescolares e sobre o peso do contexto sociocultural no fracasso escolar ofereceram base teórica para novas propostas: o fracasso não estaria na escola, mas na nova clientela que teima em entrar nela sem bagagem sociocultural. Filho de pobre não tem condições de acompanhar o processo "normal" de aprendizagem. Uma escola possível seria uma escola que levasse em conta as peculiaridades e carências da nova clientela e a elas se adaptasse nas metodologias, nos conteúdos e na organização do processo pedagógico. Há muito profissional de escola pensando assim. Até se considerou um avanço pensar assim. A experiência mineira parecia representar um avanço, um serviço aos alunos fracassados, e muitos profissionais nela se engajaram acreditando que diagnóstico era correto e que a saída seria diversificar os métodos, conteúdos e processos, adaptando-os à especificidade da clientela. É essa a base teórica e política de tantas experiências pedagógicas espalhadas pelo país, sobretudo nas chamadas áreas pobres ou atrasadas.

Mas não se trata apenas de enfrentar os crônicos problemas de repetência e evasão escolar. Uma leitura atenta do texto de Léa Paixão mostra aspectos bem mais relevantes, típicos de uma política educacional para um setor específico: os filhos das camadas subalternas. Em tantas experiências pedagógicas, como a mineira, enfrenta-se uma realidade mais desafiante do que os crônicos problemas de improdutividade da escola pública, enfrenta-se a educação do povo. A questão mais desafiante é esta: que tipo de escola é possível para os filhos das classes subalternas? A ilusão liberal parecia ter chegado a uma conclusão: sonhar que a escola possível para os filhos do povo pode ser a mesma que vinha servindo aos filhos das elites e das camadas médias. Na realidade, até as estatísticas oficiais vinham demonstrando que era uma utopia a ser extirpada do ideário pedagógico e social. Velha ilusão liberal e humanista sonhar com conteúdos, métodos e processos democráticos iguais para todos, independentes de classe. Em meados dos anos 1970, pouco restava do democrático no discurso oficial. O estilo político-tecnológico não exigia nenhum cuidado em encobrir o real. Não apenas porque a forma autoritária de administrar o governo e a sociedade criasse condições para isso. Parece-nos que a questão era e continua a ser mais profunda.

A sociedade vinha se polarizando. As classes subalternas configurando-se cada vez com contornos mais definidos. Acelerava-se o desenvolvimento das relações sociais de produção na cidade e no campo, provocando a dissolução da categoria ambígua de povo, tão explorada no discurso pseudodemocrático e populista, tanto no político como no pedagógico. Os trabalhadores do campo e da cidade iam se configurando como categoria de classes subalternas (Ianni, 1979). A burguesia e os gestores do Estado não poderiam ocultar esse processo de transformação. Era preferível aceitar o fato e responsabilizar as classes subalternas pelas diferenças no consumo dos servidores sociais e no seu aproveitamento, e até mesmo responsabilizá-las pelas condições coletivas de vida e de classe. A vítima se transforma em ré, ainda que muito amada (Mello, 1982).

Aceita-se abertamente que todos não são iguais na origem, no contexto sociocultural e até no destino; por que então sonhar com uma escola igual para todos? A Lei nº 5.692/71 tinha incorporado essa filosofia sociopedagógica, oficializando e justificando práticas antigas sempre encobertas no ideário igualitarista: a terminalidade diferenciada até nas primeiras séries do 1º grau, em função das condições e, sobretudo, em função do destino ou da imposição de uma entrada precoce no mundo do trabalho como assalariados, ou em função da necessidade de sobreviver como classe subalterna.

A sorte tinha sido lançada para os filhos do povo: converter-se em proletário rural, boia-fria, operário industrial ou de serviços, subempregado ou exército de reserva disponível ao recrutamento do capital. Se a sorte ia se definindo e configurando para as classes subalternas, se não cabia nem pensar em uma sociedade aberta para todos, mas em uma sociedade com destinos de classe definidos – cada um no seu lugar –, para que continuar iludindo com uma escola igual àqueles que as relações sociais de produção condenavam a ser tão desiguais? Diríamos que houve um avanço: a aceitação clara no discurso técnico e pedagógico de que à desigualdade social só poderia corresponder uma escola desigual. O que, aliás, na prática, sempre foi. Nunca tivemos uma escola igual, nem um sistema escolar único.

Pedagogicamente, o grave desse momento foi que essa realidade de classes, que se impunha na realidade social e política e que se explicitava até nas políticas sociais elaboradas por técnicos sem a preocupação de encobri-la, essa realidade dual e antagônica é redefinida ou reinterpretada no tradicional ideário pedagógico e social dos tecnocratas-educadores. As experiências pedagógicas da época trazem essa ambiguidade. Aceita-se que os filhos das camadas populares fracassem na escola porque são desiguais, mas, não por diferenças de classe ou por destino de classe e por *diferenças individuais condicionadas* pelo contexto sociocultural desigual. Sobretudo cultural.

O culturalismo e o individualismo de matriz psicopedagógica incapacitaram mais uma vez os pedagogos a aceitar o que vinha se tornando evidente nas relações sociais e sendo aceito pela burguesia e seus gestores como um dado a ser politicamente equacionado: a diferença e o antagonismo de interesses entre capital e trabalho e a busca de formas de negociação e articulação dos desiguais.

É curiosa, para não dizer triste, a resistência que os educadores têm em trabalhar com a realidade das classes sociais. Aceita-se que existam interesses antagônicos entre capital e trabalho na fábrica e na empresa em geral. A escola, entretanto, faria parte de uma espécie de campo neutro, o campo da transmissão de cultura, do saber universal, dos valores ou dos instrumentos necessários à introdução de todo indivíduo no convívio da sociedade moderna. Um campo em que todos os educandos devem ser tidos como personalidades que estão desabrochando, evoluindo e superando etapas que independem da condição e destino de classe. Um campo educativo demarcado por bandeiras brancas, símbolos de "paz e amor". Um paraíso idealizado, em que até os profissionais deveriam trabalhar por amor e dedicação, desapegados dos interesses do dinheiro e, sem dúvida, deixando longe da visão paradisíaca dos seus educandos qualquer manifestação de conflito entre eles como profissionais e entre eles e seus patrões. "... quando se viu mestre em greve, brigando com a polícia, como qualquer marginal ou operário, que exemplo para as almas inocentes dos educandos!" – lamentava uma diretora de escola. Dava para assustar. No final dos anos 70, operários e educadores se identificaram (Arroyo, 1980). Os interesses conflitivos traspassam esse campo neutro do educativo. As experiências pedagógicas, entretanto, continuam amarradas ao ideário tradicional.

As análises de Léa Paixão mostram a que escola possível para as classes subalternas se pode chegar com essa postura teórica e política. Mais ainda, mostram que, enquanto não avançarmos na concepção de aluno, ainda dominante no pensamento e na prática pedagógica brasileira, dificilmente avançaremos na construção da escola que atenda aos interesses das classes subalternas.

Os cursos de formação dos profissionais da educação têm ocupado seu tempo em repassar as teorias didáticas e psicopedagógicas. Pouco tempo tem sido ocupado em explicitar e aprofundar teoricamente as diversas concepções subjacentes de sociedade, de cidadão, de trabalhador, do processo produtivo e das forças sociais que tecem as formações sociais. No entanto, as diversas teorias sobre didáticas e desenvolvimento da personalidade ou determinantes da repetência ou evasão estão imbuídas e respaldadas em concepções explícitas ou implícitas sobre essas realidades. Os centros de formação prestariam um grande serviço aos profissionais e à educação se ocupassem mais tempo em explicitar e aprofundar essas concepções. Ao menos sobre o educando. Como é concebido o educando das camadas populares, a que se destinam as experiências pedagógicas como as que Léa Paixão analisa?

O aluno é concebido como carente, atrasado, doente, lento para a aprendizagem, fraco, sem bagagem intelectual e sem herança cultural. Notemos bem, essa concepção de criança, oriunda do povo, vai condicionar a filosofia da proposta pedagógica e vai marcar seus resultados. Diríamos mais, essa concepção social dos filhos do povo está cristalizada nas teorias e no cotidiano da prática escolar, que continuará a marcar qualquer proposta de educação para as classes subalternas, ainda que seja animada de objetivos sociais diferentes. Com tal matriz teórica transmitida nos centros de formação, será possível acertar com uma escola a serviço dos subalternos? Há algo a mais do que formar profissionais competentes. É urgente rever a natureza da própria competência. Enquanto essa matriz pedagógica e social for dominante, qualquer proposta de educação do povo não irá além de uma escola do pobre, do carente.

Léa Paixão nos adverte. O máximo que essa matriz pedagógica pode inventar para os filhos do povo será uma pedagogia do pobre: currículos mínimos, classes aceleradas e especiais, métodos adaptados a essa pedagogia do pobre.

O ideário pedagógico, sua função de classe

Entretanto, uma leitura atenta da análise de Léa Paixão mostra algo mais: que o ideário psicopedagógico dominante, tal como se cristalizou na concepção e na prática de tantas experiências pedagógicas, não é tão ingênuo. Ele ultrapassa o nível psicopedagógico aparente e representa uma opção sociopolítica tão lúcida quanto perversa, o que o torna mais sério e tem consequências mais negativas quando passa a fundamentar as propostas de escola para o povo.

Não é tanto a condição de carente psicomental, biológico ou cultural que justifica uma pedagogia e uma escola de carentes, mas seu destino enquanto classe. Os depoimentos de supervisores e professores trazidos por Léa Paixão são enfáticos neste ponto: "O programa básico para as classes fracas foi muito bom. Ele serve para aqueles que não vão continuar até a 5ª série. Ele é muito pobre, mas se se considera que as crianças pobres, em geral, param os estudos na 4ª. série, isso não tem importância". (Por que não teria importância?) A resposta: "A preocupação do Estado é formar pedreiros, serventes. Antes havia pedreiros sem curso primário e agora haverá pedreiros com curso primário. Tais crianças são alunas da favela. O diploma delas não tem o mesmo valor que os dos outros. No Projeto Alfa pensa-se que os alunos que seguem esse tipo de ensino (acelerado) entrarão no mercado de trabalho".

A percepção dos educadores de frente é bastante penetrante. O ideário psicopedagógico que informa tantas propostas de escola possível e conveniente para os filhos das classes subalternas vai muito além das teorias do desenvolvimento da personalidade, do desenvolvimento cognitivo, da psicologia genética e outras. Ele se mantém até hoje informando a pedagogia da pobreza porque é funcional a uma concepção de sociedade, em que os filhos das camadas populares estão *destinados* a ser operários desqualificados. Não são as carências, a pobreza material e intelectual, nem os níveis de desenvolvimento psíquico, cognitivo ou cultural do aluno que levam a uma pedagogia do pobre, mas é o destino de classe – futuros pedreiros, boias-frias, empregadas domésticas, proletários – que justifica a sua não escolarização ou uma escolarização mínima, empobrecida.

Nesse sentido, por trás do ideário pedagógico, há uma opção de classe e não uma visão meramente liberal e humanista de sociedade e de indivíduo. Esse ideário pedagógico dominante mantém-se fornecendo base teórica às propostas de escola para o povo, porque responde à ideologia dominante e faz o jogo do capital, de seus gestores e do Estado, que pouco têm de liberais e humanistas. Foi e continua a ser um instrumento de reprodução das classes sociais, por mais fatalista que essa teoria reprodutora pareça a certos teóricos hoje.

É bom nos manter atentos para não aceitar ingenuamente certas reações às teorias críticas da escola e de sua relação com a sociedade nas formações capitalistas. A crítica à crítica e a superação da crítica como uma fase passada estão hoje na moda. Alguns chegam a responsabilizar a crítica pelo desânimo e pelo fatalismo que teriam tomado conta dos profissionais da escola. Julgamos, entretanto, que há razões materiais mais do que suficientes para que os profissionais da escola tenham pouco entusiasmo em trabalhar numa causa já desprestigiada, não pelas teorias críticas, mas pelos gestores do público e do privado, aos quais os profissionais passaram a vender, a baixo preço, seu trabalho qualificado. Não foi o surgimento dessas teorias críticas da educação, por mais questionáveis que elas sejam em alguns aspectos, que levou os profissionais da escola ao fatalismo social e pedagógico. Esse fatalismo era já inerente à concepção pedagógica dominante no ideário pedagógico e social que embasava as propostas de educação empobrecida para os condenados a trabalho desqualificado. Se pretendemos criar condições práticas para que o direito à escolarização fundamental seja garantido para os futuros trabalhadores, será necessária uma base teórica sólida que não poderá dar por superada a crítica à função de classe da escola e do ideário sociopedagógico que a informa.

Quando a crítica ainda é necessária

A análise crítica da função de classe da nossa escola não se esgotou. As teorias críticas da educação e de sua relação com a sociedade tiveram o mérito de iniciar – apenas iniciar, infelizmente, em alguns centros universitários e em algumas publicações bem distantes dos trabalhadores da escola do povo – a percepção desse caráter de classe da escola. Não serão as camadas subalternas, nem os educadores de frente que sairão beneficiados com a superação de um processo crítico apenas iniciado em alguns redutos intelectuais.

Não foram as teorias críticas que inventaram o caráter de classe da escola. A reconstrução das experiências pedagógicas e da concepção teórica que as informa mostra com bastante evidência que até os professores e supervisores de escola percebem esse caráter de classe. Essa pode ser a grande lição de experiências pedagógicas como a mineira: sem uma redefinição e superação da visão elitista que se tem do trabalhador e de sua condição, qualquer tentativa de tornar possível sua escolarização não vai além de uma escola de segunda categoria.

É urgente um trabalho histórico que mostre as raízes intelectuais e sobretudo as raízes sociopoliticas desse ideário pedagógico tão cristalizado na prática e na representação de tantos profissionais bem-intencionados e que nem sempre têm consciência das malhas pseudointelectuais de que são prisioneiros.

Os centros de formação – escolas normais e faculdades de educação – poderiam ter um papel relevante; entretanto, continuam dominados por currículos fracos e acríticos, voltados apenas para a instrumentalização dos profissionais com metodologias de ensino-aprendizagem, sem permitir uma sólida formação teórica e crítica. A questão não é apenas saber fazer, mas saber o que fazer, a serviço de que interesses ou para quem, o que supõe currículos mais densos em reflexão teórica sobre a realidade. Diríamos que essa realidade mudou mais rapidamente do que a matriz pedagógica. Esta continua presa ao psicologismo e culturalismo.

Voltamos a insistir. A fase da crítica à escola não se esgotou e deve ser estendida até o interior do processo pedagógico e seu ideário. As teorias da educação que tentavam, nos últimos anos, trazer aos profissionais uma visão mais ampla mal chegaram a ser incorporadas nos centros de formação de normalistas e pedagogos. Em muitos casos, apenas começaram a influenciar algumas disciplinas de área de fundamentos. Os congressos de especialistas vinham sendo o espaço de alargamento da visão (Brandão *et al.*, 1981). Entretanto, as disciplinas voltadas ao que e como fazer não foram atingidas pela crítica. O cotidiano da prática pedagógica na escola de 1° grau ficou quase intocado pelas teorias críticas, refugiadas nos centros de pós-graduação e em revistas e pesquisas especializadas. Os profissionais que fazem a escola frequentada pelos filhos dos trabalhadores nas periferias urbanas e na área rural continuaram ensinando os mesmos conteúdos, com os mesmos métodos e a mesma concepção acerca da escola, do sucesso, do aluno, de sua carência, do seu fracasso social e escolar. Um misto empobrecido de senso comum, humanismo e escolanovismo (Mello, 1982, cap. IV).

As análises críticas na ação têm de ser estendidas aos profissionais que fazem a escola do povo comum. Esses profissionais vêm passando por um processo de aproximação do proletariado quanto às condições coletivas de vida e as relações de trabalho em que exercem sua profissão. Estão experimentando condições materiais que contradizem os pressupostos do ideário pedagógico sobre sucesso e fracasso social e escolar e sobre o papel da escola na vida dos indivíduos e grupos sociais. Esses profissionais estão se organizando e se aproximando do proletariado nas formas de luta e resistência. Tem tudo para superar a matriz conceitual que informa sua prática escolar e evoluir para uma concepção sociopedagógica que os capacite para a construção da escola possível e necessária às classes trabalhadoras, das quais cada dia estão mais próximos por origem e destino. Os centros de formação, as publicações e congressos e as associações de classe têm um papel central para animar e articular uma reflexão crítica a partir dessas contradições entre prática social e ideário pedagógico.

É urgente investir na articulação de uma nova consciência e concepção pedagógica junto aos profissionais que fazem o dia a dia da escola do povo, conhecer melhor e trabalhar mais as ambiguidades por que passam esses profissionais da escola rural e de periferia, ao ser, ao mesmo tempo, profissionais não manuais e viverem em condições materiais bem próximas às do proletariado rural e urbano. Guardam elementos liberais e elitistas, misturados com o escolanovismo e psicologismo pedagógico e social, que vão se misturando com novos elementos que nascem da consciência de suas condições de existência. Está se formando uma consciência altamente sofisticada - que pode e deve ser elaborada - sobre sua condição, as barreiras estruturais e os antagonismos de classe. Os profissionais da escola primária vivem a ambiguidade de estar a serviço de uma concepção sobre as causas do fracasso social e escolar das classes subalternas que contradiz sua experiência material cada vez mais próxima da categoria de classes subalternas. Nessa ambiguidade, pode-se gerar um ideário novo que possibilitará uma politização da ação pedagógica e uma consciência politizada do fracasso escolar e social dos seus alunos e deles mesmos. Nesse processo conflitivo, podem estar contidos os elementos básicos para o encontro de uma ação profissional de classe a serviço da classe. É um processo que vai depender, antes de tudo, da capacidade de organização desses profissionais proletarizados e de sua identificação com as luta das classes subalternas.

Teu destino é trabalhar

A experiência pedagógica do agreste pernambucano, analisada por Rogério Campos, traz outras lições. Algumas confirmam os limites da experiência mineira, outras abrem pistas para a construção de uma escola para as camadas subalternas. Trata-se de novas formas de adaptação da escola que podemos chamar de educação integrada.

A educação integrada insere-se em modelos mais globais que visam à superação da pobreza absoluta, entendida como consequência do quadro geral de carências que compõem o atraso rural e urbano. São os projetos de desenvolvimento integrado, hoje tão espalhados e merecedores de uma análise crítica de sua função social e educativa.

O ideário psicopedagógico não é tão marcante nas propostas de escola integrada. Entretanto, a concepção do povo se aproxima. Trata-se também de carentes, de pobres, porém de carentes materiais, e não apenas psicoculturais.

Aqui nos interrogamos, apenas, que escola será possível dentro dessa concepção social das camadas subalternas. Se várias experiências pedagógicas baseadas nas diferenças individuais concluíram que a única escola possível para os filhos do povo era a escola de carentes, uma escola de segunda categoria, as novas experiências de educação parecem sugerir que a escola possível e necessária para o povo deve ser uma escola diferente: a escola adaptada ou integrada.

Há, entre as experiências, diferenças marcantes, que podem ser observadas na comparação entre os relatos de Léa Paixão e Rogério Campos. Uma análise mais detida nos levará a encontrar diferenças significativas entre os diversos projetos de desenvolvimento integrado e especificamente entre as formas de tratar o componente educação. O Sistema Integrado de Educação Rural (SIER) é um dos projetos tratados com maior cuidado e avaliado com interesse.[2] Nossa análise não se prende a essa experiência de educação rural. Temos em mente o que nos parece caracterizar as propostas de desenvolvimento integrado na sua filosofia educativa. As propostas da escola de carentes se concentram no universo psicobiológico do aluno e alargam-se até os condicionantes socioculturais do processo de ensino-aprendizagem: carências alimentares, biológicas, psíquicas e culturais. As propostas de desenvolvimento e educação integrados partem da carência enquanto problemática socioeconômica e visam à adaptação das populações carentes a seu meio para melhor explorá-lo e encontrar saídas para sua pobreza. A proposta pedagógica passa a ser um dos principais instrumentos de integração homem-meio-processo de produção.

As propostas de escola de carentes definem a escola possível a partir dos condicionantes de origem e terminam reduzindo o aluno à condição de carente, defasado, lento. As experiências de educação integrada definem

---

[2] Ph.D. em Educação pela Stanford University, professor titular emérito da Faculdade de Educação da UFMG.

a escola possível e necessária em função do destino que foi reservado aos filhos das camadas populares. Terminam reduzindo o aluno à dimensão de trabalhador, produtor eficiente, integrado ao meio, capaz de suprir carências materiais e reagir às condições adversas.

São hoje duas tendências bastante marcantes na concepção dos profissionais da escola. Uns olham para a origem sociocultural do aluno que frequenta as escolas rurais e das periferias urbanas, e tentam adaptar a escola a essa origem e às carências que ela gera no aluno. Outros olham para o destino social a que é condenado o aluno: o trabalho precoce, a produção, a sobrevivência e propõem adaptar a escola a esse destino inexorável.

Propostas orientadas na filosofia da adaptação se espalharam por todo o país e por todas as políticas sociais destinadas às camadas subalternas. É difícil hoje encontrar uma secretaria de educação, de saúde, do trabalho, em que não haja vários programas e projetos especiais de educação para as áreas rurais e periferias urbanas que não estejam orientadas pela filosofia da integração. São inúmeros os programas financiados pelo Estado e por agências financeiras internacionais que propõem serviços sociais adaptados e programas de educação integrada.

Subjaz a todas essas propostas o seguinte raciocínio: a escola tradicional não foi possível para o povo porque os ensinamentos que transmitia eram disfuncionais. Estavam descolados das necessidades de vida e de sobrevivência das camadas populares. Esse raciocínio não é exclusivo dos programas de educação integrada ou adaptada. Faz parte da maneira de pensar de inúmeros profissionais da educação, de políticos, gerentes, profissionais liberais e das camadas dirigentes em geral.

A escola possível e necessária que corresponda a essa visão será uma escola adaptada à vida, que integre ao meio. Em outros termos, a escola para o povo somente se tornará possível se transmitir ensinamentos, hábitos, valores funcionais à sua realidade, adaptados às suas necessidades de sobrevivência, trabalho e produção.

O dualismo recolocado

Essa filosofia de escola – adaptada ao destino reservado às camadas subalternas nas relações sociais de produção e na organização do trabalho – é uma proposta antiga que vai e volta na história da educação brasileira. Pode ser encontrada em inúmeros programas e campanhas de educação rural. Podemos pinçar algumas frases que configuram essa filosofia: "A educação apropriada ao homem do campo não deve ser formal; deve-se propor o melhoramento da vida do povo e a ação sobre o meio material e social". "A educação rural deve permitir a aquisição de conhecimentos que possibilitem ao indivíduo e à comunidade a compreensão do meio em que vivem e os estimule à busca de soluções para sair das condições adversas em que se encontram". "A escola rural fracassou pela inadequação dos seus conteúdos às necessidades reais do homem do campo". "A função da escola será criar hábitos e estimular os valores de produtividade". "A escola rural integrada a outras agências educativas deverá incutir no homem do campo o amor à terra e seu aproveitamento racional, a nobreza e a dignidade do trabalho agrícola, a orientação para a solução dos próprios problemas". Quantos leitores de identificarão com estas propostas?

A escola que sintetiza essa filosofia será uma escola polifuncional. Uma espécie de centro de saúde, educação de base, orientação profissional, clube agrícola, centro de extensão e irradiação de modernidade. O professor rural ideal será polivalente, treinado em todas essas artes ou integrado a outros agentes educativos: extensionistas, atendentes de saúde, agentes do crédito bancário, cooperativismo. Tantos e tantos funcionários, elevados ultimamente à condição de agentes educativos a serviço de um mesmo processo: transformar a mentalidade das populações carentes para um completo ajustamento ao meio.

Muitas das propostas de educação voltadas para a redução das desigualdades sociais extremas das populações carentes urbanas e rurais aproximam-se desta filosofia educativa (CENAFOR, 1983).

Não serão estas propostas uma volta, sob nova roupagem, da clássica dicotomia que caracterizou sempre o sistema educacional? Para os filhos das camadas médias e das elites um sistema de ensino que prepare para as artes, as letras, o saber superior, enquanto para os filhos das camadas populares um sistema paralelo de moralização elementar, de educação integral, básica (pouco ensino), que socialize, para a integração social, o trabalho e a produção, os trabalhadores manuais e os cidadãos marginalizados.

É sabido como esse duplo sistema marcou a história da educação brasileira, até o ponto de encontrarmos uma administração dupla. O Ministério da Educação e as secretarias de educação administrando o sistema de ensino. Outros ministérios, secretarias e agências públicas e privadas, nacionais e internacionais, administrando um sistema de educação integral do trabalhador, em que se privilegia a socialização para o trabalho e se marginaliza o domínio do saber básico para a participação como cidadãos e trabalhadores.

A pressão das camadas populares que entraram no sistema de ensino parecia indicar que um único sistema público estava em vias de se concretizar. Entretanto, observamos que, se hoje temos mais filhos do povo no antigo sistema de ensino, a tendência vem sendo transferir a velha dicotomia para o interior da escola pública ou fazer da escola pública frequentada pelo povo um centro de Educação Básica, de socialização e moralização para o trabalho e para a integração social, e reservar alguns centros públicos e a rede privada como centros de ensino e transmissão do saber. A dicotomia administrativa a que nos referíamos não foi superada. Apenas o Ministério da Educação e as secretarias de educação passam a assumir uma dupla função em sua administração: a educação das populações carentes através de programas especiais, que terminam impondo uma filosofia de educação especial para os trabalhadores. O Programa Nacional de Ações Socioeducativas e Culturais para as Populações Carentes do Meio Rural e do Meio Urbano (PRONASEC e PRODASEC) não fogem a essa filosofia, como se pode perceber pelo seu enunciado.

Em 1926, o governador de Minas Gerais, Mello Vianna respondia aos liberais que defendiam a expansão do ensino primário completo igual para todos:

> Para um grande número de crianças, especialmente nas populações rurais, tem o ensino primário a finalidade exclusiva de alfabetização. A estas populações entregues aos trabalhos dos campos, à lavoura e à criação, e a outros misteres que não exigem grande cultura intelectual basta-lhes que saibam ler, escrever e contar.[3]

Em nome de um ensino prático, adaptado à vida e aos misteres a que se destinam os trabalhadores rurais, a escola nem levou grande cultura intelectual, nem cumpriu sua função elementar de ensinar a ler, escrever e contar. Quarenta anos depois, a filosofia que inspira muitas propostas de escola para as camadas populares continua a mesma, com uma diferença. Em 1926, era um governador de um país atrasado, dominado por oligarquias tidas como tradicionais quem assim pensava. Hoje quem defende e financia essa escola adaptada às "populações carentes", diga-se ao operariado, são agências do capitalismo financeiro internacional, técnicos modernizados, numa época em que o homem do campo avançou em consciência e organização, reivindica direitos trabalhistas e de cidadania. Por que até hoje, para nossos filhos, ensino, enquanto domínio do saber sistematizado, e para os filhos do operariado urbano e rural, ações socioeducativas e culturais, Educação Básica, moralização elementar, hábitos de saúde, alimentação, higiene e, sobretudo, dedicação e afeição ao trabalho? Por que limitar seu direito a um saber adaptado ao horizonte reduzido de seu ajustamento ao meio e à produção? Qual seria a ideia-força ou quais as relações sociais e materiais que forçam o sistema escolar a essa dicotomia permanente tão enraizada?

---

[3] Quando Rogério Campos tinha concluído sua análise, foram publicados dois volumes que permitem uma visão mais detalhada do SIER: *Sistema Integrado de Educação Rural (SIER)*, Governo do Estado de Pernambuco – SE – Recife: IICA, *Educação no meio rural – experiências curriculares em Pernambuco*, Brasiliense, São Paulo, 1984.

Que sociedade dicotômica é essa que marca a tal ponto seu sistema escolar ao longo de sua história?

O caráter elitista e dualista da política educacional brasileira e da escola já foi denunciado insistentemente por Anísio Teixeira e outros educadores, em décadas passadas. Quando a questão da escola para o povo volta como questão central, uma análise crítica das diversas experiências de educação adaptada às populações carentes poderia alertar-nos para velhos problemas não superados. O elitismo e o dualismo não passavam apenas pela exclusão da escola, pela repetência e evasão, mas pela insistência em propor um duplo sistema – ensino para uns, "educação" para outros. Esse sistema duplo voltou, nos últimos anos, sob a forma de projetos especiais para as populações ditas carentes, da área rural e periferias urbanas.

Enquanto as políticas paralelas e os programas especiais de educação continuam a ser privilegiados, a escolinha pedida no canto da roça ou da vila continua marginalizada como espaço de democratização do saber.

Nesse sentido, julgamos que a questão não está em se os programas especiais, os projetos de escola adaptada ou integrada são ou não feitos e avaliados com boas intenções e competência, mas a questão deve ser colocada em outros termos; em que sentido contribuem para perpetuar a clássica dicotomia do sistema de educação e a tendência histórica a tratar como especiais as classes subalternas, os trabalhadores, a ponto de ter que elaborar currículos, metodologias, processos adaptados. Em suma, escola adaptada. Qualquer modalidade de escola integrada ou adaptada deve levar-nos a uma análise da estrutura material e social que serve de base a essas propostas e que as legitima como a única escola possível e necessária para os cidadãos trabalhadores deste país. Até quando continuaremos tratando o povo comum como anormais ou fora da norma, a exigir políticas sociais especiais? É curioso que quando se pensa nesse povo comum, como objeto de políticas econômicas, tudo se oriente pelos padrões normais da lógica mercantil do mercado de trabalho. Todos são força de trabalho normal. Explorados normalmente. Enquadrados na jornada de trabalho, salários, leis, disciplina da fábrica. Todos são normais para a exploração. Porém, para os direitos ao saber, à saúde, à moradia, saneamento passam a ser tratados como anormais, objeto de políticas especiais. No social são carentes psíquicos, culturais, biológicos, porém são normais para criar a riqueza deste país. Até quando essa visão do trabalhador ofuscará nossas propostas de escola possível? Passemos a ressaltar alguns pontos que merecem nossa análise quando nos deparamos com propostas de escola adaptada e sonhamos com a escola possível.

Escamoteando o problema central

Um primeiro alerta deve ser recolocado. Será verdade que a escola do povo fracassou por não ser uma escola adaptada em suas metodologias e currículos? Será que a escola rural fracassou por tentar transplantar para a roça os objetivos, metodologias e programas da zona urbana? É este o diagnóstico simplista que pode ser encontrado em várias propostas de escola adaptada.

Parece-nos que o fracasso da escola para o povo da roça, das favelas, vilas e bairros pobres está em não existir escola. Não fracassa o que não existe. Não existe escola para a maioria dos filhos do povo. A não ser que consideremos escola como centro de transmissão do saber sistematizado – uma casinha perdida num canto da roça, no quintal da casa da professora, na sacristia, num galpão ou num rancho de palha, onde "leciona" uma jovem ou senhora corajosa do lugar com três, quatro anos de ensino elementaríssimo. Dizer que esse arremedo, essa brincadeira de escola fracassou porque não estava adaptada ao meio é uma forma de escamotear o problema central. Seria possível inventar uma escola mais igualitária em sua miséria e abandono e mais integrada à miséria e abandono das classes subalternas a que mal serve?

Qualquer filosofia pedagógica, objetivos, métodos e currículos fracassarão quando faltar uma base material mínima para que se concretizem. Ultimamente, não se fala mais nessa base material. Fala-se em novas metodologias, currículos adaptados ou nova função social de uma escola que materialmente não existe.

Visitamos uma "escola rural" no interior. O técnico da DRE nos falava, no caminho, do novo currículo integrado à realidade do meio rural. Importantes inovações metodológicas e de conteúdos vinham sendo experimentados nessa e outras escolas. Chegamos à "escola". Era uma capelinha no alto da chapada. Duas professoras na capela escura perdidas no meio de santos, andores e cheiro de mofo. Uns trinta alunos sentados no chão. A 1ª série olhando para o altar, a 2ª série olhando para o coro. As professoras, duas jovens do lugar, ex-alunas daquela mesma "escola". Visitamos outras "escolas" funcionando em galpões, casa alugada e sacristias.

Podemos cair na ingenuidade de aceitar que esse arremedo de escola fracassou porque foi transplantada da área urbana para a roça? De fato, essa pobre escola tem bastantes semelhanças com muitas escolas de favela, vila e bairro de periferia urbana, onde se amontoam os filhos dos trabalhadores, subempregados, desempregados e boias-frias. Há semelhanças, e grandes, entre as escolas das classes subalternas do campo e da cidade: sua carência material e humana. Seu fracasso não está em não ser adaptada, mas em ser tão adaptada, tão igual, tão carente e miserável quanto a miséria a que o operariado vem sendo condenado. A miséria da escola pública destinada aos trabalhadores é bastante generalizada. O trabalho de Rogério Campos mostra essa realidade com dados concretos. Os dados que ele nos traz, de tão repetidos, não mais nos impressionam ou nos incomodam, tanto que é melhor colocar um pano por cima, ignorá-los e usar uma nova linguagem que nos desvie para imaginar currículos adaptados e novas metodologias, projetos sofisticados passa a ocupar a atenção dos técnicos e das agências e a gastar o pouco dinheiro em programar, controlar, avaliar, reprogramar, para uma escola que nem existe, porque o Estado não compra terreno, não constrói prédios dignos, não paga salários que estimulem profissionais competentes.

Uma escola possível para o povo tem que começar por *criar condições para sua existência material*, sem a qual será romântico reprogramar alternativas pedagógicas inovadoras. É essa a verdade elementar sempre esquecida pelas agências internacionais e pelos centros de decisão de política educacional; verdade esquecida e engavetada nos centros de reflexão e pesquisa. Esquecida e engavetada para que os recursos públicos, financeiros e humanos sejam colocados a serviço dos interesses do capital e de sua segura reprodução e concentração, e a serviço da manutenção de órgãos e quadros burocráticos legitimadores do poder, do Estado e de agências internacionais.

As propostas aqui analisadas mostram que a escola para o povo é possível quando há vontade política. A análise de Rogério Campos evidencia como há propostas que se concentram na integração, sem perder de vista a base social em que estão sendo implantadas, e como é possível construir uma escola com níveis mínimos de coerência, quando há recursos.

Possivelmente essa é a melhor lição a ser tirada. Quando se tentava justificar a negação da escola para o povo, sempre se traziam velhas justificativas: país continental, distâncias, povo disseminado e que não valoriza o estudo. Foi suficiente o capital começar a se interessar pelo campo para as distâncias se encurtarem. A vontade política nascida dos interesses econômicos mostra que as velhas justificativas não passavam de pretextos: a escola eficiente é possível até no agreste. Experiências como essas, quando sérias, bem-acompanhadas e reconstruídas podem prestar um beneficio à remoção de velhos preconceitos. Evidenciam que querer é poder: a escola para o povo será possível quando politicamente desejada.

Parece-nos que a validade dessas propostas de escola popular não nasce de seu caráter integrado, mas dessa aceitação política e dos recursos que nelas são concentrados. Haverá vontade política para não concentrar recursos de agências internacionais e do Estado apenas para experiências isoladas que lavam a alma desse Estado, dessas agências e de tantos técnicos, deixando na miséria secular 99% das escolas destinadas aos filhos do trabalhador?

Integrar para fortalecer a escola

Um dos pontos mais marcantes na experiência do SIER, reconstruída por Rogério Campos, é a nova organização integrada de escolas de base, escolas intermediárias e centros de educação. Como mostra o trabalho, não se trata de uma mera distribuição de funções, mas de uma forma de fortalecer a escola isolada perdida na área rural.

Sabemos que uma das causas da impossibilidade da escola popular se constituir em centro de transmissão – assimilação do saber elementar – é a sua fraqueza como instituição social, que se vincula a sua fraqueza como instituição administrativa. A escola popular e seus profissionais, em muitos lugares, são mais uma massa de manobra mesquinha do que agências e agentes especializados numa função social.

O profissional da escola primária é indefeso frente às manobras interesseiras dos donos da terra, do poder e do dinheiro. O isolamento da escola e do seu profissional os torna tão fracos e vulneráveis que os deixa à mercê de interesses externos ao processo de ensino. Uma integração interescolar como a experimentada no SIER pode ser um mecanismo de fortalecimento da escola e de seus trabalhadores, tornando a possibilidade de constituição de uma escola para o povo menos vulnerável. Entretanto, é bom lembrar que, para que isso aconteça, a integração de escolas não se pode inspirar em motivos meramente técnicos, mas políticos. Isso implica fortalecer os profissionais do ensino antes de mais nada como categoria profissional. De pouco adiantará uma integração formal de escolas se os seus docentes continuarem fracos, sem garantias e estabilidade no emprego, com salários de fome que os jogam na busca de favores e proteção na trama de interesses localistas. A fraqueza da escola popular passa pela fraqueza a que foram condenados seus mestres como profissionais. A redefinição das relações de trabalho a que são submetidos os trabalhadores da escola popular é a condição básica para tornar possível a instrução do povo.

A profissionalização do trabalhador do ensino

A experiência das Unidades Escolares de Ação Comunitária, relatada e analisada por Carlos Brandão, chama a nossa atenção, entre ouros pontos, para o seguinte: o papel que poderá ter o profissional do ensino, o professor, na construção de uma escola para o povo. Onde estaria a novidade? O professor sempre foi responsabilizado pelo fracasso da escola e de sua baixa produtividade. Sempre que se pensa em revitalizar a escola falida pensa-se em qualificar seu professor, em treiná-lo. Estaríamos repetindo velhas saídas?

É verdade que o profissional da escola foi sempre responsabilizado pelo fracasso escolar. Como é verdade que dele se esperou o milagre de salvar a escola e os alunos do naufrágio de uma instituição jogada à deriva, nunca desejada politicamente. A imagem do professor salvador de uma causa perdida faz parte do mito criado para inocentar os verdadeiros responsáveis por uma escola falida porque não era querida.

Os textos aqui reproduzidos não pretendem contribuir para a manutenção desse mito do professor-salvador. O mito é velho e, como todo mito, tem servido para enganar alguns e explorar a muitos trabalhadores, profissionais da arte de ensinar. Já em 1883, Rui Barbosa, em seu famoso *Parecer sobre a instrução pública no Império*, lembrava o "belo conceito" de Spencer "... se muito importa o método de ensino, de muito maior importância é a qualidade do mestre, com professores hábeis para o exercício consciente do magistério: da pior das mansardas se faz uma boa escola; com pessoal inapto nem nos palácios mobiliados".

E o mito foi crescendo. Quantos discursos de políticos e de paraninfos em festivas formaturas lembraram às novas mestras a nobreza de sua missão como salvadoras de escolas falidas? "Tendo por teto a copa de uma árvore, e por livro didático suas próprias folhas, mais faz o mestre conhecedor do seu mister do que a incompetência, cercada do mais luxuoso material escolar", diz a velha epígrafe. E como foi repetido! Para ser fiéis ao mito e provar a verdade do axioma e do pensamento do grande pensador inglês e do brasileiro nem as mínimas condições de trabalho e material didático foram dados ao mestre milagreiro. Teve ele de exercer sua profissão em mansardas ou tendo por teto a copa de uma árvore e por livro didático e por caderno o papel de rascunho usado (quando tinha).

A escola possível para o povo exige a derrubada desse mito de professor-milagreiro-salvador de causas perdidas. O que Carlos Brandão nos aponta, através da experiência das UEACs, é a necessidade de profissionalizar o trabalhador do ensino. É o estabelecimento consequente de uma carreira do magistério que incentive o ingresso do profissional, sua estabilidade e o seu interesse durante o percurso (o que não é novidade em outros paises, inclusive latino-americanos) com atenção especial à profissionalização e à carreira de professores rurais.

As UEACs mostram pistas inovadoras nessa direção. Mostram que é possível a vinculação ampliada do professor à escola e, por extensão, à comunidade de trabalho, com ampliação devidamente bem-remunerada de sua jornada de trabalho, de tal sorte que, como tantos outros profissionais, o professor possa ser um especialista competente de seu ofício e um trabalhador em "tempo integral". A dedicação exclusiva do docente à escola seria uma forma de consolidação do profissional do ensino. Uma forma de fortalecê-lo como categoria e, consequentemente, fortalecer a escola popular que, como vimos, está entregue em seu isolamento e fraqueza aos desmandos de interesses externos ao processo educativo. Uma escola popular forte só nascerá de um profissional profissionalizado e de uma categoria organizada e forte.

Tocamos num ponto sempre marginalizado. Era mais fácil apelar para o preparo de um professor instável do que profissionalizado em termos institucionais, ou seja, inseri-lo numa organização estável de trabalho, com leis próprias de entrada, ascensão, permanência, estabilidade no emprego, com uma carreira definida que o estimulasse e que valorizasse tanto os níveis de titulação quanto o saber acumulado na prática profissional.

Em síntese, se as propostas pedagógicas, como a mineira, privilegiavam mudanças metodológicas e as propostas de escola integrada privilegiam mudanças ao nível dos conteúdos, a experiência das UEACs nos diz que são urgentes mudanças organizacionais do trabalho escolar e da constituição de um profissional regido por direitos definidos em lei e garantidos na prática, e não entregue a uma administração do arbítrio.

Respeito e decência na administração do ensino

Nessa direção, podemos ressaltar outro aspecto: o comprometimento dos profissionais com o seu trabalho. A política governamental sempre insiste em que a baixa produtividade da escola popular se deve ao despreparo de seus profissionais. A partir desse diagnóstico parcial, a capacitação e o treinamento surgem logo como o remédio mágico. Professores são treinados, e o sistema de ensino em que são jogados se encarrega de anular os efeitos do treinamento. Os baixos níveis de motivação do trabalhador do ensino nunca são levados em conta. As pesquisas e as lutas e reivindicações dos professores mostram que eles se sentem trabalhadores mal remunerados a serviço de uma causa desprestigiada.

Ainda que o novo mestre tenha ouvido atentamente o discurso de formatura e saia da escola normal acreditando em sua nobre missão, com um mês de trabalho numa escola de periferia ou da zona rural percebe que a preocupação real com a instrução do povo é uma mentira. No cotidiano de sua experiência profissional, aprende uma triste lição: no sistema público de ensino popular tudo vale para o ganho e a barganha política: diretor compadre é preferido, professor eficiente é removido ou despedido, merenda escolar, desviada, escola, construída onde não precisa, dinheiro dos programas de educação gasto em manter burocracias. O profissional da escola vai se descobrindo representando um papel ridículo na tragicomédia da administração do ensino público, onde instruir o povo é um pretexto para outros jogos não muito honestos. Nesse contexto tão real – ainda –, a motivação e o preparo de qualquer profissional não resistirão muito tempo.

As experiências aqui analisadas mostram, à farta, que, quando os profissionais da escola popular percebem que algo está mudando e que a proposta de garantir ao povo o direito à instrução elementar parece ser tomada a sério pelo Estado e pela sociedade, eles assumem a tarefa, identificam-se com a causa, inventam métodos, redefinem conteúdos e o aluno começa a aprender.

A avaliação da proposta mineira foi reveladora nesse sentido. A concentração de recursos nas primeiras séries do ensino primário e o estímulo financeiro ao professor criaram a imagem de que desta vez havia sinceridade e decência e a administração tratava com respeito e seriedade os problemas, os recursos, a escola popular e seus profissionais. Os resultados positivos do processo pedagógico deveram-se mais a esse crédito dos profissionais do que às novas tecnologias. Carlos Brandão e Rogério Campos ressaltam o mesmo aspecto nas UEACs e no SIER.

Essas experiências, nas suas limitações, indicam que qualquer tentativa de inventar uma escola para o povo terá que passar, necessariamente, pelo comprometimento dos professores como trabalhadores de uma categoria profissional profissionalizada. Não se entenda na perspectiva tecnicista que insiste em que só no dia em que tivermos quadros competentes a escola do povo será possível. Qualquer capacitação técnica cairá no vazio, enquanto a educação escolar continuar descaracterizada como projeto político e entregue a uma administração sem respeito e decência no tratamento da instrução popular e de seus profissionais.

Falamos em motivação como *categoria profissional*. Uma causa só se torna profissionalmente motivadora quando se torna uma causa política. A educação escolar popular tem tudo para isso. A diferença entre a escola primária e os outros níveis de escolarização está em que aquela é a única que caracteriza um dever político do Estado e da sociedade e um direito político de todo cidadão. A dimensão política não precisa ser buscada fora, e inerente à atividade a que esses profissionais se dedicam.

Esse aspecto parece-nos central para uma proposta de escola possível: reconquistar o crédito dos profissionais no seu trabalho. Entretanto, esse crédito passa pela reconstrução da imagem das políticas sociais públicas destinadas às camadas populares: deixarem de ser mecanismos de atendimento a carentes, ou meros instrumentos de reprodução da força de trabalho para o capital, através de minguadas migalhas que sobram da reprodução direta do capital; recolocar essas políticas sociais – como garantia de atendimento aos direitos elementares de todo cidadão – pode ser um caminho para reconquistar a confiança do professor no ofício a que se dedica.

Em outros termos, só terá sentido apelar ao crédito e ao compromisso do profissional do ensino popular quando formos redefinindo o Estado, seu crédito e compromisso com as camadas populares. Aí fica posta a questão: que Estado seria esse? O Estado capitalista, que tão eficientemente honrou seus compromissos com o capital? Um Estado gerido por liberais ou social-democratas, um pouco mais atento a minorar tensões sociais através de uma cidadania controlada? Velhas questões não resolvidas na formação política brasileira (Lamounier, 1981; Weffort, 1981, 1984; Vianna, 1976, 1981).

Queremos deixar claro que, quando enfatizamos a motivação do trabalhador do ensino como categoria profissional, estamos longe de cair na ingenuidade de apelar para seu compromisso patriótico de salvar a escola que outros destruíram. Essa vem sendo a filosofia de várias políticas públicas, que apelam a uma espécie de mutirão cívico ou à participação de pais, mestres e comunidade, para que assumam os serviços sociais deixados na maior miséria por um Estado comprometido com a burguesia. Longe de nós apoiar essa estratégia e essas campanhas, hoje tão frequentes, que não passam de um desrespeito às vítimas dessa política econômica e social – pais, alunos, mestres, comunidades populares – agora elevadas à categoria de salvadoras.

A escola possível, sem dúvida, depende de seus profissionais: sem a sua competência, crédito e trabalho, nada será possível. Entretanto, isso não pode encobrir a indecência e descompromisso do Estado para com os direitos elementares do cidadão-trabalhador: a saúde, saneamento, água, moradia, segurança, transporte e instrução. Repetimos: o crédito e o compromisso do trabalhador do ensino como profissional passará pela sua profissionalização, pela redefinição de uma organização do trabalho. Um trabalho arcaico que não acompanhou os avanços e as conquistas mínimas do trabalhador brasileiro nos últimos cinquenta anos, nem acompanhou as mudanças ocorridas no próprio Estado, no seu papel e na nova racionalidade com que o administra. Temos um Estado moderno, gerido pela lógica empresarial, teimando em administrar seu pessoal na mesma lógica do Estado tradicional do público, baseado em funcionários públicos, numa época em que estes exigem ser tratados como profissionais, como trabalhadores, como sujeitos de direitos.

Constantemente, as diversas administrações vêm apelando ao compromisso dos professores com a escola do povo e pouco fazem para redefinir a tradicional organização do trabalho destes profissionais. Por esses caminhos, a escola do povo, mais uma vez, não será possível. Está sendo ressuscitado um neossacerdócio e a imagem do professor virtuoso, dedicado à nobre missão de tirar o povo das trevas da ignorância, imagem que não corresponde às reais condições de trabalho.

Aluno: de carente a trabalhador que estuda

O texto de Léa Paixão e o de Rogério Campos mostram propostas pedagógicas em que predomina a visão que se tem do aluno das classes subalternas como carente cultural, psicobiológico ou material. Os textos denunciam os limites dessas propostas dominadas por essa concepção de aluno. Carlos Brandão mostra que uma percentagem de alunos nas escolas populares diurnas são trabalhadores precoces, e Sérgio Haddad, no texto final, nos traz uma proposta concreta para trabalhadores que estudam nos cursos noturnos.

Insistíamos, no início, em que a concepção de aluno das classes subalternas tem que ser redefinida se pretendemos lançar os alicerces de uma escola popular. Todos os textos são unânimes neste ponto tão central.

Quem frequenta as aulas das escolas de periferia e da área rural são futuros trabalhadores, cujo destino será o trabalho manual, em sua maioria. Não só isso; são trabalhadores precoces forçados ao trabalho e que, até quando podem, roubam umas horas ao trabalho, ao descanso e ao sono para estudar. Aprofundar mais essa realidade seria profundamente revelador para entender problemas de repetência e exclusão da escola. Sempre foi uma pista esquecida para os educadores mais sensíveis ao espírito, à vontade, à psique e a sua evolução.

Entretanto, o que este livro pretende deixar claro é que colocar o trabalho e a condição de trabalhador como a fronteira que separa a qualidade das escolas, a riqueza ou pobreza dos currículos e, sobretudo, a certeza de frequentar por longos anos a escola ou dela ser excluído precocemente, será um avanço da maior importância no equacionamento de velhos problemas e o encontro de novas saídas.

Ver nas salas de aula não um estudante a mais, carente ou não, mas um filho de trabalhador, futuro trabalhador e até um trabalhador-estudante, pode ser mais explicativo do êxito ou fracasso do que análises estatísticas sofisticadas. Se percebermos no aluno o trabalhador-estudante que ele é, nossa pergunta poderá ser esta: que níveis de instrução o capital permite a seus trabalhadores? Que níveis de saber seriam necessários ao trabalhador para se defender como classe trabalhadora?

O capital, as relações de trabalho estão tão distantes da escola, das teorias pedagógicas, que aos educadores não é fácil perceber que a fábrica, a empresa, as relações de trabalho e produção invadiram a escola, enquanto nós ficávamos entretidos em aplicar testes de QI, de prontidão, em discutir taxonomias, bem como a função reprodutora dos aparelhos ideológicos do Estado. Os educadores mais progressistas chegavam até a descobrir e denunciar o descuido do Estado com seu sagrado dever de garantir escola para todos como determinante último da reprovação, repetência e evasão. O que é uma verdade nunca suficientemente repetida. Entretanto, para muitos, esse Estado, tão esquecido de seus sagrados deveres, não vai além dos administradores de turno, dos políticos, aos quais será necessário relembrar seus deveres. Uma visão mais abrangente do Estado não faria mal aos educadores e, sobretudo, uma visão mais clara da relação entre fábrica, sua lógica como lógica do movimento do capital, e o Estado, o político e as políticas públicas. A vinculação entre a escola popular, seus problemas e o mundo do trabalho e da produção é mais forte do que pensamos.

Entender esse mundo do trabalho, sua relação com o político e a educação do cidadão-trabalhador seria tão necessário a um profissional da instrução popular quanto conhecer o mundo da psique, sua evolução e relação com os processos de ensino-aprendizagem. Não obstante, esse mundo do trabalho está totalmente ausente dos currículos que formam esse profissional da instrução do cidadão-trabalhador, como se seu ofício de mestre do ensino se desse fora do tempo e da materialidade do concreto, numa cidade bucólica, em que vivem espíritos e vontades que devem ser cultivados para o convívio, a intenção social. O mundo do educativo sempre foi tão espiritualizado que as teorias pedagógicas esqueceram a concretude das relações de trabalho e produção em que o trabalhador-estudante está inserido e que será submetido e das quais tentará se libertar. Quando esse mundo do trabalho entra nos centros de formação de profissionais do ensino, ou nas teorias pedagógicas, ele apenas entra como um estranho, algo que atrapalha os processos de ensino-aprendizagem ou atrapalha a evolução e o desenvolvimento normal da criança e sua educação. Será que nas reformas das escolas normais e centros de formação do pedagogo encontrará espaço o estudo desse mundo do trabalho e dessa condição do trabalhador-estudante constitutiva da maioria dos alunos da instrução popular?

O fato de termos nas aulas trabalhadores que estudam não é apenas o melhor ponto para entender por que a escola popular fracassa. Essa condição de trabalhador deverá ser o ponto de partida para encontrar a escola possível e necessária sem cair em acomodações e hibridismos. O relato-análise de Sérgio Haddad é relevante a esse respeito. Quando a aceitação do cidadão-trabalhador-estudante é incorporada numa proposta pedagógica, parece que uma claridade nova passa a dar nova iluminação a velhos problemas. O cotidiano do processo pedagógico pode não ser alterado demasiado; porém, sob essa iluminação, adquire novos contornos e sentidos. A própria função social da escola – agência socializadora do saber sistematizado – tem de ir além quando é vista à luz da especificidade da negação da cidadania dos trabalhadores. A classe trabalhadora que constrói a cidade é excluída de muito mais do que do saber sistematizado. É excluída do espaço para a convivência, solidariedade, lazer, cultura. É isolada no espaço do trabalho, do transporte para o trabalho e da recuperação das forças para voltar ao trabalho. Como nos dizia um operário: "Passo o meu tempo no trabalho, indo e voltando para o trabalho, dormindo para tornar ao trabalho". A escola como espaço social tem de ter uma função básica: ser o espaço sociocultural que o mundo do trabalho e a cidade negam ao trabalhador. A proposta de curso noturno do colégio Santa Cruz é relevante na tentativa de construir esse espaço; sua leitura atenta pode abrir pistas para quem acredita na possibilidade de uma escola para o trabalhador.

A escola para os filhos das classes dirigentes, dos gestores e dos intelectuais tem uma função que vai além de ser a transmissora do saber sistematizado. A experiência da escola quanto experiência humana e sociocultural vai além dos conhecimentos aprendidos nos livros e com os professores. A escola, o colégio, a universidade é *em si* espaço sociocultural. Enquanto experiência e vivência coletiva, lenta, vai se familiarizando com uma concepção de mundo, de homem, de sociedade, de pensar, vai dando segurança, desconfiança: o saber duvidar, questionar, indagar. Essa escola para essa classe não introduz seus filhos apenas no mundo letrado. Ela transmite segurança, informação, e, sobretudo, um treinamento lento no raciocínio lhes permitirá se inserir na lógica e no modo de pensar da ordem social dominante. Essa escola não tem tanto a função de transmitir o saber sistematizado socialmente produzido, mas a função de introduzir, habituar, internalizar o modo de saber e de pensar dominante. Os filhos das camadas médias e das classes dirigentes em sua maioria não saem da escola *sabendo* muito mais sobre o acervo de conhecimentos acumulados, sobre a natureza e a sociedade. Eles saem sabendo mais sobre a lógica que regula essa sociedade, que regula o poder, o dinheiro, a produção. Saem iniciados nas artes de tirar partido desse jogo, de se defender. Saem da escola menos *sábios* do que *sabidos*. É isso que a experiência lenta e longa da escola capitalista permite a quem a experimenta.

Ultimamente, os educadores progressistas passaram a defender a escola para as camadas populares como o mecanismo de introduzi-las no mundo letrado. Seria esse o problema central, ter privado esses cidadãos dos instrumentos básicos para sua inserção num mundo moderno e letrado? A burguesia não condena o cidadão-trabalhador a ser um iletrado. Até aí não seria problema para a ordem social vigente: ter cidadãos e trabalhadores letrados facilitaria sua inserção nessa ordem e os tornaria mais funcionais. Qualquer projeto de escola para as classes subalternas que tente instrumentalizá-las para o mundo moderno letrado receberá o apoio da burguesia e dos gestores de seu Estado, será um projeto permitido, pelo menos enquanto não gastar o dinheiro público, tão demandado para a reprodução do capital em outras áreas mais prioritárias.

O cidadão-trabalhador é excluído exatamente desse *algo a mais* que uma experiência de escola vivida lentamente dá aos filhos dos não trabalhadores manuais, dos não operários: é-lhes negado o cultivo do ser pensante, racional, que eles são; é-lhes negada uma experiência sistematizada de saber duvidar, questionar, indagar os *porquês*. Exatamente a experiência que a escola oferece aos não operários.

Poderá ser um operário letrado, não um pensante, nem um "sabido": porque seu destino é ser um trabalhador não intelectual. É esta condição que lhe é reservada na ordem socioeconômica, onde tudo estará estruturado para que não pense, para ser um desqualificado.

A escola necessária para o operariado teria que garantir o espaço para *ser o trabalhador pensante* que essa ordem lhe nega. O texto de Sérgio Haddad é extremamente importante nessa direção, mostrando que o jovem operário busca na escola uma experiência mais abrangente do que receber instrumentos para se incorporar mais facilmente ao mundo letrado. Voltam à escola noturna para *viver* uma experiência coletiva que lhes é negada pela cidade e pela rotina despersonalizadora, embrutecedora da organização capitalista do trabalho. Não é isso o que encontram na maioria das escolas que lhes são oferecidas. Como vimos, o que a eles se oferecem são propostas que negam a possibilidade de experimentar a escolarização lenta, por exemplo: suplência concentrada, cursos de treinamento, escolas de produção, currículos mínimos, educação funcional. A escola, enquanto experiência vivida e apreendida lenta e coletivamente, a que nos referíamos, não só lhes é negada nas políticas de suplência e outros mecanismos não formais de educação, mas até na escola formal diurna ou noturna onde passam alguns anos.

Visitando uma escola de periferia ou rural e um colégio particular, ou até mesmo colégio para os alunos do diurno e do noturno, podemos sentir o contraste em termos de experiência coletiva sociocultural. A escola rural e de periferia normalmente é triste, sem vida, só salas de aula, sem ambientes, sem tempo (3 ou 4 turnos), para o coletivo. Só há tempo e espaço para a relação docente-discente na aula, docente que fala, discente que escuta, atento, quieto, calado. O aluno está sempre no tempo e no espaço do professor sem tempos e espaços próprios. No colégio privado, colorido, alegre, amplo, há espaços: no recreio, no cartaz, no teatro, na brincadeira, na sátira ou na crítica e até na rebeldia e na indisciplina. O colégio e a faculdade são educativos além da aula, muitas vezes mais fora do que dentro da aula.

A nova pedagogia criativa, que informa as relações nos colégios frequentados pelos filhos das camadas médias e das elites, não chegou às escolas do povo onde não há nem espaço nem tempo material para o criativo. O futuro operário é excluído da oportunidade que aos nossos filhos é dada: viver na infância, na adolescência e na juventude a experiência escolar, uma das experiências socioculturais mais marcantes. A classe operária foi entrando na escola, porém não conquistou ainda o direito ao tempo e ao espaço necessários a viver essa experiência social e cultural que se tornou necessária aos filhos de outras classes. Ela tem que ser preparada precocemente para a vida, o trabalho e a produção. Os filhos da classe operária terão que ser trabalhadores produtivos para que os filhos adolescentes e jovens da burguesia possam viver uma experiência de escola cada vez mais longa, ou ao menos possam vegetar, divertir-se, gozar a vida, gastar o tempo improdutivamente, despreocupadamente.

O operariado tem muito espaço a conquistar para gozar do seu direito à escola, e os profissionais da escola têm muito o que inventar para a construção de sua escola. Na experiência de curso noturno reconstruída e analisada por Sérgio Haddad tem-se a consciência de que não é qualquer escola que interessará às classes subalternas e tenta-se fazer com que o jovem trabalhador que volta à escola encontre a possibilidade de uma experiência humana e cultural que a cidade e o trabalho lhe negam.

Referências

ARROYO, Miguel González. Operários e educadores se identificam: que rumos tomará a educação brasileira? In: *Educação & Sociedade*, São Paulo, 5 (1980), p. 5-23.

ARROYO, Miguel González. Dimensões da supervisão educativa no contexto da práxis educacional brasileira. In: *Cadernos de Pesquisa*, São Paulo, 41(1982), p. 28-37.

BARRETO, Elba S. de Sá. Professores de periferia: soluções simples para problemas complexos. In: *Cadernos de Pesquisa*, São Paulo, 14(1975), p. 97-109.

BEISIEGEL, Celso de Rui. Ensino público e educação popular. In: PAIVA, Vanilda (Org.). *Perspectivas e dilemas da educação popular*. Rio de Janeiro: Graal, 1984.

BRANDÃO, Carlos R. (Org.). *O educador: vida e morte*. Rio de Janeiro: Graal, 1981.

BRANDÃO, Carlos R. Educação: alternativa na sociedade autoritária. In: PAIVA, Vanilda (Org.). *Perspectivas e dilemas da educação popular*. Rio de Janeiro: Graal, 1984.

BRANDÃO, Zaia; BAETA, Anna Maria Bianchini; ROCHA, Any Dutra Coelho da. *Evasão e repetência no Brasil: a escola em questão*. Rio de Janeiro: Achiamé, 1983.

CAMPOS, Maria M. Malta. *Escola e participação popular: a luta por educação elementar em dois bairros de São Paulo*. Tese (Doutorado em Educação) – Faculdade de Filosofia e Ciências Humanas, Universidade de São Paulo, São Paulo, 1983.

CAMPOS, Rogério Cunha. *As lutas dos trabalhadores pela escola*. 1985. 339 f. Dissertação (Mestradoem Educação) - Faculdade de Educação, UFMG, Belo Horizonte, 1985.

CENAFOR, *Experiências e perspectivas sobre escolas de produção no meio urbano no Brasil*. São Paulo, 1983 (mimeo).

FRIGOTTO, Gaudêncio. *A produtividade da escola improdutiva*. São Paulo: Cortez, 1984.

FUKUI, Léa et *al*. Escolarização e sociedade: um estudo de excluídos da escola. In: *Educação & Sociedade*, São Paulo, 11(1982): 106-132.

IANNI, Octavio. Cultura do povo e autoritarismo das elites. In: VALE, Edênio; QUEIROZ, José (Org.). *A cultura do povo*. São Paulo: Cortez e Moraes, 1979, p. 134-140.

LAMOUNIER, Bolívar (Org.). *Direito, cidadania e participação*. São Paulo: Bao, 1981.

LOPES, Eliane Marta. *Origens da educação pública*. São Paulo: Loyola, 1981.

MELLO, Guiomar Namo de. *Magistério de 1º. Grau – da competência técnica ao compromisso político*. São Paulo: Cortez, 1982.

SAVAIANI, Dermeval. Ensino básico e o processo de democratização da sociedade brasileira. In: *ANDE – Revista da Associação Nacional da Educação, 4/7/1984: 9-13.*

VIANNA, Luiz Werneck. *Liberalismo e sindicato no Brasil*. Rio de Janeiro: Paz e Terra, 1976.

WEFFORT, Francisco C. A cidadania dos trabalhadores. In: LAMOUNIER, Bolívar (Org.). *Direito, cidadania e participação*. São Paulo: Bao, 1981.

Fracasso/sucesso: um pesadelo que perturba nossos tempos[1]

Há problemas em nossas escolas que nos perseguem como um pesadelo. Não há como ignorá-los nem fugir deles. Entre os pesadelos constantes está o fracasso escolar. Alguém dirá, mas está quantificado: altas percentagens de repetentes, reprovados, defasados. O pesadelo é mais do que o que quantificamos. Podem cair as percentagens que ele nos persegue. O fracasso escolar passou a ser um fantasma, medo e obsessão pedagógica e social. Um pretexto. Uma peneira que encobre realidades mais sérias. Por ser um pesadelo, nunca nos abandonou, atrapalha nossos sonhos e questiona ou derruba nossas melhores propostas reformistas. Quanto se tem escrito sobre o fracasso ou sobre o sucesso e a qualidade, seus contrapontos! E continuamos girando ao mesmo lugar.

Como estamos em um tempo de sonhos pedagógicos renovados, não poderíamos esquecer que o pesadelo/fracasso poderá perturbá-los. E lá está ele de volta. O interessante é constatar que em cada momento social ele é reposto com novas conotações. Cada tempo social, cultural e pedagógico traz novas perspectivas no olhar da escola e novas sensibilidades. Onde estariam as novidades no olhar, equacionar e encarar esse pesadelo?

Quero contribuir trazendo como referências as propostas político-pedagógicas que acompanho em escolas das redes municipais e estaduais e do Distrito Federal. Escola Plural, em Belo Horizonte; Escola sem Fronteiras, em Blumenau; Escola Cidadã, em Porto Alegre; Escola Desafio, em Ipatinga; Escola Candanga, em Brasília, e outras tantas que, em sua diversidade, apontam perspectivas comuns. Todas tenham encarar o fracasso/sucesso escolar num olhar global da construção histórica de nosso sistema de Educação Básica. Tentam superar sua naturalização, não vê-lo como uma praga a combater em bom combate. Não fazem dele o problema.

[1] Texto originalmente publicado em: *Em Aberto*, Brasília, v. 17, n. 71, p. 33-40, 2000.

Acordar do pesadelo: desescolarizar o fracasso?

Este pode ser um ponto inicial a destacar nessas propostas. Tentam afastar o pesadelo, o fantasma, o medo do fracasso/sucesso. Há questões mais de raiz, mais radicais a pensar e equacionar. Pretendem pensar e construir outra concepção e prática de Educação Básica, de direito à educação, à formação e ao desenvolvimento humano de nossa infância, adolescência e juventude. Outra concepção e prática que inspire novas lógicas de sucesso/fracasso e qualidade. Confundir sucesso/qualidade com aprovação, e fracasso com reprovação é uma miragem, um engano. Garantimos inclusive aos aprovados e bem-sucedidos que o tempo de escola contribua para seu direito ao desenvolvimento como seres humanos? Em outros termos, nos preocupar com o fracasso pensando que o sucesso garante o direito à educação, à cultura e ao desenvolvimento humano devidos é uma forma de nunca equacionar devidamente o fracasso. É um mau início. Esse erro, esse pesadelo tem nos impedido de entender que a concepção e a prática de escolarização, de ensino, não tem acompanhado os avanços do direito à educação, à cultura, à formação humana de nossa infância e juventude. Esse deveria ser nosso pesadelo maior.

O segundo ponto que inspira as propostas que acompanho é retomar um olhar mais global, logo extraescolar do sucesso/fracasso, um olhar que foi tão fecundo em décadas recentes, o que estamos esquecendo. O fracasso escolar é uma expressão do fracasso social, dos complexos processos de reprodução da lógica e da política de exclusão, que perpassa todas as instituições sociais e políticas, o Estado, os clubes, os hospitais, as fábricas, as igrejas, as escolas. Política de exclusão que não é exclusiva dos longos momentos autoritários, mas está incrustada nas instituições, inclusive naquelas que trazem em seu sentido e em sua função a democratização de direitos como saúde e educação.

Entretanto, desescolarizar o fracasso não significa inocentar a escola nem seus gestores e mestres, nem seus currículos, grades e processos de aprovação/reprovação. É focalizar a escola enquanto instituição, enquanto materialização de uma lógica seletiva e excludente, que é constitutiva do sistema seriado, dos currículos gradeados e disciplinares. Inspira-nos a ideia de que, enquanto não radicalizarmos nossa análise nessa direção e enquanto não redefinirmos a ossatura rígida e seletiva de nosso sistema escolar (um dos mais rígidos e seletivos do mundo), não estaremos encarando o problema do fracasso nem do sucesso. Os tão repetidos termos correção do fluxo, eliminação da distância idade/série, aceleração da aprendizagem, combate ao fracasso escolar são inapropriados, porque naturalizam problemas que são estruturais, encobrem realidades de outra natureza que ciências como a política, a história, a sociologia trataram sempre como exclusão, seletividade, marginalização, negação de direitos. Realidades não situadas no campo de bem-querer, das campanhas, dos combates, mas na dura realidade estruturante, de longa duração: as lógicas, os imaginários e as estruturas sociais, entre elas as escolas.

A escola, o sistema escolar, se situa nesse campo do instituído, das instituições sociais que articulam, consolidam, reforçam lógicas, processos sociais e culturais. A exclusão social, a seletividade que elas reproduzem, não é um pesadelo nem uma fruta temporã, não amadurecida, que podemos amadurecer em tempos de progressão e aceleração, em câmeras (classes) especiais. Soluções pontuais para problemas estruturais. Esse é um dos eixos das propostas que acompanho.

Intervir na estrutura e cultura seletivas do sistema

Reeducar esses olhares é uma tarefa constante nos debates com os professores e as famílias, na procura de intervenções mais radicais, até na revisão de velhos conceitos e discursos. O processo mais eficaz para reeducar nossos olhares é situar o foco da intervenção na estrutura do sistema escolar, na lógica que o inspira. Esse é um dos eixos centrais das propostas político-pedagógicas: ter como propósito uma mudança radical das estruturas do nosso sistema escolar. Uma intervenção sempre adiada. É mais fácil redefinir conteúdos, métodos, requalificar professores(as). Não caímos nessa velha ilusão e pretendemos enfrentar a seletividade inerente à lógica estruturante dos currículos, das séries, das grades, da organização do trabalho, dos tempos e espaços.

Pretendemos chegar à matriz do fracasso/sucesso. A matriz escolar: não inocentamos a escola, sua cultura e sua estrutura, apelando e esperando uma revolução na sociedade. Pretendemos intervir no sistema escolar crentes de que esse sistema, sua cultura, rituais, lógicas, estruturas podem ser mais democráticas, menos seletivas. Está em nossas mãos de educadores fazer essas intervenções. Jogar a responsabilidade sobre a sociedade, o Estado, os governos é uma forma de não assumir com profissionalismo responsabilidades que são do coletivo dos educadores. Supõe um processo de reeducação de nossa cultura profissional, concomitante a intervenções estruturais do coletivo.

Nessa procura coletiva e lenta de redefinição dos focos da intervenção, nós, profissionais, redefinimos nossas concepções de fracasso/sucesso sem necessidade de fazer deles o problema nem a solução, sem programar cursos de treinamento. Redescobrimos a força histórica do instituído e o caráter instituído e instituinte da estrutura escolar. Escola é mais do que escola. É mais do que os profissionais que nela trabalham e sonham. É mais do que nossos pesadelos.

À medida que vamos nos aproximando da estrutura e ossatura da escola e de nosso sistema escolar, vamos percebendo com maior nitidez como seu caráter excludente se mantém quase inalterado resistindo às reformas, inclusive as mais progressistas, porque está legitimado na cultura política e pedagógica da exclusão, da seletividade, da reprovação e retenção. Mexer nessa cultura não tem sido fácil, uma vez que ela se materializou ao longo de décadas na própria organização da sociedade, nos processos seletivos, na definição social de funções, de espaços, de direitos, nos concursos, nos critérios, preconceitos de raça, gênero, idade, classe. Materializou-se na escola, nos processos seriados, nos currículos graduados, nas disciplinas duras ou leves, nas provas constantes, na reprovação, retenção. No sistema como um todo, na sua lógica seletiva e peneiradora. Nessa cultura social da exclusão radical a força de sua persistência, desafiando inclusive o pensamento progressista e democrático tão dominante no ideário pedagógico.

Essa ênfase em colocar como foco de nossa intervenção o repensar da cultura da seletividade tão incrustada não só na nossa cultura social e política mas também, na nossa cultura escolar e profissional, e a ênfase em mexer nas estruturas que a materializam e perpetuam representam, no meu entender, um avanço significativo na formulação de políticas, não voltadas apenas para a persistente preocupação com o fracasso, mas voltadas para o reordenamento do nosso sistema escolar como um todo.

Intervenções ousadas na superação da organização seriada, dos currículos gradeados, da organização dos tempos e de trabalho por disciplinas, dos processos de avaliação, retenção e progressão, vêm sendo familiares a muitas propostas inovadoras. Foram assumidas com bastante radicalidade por várias administrações.

Respeito aos tempos humanos de formação

Novas formas de organização dos tempos, dos espaços, do trabalho escolar vêm sendo ensaiadas com seriedade e profissionalismo, buscando, enfim, quebrar a matriz da concepção e prática de escolarização, de sucesso/fracasso.

A organização por ciclos de formação, por temporalidades de desenvolvimento humano passou a orientar inúmeras propostas inovadoras. Nesse quadro mais global de procura de um nova lógica estruturante dos processos escolares de educação, formação e desenvolvimento humano, dos ciclos da infância, da adolescência e da juventude, foi sendo possível equacionar de maneira mais global a preocupação com a progressão de estudos, a aceleração, a defasagem, enfim, o respeito às temporalidades no desenvolvimento humano dos educandos. A nova LDB legitimou e deu alento a essas propostas, uma vez que enfatiza que a finalidade da educação é o pleno desenvolvimento dos educandos (art. 2º e 22) e propõe a organização do trabalho educativo por ciclos (art. 23).

A compreensão de ciclos afirmada nesse artigo, no meu entender, refere-se a ciclos de desenvolvimento humano em consonância com o art. 22 que enfatiza com o art. 2º que a finalidade da educação é o desenvolvimento pleno dos educandos. Reduzir os ciclos à progressão continuada, a ritmos e tempos de aprendizagem é reducionismo.

A retomada de uma concepção mais humanista de Educação Básica orientada para o pleno desenvolvimento humano dos educandos e para o acompanhamento pedagógico de suas temporalidades aponta horizontes promissores para o equacionamento radical do fracasso escolar, para a superação da cultura da exclusão e da lógica e estrutura seletiva de nosso sistema escolar. Estamos em um novo tempo. Um tempo que coincide com uma realidade social chocante: o crescimento da exclusão e marginalização social, inclusive da infância e da adolescência. Os tempos de exclusão estariam reeducando nossa cultura pedagógica para enfrentar de vez a cultura da seletividade de nossa escola?

Nesse quadro de preocupações pedagógicas e de chocante realidade social, propostas como a Escola Plural em Belo Horizonte e tantas outras vêm tentando reeducar nossa cultura escolar e profissional e, sobretudo, superar o sistema seriado e reordenar os processos escolares na lógica do direito à cultura, ao desenvolvimento humano, na lógica do respeito às temporalidades e ciclos do desenvolvimento dos educandos. A prática me convence de que essas experiências inovadoras que pretendem enfrentar com radicalidade a cultura da exclusão e as estruturas seletivas de nosso tradicional sistema seriado, se tornam alternativas a uma intervenção radical no persistente fracasso escolar.

Pretendo destacar apenas mais um aspecto: essas propostas inovadoras nos levam a perceber a vinculação estreita entre fracasso escolar e a concepção e prática de Educação Básica que tem orientado por décadas nosso sistema escolar. Sugeria nas considerações anteriores, que, para as propostas político-pedagógicas que acompanho, o fracasso é produto da cultura da exclusão e da estrutura seletiva do nosso sistema seriado; à medida que a seriação é superada, os currículos são desgradeados, e a nova organização por ciclos de formação vai sendo construída, a escola e a prática educativa vão superando a concepção de escolarização básica que inspira o sistema seriado, e vai se afirmando outra concepção, mais humanista e totalizante, de Educação Básica. Essa passagem é lenta, porém fundamental para equacionar o fracasso/sucesso escolar com novos referenciais.

Estamos aprendendo que somente equacionamos devidamente o fracasso, a defasagem idade/série, os estudos acelerados, à medida que avançamos, relacionando essa realidade à concepção de Educação Básica que inspirou por décadas nosso sistema escolar. A manutenção dessa concepção explicaria a persistência de uma cultura e uma estrutura seletivas e excludentes e da concepção e prática de fracasso/sucesso que até hoje nos persegue.

Estou sugerindo que as tentativas de superar a seriação e de reorganizar a ação pedagógica tendo as temporalidades do desenvolvimento humano como referencial nos remetem a questões mais de fundo, e somos levados a repensar as concepções de Educação Básica que inspiram uma organização ou outra da prática escolar. Mudar a seriação por ciclos de formação, corrigir fluxos, acelerar os desacelerados e defasados só tem sentido pedagógico se ocorrer a superação da velha concepção de escolarização que inspira o sistema seriado e os currículos gradeados e disciplinares. As experiências inovadoras ou conseguem dar esse salto de concepção pedagógica ou ficam na superfície, nas aparências, em formalismos inconsequentes, em superações aparentes dos problemas.

Os tristes horizontes da escolarização

À medida que refletimos coletivamente sobre nosso sistema escolar pretendendo reformá-lo, percebemos que duas ideias-força têm prevalecido ao longo deste século como horizontes de nossa expansão da escolarização básica. De um lado, a ideia de instrumentalizar a infância e a juventude para a inserção no mercado de trabalho por meio do domínio de habilidades, competências e saberes demandados pela modernização social e produtiva. O ensino primário, de 1º grau ou fundamental se afirma e se expande ao longo deste século [XX] quase que exclusivamente pautado pelas demandas de habilidades primárias de leitura, escrita, contas e as noções elementares de ciências, consideradas como indispensáveis para a inserção eficaz nos processos produtivos.

Nas décadas mais recentes, a estratificação e divisão social do trabalho, os mecanismos competitivos e seletivos de ascensão/exclusão social fizeram dos níveis de escolarização um dos principais critérios de seleção e credenciamento; consequentemente, os conteúdos programáticos foram sofisticados e os critérios de excelência foram refinados. Ainda que a natureza do trabalho não exija os sofisticados conhecimentos curriculares da escolarização fundamental ou média, esses níveis serão condição para concursos, para exclusão de determinados empregos e até do emprego.

Esses vínculos tão caudatários entre escolarização básica e mercado, seletividade, credencialismo, impossibilitaram ao longo deste século [XX] a construção de nosso sistema escolar pautado pela concepção de Educação Básica gestada desde os primórdios de modernidade, na Renascença, consolidada na Ilustração, e até no ideário liberal, e sobretudo impossibilitavam a incorporação da concepção de educação gestada no pensamento progressista e democrático e nos movimentos e lutas pelos direitos sociais e políticos. Em outros países, onde não por acaso os conteúdos são menos exigentes, e a reprovação, a retenção, a defasagem idade/série quase inexistentes, essa concepção de Educação Básica se afirmou com maior ênfase do que no nosso.

À medida que o coletivo de professores emprenhados em propostas inovadoras avança, vamos compreendendo como nosso sistema seriado é possivelmente dos mais caudatários da concepção utilitarista e credencialista de ensino elementar. Consequentemente, vamos reconhecendo que nossa cultura escolar é, ainda hoje, uma das mais seletivas e excludentes. Avançando nessa compreensão, entendemos as raízes e a terra de que se alimenta o teimoso fracasso escolar. Ele é incompreensível sem referi-lo a essa concepção de ensino elementar que lamentavelmente nos inspira até hoje. Sabemos como as reformas da década de 1970 elevaram essa concepção credencialista e utilitarista ao *status* de educação de qualidade. A imagem-modelo das escolas privadas reforçam essa triste tradição. Os males que essa imagem-modelo de qualidade deixou no imaginário social e pedagógico deveriam ser pesquisados com cuidado e denunciados. Ainda muitos(as) professores(as) da escola pública têm a escola privada como referencial de qualidade. Tendo essa qualidade credencialista e utilitarista como protótipo de boa escolarização básica, sofisticamos conteúdos e exigimos saberes e competências para o sucesso escolar que não encontramos nos currículos dos países europeus nem dos Estados Unidos.

Como consequência, refinamos tanto a seletividade do sistema escolar que os índices de fracasso e defasagem foram mantidos e até aumentados, estando entre os mais altos do mundo. Obrigamos milhares de crianças, adolescentes e jovens a repetir, a se distanciar de seus pares de convívio por falta de uns pontinhos em uma única disciplina, sobretudo naquelas que mais assumiram o papel credencialista. Um caos. Os repetentes e defasados são o produto dessa concepção de escolarização. Reeducar a sensibilidade educativa das famílias, das comunidades e dos(as) professores(as) é um dos processos centrais das propostas que acompanhamos. Reeducar para ver o evidente, o que a cultura da reprovação e exclusão nos tem impedido de ver por décadas.

Novos horizontes da escolarização?

Não podemos deixar de reconhecer e dar o devido destaque a outra ideia-força, outro horizonte que tem inspirado a defesa da expansão da escolarização básica: formar cidadãos, socializar o conhecimento socialmente construído. Nossa defesa da escola para todos se insere nesse horizonte progressista, democrático; os movimentos sociais demandam da escola essa função. A seletividade vista nesse horizonte democrático e igualitário não tem sentido, mas tem convivido com nossos sonhos democratizantes. A volta da centralidade dada ao fracasso e à defasagem tem muito a ver com esse ideal democrático que nos inspira, de igualdade e democratização da Educação Básica, que orienta inúmeras experiências inovadoras isoladas e coletivas. As propostas político-pedagógicas se enraízam aí, partem dessa positividade que há nas escolas. Muitas propostas de reorganização curricular, de renovação didática se inspiram nesses horizontes: socializar para todos os saberes, competências que foram privilégio de poucos.

É importante nos perguntar como esse horizonte democrático tem convivido com o horizonte utilitarista e credencialista. De um lado, tem havido uma postura crítica tensa entre ambos. As análises críticas dominaram a década de 1980 nas pesquisas e nos cursos de formação, na graduação e pós-graduação, nas Conferências Brasileiras de Educação (CBE), nos Congressos Nacionais de Educação (Coned), na Associação Nacional de Pós-Graduação e Pesquisa em Educação (ANPEd). As políticas curriculares, as propostas de reforma têm assumido o horizonte democrático, entretanto o cotidiano escolar, a organização curricular, as disciplinas, os sistemas de avaliação, retenção, promoção, as culturas escolares e profissionais resistiram norteados pelo horizonte utilitarista e credencialista.

A lógica que rege e estrutura o sistema escolar tem resistido a esse horizonte democrático e igualitário. Como entender esse desencontro entre mais de duas décadas de avanço do pensamento democrático e igualitário na sociedade, nas lutas dos professores, nos movimentos social e na teoria pedagógica, com uma estrutura curricular e a prática escolar tão seletivas e excludentes?

Equacionar bem essa questão é central para intervir devidamente no fracasso escolar, na defasagem idade/série, na correção de fluxo, na aceleração de aprendizagens. Atrevo-me a levantar uma hipótese.

O horizonte democrático tem sido assumido facilmente como discurso nas políticas públicas, no ideário pedagógico como um todo; entretanto, não foi assumido com a mesma facilidade nem com a radicalidade que trazia nos embates pela inclusão social, pela igualdade, pela afirmação de direitos sociais e políticos. Neste final dos 1990, o horizonte democrático foi desradicalizado, articulando-se com demasiada facilidade ao ideal credencialista.

Democratizar a escola elementar passou a ser ampliar para os setores populares o domínio de habilidades de leitura, escrita, contas, das competências primárias que os tornem mais iguais, porque mais competitivos no mercado de emprego, nos concursos, nos diversos e sutis mecanismos de seleção, até no vestibular. O sonho de democratizar a escolarização básica passou a ser dar a todos, sobretudo aos pobres e excluídos sociais, a oportunidade de dominar as mesmas armas, os mesmos credenciais para se valer em uma sociedade cada vez mais seletiva, sem questionar o caráter seletivo e excludente, antidemocrático e antipedagógico do credencialismo a que nosso sistema escolar sempre foi atrelado.

Nós nos atrevemos a dizer, não sem risco, que muitas políticas públicas, na área de currículos, de avaliação de correção de fluxo e aceleração de estudos são inspirados nessa complexa mistura de democracia-credencialista. Aí radicam seus limites.

No dia a dia da construção e da implementação das propostas que acompanhamos, surgem os mesmos impasses. A tendência é escorregar nessa confusa mistura: que todos dominem as competências e habilidades, os conhecimentos, as ciências e as técnicas para concorrer em igualdade de condições no mercado cada vez mais exigente (digamos, mais seletivo e excludente). Já que a posse de titulação, de credenciais, passou a ser exigida por esse mercado seletivo (o que não quer dizer necessária para o trabalho e à cidadania), façamos com que todos se titulem, aceleremos o fluxo. A maioria dos programas continuam assumindo como função social primordial da escola titular ou credenciar, visto que cada vez mais a titulação é um dos critérios de seleção da força de trabalho, de *status* social, de empregos diferentemente remunerados, de empregabilidade.

O crescente desemprego, a crescente marginalização, inclusive da infância e da adolescência, a falta de horizontes para a juventude, enfim, a crescente exclusão e seletividade da economia globalizada levam-nos a abandonar os horizontes democráticos que nos inspiravam em décadas recentes e desabamos facilmente para o democratismo credencialista em solidariedade aos excluídos. Podemos levantar a hipótese de que é nesse quadro de exclusão crescente e de reafirmação dos credencialismos que frequentemente são retomadas medidas fáceis contra a retenção, defasagem, fracasso. Reafirmamos o credencialismo do sistema escolar e da sociedade. A concepção moderna de Educação Básica, gestada na moderna construção do pensamento democrático, na luta pelos direitos do ser humano que apareceu nos horizontes da década de 80 encontra dificuldades de se afirmar e radicalizar sob o manto perigoso da democracia credencialista.

Qualquer educador e administrador de políticas educativas que tenha um mínimo de sensibilidade democrática percebe que o atrelamento dos currículos, por exemplo, ou da avaliação, da aceleração, a esse credencialismo e à seletividade do mercado, cria impasses na seleção de conhecimentos, por mais que afirmemos o direito de todos ao saber socialmente acumulado. O valor dos conhecimentos socialmente construídos e acumulados, sua função no desenvolvimento humano dos educandos, fica à margem e ao critério de seleção ditado pelo peso que o mercado dá a determinados saberes e competências. A democracia do mercado é limitada e limitadora. Empobrece qualquer horizonte democrático e igualitário.

A cultura seletiva legitimada no discurso igualitário

As questões que os(as) professores(as) nos colocam são muito expressivas desses impasses entre o horizonte democrático e o mercado seletivo. O que ensinar, avaliar, o que exigir dos defasados, incorporá-los de novo às séries ou não, estarão capacitados ou não para acompanhar os programas regulares, iremos reprová-los de novo, uma vez reincorporados? As respostas a essas questões do dia a dia se debatem com as boas intenções democráticas e o fantasma do mercado, de sua exigente seletividade. A resistência a redefinir o sistema seriado, os currículos gradeados, a dar centralidade à cultura, à ética, à estética, ao corpo, à socialização, bem como a resistência a repensar a cultura de reprovação, encontram uma justificativa democrática e igualitária. Para muitos(as) professores(as) das escolas e da academia, essas medidas inovadoras são vistas com medo e até são redefinidas em sua radicalidade, sob o pretexto de que negariam aos setores populares o domínio de competências necessárias para enfrentar, em igualdade de condições, a seletividade e competitividade da sociedade e do mercado.

Muitas críticas à organização por ciclos de formação apelam a esse democraticismo credencialista e para a manutenção do sistema seriado ainda que seletivo, apenas propondo pequenos arranjos na regulação do fluxo escolar. Por quê? Manter um sistema escolar rígido, conteudista, exigente, duro, seletivo, seria um bem para os setores populares. Somente assim, repetindo e multirrepetindo. Os acelerados, se necessário, sairão credenciados em igualdade de condições para enfrentar a seletividade da sociedade real em que terão de sobreviver. O resto seria utopia, logo será preferível inventar medidas menos radicais.

Pretendo destacar é que o que está em jogo neste momento no campo educativo é, de um lado, a cultura da seleção, reprovação, retenção cada dia mais insegura de encontrar argumentos na lógica dos conteúdos, nas exigências de cada área do conhecimento. Essa cultura seletiva busca se legitimar no discurso democrático e igualitário que, sem dúvida, se legitimou entre nós. O que pode estar acontecendo é que a cultura da seletividade e exclusão saia reforçada, à medida que pretensamente se apoia em razões democratizantes e igualitaristas. Os mais ferrenhos defensores da reprovação tornaram-se defensores do direito de todos, até os excluídos, às competências e credenciais escolares, como meio de torná-los competentes e competitivos no mercado. Seriam excluídos porque não dominam as competências escolares.

Em realidade, o que vai se explicitando é que resiste a ser superada a concepção utilitarista, credencialista de ensino elementar e médio, concepção tão pesada e fechada a toda inovação democrática. A experiência de construção de propostas político-pedagógicas mais radicais sugere que, à medida que avançamos, chegamos à concepção de escolarização e percebemos como estamos tão distantes e fechados às novas concepções de Educação Básica que vêm se configurando com o movimento democrático. Ao longo do século XX, a concepção de Educação Básica tem mudado muito.

A consciência social tem se ampliado; a consciência do direito tem trazido discussões novas ao desenvolvimento humano, impensadas na concepção utilitarista e credencialista que continua dominante entre nós. Conotações novas impensadas quando se consolidou nosso incipiente sistema de instrução pública, inclusive impensadas pelos pioneiros da educação nas décadas de 1920 e 1930, que tanto enriqueceram nosso sistema escolar. Atrevo-me a dizer, impensados pelo pensamento progressista de décadas recentes, demasiado atrelado ainda a um modelo de pessoa culta e letrada, herdada de séculos passados e que contempla em parte, mais não dá conta da concepção mais plural de direito à educação, à formação, ao desenvolvimento humano, à socialização, à construção de identidades e diversidades.

Somos obrigados a pensar na educação para todos garantindo a amplitude que a consciência social vem acumulando. Exige-se mais do que uma cidadania letrada e instrumentalizada. O democratismo credencialista, infelizmente, está sendo um empecilho para incorporar os avanços havidos na concepção democrática de Educação Básica universal.

À medida que muitas propostas político-pedagógicas pretendem se abrir a esses embates e incorporar as novas dimensões do direito à educação, à cultura e ao desenvolvimento humano, à vivência dos tempos da infância, adolescência e juventude, vão se abrindo novos horizontes, redefinem-se culturas seletivas e credencialistas, e vai sendo incorporada em nosso sistema escolar outra concepção de Educação Básica, mais totalizante, mais humana. Nesse quadro, o pesadelo do fracasso/sucesso escolar e as medidas para enfrentá-lo adquirem novas dimensões, sem medo de perder a centralidade devida que tiveram e ainda têm.

Poderão deixar de ser um pesadelo para nos dar o direito de educadores a sonhar e intervir no social. Superar esse pesadelo, não deixar que ele perturbe nossos sonhos de ir mais fundo no equacionamento dos problemas de nossa Educação Básica, que não perturbe nossos sonhos de sermos mais radicais, de irmos ás raízes mais determinantes na garantia do direito à cultura, ao conhecimento, ao desenvolvimento humano. O direito a uma nova concepção e prática de Educação Básica universal e democrática, não credencialista nem seletiva.

Administração da educação, poder e participação[1]

Não pretendemos, nestas notas, uma análise das relações entre teoria política e teoria da administração. Pretendemos apenas oferecer alguns elementos, sem dúvida dispersos, para uma reflexão sobre as dimensões políticas das tendências atuais na administração da educação no Brasil.

Um dos pontos básicos na política educacional dos últimos tempos diz respeito à reforma das estruturas administrativas do sistema, ao preparo de especialistas em administração educacional e à introdução de modelos e métodos considerados como válidos na administração das empresas privadas. Os discursos, as leis, os decretos, os pareceres, os relatórios e o conjunto de normas e atos que exprimem a política educacional vêm insistindo neste ponto: "a ação no campo educacional obedecerá a zeloso, eficiente e correto emprego de recursos, confiados à execução de planos objetivos e racionais e a uma estrutura administrativa atualizada"; "cumpre que os complexos aspectos da área educacional sejam hierarquizados"; "há necessidade urgente de preparar quadros técnico-científicos que o planejamento e a administração racional da educação exigem"; "a reforma administrativa da universidade tem o propósito de implantar um sistema administrativo tipo empresa privada e não de serviço público, onde imperem controles exclusivamente internos, objetivos e funcionais que garantam a produção educativa e impeçam a arbitrariedade individual e coletiva".

Entre muitos depoimentos, eles revelam que a política educacional coloca a modernização administrativa do sistema como estratégia central. A solução é posta não em criar mais escolas ou aplicar mais recursos, mas em obter mais e melhor educação com os recursos disponíveis, modernizando as estruturas administrativas, os métodos, a organização e o funcionamento do sistema escolar, sobretudo criando nos administradores valores e atitudes para a mudança e a inovação.

[1] Texto originalmente publicado em: *Educação e Sociedade*, São Paulo, v. 1, n. 2, p. 36-46, jan. 1979.

Questões para uma leitura política

Como elementos para uma reflexão sobre a dimensão política dessas tendências na administração da educação, podemos levantar algumas questões. Por que a prioridade dada aos aspectos administrativos como solução para os problemas crônicos da educação? Quais os condicionantes e o contexto sociopolítico e econômico das reformas e teorias administrativas aplicadas ao sistema educacional? Que interesses as tornam reformas e teorias dominantes? Qual a vinculação entre a prática da administração e algumas das dimensões centrais na política: poder, Estado, liberdade, participação? A revolução tecnológica e a divisão do trabalho é que configuram a organização social e econômica ou é a organização social e econômica que configura a evolução tecnológica e a divisão do trabalho?

A primeira questão sobre a qual propomos um debate está relacionada com os determinantes e o contexto sociopolítico e econômico em que surge e se incrementa, entre nós, a estratégia de aplicação das teorias administrativas ao sistema educacional.

Essa política se insere numa política mais ampla de "educação para o desenvolvimento". O propósito central é a modernização e a racionalização das instituições que complementam o sistema de produção. Parte-se do suposto de que o grau de desenvolvimento da economia doméstica está condicionado pela falta de eficiência ou à não distribuição racional dos recursos escassos para fins mais produtivos. A solução é posta no aperfeiçoamento e modernização do imperfeito e anacrônico sistema administrativo. A necessidade de modernização da educação é justificada pela vinculação específica existente entre escola, preparo de recursos humanos e construção de tecnologia. Há ainda um motivo especial para insistir na racionalização do sistema escolar: a morosidade tradicional desse sistema em acompanhar o ritmo de evolução da área econômica e técnica; "o consequente desajustamento entre os sistemas de ensino e o meio a que pertencem constitui a essência da crise mundial da educação". Uma das expressões desse desajustamento estaria na inércia inerente aos sistemas de ensino que os têm levado a funcionar apaticamente na adaptação de suas estruturas internas às necessidades externas, ainda mesmo quando a escassez de recursos não constitua o principal obstáculo à adaptação. O ajustamento entre educação e sociedade é visto principalmente em termos de introdução de uma administração mais dinâmica e racional: "a imprescindível revolução no ensino deve começar pela sua administração".

É interessante prestar atenção à dimensão política de tal quadro clínico sobre a crise dos sistemas econômicos chamados subdesenvolvidos e especificamente sobre a crise do sistema escolar. Somente assim entenderemos a relevância dada a soluções de ordem administrativa. Esse diagnóstico exclui a possibilidade de que as economias centrais desenvolvidas sejam responsáveis da "ineficiência" das economias periféricas. A causa do problema seria interno: o sistema está operando irracionalmente.

A mesma análise é feita para a educação. O próprio sistema escolar é responsabilizado pelos problemas crônicos que o afetam, por estar irracionalmente administrado. A dimensão política desse quadro clínico está em que dando ênfase à irracionalidade administrativa do sistema, desvia-se, consciente ou inconscientemente, a atenção dos fatores estruturais, verdadeiros responsáveis dos fracassos da escola. Oculta-se que a organização da produção, a divisão técnico-social do trabalho, a distribuição da riqueza e do poder em uma sociedade são fatores condicionantes da distribuição dos recursos educacionais, da quantidade, qualidade e nível de educação que ode ser atingido em cada grupo social.

Sem dúvida, em uma sociedade desigual, o sistema escolar pode estar distribuindo desigualmente a educação com maior e menor grau de eficiência. Mas o fato de distribuir a educação de maneira desigual, em quantidade e qualidade, pode ser um sintoma de racionalidade. A irracionalidade está em pretender uma escola igual e igualitária numa sociedade em que o sistema socioeconômico e político tem que ser desiguais. A irracionalidade, pois, deveria ser buscada no modelo de economia e sociedade. O ajustamento que se pretende com as reformas administrativas não questiona a irracionalidade da sociedade e da economia. Pretende-se, antes, reforçá-las.

O sistema escolar, em muitos paises, não está adaptado para acompanhar as mudanças econômicas, políticas e culturais exigidas por uma fase específica da evolução desse modelo econômico, que exige mão de obra mais educada, mais modernizada, com novos valores de eficácia, amor ao trabalho, dedicação, além de mais produtiva, melhor qualificada. Exige-se do sistema escolar que se expanda, mas sempre ajustado ao sistema econômico e a sua capacidade de incorporar os egressos da escola às necessidades da força de trabalho. Esse tipo de ajustamento ou racionalidade do sistema escolar deve ser visto na dimensão que ele tem. O ajustamento e a racionalidade correspondem a necessidades específicas de um modo de produção e, como tais, devem ser percebidas com visão crítica por quantos dedicam sua reflexão e ação aos problemas da administração e planejamento da educação. O problema, pois, não é tornar o sistema escolar mais racional, mas perguntar a que objetivos serve a racionalidade e quem se beneficia em última instancia, com tais objetivos. Igualmente o problema não pode ser reduzido à aplicação das ciências sociais à administração escolar, nem à introdução de técnicas administrativas modernas para fazer que a escola seja *mais produtiva*. O desafio está em encarar com realismo para que tipo de "produtividade" servem as ciências sociais e as técnicas administrativas consideradas modernas.

Após alguns anos de aplicação de princípios de racionalidade administrativa nos assuntos educacionais, caberia perguntar em que medida o sistema escolar vem contribuindo para corrigir a irracionalidade e a desigualdade da sociedade, para uma organização da produção mais participante, para uma divisão técnico-social do trabalho menos hierárquica, para maior distribuição da riqueza e do poder na sociedade. Há sintomas de que o sistema escolar vem contribuindo para o contrário. Em nome da aplicação racional dos recursos escassos vem sendo dada prioridade às áreas urbanas, aos polos de desenvolvimento, à formação de recursos humanos para as áreas técnico-científicas, aos cursos de excelência, etc. Em síntese, devemos captar quais interesses tornam as reformas e as teorias administrativas aplicadas à educação, às reformas e às teorias "dominantes".

A introdução no sistema escolar dos mecanismos e da lógica administrativa que predominam nas empresas modernas pode ser analisada em outra dimensão. Podemos refletir sobre a vinculação entre administração e algumas das áreas centrais da política: poder, Estado, liberdade, participação. Essa vinculação torna essencialmente política qualquer teoria e prática da administração.

A administração tem sido vista como o exercício do poder por intermédio de um quadro administrativo, que atua como elemento mediador entre os que detêm o poder de decisão e os súditos. O processo administrativo, seja na esfera privada, seja na esfera pública, não teria como função primeira o aumento da produtividade da empresa, mas a reprodução das relações de poder que são funcionais à manutenção da sociedade civil, à manutenção das relações entre capital-trabalho na empresa de produção. A insistência em apresentar a racionalidade administrativa como necessidade "natural" ao bom funcionamento das instituições oculta a dimensão política de todo processo administrativo.

A dimensão política da administração torna-se mais evidente se analisamos as condições históricas de ordem socioeconômica em que aparecem e se reproduzem as teorias e práticas da administração. Elas não podem ser vistas apenas como vinculadas a condições políticas ou a formas mais ou menos democráticas ou autoritárias de poder na sociedade e na empresa. Os condicionantes devem ser buscados na ordem socioeconômica ou na vinculação entre a história da teoria da administração e a história dos modos de produção a que servem. A evolução das práticas e estruturas administrativas e sua função política como mediadoras na produção das relações sociais, só podem ser compreendidas se analisado o modo de produção da sociedade e as peculiaridades que adquire num dado momento histórico.

A administração não vive apenas do exercício do poder de decisão. A dimensão de controle que ela implica se apoia em fundamentos econômicos. A crescente racionalização da economia, a divisão do trabalho, a especialização profissional, a separação entre trabalho manual e intelectual, entre funções de direção e funções de execução, e, sobretudo, a crescente separação entre trabalho e controle dos meios de produção e a consequente tendência à "proletarização" da força de trabalho, e à redução dos produtores autônomos, estariam levando à necessidade de estruturas administrativas mais racionais, de mecanismos de decisão mais controlados, de uma força de trabalho mais hierarquizada, de sistemas de informações mais sofisticados e de um corpo gerencial norteado por valores de eficiência, racionalidade, controle, produtividade.

Hoje se contesta a crescente divisão e especialização das funções e tantos outros mecanismos de controle e hierarquização nas empresas modernas são inerentes ao aumento de sua produtividade e a chamada revolução tecnológica ou são antes inerentes à necessidade do controle do trabalho pelo capital. Em outras palavras, as tendências a maior controle e a estruturas mais hierárquicas tem seu fundamento na *natureza* da empresa de produção. Cada dia mais complexa, essa empresa precisa desses mecanismos para ser produtiva, para maior acumulação, mas antes de tudo a empresa precisa desses mecanismos para se manter como tal. Sua natureza tem por base o antagonismo entre capital-trabalho. É, pois, vital para sua manutenção, o controle de tal antagonismo. As estruturas administrativas cumprem essa função mediadora n antagonismo básico entre capital-trabalho, seja controlando-o, amortecendo-o, diluindo-o ou justificando-o.

Portanto, a crescente racionalização administrativa das empresas tanto públicas quanto privadas estaria cumprindo um papel eminentemente político, exatamente no nível em que o político atinge mais diretamente o econômico: no caráter antagônico do próprio ato e processo de produção. Em síntese, o fundamento das formas administrativas deve ser buscado na natureza da empresa de produção que se fundamenta na relação autoritária entre capital-trabalho e a subordinação deste àquele.

A administração de qualquer empresa adquiriu formas diferentes segundo as relações sociais predominantes: propriedade comum, relações senhor-servo, senhor-escravo, capital-trabalho assalariado. A função de direção e administração não pode ser vista como mera função de coordenação da mão de obra cada dia mais complexa e especializada. Isso seria possível se as relações sociais fossem de propriedade comum e cooperação simples. Mas se as relações predominantes na empresa são antagônicas, a função dirigente e administrativa participará do caráter antagônico e, consequentemente, passará a significar uma relação de controle e conflito no interior do processo de cooperação. Aqui adquire sua dimensão política a administração da empresa.

A racionalidade privada na gestão do Estado e do público

No âmbito da empresa privada de produção, a dimensão política parece evidente. Onde situar essa dimensão na empresa pública, especificamente no sistema educacional? Uma resposta fácil seria arguir que a empresa estatal, sobretudo a empresa de serviços, tem uma função social, por isso não obedece à lógica da acumulação nem reproduz o antagonismo capital-trabalho. Análises recentes sobre o papel do Estado nas economias subdesenvolvidas ou periféricas do capitalismo vêm mostrando que as relações entre Estado e sociedade civil, e entre Estado e economia estão se redefinindo. O Estado, com os seus aparelhos, vem perdendo sua ambiguidade de mero regulador da economia e de árbitro da sociedade para se tornar um agente não ambíguo.

O Estado é visto pelas próprias empresas como um pressuposto geral da produção. Ele tem que criar e manter as condições para uma lucrativa acumulação e para a harmonia social. Mas o Estado não cumpre essas funções operando de fora, ou por cima, opera *por dentro*. Isto é, os recursos do Estado seriam, nesse caso, capital que busca se valorizar também. A empresa estatal, inclusive de serviços, obedece, pois, à lógica da valorização da empresa privada. A empresa e a economia racional pressupõem uma sociedade racionalizada e um Estado racional. Consequentemente, a racionalidade administrativa que opera no privado se estende ao setor público. É a tendência à expansão e à burocratização da máquina estatal.

Mas o Estado se torna cada dia mais presente na economia, na medida em que se faz mais presente em áreas que reproduzem relações sociais e políticas convenientes à manutenção do modelo econômico. A maior presença do Estado na administração e no controle do ensino tanto público como privado é um aspecto dessa tendência.

A administração dos recursos educacionais obedece à mesma lógica. A reforma insiste em que o sistema escolar (e, especialmente, a universidade) "deve ser concebido como um sistema de produção, como uma verdadeira empresa, cuja finalidade é produzir ciência, tecnologia e cultura geral. Como toda empresa moderna há de racionalizar um processo de produção para atingir o mais alto grau de rentabilidade e produtividade". O argumento apresentado para justificar a crescente racionalização do processo educacional tem sido a necessidade de *modernização* do sistema escolar. As teorias da modernização têm confundido modernizar com universalização do cálculo racional e outros valores específicos de um modo de produção e organização social. Refletir sobre os interesses a que servem a "modernização" e a racionalização da sociedade, do Estado e da escola é um caminho para descobrir os motivos econômicos e políticos que as justificam.

A função socioeconômica e política dos produtos da escola, saber, ciência, tecnologia e cultura está mudando na medida em que eles estão sendo colocados a serviço de novos interesses. Os produtos da escola se tornam, cada vez mais, condições para uma lucrativa acumulação e instrumentos de controle social. Consequentemente, as reformas educacionais propostas pelo Estado perdem sua dimensão de serviço social para insistir em colocar o sistema educacional a serviço do desenvolvimento econômico e de um desenvolvimento sociopolítico que o garanta.

Nesse sentido, exige-se que o saber a ser produzido pela escola seja um saber adaptado ao incremento da produção, um saber instrumental, aplicado. A instrumentalização do saber se torna uma necessidade da acumulação e do controle social. É exatamente a maior vinculação entre o saber e o sistema econômico que torna necessária a transferência pra a administração dos processos e da lógica racional que controlam a empresa de produção.

Contudo, a tentativa de introduzir no sistema escolar mecanismos de racionalização usados na administração empresarial não deve ser vista como mera transferência de modelos formais para áreas em si diferentes e distantes. Entre a escola e a empresa há, sem dúvida, relações profundas, e a transferência de mecanismos semelhantes de administração vem confirmar tais relações. Em outros termos, é a tendência a uma relação mais profunda entre escola e empresa, entre o sistema escolar e o sistema de produção no processo de capitalização da economia e da sociedade que reclama a adoção de formas semelhantes de administração.

O grau de escolarização deixou de ser um mero credencial de *status* social para se converter em um dos mecanismos que justificam a distribuição da população na divisão sociotécnica do trabalho. A nova empresa industrial exige não apenas operários com maiores habilitações, mas antes de tudo, operários com uma nova ética, com uma visão nova do trabalho, com atitudes e comportamentos novos, adaptados à complexidade da vida na empresa. Entre essas atitudes está o sentido de autoridade, obediência, racionalidade e eficiência, familiaridade e aceitação de estruturas hierárquicas. Nenhum sistema social tem melhores condições do que a escola, de criar nas crianças, futura força de trabalho, tais atitudes e comportamentos. A família moderna mais aberta, menos autoritária, vem perdendo sua capacidade de agência educadora de hábitos hierárquicos de obediência e submissão. As igrejas perderam sua influência relativa como agência socializadora ou insistem em valores e hábitos mais liberais.

A escola vincula-se à empresa pela função socializadora que ela exerce sobre a futura força de trabalho. Função socializadora que não é exercida, apenas, nem fundamentalmente, pelos conteúdos que transmite, mas sobretudo pela estrutura e organização que a escola encarna. A introdução de mecanismos e práticas que predominam na organização empresarial fará da estrutura escolar um agente socializadora, na medida em que ela reproduz, em sua organização, o modelo de sociedade a que haverá de adaptar-se o estudante quando ingressar no mercado de trabalho.

Há ainda outros motivos que levam a escola a ser uma empresa do saber e, consequentemente, a precisar de mecanismos de administração empresarial. Na ciência moderna torna-se cada dia mais difícil a figura do cientista isolado, dono de seus meios de produção científica. Cada vez mais a ciência depende do auxílio do poder público ou do poder de grupos econômicos e fundações. O poder político e econômico faz questão de estar cada vez mais presente nas invenções cientificas, como instrumento de concorrência econômica e política, de controle e redefinição de valores sociais. A ciência, pois, se torna um instrumento eficaz nas relações Estado-sociedade e entre Estados. A ciência torna-se cada dia mais um instrumento de poder. Administrar a produção da ciência, da tecnologia, do saber e do sistema social que a produz adquire, consequentemente, uma dimensão política crescente.

A relevância política e econômica do saber, e o controle dos recursos e meios da produção cientifica por parte do Estado, grupos econômicos e fundações vem levando à separação entre o produtor da ciência e do saber, pesquisador-docente, seus "meios de produção" e a utilização do fruto de seu trabalho. É a mesma tendência que ocorre na empresa: a separação entre trabalhadores e meios de produção. Esta mudança *qualitativa* na função do saber e da ciência, e na relação entre seu produtor, meios de produção e controle do produto, é a base das mudanças na estrutura e funcionamento da escola; na redução à categoria de empregados e assalariados do pesquisador, docente e administrador; nos mecanismo de contratação; nos graus de autonomia e segurança no emprego; na fragmentação e hierarquização; nos cargos e salários; nos mecanismos mediadores entre professor-aluno, no controle de currículos, sistemas de avaliação, processos de seleção.

Devemos insistir que essas mudanças administrativas *não são inerentes* à produção da ciência e do saber. São, sem dúvida, necessárias à produção de um tipo específico de ciência e saber. São ainda necessárias à reprodução de um tipo de relações sociais dentro do sistema escolar que o tornem eficiente para a produção desse saber específico.

Estes são alguns dos pontos em que se vinculam à administração educacional e a política, vinculação que torna essencialmente política qualquer teoria e prática da administração.

Por uma formação politizada dos educadores e administradores

Examinemos algumas implicações da dimensão política da administração para a formação de administradores educacionais e para a prática dos já formados.

Uma implicação evidente será não pretender uma ciência e um cientista da administração educacional "neutro" e "apolítico". Não é suficiente formar o administrador que racionalize o processo de produção escolar. É necessário que ele tenha uma atitude crítica sobre os produtos da escola, sobre a função socioeconômica e política do saber, da ciência, da tecnologia e da cultura em cuja produção ele coopera. Não será pelo maior embasamento teórico e pelo melhor preparo para o tratamento "científico" dos problemas educacionais que o administrador se tornará mais "neutro" e eficiente. Cada tipo de saber e de ciência tem sua função política e social, na medida em que esse saber aplicado reproduz relações específicas de poder. Toda ciência e social e política, não só porque pode ser aplicada a serviço de objetivos e interesses específicos, mas sobretudo porque a ciência contribui para formula e confirmar um conjunto de teorias que terminam constituindo-se em poderosos instrumentos de dominação ou de transformação. Esse fato é ainda mais evidente nas ciências sociais, entre as quais está a educação, que inevitavelmente refletem e expressam o movimento real da sociedade. Pretender uma ciência ou um saber "neutro" por ser "científico" é, como mínimo, ingenuidade e irrealismo.

A pretendida apolitização da educação é defendida como uma necessidade para o aumento da produtividade. O tratamento administrativo racional, livre de ingerências da classe política, e o embasamento técnico-científico dos educadores e administradores fazem parte do processo de apolitização da educação. A pretendida apolitização da educação pode ser na verdade uma despolitização dos educadores e administradores a serviço de interesses políticos específicos. Devemos reconhecer que a tendência é um sistema educacional cada dia mais atrelado a interesses políticos e econômicos. Pretender educadores e administradores neutros e apolíticos faz, no mínimo, injustiça à história da educação no Brasil e aos grandes educadores e pensadores que sempre acompanharam e estiveram atentos ao movimento real da sociedade, a seus processos de reprodução e à vinculação entre escola-sociedade-Estado.

Concretamente, estas considerações implicariam uma revisão do tratamento dado aos problemas educacionais nos programas de administração escolar. A insistência em abordar o sistema educacional em seus aspectos internos, como um universo sistemático, formal, organizado, ignorando ou minimizando seus determinantes socioeconômicos e políticos, significa um retrocesso em relação à tendência que predominou no tratamento dos problemas da educação. Isso implica retomar nos cursos de administração e análise da escola numa dimensão macrossocial, inserida no processo global da formação e transformação da sociedade.

A vinculação entre política e administração da educação levanta outras implicações para a formação de administradores e para a prática dos já formados. Constatamos como as teorias da administração não podem ser deslocadas dos mecanismos de poder, liberdade, participação e igualdade predominantes na empresa e na sociedade. Constatamos que os movimentos de racionalização e participação não costumam ser concomitantes, antes ao contrário, a tendência à racionalização da empresa, da sociedade e do Estado coincide com a redução da participação. Em nome do aumento da eficiência justifica-se a transferência do controle das instituições sociais para uma elite imbuída de mentalidade racional, supostamente agindo em benefício de um povo irracional, particularista, sem condições de conhecer seus interesses e de administrar suas instituições, como por exemplo a educação de seus filhos. Em nome da administração racional, a participação dos pais e dos grupos sociais na formação da política educacional, na definição de objetivos e conteúdos para a educação, vem tornando-se mais remota.

Ampliar a participação, mas de quem?

Será inerente à administração mais racional dos bens públicos a tendência à concentração e a redução da participação? É possível uma administração que leve à maior participação de todas as camadas no processo educativo? Que implicações traria para os currículos de administração escolar um sistema de educação com estruturas mais participantes e igualitárias?

A questão da democratização da administração da educação não pode limitar-se à retomada da temática liberal clássica em torno da privatização *versus* estatização, descentralização *versus* centralização. Não se trata de pretender retornar a um liberalismo político-administrativo próprio de sociedades de economia competitiva. A sociedade brasileira vem trilhando ouros rumos: uma economia concentrada, e um Estado com funções econômicas e sociais cada vez mais marcantes. Se a crescente presença do Estado na administração e o controle dos serviços da sociedade tende a limitar a participação, nem por isso o controle por grupos privados garante a maior participação, e a distribuição mais igualitária. A história da educação é um exemplo eloquente. Democratização da administração da educação não significa eliminar a presença do Estado dos serviços públicos, mas buscar mecanismos para submeter as decisões do Estado ao debate e ao controle pela opinião pública, pais, grupos e partidos.

Esse controle, porém, não pode se limitar a mecanismos formais e simbólicos como a maior presença dos pais e da comunidade na escola. A proposta não é também no sentido de que outras elites intelectuais, políticas ou religiosas (que sempre se debateram nos tradicionais confrontos em torno da educação e que foram mantidas numa oposição silenciosa, quando não foram cooptadas a aderir ao modelo único) apresentem modelos alternativos para a educação. A solução, aparentemente mais democrática, não foge do tradicional tratamento elitista da educação. Nenhum dos grupos intelectuais, religiosos, técnicos, sejam da situação ou da oposição, tem delegação do povo para definir e administrar a educação que ao povo convém.

A redemocratização das estruturas, da organização e dos conteúdos da educação, implica um sistema educacional que, sendo produtivo, englobe a complexidade, diferenciação e até conflito de interesses públicos, existentes na trama real das forças que compõem nossa sociedade. Em outros termos, a democratização do sistema escolar implicará formas de administração e funcionamento que superem a *irresponsabilidade* da elite técnica dirigente, perante a clientela do sistema educacional. Isso supõe ao menos reconhecer que o próprio conceito de produtividade – que tem estado na base das reformas administrativas – não é homogêneo. A heterogeneidade de interesses na área educacional é confirmada pelo caráter polêmico que caracteriza a história da educação no Brasil.

Essa perspectiva não pretende cair na ilusão de esperar que as massas definam a educação que lhes convém e organizem a escola que melhor atenda as suas *necessidades reais*. Não podemos esquecer que as próprias massas, pelas condições de marginalização a que estão submetidas, são incapazes de reagir à manipulação do sistema, demandando uma educação que lhes garanta alguma participação nos frutos do sistema, em vez de uma educação que os capacite a participar na construção de uma sociedade mais igualitária.

O movimento seria uma ação pedagógica com base nas forças sociais existentes, que implique o encontro de intelectuais, educadores, religiosos, administradores, com as bases da sociedade, as massas urbano-rurais, em que as nossas estatísticas acusam os mais baixos índices de produtividade escolar. Nesse encontro de educadores, intelectuais e bases, seriam buscados os mecanismos mais adequados de administração, estrutura e funcionamento de um sistema escolar adaptado às reais necessidades dessas bases da sociedade. A racionalidade e eficiência desse sistema não estaria apenas voltada à adequação meios-fins, mas exigiria a *redefinição dos próprios fins* da educação, ou melhor, implicaria trazer de volta ao campo de debate educacional preocupações que sempre estiveram presentes entre os grandes educadores brasileiros e que o tratamento formal da educação conseguiu marginalizar.

Recuperar a função pública da escola: espaço-tempo de direitos

A perspectiva proposta é retomar o debate em torno dos fins da educação e não apenas em torno da adequação de meios a fins tidos como únicos e inquestionáveis. O debate sobre os fins da educação, incluídos na preocupação dos especialistas em administração escolar, implicaria aceitar que não existe uma racionalidade neutra ou que a escola mais racional pode estar a serviço de uns fins e não de outros. Em outras palavras, implica retomar uma perspectiva mais rica do ato de educar o homem para a sociedade. Aceitar que não existe um modelo predefinido nem de homem nem de sociedade e que todo modelo predefinido termina sendo algo imposto a serviço de interesses de alguns dentro de uma sociedade.

Essas considerações têm implicações para a reestruturação dos centros de formação de educadores e administradores educacionais. Urge repensar as recentes reestruturações das faculdades de educação que levam à separação entre o especialista habilitado *para fazer* – orientar, supervisionar, administrar – e o educador formado para um *pensar – crítico*. Não esquecer que a distinção entre saber e fazer é funcional e está na base de um modo de produção específico e reproduz a divisão técnico-social do trabalho que ele gera. A proposta implica retomar, como objetivo central dos cursos, a formação do *educador* – docente, administrador, orientador capaz de um fazer pensado, crítico, atento ao modelo de um homem a ser educado e às relações entre a escola e a sociedade.

Visar a formação do educador-administrador implica, antes de tudo, libertar os cursos de pedagogia da camisa de força esterilizante, das especializações e habilitações prematuras, acríticas, supostamente demandadas por um cercado de trabalho "moderno". A proposta significa superar a relação simplista entre universidade e mercado de trabalho demandado por um modelo específico de organização escolar. A sociedade, ao menos certos grupos sociais, demanda também homens que desempenhem a função nova de educadores e intelectuais críticos, criativos, capazes de redefinir junto com as bases a organização escolar existente, recolocando-a a serviço de uma nova cultura, de novos valores e de novos fins.

Em síntese, as propostas para democratizar a administração da educação vão no sentido oposto às tendências que vêm predominando ultimamente. Em vez de mecanismos administrativos que têm levado à concentração do poder e das decisões em mãos de grupos de espertos que propõem as reformas, os planos, as prioridades e os conteúdos básicos para uma massa considerada como meros *clientes* e *consumidores*. A proposta pretende criar mecanismos que permitam maior participação de setores da sociedade na definição das políticas, na administração e no planejamento do sistema educacional. Frente à tendência à administração da produção e dos serviços públicos que se torna *política* na medida em que reforça o poder e exclui a participação, devemos responder com mecanismos *políticos*, de participação e controle pela opinião pública, pelos pais, associações, partidos, grupos religiosos, intelectuais. O problema, pois, é como encontrar mecanismos que gerem um processo de democratização das estruturas educacionais através da participação popular na definição de estratégias, na organização escolar, na alocação dos recursos e, sobretudo, na redefinição de seus conteúdos e fins. Fazer com que a administração da educação recupere seu sentido social.

Na carona da burguesia[1]

(Retalhos da história da democratização da educação)

A luta pela democratização da escola voltou, e com destaque. Sua história precisa ser reconstruída. Que motivos levaram políticos, educadores e o próprio povo a defender a democratização do ensino nas diversas fases dessa história? Que propostas foram defendidas? Que conteúdo democratizante elas continham? Quem resistia à sua implementação? Quem tinha motivos e ainda tem para temer a instrução do povo? Que projetos educativos foram vencidos e por quê? Buscar respostas para essas questões na história de nossa formação social é uma tarefa urgente, para que se possa chegar a um maior realismo político-pedagógico nas lutas atuais pela democratização da escola, em que estão empenhados tantos profissionais e tantas associações populares. Que estratégia seguir? *Que carona pegar*, para chegar lá e garantir escola para o povo? O artigo reconstrói um momento importante dessa história e sugere algumas lições a serem aprendidas.

A problemática da "democratização" da instrução pública se mantém como uma constante no decorrer da história sociopolítica de Minas Gerais. É no final da década de 1920 que a temática da ampliação da instrução primária se torna mais presente nas políticas do governo. A organização assumida pelo sistema de ensino, nessa época, marcará a evolução da educação nas décadas posteriores, não só em Minas como também no país. Mostrar as grandes linhas da evolução da política de democratização da isntrução pública e as características que assume é o objetivo da pesquisa história que estamos realizando.

A expansão do ensino e a crise da velha ordem

No discurso oficial das lideranças do período pré-1930, percebe-se a consciência de viver sob o impacto de uma crise do sistema. No nível

[1] Texto originalmente publicado em: *Educação em Revista*, Belo Horizonte, n. 3, p. 17-23, jun. 1986.

econômico, a ameaça da decadência da cafeicultura (Lima, 1977). No nível político, as divisões intraoligárquicas (Wirth, 1977). No nível social, a emergência e pressão de novas camadas. O sistema sociopolítico enfrenta problemas novos na estrutura ocupacional e na demanda de serviços públicos, resultantes da crescente diferenciação da atividade econômica e social e da concentração demográfica. Especificamente em Belo Horizonte e em Juiz de Fora, as demandas de participação exigem do sistema vigente novas medidas para tornar mais flexíveis suas relações com as camadas emergentes. As lideranças da agricultura não exportadora e dos setores intermediários emergentes (a classe média urbana) se fazem mais presentes no aparato estatal, condicionando o pensamento social do final dos anos 1920, que trazia um componente bastante modernizante.

A busca de saídas para a conservação da ordem sociopolítica, sem, contudo, perder seu controle, é o objetivo que norteia as políticas sociais da época. Abrir o sistema socioeconômico excludente, que tinha dominado no modelo agroexportador, é a proposta das novas lideranças, o que implica a proposta de ampliação do aparato estatal, para integração das camadas emergentes, mas sem a perda de seu comando.

As reformas sociais dos governos Mello Vianna e Antônio Carlos, ocorridas no último quinquênio a década de 1920, colocadas como uma retomada das reformas iniciadas no espírito liberal do governo João Pinheiro (Lei nº 439, de 28 de setembro de 1906), revelam a busca da abertura do sistema excludente e particularista que havia predominado na República Velha. Essa fase coincide com a ruptura, em nível federal, da ortodoxia liberal na legislação social e na redefinição da concepção da ordem e dos mecanismos de sua manutenção. O Estado começa a intervir no mercado de trabalho; o parlamento passa a legislar, em matéria trabalhista, sobre acidentes de trabalho, sobre férias e até sobre o trabalho dos menores. No final dos anos 1920, a correlação de forças sociais vai-se alterando. Os trabalhadores, enquanto setor da sociedade, não permanecem à mercê do livre jogo do mercado, como defendia a ortodoxia liberal (Vianna, 1976, p. 61-62). No discurso oficial se faz presente o tema da democratização sociopolítica. O Estado parte para novas políticas sociais. O representante mais expressivo da nova política é Francisco Campo. A inviabilidade da velha ordem excludente está clara para o Secretário do Interior do governo Antônio Carlos. A questão é que caminhos trilhar para alcançar a nova ordem? Entre o livre jogo democrático dos interesses que se diversificavam na sociedade e uma ordem sem fissuras, coesa, F. Campos sempre defendera esta última. A democratização sociopolítica deveria ser controlada pelo Estado. "Reprimir os excessos da democratização pelo desenvolvimento da autoridade será o papel político de numerosas gerações" (Campos, 1940).

Esse diagnóstico que as lideranças mineiras fazem da crise do sistema condiciona o sentido das políticas sociais propostas. Há consciência do crescimento das pressões das camadas subalternas, que ameaçam a "dissolução do estado social e a liquidação das tradições" (Campos, 1940, p. 228). Mas as causas da crise são colocadas no nível cultural, no descontrole dos espíritos, no relaxamento dos valores, na debilidade espiritual das lideranças. As elites não ignoram, embora não o explicitem de modo suficiente, a concepção segundo a qual a crise do sistema é inerente à forma de economia agroexportadora (Oliveira, 1975) e ao confronto entre as duas classes fundamentais da sociedade. Bias Fortes, em seu relatório como Secretário da Segurança e Assistência Pública do governo Antônio Carlos, em 1928, mostra que as duas grandes reformas sociais do governo, a reforma do ensino e a da segurança pública, tinham os mesmos objetivos: a manutenção da ordem social do Estado, ameaçada pelo

> [...] combate de morte entre o capitalismo e o operariado, que há tanto tempo vem abalando profundamente as sociedades cultas e que repercute também nas plagas brasileiras. Se neste ponto Minas é, ainda, bem fadada, por ter a sua população extremamente dividida em pequenos núcleos e o movimento sectário é quase nulo, mesmo nos dois centros mais populosos, Belo Horizonte e Juiz de Fora, ainda assim, alguns espíritos mais ousados, pregam com entusiasmo doutrinas subversivas [...] e o movimento gremial é, no Estado, de grande atividade [...] e nota-se por toda parte a frouxidão dos elos de solidariedade entre as diversas classes [...] As leis sobre o trabalho, a de férias, conquistas da nova era, não são quase respeitadas [...] (Relatório do Secretário de Segurança e Assistência Pública, 1928, p. 71).

Dentro desse contexto do período pré-1930, em que as lideranças e seus intelectuais percebem a crise da velha e escolhem, como caminho para a nova ordem, uma "democratização" controlada e dirigida do alto, podem ser compreendidos a extensão e os limites da política de expansão da instrução pública. As lideranças, julgando que a crise da velha ordem se caracteriza pela dissolução da ordem social e pela liquidação das tradições propõem, como estratégia política para a nova ordem, "conter os espíritos, refrear os envoltos, apertando a malha de ordem legal de maneira a tornar mais rigorosa e estreita a disciplina quanto mais ativos os fermentos que trabalham pela decomposição" (Campos, 1940, p. 228). Referindo-se especificamente à *Reforma de Ensino Primário*, em Minas, Campos explicita a filosofia social e educativa que a norteia. O aparelho do ensino público em Minas é redefinido, para estendê-lo até as camadas emergentes e fazer da instrução popular um instrumento de socialização, pois

> [...] só a educação desenvolve, amplia, orienta e disciplina, de maneira a inserir, sem choques e desarmonias, a criança na sociedade, pela

assimilação da ordem intelectual e moral reconhecida. Consequentemente, a escola deve incutir sentimentos de responsabilidade e de cooperação, fundamento e garantia de toda convivência humana (Leis Mineiras, 1927, p. 1124).

A produção e reprodução do trabalho

A função da socialização política da escola primária é colocada com insistência no discurso político, como justificativa para a expansão da instrução popular. Os jornais da época refletem uma certa euforia em relação às política sociais do governo. A reforma do ensino aparece com destaque como a chave mágica para a construção da nova ordem. Os jornais e documentos também mostram que nem todos aderem a essas propostas. Nem todas as lideranças reduzem a crise do sistema a uma dimensão ético-politica, passível de ser corrigida por processos legais e reformas sociais destinadas à socialização política nos valores da nova ordem.

As lideranças mais próximas da atividade econômica insistem em que um dos fatores da crise está na falta de braços e em sua baixa produtividade. Suas propostas educativas são outras. Já no final do governo Mello Vianna, implementa-se o ensino primário complementar profissional – agrícola, industrial e comercial – para "preparar meninos que possam integrar-se com vantagem ao exercício de diferentes profissões... pois o aprendizado profissional, no momento histórico que atravessamos, assumia grande importância e seria de desejar, por motivos óbvios, que as novas gerações dele não prescindissem" (Mensagem ao Congresso Mineiro, 1926, p. 76-77).

No Congresso Comercial, Industrial e Agrícola realizado em Belo Horizonte, de 27 a 31 de maio de 1927, são apresentadas várias teses sobre o ensino, defendendo sua expansão e orientação profissionalmente, de acordo com o decreto do deputado mineiro Fidélis Reis, que tornava obrigatória a instrução popular no território nacional (*Diário de Minas*, 31/5/1928).

As propostas de democratização do ensino não são coincidentes. As classes produtoras, a burguesia da época têm expectativas próprias quando defendem a expansão do ensino, esperam que a democratização do ensino ou a expansão da instrução popular prepare "os filhos de gente rústica, de poucos haveres, para a mais nobre das tarefas incumbidas à nossa população agrícola: a cultura da terra e o trato dos rebanhos, base permanente de nosso desenvolvimento" (Declarações do Congresso de Municipalidades do Norte de Minas, *Diário de Minas*, 14/10/1928, p. 1). A conveniência da expansão da instrução popular para os congressistas do Norte de Minas é motivada não em razões ideológicas de reconstrução de valores, mas em razões de natureza econômica: segurar os escassos braços e "resolver o problema da imigração dessas regiões para o El Dorado que é o território paulista" (*Idem.*, p. 1). A função da expansão da instrução pública em nível popular seria garantir e adestrar a força de trabalho necessária num momento de crise e concorrência desfavorável aos produtores mineiros.

Entretanto, nos congressos das classes produtoras, a expansão da instrução básica não aparece com as conotações mágicas que os intelectuais e as camadas médias urbanas refletem na imprensa mineira. A burguesia mais moderna propõe outras medidas para seu problema – segurar os braços na produção:

> [...] que as autoridades garantam a fixação dos braços para a economia em crise e reprimam o aliciamento de operários e trabalhadores rurais de Minas para outras regiões de país. Inegavelmente São Paulo vem na vanguarda desse movimento, seguido pelo Paraná e Rio de Janeiro. O trabalhador de Minas, mais bisonho e acostumado com pequeno salário, é um ótimo concorrente ao colono estrangeiro, que só trabalha mediante contrato escrito, registrado em cartório, que sabe ler e discutir os seus direitos [...]
>
> Não é erro e nem exagero calculando-se em 100.000 almas as arrancas nos últimos anos às margens do São Francisco. Urge uma campanha tenaz e permanente em todo o interior para a repressão do mal (Relatório do Secretário de Segurança e Assistência Pública, 1928, VII, p. 72-73, Arquivo Público Mineiro, Belo Horizonte).

Os documentos mostram diferenças importantes. Nos relatórios da Secretaria de Segurança, a questão social não é percebida na dimensão moral e educativa tão enfatizada nos relatórios da Secretaria do Interior, em que se localiza a Seção de Instrução. Se na Secretaria de Segurança não se esquecem da educação dos trabalhadores para fixá-los ao trabalho, outras medidas são enfatizadas, como a repressão ao aliciamento. Mais ainda: os relatórios dessa Secretaria parecem sugerir que a expansão da instrução para o povo poderia trazer novos problemas aos proprietários da terra: os poucos braços disponíveis, se instruídos, se tornariam mais reivindicativos e "questionariam o costume de trabalhos sem contrato e por pequenos salários".

Os documentos mostram também que há coincidência em atribuir as causas da crise à carência de valores sociais e econômicos. Os defensores da expansão da instrução popular como mecanismo de socialização para novos valores transferem, para o plano ético, jurídico e educativo, problemas que são próprios de uma ordem social e política excludente. Por sua vez, os defensores da expansão da instrução popular para fixar o homem do campo e preparar o trabalhador urbano transferem igualmente par ao plano educacional e policial, problemas que refletem as relações tensas entre capital-trabalho e a concorrência, entre a burguesa, por força de trabalho mais barata e submissa. Enquanto um setor da burguesia reclama a expansão da instrução para “trabalhador bisonho”, outro setor prefere o trabalhador ignorante, *“sem saber ler para não saber discutir os seus direitos”*. Esses depoimentos apontam as contradições, no nível do político e do sistema de produção, trazidas pela proposta de expansão da instrução ao trabalhador urbano e rural, contradições essas que terminarão pesando no abandono das políticas sociais democratizantes, defendidas por motivos político-ideológicos, no período pré-1930, e abandonadas no pós-1930.

Expansão do ensino: a burguesia diverge

Chega-se aqui a um ponto importante, que se destaca nos documentos da época: a proposta de democratização da instrução elementar para as camadas populares não é aceita com muito entusiasmo pelos diversos setores da burguesia, inclusive pelos mais modernos. Nesse sentido, o final da década de 1920 é um momento rico para captar as possibilidades e os limites das propostas de democratização do ensino ao longo da história de nossa formação social.

A diversificação das lideranças políticas e as dissidências intraoligárquicas, próprias de um momento de redefinição da economia e do sistema, favorecem a diversidade na análise da situação e nas propostas de solução. As propostas de solução da “crise” pela redefinição das políticas sociais mais vinculadas aos valores, à cultura e à instrução são objeto de debate público entre os diversos setores das classes dirigentes. Na imprensa da época, é debatida a Reforma do Ensino. Se nem todos concordam com a sua expansão, menos ainda concordam quanto ao tipo de ensino a ser dado às camadas subalternas. Os debates maiores se concentram na instrução rural e no ensino profissionalizante, ambos destinados às massas rurais e urbanas. As questões centrais, que já afloram e que continuarão presentes nas décadas posteriores, giram em torno dos seguintes pontos: é possível fazer da instrução pública um espaço democratizante, que ofereça oportunidades iguais a todas as camadas em que a sociedade tende a se diversificar, ou a instrução pública deverá refletir a desigualdade da sociedade e da ordem econômica e ser um sistema de oportunidades desiguais? Em termos mais específicos para a época, como inserir as camadas subalternas numa ordem política e cultural menos excludente, sem se tornarem uma ameaça à ordem socioeconômica, sem “os excessos democráticos”, na expressão de Campos – mas sendo um esforço para as reais necessidades do sistema de produção e de poder? Veja-se como cada grupo se posiciona perante a democratização do ensino.

O governo Mello Vianna, em sua mensagem ao Congresso Mineiro, em 1926, coloca a questão de democratização do ensino nos seguintes termos:

> É controvertido se deve o curso primário ser igualmente incompleto para todos ou se completo para uns e incompleto para outros. Seria desejo que se adaptasse uma terceira solução, a do ensino igualmente completo para todos. Esse era o sistema seguido, mas a experiência provou contra ele (Mensagem ao Congresso Mineiro, 1926, p. 73 – Arquivo Público Mineiro).

A escola pública é igual para todos, quando "todos" são iguais ou quando atende a uma camada social apenas. Mas se, em princípio, o ideal é uma escola pública igual para todos, um espaço democrático, a experiência mostra que, à medida que ela se "democratiza" e a sociedade se diversifica, esse ideal se torna utopia numa sociedade desigual. Exatamente por ser fieis à experiência, renunciando ao ideal da escola única, espaço democratizante, é que as lideranças políticas, econômica e intelectuais colocam, como centro dos debates, não tanto a necessidade da expansão da instrução popular, mas o tipo de instrução que seria mais conveniente para cada classe. Paralelamente ao processo de expansão da instrução pública, caminha o processo de sua diversificação. A experiência provou contra o sistema único.

Os intelectuais e os educadores mantêm, em princípio, a necessidade de uma escola pública única, mas, em nome da fidelidade às teorias da nova psicopedagogia – respeito às diferenças individuais, às aptidões inatas do aluno, às diferentes personalidades... –, aceitam que o sistema de ensino deva ser diversificado. A *Revista do Ensino* reflete essa orientação pedagógica, quando discute problemas relativos à adaptação de programas, processos de ensino, de avaliação e organização de classes. *(Revista do Ensino-MG*, n. 2, p. 41-42; n. 4, p. 87-88; n. 33, p. 19-30)

As lideranças políticas e econômica também encontram justificativa para a diversidade do sistema do ensino primário:

> Para um grande número de crianças, especialmente nas populações rurais, tem o ensino primário a finalidade exclusiva de alfabetização. A estas populações entregues aos trabalhos dos campos, à lavoura e à criação, e a outros misteres onde não é exigida grande cultura intelectual, basta-lhes que saibam ler, escrever e contar. Verifica-se, então, que, nas escolas rurais, era escassamente frequentado o 3º. ano primário e, raríssimas vezes, o era o 4º. ano. Foi pois reduzido há dois anos o curso primário nessas escolas. Por motivo análogo, reduziu-se a três anos o curso nas escolas distritais e urbanas isoladas. Foi conservado o curso completo, de 4 anos, nos grupos escolares e nas escolas urbanas reunidas (Mensagem ao Congresso Mineiro, 1926, p. 73 – Arquivo Público Mineiro).

A linguagem é direta. Cada população deve ter um tipo de instrução, não por causa das diferenças psicopedagógicas no processo de ensino-aprendizagem, mas pelo destino que terão na diversificada estrutura socioeconômica. Consequentemente, para os trabalhadores dos campos, será ministrada uma instrução funcional à sua permanência como trabalhadores e, "por motivo análogo", não será ministrado o mesmo curso aos trabalhadores das periferias urbanas e aos não trabalhadores urbanos e rurais. A vinculação de cada indivíduo, melhor de cada grupo social com a produção e a organização do trabalho será o critério determinante da quantidade e do tipo de instrução a ser-lhe oferecido.

No debate da época em torno do ensino profissionalizante universal, os argumentos de cada grupo são semelhantes. "Para os que se destinarem às carreiras liberais, é uma exigência descabida um estágio obrigatório nas oficinas para uma aprendizagem profissional" (*Diário de Minas*, 30/12/1928, n. 2). Mas esse estágio é visto como "uma solução no combate ao pauperismo das gerações proletárias, vestindo-lhes o espírito e ornando-lhes o braço de elementos preciosos para a grande luta da existência, cada vez mais intensa..." (*Diário de Minas*, 6/12/1928, p. 11). Os argumentos para justificar a diversificação do ensino são claros. É o destino de cada um, na divisão do trabalho e na estrutura de produção, que define o conteúdo da instrução pública a ser recebida.

Os intelectuais e os educadores são contrários à universalização do ensino profissionalizante, por ser "um projeto idealista, contrário aos preconceitos e privilégios em que se alicerça a cultura mineira" (*Diário de Minas*, 30/12/1928, p. 2). A ilusão de um sistema escolar imune às demandas da área econômica continua a ser defendida em nome de uma escola primária voltada apenas para a formação dos valores e da personalidade, para o convívio cívico, sem misturar-se com os interesses da produção. Aceita-se e defende-se, como um princípio da escola ativa e funcional, a educação pelo trabalho, mas não para o trabalho, no sentido de profissionalizar a criança e o adolescente. (*Revista do Ensino* n. 1, março de 1925).

Para o inspirador da Reforma, F. Campos, intelectual de origens agrárias no exercício do poder e atento às demandas das classes produtoras, a diversificação do ensino é uma necessidade. Em sua posse como Secretário do Interior, em 1926, reconhece que "a Nação não é, com efeito, apenas ordem jurídica e moral, função de autoridade e de Governo: é também e hoje, antes de tudo, uma usina e um mercado" (Campos, 1930, p. 86). E, no discurso de posse como ministro da Educação e Saúde do Governo Ditatorial, em 1930, insistirá que é necessário preparar para outras funções, além das liberais: "na instrução seria indispensável considerar, a fim de que possamos atender às exigências do estado atual de civilização e de cultura, que o Brasil não é apenas um país de liberais, mas também e, sobretudo, um país de produtores" (Campos, 1940 b). Porque a Nação é ordem moral, jurídica e política, a instrução popular terá como função o controle da cidadania exigida pelas camadas emergentes; por isso, o ensino deve ser ampliado e reformulado: "Saber ler e escrever é insuficiente para a nova cidadania, formar cidadãos é formar homens, orientar consciências, destilar o ensino comum" (Campos In: *Revista do Ensino-MG*, n. 21 – maio/junho, 1927, Arquivo Público Mineiro). Mas a nova cidadania da grande massa tem uma destinação bem concreta: integrá-la como força produtiva, pois a Nação "é também e hoje, antes de tudo, uma usina e um mercado". Campos exprime com clareza essa dimensão da expansão do ensino no I Congresso de Instrução Primária de Minas, em que afirmou que "os objetivos são: amplia a educação para ampliar os benefícios da civilização à densa massa de analfabetos, transformando-os em outros tantos instrumentos de produção de bens econômicos e espirituais" (*Minas Gerais*, 9/5/1927, p. 2).

As lideranças políticas da Câmara Mineira, no realismo de sua representação das classes produtoras, exprimem sua percepção sobre os projetos de expansão da instrução popular: deve-se ter "a educação para os rapazes e raparigas do povo que, conservando-se dentro de sua classe, continuando no exercício das profissões operárias, queiram livrar-se da ignorância e dos preconceitos populares" (*Anais da Câmara dos Deputados de Minas Gerais*, 1929, p. 402). A instrução popular deve ser de tal conteúdo que aperfeiçoe o povo sem deixar de ser trabalhador, sem criar nele a veleidade de querer sair de sua classe, de não aceitar disciplinadamente sua função no sistema de produção. É essa contradição que tornará inviável o projeto educativo dos intelectuais e educadores. Tal percepção das classes produtoras e de seus representantes políticos nada tem de tradicional.

Antônio Carlos, sensível aos argumentos dos intelectuais e educadores – ele mesmo fora professora e diretor da Escola Normal de Juiz de Fora – e aos argumentos dos grupos agrários e de negócios da Zona da Mata, sua base política, em sua plataforma para o governo do Estado, em 1926, sintetiza a função de socialização política e a função de preparação para o trabalho que a instrução popular – que promete expandir – deve cumprir:

> [...] consideradas asa imposições do meio social nos temos presentes, a escola não pode cogitar apenas da cultura intelectual, tem a missão de revigorar o caráter da juventude, proporcionar-lhe robustez física e formar o homem para as perdas e embates da vida, ensinando-lhes a confiar mais no seu próprio valor... afeiçoando-o à disciplina do trabalho, incutindo-lhe o amor à ordem, o respeito às leis... (Plataforma Política de Antônio Carlos, p. 20 – Citado no Relatório do Secretário de Segurança e Assistência Pública, 1928, p. 12, Arquivo Público Mineiro).

As imposições do meio social exigem não apenas uma reforma política pela educação moral e cívica das massas, mas a garantia do sistema de produção, fornecendo-lhe os braços para o trabalho disciplina. É nesse jogo de interesses e nessa correlação de forças sociais que se decide o destino das propostas de democratização do ensino e é nesse jogo que as propostas se tornam conflitivas. Esse jogo se tornou mais tenso nas décadas posteriores, com a afirmação e presença organizada dos trabalhadores.

A diversificação da instrução pública

A democratização do ensino no período pré-1930 traz as macas das soluções escolhidas pelas lideranças mineiras para sair da crise. Será uma democratização controlada e dirigida do alto, a serviço de uma nova ordem, mas sem quebrar os particularismos em nível socioeconômico e político. A expansão da instrução pública para o povo é aceita como exigência, desde que não o "desvie do exercício de suas profissões operárias, conservando-os dentro de sua classe". Nesse contexto do período pré-1930, mais do que um processo de expansão do ensino, o que ocorre é um processo de diversificação do sistema básico de instrução. Não e a escola que predominava no Império e na República, formadora da cultura intelectual das elites, que chega às novas camadas. É outra escola, com novas funções, métodos, programas e organização, refeita "sob medida" para cada grupo social. Captar esse movimento de diversificação do sistema escolar no processo de formação da sociedade é essencial para compreender os limites do movimento de democratização dos serviços públicos e do ensino em particular.

Como se viu, o governador Mello Vianna, em 1926, oficializa, em sua mensagem, a inviabilidade socioeconômica, e não apenas psicopedagógica, de um sistema único de instrução pública. Fiel a esse realismo, estrutura o ensino em função de cada grupo social e de sua função na estrutura de produção. Paralelas aos jardins de infância, são criadas as escolas maternais públicas, para "prestar serviços às classes desprotegias da fortuna, às famílias operárias" (*Mensagem ao Congresso Mineiro*, 1926, p. 74). Se o conteúdo do ensino nos jardins da infância tem por objetivo "facilitar o adiantamento das crianças nos grupos escolares e enriquece e estimular a inteligência, para receberem ensinamentos mais amplos...", as escolas maternais devem ser

> [...] institutos de primeira educação para as populações pobres que atravessam presentemente tão sérias conjunturas [...] para inculcar os princípios de educação moral, os deveres para com Deus e os homens, dando desenvolvimento maior aos cuidados do asseio e da higiene, atuando por uma ação reflexa na educação dos adultos, pais das crianças deseducadas e ignorantes [...] (*Mensagem ao Congresso Mineiro*, 1926, p. 74-75).

A escola pública, ao se expandir para as famílias operárias, passa a ter uma função sociopolítica diferente da que vinha cumprindo para as famílias de tradição. Além da socialização das crianças para papéis diferentes e, por uma ação reflexa, a socialização dos pais, as escolas maternais públicas visam a garantir trabalhadores mais produtivos não só dos alunos, mas dos pais, pois, "ao deixarem o lar para o trabalho quotidiano... os pais podem estar tranqüilos, porque sabem que sobre seus filhos vela a providência do governo. As crianças entregues pela manhã ali fazem uma refeição completa e uma merenda" (*Mensagem ao Congresso Mineiro*, 1926, p. 75-76).

A diversificação maior se dá ao ensino primário. Sob nomes diversos, surgem sistemas paralelos para englobar a instrução popular – ensino integrado, ensino complementar, ensino técnico-rudimentar, etc. –, exprimindo uma política social diversa para os novos setores que emergem na sociedade.

Essa política de diversificação vai se explicitando em vários momentos. No 1° Congresso de Instrução Primária em Minas, em maio de 1927, abre-se um debate sobre como organizar um sistema de ensino que atenda às nova camadas sociais. as teses aprovadas são unânimes em defender a simplificação dos processos de ensino, para ampliar a instrução e incorporar a grande massa de analfabetos à força produtiva, como "trabalhadores disciplinados, amantes da profissão e da ordem" (*Minas Gerais*, 9/5/1927, p. 2).

A diversificação do ensino é defendida, como se viu, pelas classes produtoras, reunidas no Congresso Municipalidades do Norte de Minas, em 1928. São propostos três tipos de ensino para camadas sociais diferentes: o ensino para os filhos de famílias de

> [...] bons recursos que podem aspirar aos cursos acadêmicos universitários; o ensino integrado para a mocidade de médios recursos é indispensável para o prosseguimento de qualquer carreira [...] útil para o êxito na vida; e o ensino para filhos de gente rústica, de poucos haveres [...] de caráter muito prático que prepare os filhos do povo como futuros cidadãos úteis [...] (*Diário de Minas*, 14/10/1928, p. 1).

As leis e regulamentos oficializam a política de expansão diversificada. O novo *Regulamento do Ensino Primário* (Decreto n° 7.07027) e os novos *Programas de Ensino*, aprovados pelo Decreto n° 8.094/27, no governo Antônio Carlos, definem a organização e os conteúdos da nova instrução pública ampliada. Definem-se tipos de escolas diferentes em organização, duração, conteúdos programáticos e recursos humanos, em função da diversidade dos grupos sociais a que se destinam. O grupo escolar para as populações urbanas, que poderiam aspirar a níveis mais elevados de educação, é considerado como a unidade de ensino ideal, capaz de desenvolver o programa completo, em quatro anos, com recursos humanos qualificados em nível de 2° grau e no curso de aperfeiçoamento, com processos de ensino modernos e uma infraestrutura administrativa cada vez mais sofisticada. A expansão dos grupos escolares é lenta, porque é a unidade ideal destinada apenas às minorias.

Para atender ás novas camadas a ser integradas como cidadãos e força de trabalho, a organização escolar é bem mais simplificada. O Regulamento prevê as escolas urbanas distritais e rurais, com três anos de duração e infraestrutura e programas mínimos (Decreto nº 7.970/27, art. 302). O conteúdo programático para esses grupos sociais deve ter "uma orientação prática e simplificada o mais possível".

As exigências de formação e experiência para o corpo docente e administrativo são hierarquizadas em função da área social de atuação. Para lecionar nas escolas rurais, é suficiente um atestado de idoneidade ou habilitação em cursos dados nos grupos escolares. Para as escolas distritais, é suficiente ter experiência de docência em escola rural. Para as escolas urbanas isoladas, pode lecionar o não normalista, com dois anos de exercício em escola rural ou distrital. A diferenciação de exigências continua num crescendo, dependendo de ser uma escola reunida, grupo escolar do interior ou da Capital (e, nesta, de 1ª ou 2ª categoria), conforme o Decreto nº 7.970/27, art. 384.

Além da sofisticada hierarquia na organização escolar, dentro de cada grupo ou escola é prevista a divisão em tipos de classes, com exigências diferentes, destacando-se as chamadas classes de retardados pedagógicos, oficializadas no Regulamento do Ensino Primário, art. 377 a 383). Essas classes destinam-se à educação das crianças que sejam incapazes de competir com as crianças da mesma idade nas classes ordinárias. Consideram-se retardados pedagógicos os alunos menores de 12 anos de idade, que, durante três anos consecutivos, deixarem de ser promovidos por insuficiência de instrução, bem como os psiquicamente inaptos ou com defeitos de percepção, instabilidade mental e emocional. Para discriminação dos retardados, serão aplicados testes psicológicos de coeficiente de inteligência. Essas classes, que funcionarão nos mesmos edifícios escolares, terão um programa próprio, para permitir o ingresso, se possível, nas classes normais. O programa deverá ser reduzido ao máximo e insistir "em trabalhos manuais que não terão por fim formar operários qualificados, devendo, porém, atender ao benefício econômico dos alunos, preparando-os para viverem de seu trabalho", o que parece sugerir que os retardados pedagógicos, aos quais se destina um programa mínimo, voltado para viverem como trabalhadores, provém de uma categoria social bem definida.

As modernas teorias pedagógicas da "escola ativa", da escola "para a vida", "funcional" e da "escola sob medida" são utilizadas, emprestando seus argumentos 'científicos", "objetivos", para encobrir uma realidade que as lideranças políticas e econômicas não têm preocupação de ocultar, numa época em que mantêm o controle político e transferem para as relações de trabalho, a visão aristocrático-dual da sociedade (elites-massas), para eles inquestionável. A "escola funcional e sob medida", que, para o intelectual-educador, tem uma dimensão de respeito às individualidades, termina adquirindo uma dimensão social. Os novos conceitos pedagógicos são apropriados pelas elites político-econômicas para justificar o projeto de democratização relativa e controlada, no qual cada classe é preparada para ser produtiva, aceitando o seu lugar numa sociedade de classes que se irá configurando e consolidando, em décadas posteriores.

A instrução se expande e chega, ainda que timidamente, às camadas emergentes, mas não é a mesma para todos. O comportamento da política social de instrução pública revela o impasse do neoliberalismo social democratizante, sonhado por intelectuais e educadores, em seu projeto de modernização do Estado e de seus aparelhos. A democratização do ensino, redefinida como diversificação, empobrecida pelos donos reais do Estado e dos bens de produção do trabalho, mostra que a exclusão da sociedade não é apenas político-cultural, mas tem raízes mais profundas no sistema de propriedade e nas relações de produção que a burguesia oligárquica ou industrial tentarão manter.

A proposta de democratização do Estado e da educação vai sendo redefinida, a fim de não criar problemas para uma sociedade que resiste em se democratizar, nas suas bases. Por isso, a expansão da instrução popular que sem dúvida acontece, tem de encontrar formas de se ampliar sem anular as bases de uma sociedade não igualitária e sem ameaçar o necessário particularismo do Estado. O custo dessa desigualdade real será uma escola de péssima qualidade, uma instituição elementar, rudimentar, mais aparente do que real, para uma força de trabalho disponível, barata, submissa e pouco organizada em defesa de seus interesses.

Os limites da igualdade na sociedade de classes

Esses retalhos de uma pesquisa em andamento permitem levantar algumas hipóteses ou tirar algumas lições, válidas para o momento atual, em que o tema da democratização da escola elementar volta a ser retomado com o entusiasmo que ele merece.

Um ponto chama a atenção: explicar o fracasso da velha proposta de democratização da escola pela dicotomia entre elites tradicionais e modernas – estas defendendo a proposta, e aquelas tornando-a inviável – não aparece uma explicação defensável. Os dados apontam para a hipótese de que o que torna inviável a proposta de democratização do ensino par as camadas populares são as contradições que ela traria para uma ordem social e econômica excludente e exploradora do trabalho. Essa percepção é manifestada com bastante clareza, sobretudo pelos setores mais modernos da burguesia e por seus intelectuais e representantes no poder. São esses setores modernos que não se entusiasmam com a proposta e pouco fazem para torná-la viável. É a burguesia moderna agroexportadora industrial e comercial que percebe com mais clareza as disfunções de um projeto aparentemente tão atraente como instruir o povo. Para ela, esse povo não se constitui apenas de camadas emergentes a ser integradas no convívio sociopolítico e cultural: esse povo é constituído de braços, trabalho humano, aspecto não percebido pelos educadores, mas essencial para a burguesia moderna. A proposta de expansão do ensino elementar se tornava contraditória exatamente nesse nível. É aí que deve ser buscada sua inviabilidade histórica: nos limites impostos pela desigualdade da ordem burguesa, que se afirmava no período pré-1930, e não nos limites impostos pelo obscurantismo de supostas elites tradicionais ou de coronéis no poder. Essa visão termina sendo funcional para a burguesia: insistir em que os limites estavam no grau de tradicionalismo dos dirigentes e não na ordem socioeconômica por ela defendida.

Uma aproximação ainda que parcial aos documentos da época não permite manter esse tipo de conclusão, tão frequente nas histórias da educação: que o fracasso da democratização do ensino se deva atribuir às elites tradicionais, ao mandonismo político de oligarquias retrógradas.

Em primeiro lugar, a velha tese de que o atraso social, econômico, político e cultural deste país se deve ao atraso de suas lideranças e de sua burguesia parece ser hoje uma tese não aceita pela historiografia moderna.

Em segundo lugar, buscar explicações para o fracasso das propostas sociais modernizantes na contraposição entre as elites tradicionais e os intelectuais e educadores modernos, ao invés de nos ajudar a entender a dinâmica social da formação brasileira e da formação das sociedades capitalistas em geral pode dificultar-nos sua real compreensão. Um cientista político tão insuspeito como (Marshall, 1965), em sua clássica análise das democracias modernas – *Citizenship and Social Class*, já mostrava que as tensões em torno da viabilidade de uma democracia social numa sociedade de classes têm raízes mais profundas do que na aparente dicotomia entre propostas modernas e elites tradicionais. Weffort (1981), analisando o delicado processo da luta pela cidadania dos trabalhadores no Brasil – campo em que se tornariam mais inteligíveis as possibilidades e limites de um projeto de democratização do ensino – comenta o seguinte:

> Marshall reconheceu no interior das democracias modernas a existência de uma tensão permanente – uma "guerra", diz ele em determinado momento – entre o princípio da igualdade implícito no conceito de cidadania e a desigualdade inerente ao sistema capitalista e à sociedade

> de classes. Não haverá exagero em dizer-se que, no caso brasileiro, a desigualdade tem vencido esta "guerra", deixando apenas um espaço mínimo à expressão do princípio contrário (Weffort, 1981, p. 139-140).

As evidências levantadas no período pré-1930 em relação ao projeto de democratização do ensino apontam mais nesta direção: a percepção, por parte da burguesia e de seus intelectuais, da permanente tensão entre o princípio da igualdade, timidamente expresso na proposta de democratização da escola e das políticas sociais do Estado, e a desigualdade inerente ao sistema capitalista e à sociedade de classes, que se afirmava na época e que tenderia a se consolidar nas décadas posteriores.

Em outros termos, a história da educação adverte a todos os seus profissionais que os reais limites à democratização do ensino estão na desigualdade ou na natureza não democrática, inerente ao sistema capitalista e à sociedade de classes. A carona da burguesia, por mais atraente que se apresente, já se sabe aonde levará. Nas reformas educacionais, nunca faltou essa proposta de expansão da escola, elas são a expressão do espaço permitido à democratização do saber nos melhores momentos da historia da revolução burguesa neste País, espaço que sempre foi limitado, como mostra a história da ignorância a que o povo foi submetido.

O empreendimento educativo da burguesia

Para reconstruir as possibilidades e os limites das propostas de democratização do ensino, há que pesquisar mais os motivos pelos quais a burguesia moderna não se entusiasmou demasiado com a democratização da instrução básica para as camadas populares nem nos anos 1920, 1940 ou 1970, como não se entusiasmará na atualidade.

Vianna (1976), em seu trabalho sobre o liberalismo e sindicato no Brasil, sugere algumas hipóteses que poderiam tornar mais compreensíveis os limites das propostas de democratização da instrução. A burguesia, seja agrária ou industrial seja comercial, tende a ver a sociedade a partir de seu campo de observação do social: a empresa, sua lógica, seus conflitos, as leis do mercado, o movimento do capital, a resistência do trabalho; quando se coloca para essa burguesia uma proposta de democratização do saber para os trabalhadores, será a partir dessa ótica do social que passará a ser analisada, aceita ou rejeitada, pois, como toda política social, essa proposta terminará afetando, de alguma forma, as relações de trabalho, fortalecendo o trabalhador. É bom lembrar que a burguesia da época reagia a qualquer política social assumida pelo Estado considerando-a como uma intromissão de um elemento estranho, perturbador das relações de trabalho, que deveriam se pautar pelo liberalismo clássico e, em décadas posteriores, pelo corporativismo.

Entretanto, não se pode concluir que a burguesia não precisasse da educação de seus trabalhadores. Do seu campo de observação do social – a empresa – percebe a necessidade de um projeto educativo para construir o trabalhador. Viu-se como se insiste, nos congressos das classes produtoras, na urgência desse projeto educativo. A organização de qualquer empreendimento empresarial nunca foi, para a burguesia, um mero fato econômico e administrativo, sempre foi percebido como um empreendimento educativo concomitante. Entretanto, esse empreendimento educativo não se faz exterior ou paralelo ao empreendimento econômico e administrativo, mas deverá se dar concomitantemente com os processos de organização da produção, do trabalho, e com os mecanismos de controle da resistência do trabalhador. São esses processos que a burguesia considera formadores de valores para a sua ordem. Ela defenderá, portanto, um projeto educativo, porém nunca desligado da base material em que a burguesia é hegemônica, e a empresa é produtiva.

Quando a burguesia não se entusiasma pelas propostas democratizantes da escola não é por ser tradicional, mas porque acredita que as relações de produção e de trabalho, a racionalidade administrativa contêm, em si mesmas, relações socioeducativas. Tudo fará para que a empresa agrícola, industrial ou comercial seja a escola formadora do trabalhador, julgando dispensável a democratização da escola formal e até das escolas agrícolas, comerciais e industriais.

Até onde esse raciocínio é válido apenas para o período pré-1930? Estudos como os De Kuenzer (1985) e Noronha (1986) mostram que a usina e a fábrica modernas continuam sendo o espaço pedagógico, privilegiado pela burguesia moderna para seu empreendimento educativo.

Essas constatações apontam as razoes dos limites da democratização d ensino na proposta burguesa, não apenas no período pré-1930, mas nas décadas posteriores. Se pretendem alargar esses limites, para que a escolarização básica chegue ao povo, é preciso buscar carona numa proposta mais radical da sociedade, a proposta que vem sendo construída historicamente através das lutas e da resistência das camadas populares e dos trabalhadores ao projeto da burguesia. Trabalhos de pesquisa como os de Campos (1982); Campos (1985) e Sposito (1984) demonstram que a pressão das camadas populares e os diversos movimentos sociais contribuíram mais para a expansão da escola para o povo do que as propostas de mudança de tantas reformas arquitetadas por intelectuais e educadores que optaram pela cômoda carona da burguesia.

Em busca de outras propostas

Chegou-se, aqui, a um ponto em que nossos dados parecem sugerir que as propostas de democratização do ensino, defendidas nos melhores momentos da afirmação da ordem burguesa, deixaram de ser democratizantes não porque não foram implementadas, mas porque continham elementos democratizantes e excludentes. Consequentemente, a questão não pode ser colocada nos termos em que frequentemente o é: retomar, hoje, o projeto educativo que vem sendo passado pelos progressistas ou reformadores do Império, da Velha República ou da Nova.

Urge superar essa tendência a uma interpretação linear da história da educação: um ideal mantido aceso, de geração para geração de educadores, mas infelizmente nunca totalmente realizado, por culpa da incompreensão de mentalidades atrasadas.

Segundo esse raciocínio, a proposta para muitos é tentar mais uma vez a velha proposta, aproveitando os espaços que as supostas brechas do Estado pluriclassista oferecem. Os dados parecem mostrar que as propostas em si devem ser reconstruídas, para captar qual era sua real qualidade democratizante.

No período que se está pesquisando, a ideia da igualdade social, cultural das camadas populares não se coloca para a burguesia no poder, exatamente quando já era colocada pelo operariado e pelas lideranças que defendiam uma ordem anticapitalista (Pinheiro; Hall, 1981). Como se viu, no Relatório do Secretário de Segurança havia consciência dessa pressão pela igualdade social, porém a proposta não era aceitar alguma fora de igualdade social, antes reprimi-la e controlá-la. Em nenhum momento se afirma que a proposta de democratização da escola é pensada como uma resposta aos direitos sociais, que já eram defendidos na época pelas camadas emergentes. Ao contrário, a expansão da educação para o povo é defendida por intelectuais, educadores e lideranças políticas como um mecanismo de manutenção da ordem burguesa, ou "de superação da crise". Nesse sentido, pode-se perceber que a proposta nasce mais excludente do que democratizante, uma vez que objetiva a manutenção de cada grupo social no seu lugar, no lugar que essa ordem burguesa lhe destinava, exatamente no momento histórico em que as classes subalternas tomavam consciência e se organizavam para questionar seu destino de classe. Ou as propostas de democratização do ensino nascem antidemocráticas, ou os elementos democratizantes que elas incorporavam – sem dúvida mais presentes na pedagogia escolanovista do que na pedagogia tradicional – são neutralizados no tipo de escola desfigurada que chega ao povo.

Será preciso voltar com maior frequência à história, para captar como os limites à democratização do saber para o povo estão nas próprias propostas e não vêm de fora, do tradicionalismo das elites, da falta de verbas, da desonestidade dos políticos e outros fatores externos. Mais do que retomar velhas propostas, a tarefa parece ser criar algo qualitativamente novo, ou descobrir, na história de nossa formação social, os elementos democratizantes dessas e de outras propostas, esquecidas no silêncio dos vencidos. Infelizmente essa é uma pista pouco trilhada na história da democratização do ensino. Ainda se acerta a concepção de que o projeto da burguesia e de seu Estado é o único espaço possível para as esperanças igualitárias. Esta era, aliás, a visão do grande mentor da reforma do ensino em Minas, no final da década de 1920, Francisco Campo; a democratização controlada do alto, no espaço por excelência do coletivo, do público, do igualitário: o Estado. Dessa visão compartilhavam os intelectuais e educadores que implementaram essas reformas. As décadas posteriores mostraram que esse suposto espaço das esperanças igualitárias cumpriu um papel bem diferente: aliado aos grandes interesses da burguesia, tornou-se um eficaz promotor da revolução burguesa, aumentando as desigualdades, ao invés de reduzi-las. Weffort (1981, p. 150) nos adverte:

> é possível de se supor que muitos tenham aprendido que os caminhos da igualdade parecem depender muito mais da organização autônoma da sociedade civil e da construção da democracia do que de qualquer processo de centralização ulterior do poder do Estado... Naquela época os temas relativos à liberdade política tendiam a associar-se ao privatismo oligárquico e os temas sociais a associar-se à centralização do Estado tenha esgotado todas as suas virtudes igualitárias .

Apesar dessas tendências, a escola se expandiu porque o povo e as forças que o apoiaram forçaram a democratização. É essa dimensão de nossa historia que falta ser contada e reconstruída e da qual poderiam ser tiradas lições para uma causa tão urgente como a democratização do saber para as classes subalternas.

Referências

CAMPOS, Francisco. *Antecipação à reforma política*. Rio de Janeiro: José Olympio, 1940a.

CAMPOS, Francisco. *Educação e cultura*. Rio de Janeiro: José Olympio, 1940b.

CAMPOS, Maria M. Malta. *Escola e participação popular*. 1982. Tese (Doutorado em Educação) – Faculdade de Filosofia e Ciências Humanas, Universidade de São Paulo, São Paulo, 1982.

CAMPOS, Rogério Cunha. *Luta dos trabalhadores pela escola*. 1985. Dissertação (Mestrado em Educação) – Faculdade de Educação Universidade Federal de Minas geris, Belo Horizonte, 1985.

KUENZER, Acácia Zeneida. *A pedagogia da fábrica*; as relações de produção e a educação do trabalhador. São Paulo: Cortez, 1985.

LIMA, João Heraldo. *Café e indústria em Minas Gerais. 1870-1920*. Campinas: Universidade Estadual de Campinas, 1977 (mimeo).

MARSHALL, T.H. *Citizenship and social class*. Cambridge, s. ed., 1965.

NORONHA, Olinda Maria. *De camponesa a madame: trabalho feminino e relações de saber no meio rural*. São Paulo: Loyola, 1986.

OLIVEIRA, Francisco de. A emergência do modo de produção de mercadorias: uma interpretação teórica da economia da República Velha no Brasil. In: FAUSTO, Boris (Ed.). *O Brasil republicano*. Rio de Janeiro: DIFEL, 1975, t. 3, v.1, cap. 6, p. 391-414 (Historia geral da civilização brasileira, 8).

PINHEIRO, Paulo Sérgio; HALL, Michael M. *A classe operária no* Brasil. São Paulo: Brasiliense, 1981.

SPOSITO, Marília P. *O povo vai à escola*. São Paulo: Loyola, 1984.

VIANNA, Luiz Werneck. *Liberalismo e sindicato no Brasil*. Rio de Janeiro: Paz e Terra, 1976.

WEFFORT, Francisco C. A cidadania dos trabalhadores. In: LAMOUNIER, Bolívar (Org.). *Direito, cidadania e participação*. São Paulo: T. A. Queiroz, 1981.

WIRTH, John. *Minas Gerais in the Brazilian Federation. 1889-1937*. Stanford: Stanford University, 1977.

Gestão democrática: recuperar sua radicalidade política?[1]

Na década de 1980, o movimento docente assumiu nas suas luas a bandeira da gestão/administração democrática do sistema educacional e da escola. Comecemos reconhecendo que as formas de administrar o sistema educacional e as escolas não foram mais as mesmas a partir do lançamento dessa bandeira. O pensamento educacional progressista tem produzido pesquisa e reflexão abundante sobre a gestão democrática. Na formação de docentes-educadores, tornou-se reflexão obrigatória.

Nestas reflexões, assumo como perspectiva que, entre a pluralidade de iniciativas, intervenções e fronteiras abertas pelo movimento de inovação pedagógica nas décadas recentes, a bandeira da gestão democrática do sistema e da escola talvez seja a mais tensa e contraditória. A gestão democrática participativa tornou-se uma fronteira de avanços, sonhos e intervenções corajosas, misturas, no entanto, com recuos, controles e incongruências. Passaram-se mais de duas décadas de debates sobre uma gestão politizada, progressista, radical misturada com formas e propostas de gestão politizada, progressista, radical misturada com formas e propostas de gestão participativa tímida, regulada e até conservadora e antidemocrática. A produção teórica tem refletido esse tenso e indefinido processo e até contribuído para a indefinição que se alastra no campo da gestão democrática do sistema e das escolas.

Neste texto, pretendo destacar a radicalidade política da defesa da gestão democrática, se coletivos docentes, escolas e redes têm mantido essa radicalidade, se os movimentos sociais a repolitizam, se a produção teórica explicitou ou secundarizou tais dimensões políticas.

A radicalidade política da gestão democrática

Onde estava a radicalidade política da defesa da gestão democrática? Poderíamos destacar alguns campos:

[1] Texto originalmente publicado em: CORREA, B. C.; GARCIA, T. O. (Orgs.). *Políticas educacionais e organização do trabalho na escola*. São Paulo: Xamã, 2008. p. 39-57.

a) A gestão democrática se contrapõe às tradicionais formas privatistas e patrimonialistas do controle do poder na sociedade, no Estado, na formulação de políticas e na gestão das instituições. A gestão democrática defendida pelo movimento docente dos anos 1980 se atreveu a se defrontar e desestabilizar as estruturas tradicionais de poder e a cultura política que as legitimava; instalou um confronto no campo do poder, não apenas no interior das escolas e do sistema escolar, mas do reparto do poder no Estado, nos governos, nos partidos e na sociedade. A radicalidade política da gestão democrática vinha de um contexto de alta politização sobre o controle do poder no Estado e nas elites. Os debates giravam sobre a concentração e apropriação do poder, sobre as estruturas e mecanismos de poder na sociedade que se reproduziam no sistema escolar. Este era visto como um dos campos nos quais a estrutura de poder se projetava. Daí a radicalidade política da bandeira da gestão democrática nas escolas e no sistema educacional, visto como um espaço de controle das forças conservadoras.

A questão que merece pesquisa e reflexão é se essa radicalidade política se afirmou ou se estacionou na construção de formas de gestão e na reflexão teórica. Esse é o ponto nodal que não pode ser esquecido nas pesquisas, na produção teórica e nas propostas de intervenção na gestão. Se não tocarem nas estruturas de poder das escolas, do sistema, do Estado e da sociedade perdem a radicalidade política original, viram ajeitamentos na gestão interna da escola.

b) A gestão democrática da escola e do sistema propunha-se a tornar a escola um espaço público, libertando-o das tradicionais formas de sua privatização. Um dos avanços significativos tem sido desocupar a escola e o sistema dos poderes que por séculos os privatizaram, convertendo-os em patrimônio dos poderes localistas que pautavam a gestão do Estado e de suas instituições por critérios, valores e lógicas da gestão privada. O estilo privatista de gestão fez do deficiente sistema educacional – tanto da Educação Básica do campo e das cidades como da educação superior – um patrimônio, um quintal manipulado pelas articulações e barganhas do reparto do poder para interesses privados.

Ao lançar como bandeira a gestão democrática da escola e do sistema, o movimento docente abriu caminho para sua conformação pública, desprivatizada. Os docentes acreditavam que, sob seu controle como trabalhadores em educação, o sistema e as escolas seriam administrados por critérios, valores e lógicas do público. Nesse campo do confronto dos valores, das lógicas, dos interesses públicos *versus* privados se dariam as tensões instaladas pela defesa da gestão democrática. Tensões que não se limitam à escola nem ao sistema, mas aos valores, lógicas e interesses tradicionais no exercício do poder e na gestão do público, do Estado, dos recursos, das políticas e das instituições.

A gestão da escola entra no debate mais amplo da conformação de um Estado de direitos, da constituição do público como um espaço de direitos, de uma cultura política pública, de direitos. Aí se situa a radicalidade política dessa bandeira e aí se darão os grandes embates e resistências dos interesses e valores privatistas. Os embates mais de fundo não vão além de aspectos pontuais tão destacados na pesquisa e produção teórica, por exemplo, qual a forma mais democrática de eleição do diretor, que organização colegiada, qual a forma de participação da comunidade, das famílias e dos alunos. Quando as discussões se enredam nessas questões menores e se despreocupam desses embates mais de fundo, a defesa da gestão democrática se empobrece nas intervenções e na reflexão teórica.

c) A gestão democrática da escola se propõe como horizonte reinventar outras funções para a escola, para o sistema educacional e para a docência. Mas, a partir de onde? De uma teoria de administração mais progressista? O movimento docente coloca-se como horizonte outra função social e cultural da escola, atrelada à defesa de outro projeto de nação, de sociedade e de Estado. Não esqueçamos que o movimento docente está, desde o final dos anos 1970, nas fronteiras em que estava o conjunto de movimentos sociais cívicos. Não é um movimento escolar, nem docente, mas social, articulado às lutas e projetos de Estado e de sociedade defendidos pelo movimento operário. Como trabalhadores em educação, os docentes identificam-se com o conjunto de movimentos sociais populares da cidade e do campo, movimentos de libertação, emancipação e transformação social que inspiraram o movimento de educação e cultura popular. Esses horizontes de um projeto alternativo de sociedade inspiravam um projeto alternativo de escola, de docência e de gestão.

A ocupação da escola pelos trabalhadores em educação prometia outros valores e outros estilos de gestão capazes de garantir outro projeto de escola, de docência, em outro projeto de sociedade. Até onde as formas de gestão democrática e as pesquisas e a reflexão teórica se alimentam dessa radicalidade político-pedagógica ou se perderam em aspectos pontuais, deixando a função social do sistema e das escolas reproduzirem seu tradicional papel? Penso que o percurso de mais de duas décadas da gestão democrática exige pesquisas e reflexão teórica nesta direção: a que projeto de escola, a que função social e política terminou servindo a gestão democrática? A desocupação da escola dos tradicionais donos e sua ocupação pelos trabalhadores e gestores em educação conseguiu redefinir a função social, política e cultural do sistema, das escolas e da própria docência? A visão política da escola, a cultura escolar e docente mudaram de valores e lógicas com o exercício da gestão democrática. Apenas mudaram os ocupantes dessa instituição, dessa teoria, mas o que nela se planta e colhe é parecido? As bandeiras políticas não podem ser avaliadas pelos princípios que defendem, mas pelos direitos que garantem, pela transformação social, política e pedagógica que incentivam e possibilitam. Se as escolas e a docência mudaram com a gestão democrática e com sua ocupação por seus profissionais e pela comunidade, a gestão democrática terá cumprido suas promessas de radicalidade política. Aí as pesquisas e a teoria encontram sentido em esclarecer este percurso promissor de mais de duas décadas.

d) A defesa da gestão democrática se alimenta do movimento cívico, antiautoritário, participativo. Esses são os adjetivos colados à gestão democrática participativa, cidadã, vinculada a processos que se precipitavam na sociedade de afirmação e reconhecimento dos direitos do cidadão. Direito de participar na construção de outro projeto de Estado e de sociedade, de campo e de cidade e de escola. Educação como direito da cidadania e como formadora de cidadania consciente, participativa nos destinos políticos e da nação.

A participação não se reduzia ao funcionamento da escola, nem sequer a construir outro projeto de escola, mas de Estado e de sociedade com a participação consciente dos cidadãos. Aí se fixava a radicalidade política de defesa de cultivar a participação nas escolas: formar cidadãos conscientes, participativos na política e na transformação social. Esses ideários, tão fortes na década de 1980, inspiraram os movimentos de participação no Estado, na sociedade e nas escolas. Essa visão afastava-se do atrelamento da escola à capacitação para a mera inserção no mercado, que vinha desde os tempos das reformas da ditadura (Lei nº. 569271) e que estava incrustada na cultura escolar, docente e gestora do sistema e das escolas. Seria extremamente relevante pesquisar e teorizar sobre esses horizontes tão radicais que estavam presentes na defesa da gestão democrática, participativa e cidadã. Até que ponto as escolas e o sistema pautaram sua gestão "participativa" pelo reconhecimento dos educandos, das famílias e dos educadores como sujeitos de direitos? Ou ainda prevalece sua visão reduzida a empregáveis, a mercadoria competente par as demandas do mercado segmentado? A gestão democrática participativa ficou reduzida a gerir com qualidade conteúdos, competências, domínios para a empregabilidade, sobretudo da infância, adolescência e juventude pobres?

Os tempos de culto romântico à gestão democrática deveriam dar lugar a análises críticas de uma das bandeiras mais radicais do movimento progressista em educação. A escola que aí está, ocupada pelos docentes e gerido de forma democrática e participativa durante mais de duas décadas, pode ser o testemunho mais eloquente dos limites da radicalidade política da proposta. Os novos ocupantes da escola, trabalhadores em educação, sindicatos de docentes, comunidades, famílias e gestores eleitos, colegiados, mostraram-se emaranhados em tensas articulações de interesses, em facções e confrontos de projetos de sociedade, do Estado e de educação. Trata-se de uma tensão de interesses nem sempre progressista, mais conservadora, que exige ser pesquisada e analisada com realismo, fugindo a repetidos cultos à gestão democrática participativa, que se tornaram cansativos na literatura que leem os futuros trabalhadores em educação nos cursos de formação. As práticas avançadas de gestão participativa nas escolas criaram novas tensões, desestabilizaram a "paz de cemitério" que reinava sobre o controle dos coronéis? Tensões novas, fecundas exigem redefinir radicalmente todo culto romântico à gestão democrática, reduzida a eleições, colegiados, presença da comunidade, assembleias...

A radicalidade política da defesa da gestão democrática nasce atrelada a tensões sociais e políticas; quando se distancia delas, se despolitiza e se torna gestão técnica e rotineira da máquina escolar.

A gestão democrática escolarizada e regulada

Depois de mais de duas décadas desse longo e tenso percurso democrático, algumas questões merecem atenção: em que campos do cotidiano escolar tem se centrado a intervenção, a reflexão teórica sobre a gestão democrática? Que campos do sistema e da estrutura das escolas têm ficado distantes, até intocados, pelos critérios e valores de gestão democrática?

Os campos mais privilegiados têm sido: eleição direta para reitor e para a equipe gestora, quem tem direito a se candidatar, quem tem direito a voto, se o voto deve ser igualitário ou proporcional, com que idade votam os alunos, quem da comunidade pode votar, etc. Outro campo privilegiado de participação tem sido a elaboração do plano pedagógico das escolas e da proposta pedagógica das redes de educação, bem como quais os mecanismos mais democráticos (constituintes, votação, assembleias, conferencias de educação), quais os critérios para representantes dos diversos segmentos, poderes das conferencias, sistemas de votação, colegiados e conselhos, sua representatividade e atribuições, controle e fiscalização de recessos e até formas de cooperação dos entes federativos na gestão corresponsável das escolas, entre outros.

Sem dúvida esses campos tocam nas estruturas de poder, expõem a gestão das escolas aos jogos de interesses e até permitem tensos confrontos sobre projetos de escola, de docência e até de sociedade. Entretanto, esses campos estão bastante distanciados da radicalidade política em que a bandeira da gestão democrática foi gestada. Nos embates pela participação na eleição, nos conselhos e constituintes, prevalecem interesses mais imediatos, estão em jogo tensões mais intraescolares do que grandes tensões por projetos de sociedade, de Estado e nação. A gestão democrática centrada nesses campos não deixou de ser politizada, porém perdeu a radicalidade política que prometia.

Há um dado extremamente revelador: grupos de poder externos e mesmo internos ao sistema educacional apressaram-se a controlar a possível radicalidade normalizando a gestão democrática nas universidades, nas escolas de Educação Básica, nos colegiados, nas atribuições dos gestores e até nos processos de participação na escolha de dirigentes. Hoje temos uma gestão democrática e participativa normatizada, controlada, ordeira. Grupos e conselhos especializados em pôr ordem na participação cidadã apressaram-se em fazê-lo na participação escolar. São os vigilantes da democracia nas escolas e na sociedade.

Um campo de pesquisa relevante seria mostra esse rolo compressor, regulador da gestão democrática no sistema e nas escolas. Pesquisar os grupos democratas e os democráticos princípios em que se legitimam a regulamentação e o controle da participação. Mostrar quem são, a que grupos pertencem esses guardiões da democracia escolar e, sobretudo, a que projeto de sociedade, de escola, de docência servem com seus controles da democracia escolar nascente. Que visão têm dos profissionais da escola básica, imaturos, incapazes de se autogerir e gerenciar seu trabalho e a instituição em que trabalham? Exatamente a visão oposta que o movimento docente pretendia afirmar: trabalhadores em educação capazes de autogestão.

A defesa da gestão democrática nas escolas e sua minuciosa regulamentação tem explicitado velhas tensões entre, de um lado, coletivos técnico-gestores que se julgam dotados de saberes, concepções de educação e da racionalidade administrativa e que ocupam as instâncias de decisão e normatização que se julgam tendo clareza da função da escola pública; de outro lado, os coletivos de profissionais da escola básica pública popular, vistos como incapazes de autogerir um projeto de educação e de escola que garanta outra função social. Surpreendem as minúcias de detalhes no copioso ordenamento sobre a gestão democrática produzido nas últimas décadas: se a eleição para diretor será direta ou indireta ou que titulação e quanto tempo de magistério na escola será exigido, se haverá prova prévia dos pré-candidatos, se o gestor superior será ou não obrigado a escolher o mais votado. Inclusive o debate e os confrontos acerca da função de normatizar sobre a gestão democrática:

se isso cabe aos conselhos de educação em diálogo com as secretarias, se o diálogo se estenderá às entidades docentes, se a comunidade escolar deve ser capacitada para o exercício da participação responsável, se os professores devem ser capacitados para elaborar o projeto pedagógico da escola, etc.

Em realidade, as minúcias normativas coincidem na mesma lógica ilustrada que estava presente na defesa da participação consciente do cidadão. Somente se escolarizados, formados, críticos, cidadãos teriam condições de participar nos destinos da nação. A mesma lógica está nas normas sobre gestão democrática e participativa nas escolas: somente aqueles preparados, qualificados, conscientes de suas obrigações podem ser candidatos, voar e ser votados. Essa visão da participação consciente, ilustrada e crítica supõe que o povo é incapaz de participar por ainda não ser cidadão consciente e crítico, o que tem levado a regular a participação democrática nas escolas.

Os termos "democrática" e "participativa" aplicados à gestão escolar foram matizados por gestão consciente, compromissada, diagonal, responsável, descentralizada, transparente, cooperativa. Tais termos despolitizam a defesa e o exercício da gestão democrática e a colocam no campo tão caro à cultura pedagógica das boas condutas, da moralidade, da cooperação, do diálogo, da união e da comunidade fraterna. Frequentemente os documentos, diretrizes e normas assumem o tom pedagógico: que o exercício da gestão democrática nas escolas seja um exemplo e um aprendizado da democracia consciente, do diálogo, da cooperação cidadã por parte dos mestres, alunos, famílias e comunidades. Sugerem que a gestão democrática seja um elemento para a construção de uma nova cultura gestora, para uma nova cultura da cidadania responsável. Uma concepção moralizante e pedagógica, despolitizada, distante da visão do poder, da sociedade, da cidadania que inspira o movimento docente na defesa da gestão democrática na escola uma visão consciente de democracia e uma visão pacífica, não tensa, do poder.

Entretanto, as normas sobre a gestão democrática não são neutras; elas trazem embutidas concepções de poder, de sociedade, de democracia, de função social da escola frequentemente opostas às concepções que inspiraram a radicalidade política de sua defesa. Explicitar essas concepções seria de extrema relevância para as teorias e a prática da democracia no sistema e nas escolas. O corte que a defesa da gestão democrática do sistema e das escolas representava na cultura política patrimonialista foi se esvaziando e a ocupação da escola por parte de seus profissionais e da comunidade foi domesticada pelo corpo normativo e pelas qualidades exigidas dos dirigentes escolares e dos membros dos colegiados: competência técnica, responsabilidade pública, compromisso, liderança responsável, termos frequentes nas diretrizes preocupadas em definir em cada sistema de ensino normas de gestão democrática do ensino público, com participação da comunidade responsável.

Em síntese, gestão democrática da escola pública, sim, mas desde que a comunidade popular que a frequenta, os agentes do processo educativo, mestres, gestores, alunos, aprendam a gerir a escola com responsabilidade técnica e compromisso público. Uma história bem-comportada da gestão democrática que nasceu ousada, irreverente com o tradicional uso patrimonialista do poder e da gestão do público. Os ousados ocupantes da escola foram em poucos anos normatizados, domesticados e chamados à ordem "democrática".

Essa história tem de ser repolitizada mostrando os interesses políticos de grupos, as tensões novas pelo poder no sistema educacional, os novos donos do poder, das decisões, da formulação de políticas, de definição de normas e diretrizes presentes no sistema e seus órgãos de decisão. Uma lição fica exposta: a defesa da gestão democrática, participativa e cidadã nas escolas será limitada enquanto não for levantada a bandeira da gestão democrática participativa e cidadã nas estruturas do sistema educacional e em seus órgãos de decisão e controle.

É curioso que esses órgãos de decisão e controle, tão fracos quando da gestão patrimonialista do Estado, do sistema e da escola, tenham crescido e se aparelhado com aparatos normativos refinados quando o sistema e as escolas foram ocupados pelos profissionais da educação. O poder no interior do sistema educacional cresceu e se refinou, sofisticou e aparelhou de instrumentos, instâncias, normas e controles exatamente nas duas décadas em que o movimento docente ousou levantar a bandeira da gestão democrática. A presença dos mecanismos de poder e de controle no sistema escolar tornou-se mais justificada em princípios universais e ilustrados, dando à regulamentação fundamentos mais sólidos e respeitáveis do que quando os donos do poder, sem explicação, mandavam e desmandavam no sistema educacional como em seu quintal.

Talvez esse seja um dos afeitos da defesa da gestão democrática: ter obrigado a justificar o controle do sistema e da escola e de seus profissionais em princípios mais sólidos, como a garantia democrática do direito universal à educação de todo cidadão. Formas mais civilizadas de poder sobre as escolas e seus trabalhadores passaram a "garantir" direitos regulando a democracia escolar.

Esses percursos da gestão democrática estão a exigir pesquisa e reflexão teórica, mais realista e menos louvatória, que mostrem de quem passou a ser a escola e o sistema após terem sido ocupados pelos trabalhadores da educação. Que mostrem até onde a escola é da comunidade escolar, qual a margem de decisão dos gestores, conselhos, colegiados em que ela está representada. Continuar publicando cantos de louvor a essa gestão democrática regulada não é a melhor maneira de avançar na democracia escolar e social. Faltam estudos, pesquisa e denúncias dos controles das escolas e seus profissionais por poderes e interesses externos à escola e até ao sistema educacional, encobertos sob o discurso da gestão democrática consciente e compromissada. Por exemplo: os refinados mecanismos de avaliação externa põem limites à autonomia das escolas e das redes em definir seu projeto educativo, sua concepção de educação, sua gestão de um projeto de escola, sua decisão sobre que conhecimentos, cultura, valores, identidades formar e privilegiar em um projeto de escola e de sociedade. É sintomático que o movimento em defesa da gestão democrática da escola venha acontecendo paralelamente ao movimento de defesa da cultura da avaliação externa da escola, impondo uma gestão de resultados.

É fácil perceber, nesse tenso e contraditório percurso, a perda da radicalidade política que carregava essa bandeira. Entre os diversos fatores que contribuíram para essa perda da radicalidade política estão as requintadas formas de regulação e controle da gestão democrática e participativa nas escolas, na sociedade e no Estado e, recentemente, as políticas de controle nas avaliações de resultados. Os horizontes emancipatórios e de transformação social, política e cultural que embasavam essa defesa foram domesticados por projetos de democracia conservadora. A democracia no sistema e nas escolas não se salvou das formas conservadoras reguladas de democracia. A radicalidade política foi submetida ao próprio jogo de poder no sistema escolar, nas escolas, nas tensões e tendências de poder que contaminam o movimento docente.

À bandeira da gestão democrática cabe ao menos o mérito de ter revelado essas tensões e estar revelando a necessidade de teorias mais sólidas e realistas das possibilidades e limites da gestão democrática no sistema e nas escolas. Tem revelado que o poder não está nas escolas, na direção ou nos colegiados e conselhos. Onde ele está? Como é exercido? A que interesses continuam submetidos os profissionais da escola básica pública popular? Essas são questões nucleares para a pesquisa e para as teorias da gestão/administração escolar.

Os campos da gestão intocados. Por quê?

Haveria ainda espaço para retomar a realidade da bandeira da gestão democrática? Ou, de maneira mais focada, há experiências nas escolas que tentam radicalizar a democracia escolar e tornar as estruturas escolares mais democráticas?

Se a bandeira da gestão democrática e da participação cidadã no sistema perdeu ou foi esvaziada de sua radicalidade política original ao ser normatizada e domesticada, nem por isso podemos dizer que essa bandeira não tenha contribuído para mudanças irreversíveis nas escolas. A defesa da autonomia da escola, a consciência da capacidade da autogestão passaram a fazer parte da cultura escolar e docente. A regulamentação tentou frear ou controlar essa nova cultura escolar e docente, mas não impediu que coletivos profissionais de Educação Básica, escolas e, sobretudo, redes municipais elaborassem projetos e propostas pedagógicas inovadoras, que seriam impensáveis se as escolas e o sistema continuassem como quintais das elites conservadoras ou como espaços do reparto do poder e das barganhas políticas.

O movimento de renovação pedagógica, que aconteceu nas últimas décadas, seria impensável sob essas formas patrimonialistas de administração e apropriação do sistema escolar público. A riqueza do pensamento pedagógico progressista produzido nos centros de pesquisa e reflexão teria caído no vazio se o sistema continuasse apropriado pelas estruturas conservadoras de poder. Se a ocupação das escolas e dos órgãos de estão pelos educadores docentes, e timidamente pelas comunidades, não transformou sua função social nem a colocou a serviço de outro projeto de sociedade e de Estado, ao menos permitiu o ensaio de propostas mais progressistas, menos excludentes e seletivas dos setores populares. O exercício da gestão democrática e participativa permitiu a explicitação das tensões políticas em torno de projetos sociais, pedagógicos administrados por coletivos docentes e por redes de educação. Faltam pesquisas que revelem que aspectos da administração escolar têm sido privilegiados nestas propostas político-pedagógicas. Nas limitações deste texto, aponto alguns desses campos de gestão escolar que foram preocupações em muitas dessas propostas, e nem sempre foram tratados com a devida relevância na literatura sobre gestão democrática.

1) Estas propostas ampliaram a concepção de direito à educação, alargando a função social e cultural da escola. A nova Lei de Diretrizes e Bases da Educação (LDB) indicou, em seu art. 2º, que a finalidade da educação é garantir o desenvolvimento pleno dos educandos. A preocupação com a formação humana plena tem incorporado novas dimensões a formar. Há projetos que tentam dar conta da formação cultural, ética, estética, corpórea, identitária dos educandos. A questão com que se defronta a gestão escolar é como administrar essa pluralidade de dimensões a formar, como administrar os temos e espaços para incorporação destes projetos. A dificuldade de mexer nas grades dos currículos, dos tempos e dos espaços e a resistência do ordenamento disciplina vem configurando uma espécie de duplo sistema. De um lado, administrar o núcleo duro do currículo e de seu ordenamento

rígido, e de outro lado, administrar as tentativas de dar cona de uma formação mais plena por meio de projetos paralelos, extraturno. Será possível caminhar para uma gestão mais unificada? Teorizar e pesquisar sobre estas tensões na gestão escolar torna-se urgente.

2) Quase um terço das escolas vem ensaiando formas de gestão não seriadas. As críticas ao caráter seletivo das lógicas seriadas e às concepções de aprendizagem que as legitimaram por séculos, assim com as críticas às lógicas temporais, hierárquicas, precedentes, lineares que legitimam o ordenamento curricular, estão postas nas escolas e nas teorias de aprendizagem, de currículo e de produção do conhecimento.

A pergunta se impõe: como essas críticas à organização seriada afetam as tradicionais formas de gestão das instituições escolares e do sistema educacional? Como as teorias da administração poderão contribuir para as tentativas tão variadas de encontrar ordenamentos do conhecimento, dos tempos e espaços e novos ordenamentos dos educandos? Que indagações traz, para as teorias e práticas de gestão escolar, partir dos educandos e de suas temporalidades humanas para administrar os currículos, os tempos e espaços e os processos de ensino-aprendizagem, socialização e formação?

3) A maioria dessas propostas questiona a organização solitária e recortada do trabalho de mestres e alunos e busca formas mais coletivas de atuação por meio de coletivos de áreas, de ciclos, de projetos, etc. Mexer na tradicional e intocada organização do trabalho é mexer na ossatura da escola e de sua gestão. Uma área secundarizada nas pesquisas e reflexões sobre gestão, mais preocupadas em denunciar as semelhanças entre a organização do trabalho fabril e o escolar, mas que pouco avançaram na especificidade da organização do trabalho docente e discente e em suas consequências pedagógicas, formadoras e deformadoras.

Os movimentos sociais radicalizam a defesa da gestão democrática

Os coletivos populares segregados e marginalizados vem se organizando em movimentos sociais. Um dos campos de suas luas coletivas é a garantia do direito à educação, ao conhecimento, à herança cultural e à memória e identidades coletivas. Nessas lutas pelo acesso e pela permanência no sistema educacional, tais coletivos se defrontam com as estruturas organizativas e de gestão do sistema, das escolas e universidades; se defrontam com as lógicas, valores e normas que regulam a gestão e as estruturas. Em que aspectos os movimentos dos coletivos socioétnico-raciais, de gênero, do campo, das periferias populares indagam e pressionam a gestão do sistema escolar? Retornam a bandeira da gestão democrática, participativa e cidadã das últimas décadas ou radicalizam essa bandeira? Em que pontos trazem novas indagações para as teorias e práticas da gestão democrática? Em que aspectos desestabilizam o corpo normativo e de controle e os órgãos gestores da participação? Essas são questões pouco pesquisadas e teorizadas na abundante produção sobre gestão democrática.

Toquemos apenas de maneira indicativa em alguns aspectos que sugerem que os movimentos sociais populares radicalizam e repolitizam a gestão democrática do sistema educacional.

Politização da gestão do direito ao acesso e à permanência

Os coletivos populares em movimento colocam sua persistente condição de segregados à margem do sistema educacional como uma consequência das estruturas de poder, de sua concentração na posse dos meios de produção, da terra, do espaço urbano, do Estado e suas instituições, estruturas que os marginalizaram e segregaram por meio de políticas negativas, seletivas e excludentes. Reconhecem-se como coletivos segregados historicamente, vítimas privilegiadas dessas estruturas de poder, de controle e posse da terá, do solo urbano, da riqueza e também do controle do conhecimento, da ciência e tecnologia e da educação. A exclusão do acesso e permanência no sistema educacional foi um dos mecanismos para seu enfraquecimento.

O acesso e a permanência na Educação Básica e na universidade, nos institutos de formação profissional passam a ser vistos como um empoderamento político como coletivos, como forma de afirmar seu poder coletivo, de instrumentalizar-se e de afirmar-se como coletivos. Os movimentos sociais reivindicam entrar no sistema como coletivos, com sua linguagem, memória, valores, culturas, identidades, saberes e concepções de mundo, de terra e território, de projeto de campo, de produção familiar. O acesso e a permanência no sistema escolar passa a ser encarado como forma de sair do silenciamento imposto por séculos, de se mostrar e se afirmar, de se tornar visível em sua identidade, superar as visões negativas, preconceituosas dessas identidades coletivas e de suas diferenças.

Essas formas de equacionar o acesso e a permanência nas escolas e universidades concretiza-se na defesa de políticas afirmativas de reconhecimento e inclusão da diversidade socioétnico-racial, de gênero e campo, defesa que se defronta com as normas, os valores e as formas de administração do sistema escolar, com os órgãos de poder e estão do próprio sistema que entram na defensiva. Defrontam-se com coletivos gestores e intelectuais, inclusive defensores da gestão democrática, participativa e cidadã, que buscam fundamentos teóricos para se contrapor a todo tipo de política afirmativa na sociedade, no trabalho e no sistema educacional.

Por aí os movimentos vêm desestruturando as lógicas de gestão da educação, inclusive a dita democrática. Processos semelhantes de desestruturação dos mecanismos reguladores da gestão se dão na pressão dos movimentos do campo, do movimento indígena, de quilombolas por cursos específicos de formação de seus educadores docentes. As resistências para encontrar as formas específicas de inclusão desses cursos na administração são grandes, pois eles alteram a regulada e ordeira gestão do sistema. Logo surgem defensores da igualdade e universalidade dos critérios de gestão das instituições públicas, supostamente igualitárias, para se contraporem a estas lutas dos coletivos populares.

Dois pontos merecem destaque: de um lado, essas pressões dos movimentos populares pelo acesso e permanência no sistema educacional revelam que o núcleo duro da gestão não está na eleição do reitor, do diretor nem nas formas colegiadas de decisão, nem na participação da comunidade escolar, famílias, alunos. O núcleo duro está nos valores que legitimam a entrada e a permanência: mérito, sucesso, competência. Está nas concepções de conhecimento, de ciência e excelência. O núcleo duro está nos rituais que legitimam esses valores, rituais de entrada e permanência seletivos, segregadores, excludentes dos "outros", dos diferentes, dos sem mérito, sem competência, sem racionalidade científica. Por coincidência, a mesma visão social e política dos coletivos populares sem terra, teto e berço, sem capital social, político, cultural e moral.

Nesse núcleo duro não chegou nem a bandeira da gestão democrática, nem a maior parte das pesquisas e teorizações. Os coletivos populares chegam aí, nesse cerne da gestão do sistema tanto na Educação Básica como na educação superior. No acesso e na permanência nas universidades públicas está posto um tenso embate. Na Educação Básica, o embate está colocado na reação dos coletivos populares aos velhos rituais segregadores de seus filhos e filhas: reprovação, defasagem, classificação e enturmação seletivas. Por que esses rituais não foram questionados pela bandeira da gestão democrática? Por que o próprio movimento docente tem resistido a enfrentar esses rituais seletivos e excludentes? Por que a produção teórica sobre gestão os tem secundarizado?

De outro lado, merece atenção que os coletivos populares destacam não tanto a bandeira da gestão democrática, mas a gestão igualitária, justa, garantidora de seus direitos. A bandeira é por uma gestão que reconheça a diversidade e a produção histórica das diferenças e desigualdades, que se redefinam as estruturas e valores gestores, que fizeram do sistema escolar uma das instituições reprodutoras e legitimadoras dessas desigualdades e de tratos tão desiguais dos desiguais.

Diríamos que os movimentos populares, a partir de suas experiências históricas de segregação e de injustiças, acrescentam à bandeira da gestão democrática dimensões nucleares: a igualdade, a justiça, o reconhecimento da diversidade e das desigualdades perante o próprio sistema educacional. Esses componentes da gestão democrática são muito mais instigantes e desestruturantes das instituições educativas do que a compreensão tão pacífica e consensual da chamada estão participativa. Enquanto se deu tanta relevância à participação dos componentes da comunidade acadêmica, agora se ignora e desqualifica a participação que vem dos coletivos populares organizados ao pressionar por formas mais justas de acesso e permanência. Por que essas formas coletivas organizadas não são reconhecidas como formas de gestão participativa? Será porque vêm de coletivos historicamente desqualificados como sujeitos políticos? Enquanto foi consensual que toda a comunidade escolar participasse de alguma forma na gestão das escolas e das universidades, não está sendo nada pacífico que se encontrem processos de acesso e permanência justos, igualitários, afirmativos para os coletivos historicamente segregados e mantidos à margem das escolas e universidades públicas.

A tensão vem da radicalidade política que implica repensar a gestão das instituições públicas educativas para incorporar como iguais coletivos tidos ao longo de nossa história social, política, cultural e pedagógica como diferentes, desiguais. Que estruturas e que formas de gestão inventar? Que valores gestores superar?

A reconceituação e politização do público

Esse é outro dos campos de radicalização e repolitização, vindo dos movimentos sociais: lutam pelo público, por tornar público o Estado e suas instituições. Mas com uma concepção radical de público, como espaço da igualdade e da diferença, como espaço de direitos coletivos, como espaço do saber, do conhecimento, da cultura, da diversidade de saberes, conhecimentos e culturas. Que estruturas organizativas e de gestão darão conta desse alargamento da reconceituação do público, do sistema educacional público, da universidade pública, das políticas públicas?

A afirmação das diferenças, o reconhecimento dos coletivos diversos e sua incorporação no Estado, no sistema educacional desestabiliza as estruturas, as instâncias e os processos de gestão democrática do público. Essas instâncias tradicionais de gerir democraticamente a coisa pública passam a ser interrogadas e desestabilizadas pelas concepções de público que os movimentos sociais populares estão colocando na arena política e educativa. Desestabilizam as épicas concepções e teorizações sobre gestão pública democrática.

Durante um tempo, os movimentos sociais populares pareciam desconfiar do Estado, de suas políticas e instituições, criando seus projetos pedagógicos e até suas escolas. Mais recentemente, a mobilização desses coletivos por educação e formação passou a colocar os confrontos no Estado, no sistema público de educação, na abertura de suas estruturas, na superação de valores não públicos para entrada e permanência. Por exemplo, o valor do mérito, a seletividade para a entrada e permanência no sistema têm sido parâmetros de classificação, o que exclui determinados grupos sociais vistos como inferiores e incapazes. Para os movimentos sociais, esses valores gestores não são nem públicos nem democráticos; são valores que regem formas de gestão privatistas. De fato, em nome destes valores as instituições escolares têm sido apropriadas por grupos sociais supostamente possuidores desses valores de mérito e competência, e delas têm sido excluídos os grupos sociais supostamente sem mérito e sem competência. Os movimentos sociais populares põem em evidência o caráter não público desses valores.

Em contraposição, defendem critérios de direitos, de igualdade e de reconhecimento da diversidade. A pressão é pela gestão de um sistema público regido por valores públicos, pelo imperativo ético-político dos direitos. Dos movimentos populares vêm atualmente as pressões mais radicais pela conformação de um Estado de direitos e de um sistema público de educação de garantia de direitos, pressões mais radicalizadas do que as que inspiraram a defesa da gestão democrática e participativa dos anos 1980. Essa defesa foi tão tímida que a gestão democrática conviveu com estruturas e rituais, seletividades e avaliações sentenciadoras e reprovadoras, negando os direitos que pretendia garantir. Os coletivos populares em movimento se descobrem vítimas privilegiadas desse convívio espúrio entre a defesa da gestão democrática e a permanência intocada dos rituais, lógicas e estruturas seletivas, segregadoras, antidemocráticas. Daí que radicalizam a construção e a gestão de um sistema público de educação.

Os movimentos sociais populares retomam e radicalizam os vínculos entre outra função da escola e outro projeto de sociedade e de Estado

Os movimentos do campo são explícitos nesse ponto. Começam suas propostas de educação debatendo que campo para uma educação do campo, que território para uma educação indígena, quilombola, que projeto de campo, de território, de política agrária (agronegócio *versus* produção camponesa) em um projeto de sociedade e de nação. É da pedagogia dos movimentos que emana a pedagogia da terra, da identidade cultural. Esses ideais de transformação social, libertação conferem outras dimensões à educação, à formação de professores educadores, aos currículos e estruturas e à administração e participação na gestão escolar.

A defesa de ações afirmativas, de acesso e permanência ou a defesa de cursos especiais de formação de professores do campo, indígenas, quilombolas ou a inclusão da história da África, da memória e cultura negra, encontram inspiração nos projetos de sociedade e transformação social e libertação que animam a diversidade de movimentos. A impressão que revelam esses coletivos populares é que suas aspirações se defrontam com a rigidez das normas, das estruturas e lógicas da gestão inclusive democrática e participativa. Daí sua pressão como coletivos a redefini-las e ultrapassá-las. O campo da administração do sistema tem se configurado como um terreno de tensões com os coletivos sociais populares organizados. Por onde passam essas tensões? Que concepções de gestão inventar? Que concepções são sugerias pelos movimentos para que o sistema educacional consiga garantir seus direitos e não mais segregá-los como coletivos? As teorias da administração democrática estão sendo demandadas a ir além do percurso fecundo feito nas últimas décadas.

A crítica aos valores que legitimam a gestão

Os movimentos populares indagam os sistemas e as teorias da gestão democrática participativa e cidadã em seu núcleo de legitimação: nos princípios, nos valores, nos fundamentos em que se legitimam. Por exemplo, os princípios e as concepções de justiça, igualdade, direito, cidadania, universalidade. As concepções de conhecimento, cultura, identidade, de processos de desenvolvimento e percursos de aprendizagem.

Os coletivos em movimento não criticam apenas as formas autoritárias de gestão com que a gestão democrática vem convivendo e de que são vítimas históricas, nem sequer seu caráter seletivo, segregador, classificatório e antidemocrático. Eles criticam o caráter generalista dos princípios que legitimam essas instituições e o corpo normativo que as regula. É significativo que, em nome dos mesmos princípios, uns grupos defendam a gestão democrática e outros defendam seu controle e regulação. Tudo em nome do genérico princípio da garantia do direito de todo cidadão à educação. Os movimentos sociais criticam o caráter generalista, abstrato desses princípios, que vem servindo tanto para garantir quanto para controlar, libertar e regular, incluir e excluir, que tem servido de parâmetro para classificá-los, segregá-los como coletivos interiores, incapazes, despreparados, sem mérito, sem valores de esforço, dedicação, responsabilidade e racionalidade.

Todo princípio generalista construído sem o reconhecimento da diversidade e das diferenças termina agindo como parâmetro de medida de classificação, hierarquização e segregação dos diferentes. Desses princípios gestores, generalistas, abstratos duvidam os coletivos concretos, historicamente mais segregados do que incluídos em nome desses valores e princípios de gestão.

Estabelecendo a desestabilização dos princípios e das concepções que tentam legitimar as estruturas, lógicas, valores e rituais classificatórios e seletivos do sistema educacional, os movimentos populares desestabilizam a gestão do sistema, inclusive o corpo teórico construído em defesa da gestão democrática e participativa, a tal ponto que a bandeira da gestão democrática levantada pelo movimento docente não tenha entusiasmado em demasia os movimentos sociais populares. Eles focalizam muito mais em suas lutas os processos, as estruturas, as lógicas e os valores que regulam a gestão do sistema de que foram persistentemente excluídos e de que eles e seus filhos continuam vítimas, com reprovados e defasados processos truncados na Educação de Jovens e Adultos (EJA), engrossando os milhões de analfabetos e daqueles nem sequer concluintes da 4ª série do Ensino Fundamental.

Os movimentos populares não param suas críticas nesses perversos e persistentes rituais de seleção, segregação; não reivindicam que esses processos se tornem menos segregadores. Sabem que há princípios, lógicas e valores que legitimam por décadas essa segregação, esses princípios progressistas e democráticos generalistas, essas ideias abstratas de direito, de igualdade, de justiça, de cidadania, de democracia. É significativo que, em nome desses princípios abstratos com que são reconhecidos como cidadãos em abstrato – com direito igual ao conhecimento, à escola, a universidade –, suas lutas por ações afirmativas por cotas no trabalho e na universidade e por cursos específicos de formação sejam negadas e descaracterizadas como antidemocráticas e anti-igualitárias.

Questionar esses princípios e fundamentos em que se tentam legitimar processos excludentes de gestão é muito mais radical do que a radicalidade anunciada pela bandeira da gestão democrática, participativa e cidadã. Colocar o cerne da crítica à gestão nesse campo da legitimidade dos princípios é tão desestruturante que as reações vêm logo, inclusive dos dirigentes das organizações docentes e de fervorosos defensores e teóricos da estão democrática.

Os manifestos contra as lutas dos movimentos sociais por entrada e permanência nas universidades são a expressão da radicalidade com que os movimentos tocam na gestão. São rações que revelam a radicalidade e repolitização das teorias e das práticas de gestão do sistema educacional por parte dos coletivos populares organizados em movimentos. Essas tensões instaladas no campo da gestão do sistema educacional revelam que esse campo ainda é merecedor de pesquisa e reflexão teórica e, sobretudo, de intervenções políticas mais radicais.

Produção bibliográfica

Artigos de revista e capítulos de livro

1. ARROYO, Miguel González. Administração da Educação, poder e participação. *Educação e Sociedade*, São Paulo, v. 1, n. 2, jan. 1979, p. 3-46.

2. ARROYO, Miguel González. Operários e educadores se identificam: que rumos tomará a educação brasileira? *Educação e Sociedade*, São Paulo, n. 5, jan. 1980, p. 5-23.

3. ARROYO, Miguel González. Quem deforma o profissional do ensino. In: *Revista de Educação AEC*, n. 58, 1985, p. 7-15.

4. ARROYO, Miguel González. Na carona da burguesia (retalhos da história da democratização do ensino). *Educação em Revista*. Belo Horizonte: (3), jun. 1986, p. 17-23.

5. ARROYO, Miguel González. A escola possível é possível? In: ARROYO, Miguel. (Org.). *Da escola carente à escola possível*. São Paulo: Loyola, 1986. p. 11-53.

6. ARROYO, Miguel González. Educação e exclusão da cidadania. In: BUFFA, Ester, ARROYO, Miguel G.; NOSELLA, Paolo. *Educação e cidadania: quem educa o cidadão*? São Paulo: Cortez; Autores Associados, 1987. p. 31-79.

7. ARROYO, Miguel González, O direito ao tempo de escola. *Cadernos de Pesquisa*, São Paulo, n. 65, 1988, p. 3-10.

8. ARROYO, Miguel González. O direito ao tempo de escola. *Cadernos de Pesquisa*, São Paulo, n. 65, 1988, p. 3-10.

9. ARROYO, Miguel González. A escola e o movimento social: relativizando a escola. *ANDE*, n. 12, 1989, p. 16-21.

10. ARROYO, Miguel González. Quando a escola se redefine por dentro. *Presença Pedagógica*. Belo Horizonte, ano 1, n. 6, 1995, p. 38-49.

11. ARROYO, Miguel González. Reinventar e formar o profissional da educação básica. IN: BICUDO, M. A. V.; SILVA JUNIOR, C. A. da. *Formação do Educador: dever do Estado, tarefa da universidade*. São Paulo: Ed. Universidade Estadual Paulista, 1996.

12. ARROYO, Miguel González. Assumir nossa diversidade cultural. *Revista de Educação*. AEC, n. 98, 1996, p. 42-50.

13. ARROYO, Miguel González. A escola plural na rede municipal de Belo Horizonte, MG. *Espaços da Escola*, Ijuí, n. 22, 1996, p. 1-54.

14. ARROYO, Miguel González. O aprendizado do direito a cidade: a construção da cultura pública. *Educação em Revista*, v. 26, 1997, p. 23-38.

15. ARROYO, Miguel González. *A experiência da FAE/UFMG. Reflexões sobre a pós-graduação em educação*, Belo Horizonte, 1997. p. 43-53.

16. ARROYO, Miguel González. Trabalho-educação e teoria pedagógica. In: G. FRIGOTTO *Educação e crise do trabalho: perspectivas de final de século*. Petrópolis, 1998. p. 138-165.

17. ARROYO, Miguel González. As relações sociais na escola e a formação do trabalhador. In: FERRETTI, C. J.; SILVA JUNIOR, J.R.; SALES, M. R. N. (Org.). *Trabalho, formação e currículo: para onde vai a escola*? 1. ed. São Paulo: Xamã, 1999. v. 1, p. 13-42.

18. ARROYO, Miguel González. Ciclos do desenvolvimento humano e formação de educadores. *Educação e Sociedade*. Campinas: CEDES, v. 20, n. 68, dez. 1999, p. 143-162.

19. ARROYO, Miguel González. Experiências de aceleração: estamos inovando? In: *Contemporaneidade e Educação*, Rio de Janeiro, n. 8, 2000, p. 123-146.

20. ARROYO, Miguel González. Fracasso/sucesso: um pesadelo que perturba nossos sonhos. *Em Aberto*, Brasília, v. 17, n. 71, 2000, p. 33-40.

21. ARROYO, Miguel González. Essas escolhas têm uma longa história. In: *Caderno do Professor*. CERP/SEE-MG, n. 5, março de 2000.

22. ARROYO, Miguel González. Educação em tempos de exclusão. In: GENTILI, Pablo; FRIGOTTO, Gaudêncio. (Org.). *La ciudadania negada: políticas de exclusión en la educación y el trabajo*. Buenos Aires, CLACSO, 2000. p. 266-275.

23. ARROYO, Miguel González. Educação de jovens e adultos em tempos de exclusão. *Alfabetização e Cidadania* (São Paulo), São Paulo, n. 11, 2001, p. 9-20.

24. ARROYO, Miguel González. Educação popular com dignidade. *Presença Pedagógica*, Belo Horizonte, v. 4, n. 41, 2001, p. 5-18.

25. ARROYO, Miguel González. A universidade e a formação do ser humano. In: SANTOS, Gislene A. (Org.). *Universidade, formação e cidadania*. São Paulo: Cortez, 2001. p. 33-50.

26. ARROYO, Miguel González. Política de conhecimento e desafios contemporâneos à escola básica: entre o global e o local. In: BAQUEIRO, Rute ; BROILO, Cecília . (Org.). Pesquisando *e gestando outra escola*. São Leopoldo: Unisinos, 2001. p. 15-28.

27. ARROYO, Miguel González. O direito do trabalhador à educação. In: *Trabalho e conhecimento: dilemas na educação do trabalhador*. São Paulo: Cortez, 2002. p. 75-92.

28. ARROYO, Miguel González. Exigencias humanas de una escuela pública. *Cuadernos de Pedagogia*, Barcelona, n. 309, 2002, p. 71-75.

29. ARROYO, Miguel González. As séries não estão centradas nem nos educandos nem no seu desenvolvimento. In: Comissão de Educação, Cultura e Desporto. (Org.). *Solução para as não aprendizagens: séries ou ciclos?* Brasília: Câmara dos Deputados, 2002. p. 26-32.

30. ARROYO, Miguel González. Pedagogias em movimento o que temos a aprender dos movimentos sociais?. *Currículo sem Fronteiras*, v. 3, 2003, p. 28-49.

31. ARROYO, Miguel González. Reinventar e formar o profissional da educação básica. In: *Educação em Revista*. Belo Horizonte: FAE/UFMG. n. 37, p. 7-32, 2003.

32. ARROYO, Miguel González. Quem deforma o profissional do ensino. In: Maria dos Anjos Lopes Viella. (Org.). *Tempos e espaços de formação*. 1. ed. Chapecó: Argos, 2003. p. 103-118.

33. ARROYO, Miguel González. Fracasso-sucesso: o peso da cultura escolar e do ordenamento da educação básica. In: ABRAMOWICZ, Anete; MOLL, Jaqueline. (Org.). *Para além do fracasso escolar*. 6. ed. Campinas: Papirus, 2003. p. 11-26.

34. ARROYO, Miguel González. Produção de saber em situação de trabalho: o trabalho docente. *Trabalho & Educação*, Belo Horizonte: NETE/FAE/UFMG, v. 12, n. 1, 2003, p. 51-61.

35. ARROYO, Miguel González. A escola na lógica do direito à educação básica. In: COSTA, Marisa V. . (Org.). *A escola tem futuro?* Rio de Janeiro: DP&A, 2003. p. 127-160.

36. ARROYO, Miguel González. Uma celebração da colheita. In: TEIXEIRA, Inês Assunção de Castro. (Org.). *A escola vai ao cinema*. Belo Horizonte: Autêntica, 2003. p. 117-126.

37. ARROYO, Miguel González. Por um tratamento público da educação do campo. *Por uma educação do campo*, Brasília, n. 5, 2004. p. 91-108.

38. ARROYO, Miguel González. A educação básica e o movimento social do campo. In: Teixeira; CALDART, Roseli Salete ; MOLINA, Mônica Castagna. (Org.). *Por uma educação do campo*. Petrópolis: Vozes, 2004. p. 65-86.

39. ARROYO, Miguel González. Formar educadoras e educadores de jovens e adultos. In: SOARES, Leôncio. (Org.). *Formação de educadores de jovens e adultos*. 1. ed. Belo Horizonte: Autêntica, 2006. p. 17-32.

40. ARROYO, Miguel González. Experiências de inovação educativa: o currículo na prática da escola. In: MOREIRA, Antônio Flávio B. (Org.). *Currículo: políticas e práticas*. 9. ed. Campinas: Papirus, 2006. p. 131-164.

41. ARROYO, Miguel González. A escola do campo e a pesquisa do campo: metas. In: MOLINA, Monica C.. (Org.). *Educação do Campo e Pesquisa*. 1. ed. Brasília: Ministério do Desenvolvimento Agrário, 2006. p. 103-116.

42. ARROYO, Miguel González. La construcción del sistema escolar del derecho a la educación. In: SACRISTÁN, J. Gimeno . (Org.). *La reforma necesaria: entre la política educativa y la practica escolar*. Madrid: Morata, 2006. p. 123-154.

43. ARROYO, Miguel González. Quando a violência infantojuvenil indaga a pedagogia. *Educação e Sociedade*, v. 28, 2007, p. 787-808.

44. ARROYO, Miguel González. Condição docente: trabalho e formação. In: SOUZA, João Valdir Alves de . (Org.). *Formação de professores para a educação básica: dez anos da LDB*. Belo Horizonte: Autêntica, 2007. p. 191-209.

45. ARROYO, Miguel González. Conhecimento, ética, educação, pesquisa. *Revista e-Curriculum*. (PUCSP), v. 2, 2007, p. 1-15.

46. ARROYO, Miguel González. Ciclos de formação. O que pesquisar e refletir? In: Andréa Rosana Fetzner. (Org.). *Ciclos em Revista: Implicações curriculares de uma escola não seriada*. 1. ed. Rio de Janeiro: Wak, 2007, p. 17-34.

47. ARROYO, Miguel González. A pedagogia multirracial popular e o sistema escolar. In: GOMES, Nilma Lino . (Org.). *Um olhar além das fronteiras: educação e relações raciais*. 1. ed. Belo Horizonte: Autêntica, 2007. p. 111-130.

48. ARROYO, Miguel González. A infância interroga a pedagogia. In: SARMENTO, Manuel Jacinto; GOUVEA, Maria Cristina de Soares. *Estudos da infância: educação práticas sociais*. Rio de Janeiro: Vozes, 2008. p. 119-140.

49. ARROYO, Miguel González. Gestão democrática: recuperar sua radicalidade política? In: CORREA, B. C.; GARCIA, T. O. (Org.). *Políticas educacionais e organização do trabalho na escola*. São Paulo: Xamã, 2008. p. 39-57.

50. ARROYO, Miguel González. Os coletivos diversos repolitizam a formação. In: DINIZ-PEREIRA, J. E.; LEÃO, G. (Org.). *Quando a diversidade interroga a formação docente*. Belo Horizonte: Autêntica, 2008. p. 11-36.

51. ARROYO, Miguel González. Educandos, educadores e seus currículos. In: ARROYO, Miguel; MOREIRA, Antônio Flávio Barbosa. (Org.). *Indagações sobre o currículo*. Brasília: Secretaria do Ensino Fundamental - MEC, 2008.

52. ARROYO, Miguel González. Educação de Jovens-Adultos: um campo de direitos e de responsabilidade pública. In: SOARES, L.; GIOVANETTI, M.A.G.C.; GOMES, N.L. (Org.). *Diálogos na Educação de Jovens e Adultos*. 3. ed. Belo Horizonte: Autêntica, 2009. p. 19-50.

53. ARROYO, Miguel González. Educação popular, saúde, equidade e justiça social. Campinas: Cadernos CEDES, v. 29, 2009, p. 401 418.

54. ARROYO, Miguel González. Reinventando a EJA: Projeto de Educação de Trabalhadores – PET. In: NUNES, A.M.M.; CUNHA, C. (Org.). *Projeto de Educação de Trabalhadores: pontos, vírgulas e reticências – um olhar de alguns elementos da EJA através do ensimesmo do PET*. 1. ed. Belo Horizonte, 2009. p. 15-38.

55. ARROYO, Miguel González. Entre disciplinar e educar para a liberdade. Presença Pedagógica, v. 15, 2009, p. 15-19.

56. ARROYO, Miguel González. Educação do campo: o que temos a aprender. *Presença Pedagógica*, v. 15, 2009, p. 36-41.

57. ARROYO, Miguel González. Narrativas do sistema escolar desde a condição de negro. In: Praxedes, Vanda Lúcia; Teixeira, Inês A. C. *et al.* (Org.). *Memórias e percursos de professores negros e negras na UFMG*. 1 ed. Belo Horizonte: Autêntica, 2009. p. 175-184.

58. ARROYO, Miguel González. O direito à educação ameaçado: segregação e resistência. In: ARROYO, Miguel; ABRAMOWICZ, Anete. (Org.). *A reconfiguração da escola: entre a negação e a afirmação dos direitos*. Campinas: Papirus, 2009. p. 129-159.

59. ARROYO, Miguel González. *Educação do campo: movimentos sociais e formação docente*. Rio de Janeiro, Marco Social, v. 12, 2010, p. 12-16.

60. ARROYO, Miguel González. Políticas educacionais e desigualdades: a procura de novos significados. *Educação e Sociedade*, Campinas, v. 31, n. 113, out./dez. 2010, p. 1381-1416,

61. ARROYO, Miguel González. Educação do campo: movimentos sociais e formação docente. In: DALBEN, A. I. L. F.; DINIZ-PEREIRA, J. E.; SANTOS, L.

L. C. P.; LEAL, L. F. V. (Org.). *Convergências e tensões no campo da formação e do trabalho docente.* 1. ed. Belo Horizonte: Autêntica, 2010. p. 478-488.

62. ARROYO, Miguel González. Los coletivos depauperados repolitizan los curricula. In: SACRISTAN, Gimeno. (Org.). *Saberes e incertidumbres sobre el curriculum.* Madrid: Morata, 2010. p. 128-148.

63. ARROYO, Miguel González. Repolitizar os tratos da infância e adolescência populares. In: FAZZI, Rita *et al.* (Org.). *Diálogos em extensão. Encontros da Rede PUC sobre infância, adolescência e juventude.* 1. ed. Belo Horizonte: PUCMinas, 2010. p. 33-56.

64. ARROYO, Miguel González. As matrizes pedagógicas da educação do campo na perspectiva da luta de classes. In: MIRANDA, S.; SCHWENDER, S. (Org.). *Educação do campo em movimento.* 1. ed. Curitiba: UFPR, 2010, p. 35-54.

65. ARROYO, Miguel González. Políticas educacionais, igualdade e diferenças. In.: *Revista Brasileira de Política e Administração da Educação.* Porto Alegre: ANPAE/UFRGS/FACED v. 27, n. 1, p. 83-94, jan./abr. 2011, p. 83-94.

Livros publicados por Miguel Arroyo

1. ARROYO, Miguel González (Org.). *Da escola carente à escola possível.* São Paulo: Loyola, 1986.

2. ARROYO, Miguel González. *Ofício de mestre: imagens e auto-imagens.* Petrópolis: Vozes, 2000. 215p

3. ARROYO, Miguel González. (Org.); CALDART, Roseli Salete (Org.); MOLINA, Mônica Castagna (Org.). *Por uma educação do campo.* 1. ed. Petrópolis: Vozes, 2004. 214 p.

4. ARROYO, Miguel González. *Imagens quebradas: trajetórias e tempos de alunos e mestres.* Petrópolis: Vozes, 2004. 405 p.

5. ARROYO, Miguel González. (Org.); ABRAMOWICZ, Anete (Org.). *A reconfiguração da escola: entre a negação e a afirmação dos direitos.* Campinas: Papirus, 2009. 160 p.

6. ARROYO, Miguel González. *Currículo, território em disputa.* Petrópolis: Vozes, 2011. 374 p.

Demais tipos de produção bibliográfica

1. ARROYO, Miguel González. Estrutura de Poder Local e Política Educacional. Belo Horizonte: UFMG/Mestrado em Ciência Política, 1974 (Dissertação de Mestrado).

2. ARROYO, Miguel González. The Making of the Worker: Education in Minas Gerais – Brazil (1888- 1920). Stanford – Estados Unidos: Stanford University, 1980 (Tese de Doutorado).

3. ARROYO, Miguel González. Formação Docente: Dilemas Contemporâneos. Belo Horizonte: Extra-Classe - Revista de Trabalho e Educação, v. 2, n. 2, 2009 (Entrevista).

4. ARROYO, Miguel González. *Outras pedagogias à vista*. Belo Horizonte, 2010. (Prefácio, Posfácio).

5. ARROYO, Miguel González. *Escola: Terra de Direito*. Belo Horizonte, 2010. (Prefácio, Posfácio).

Este livro foi composto com tipografia Minion e impresso
em papel Chamois Fine 80 g na Del Rey Gráfica e Editora.